사람은 어떻게 처신하는가

사람은 어떻게 처신하는가
유방의 참모들을 바라보는 《사기》의 시선

초판 1쇄 인쇄 2016년 10월 21일 초판 1쇄 발행 2016년 10월 28일

지은이 신동준
펴낸이 연준혁

출판 4분사 편집장 김남철
편집 이지은

펴낸곳 (주)위즈덤하우스 출판등록 2000년 5월 23일 제13-1071호
주소 (10402)경기도 고양시 일산동구 정발산로 43-20 센트럴프라자 6층
전화 031)936-4000 팩스 031)903-3893 홈페이지 www.wisdomhouse.co.kr

값 18,000원 ⓒ 신동준, 2016

ISBN 979-11-87493-04-4 03910

국립중앙도서관 출판예정서목록(CIP)

사람은 어떻게 처신하는가 : 유방의 참모들을 바라보는 사기의 시선
지은이:신동준. -- 고양 : 위즈덤하우스, 2016
  p. ; cm
ISBN 979-11-87493-04-4 03910 : ₩18000
사기(역사)[史記]
912.03-KDC6
951.01-DDC23   CIP2016024126

사람은 어떻게 처신하는가

| 유방의 참모들을 바라보는 《사기》의 시선 |

신동준 지음

역사의아침

중국 고대사에는 춘추전국春秋戰國시대와 삼국三國시대에 버금하는 또 하나의 난세가 있다. 초한지제楚漢之際가 그것이다. 이 시기는 사상 최초로 천하를 통일한 진秦나라가 패망한 후 두 번째로 천하를 통일한 한漢나라가 성립하기 전까지를 말한다. 이 시기를 집중적으로 조명한 역사소설《초한지楚漢志》는《열국지列國志》및《삼국지연의三國志演義》와 더불어 중국의 대표적인 3대 역사소설에 해당한다.

《초한지》는 초楚나라 항우項羽와 한漢나라 유방劉邦의 각축전을 기본골격으로 삼고 있다. 그러나《열국지》및《삼국지연의》와 비교할 때 그 기간이 너무 짧다. 유방이 거병해 경쟁자인 항우를 제압하고 한나라를 세울 때까지 걸린 기간은 겨우 7년에 불과하다.《초한지》가 초한지제의 시점始點을 약간 소급시켜 진시황秦始皇이 천하를 통일하는 기원전 221년으로 상정한 뒤 항우가 자결하는 기원전 202년까지 대략 20년 안팎을 시대배경으로 잡았던 이유다.

그러나 한나라가 들어선 해를 초한지제의 종점으로 잡을 경우 한신韓信을 비롯한 개국공신들이 차례로 제거되는 토사구팽兎死狗烹 상황을 제대로 파악할 길이 없다. 개국공신들이 반기를 드는 것은 성격상 유방과 항우의 쟁패爭霸와 다를 바가 없다. 본서가 초한지제의 종점을 토사구팽이 마무리되는 기원전 188년까지로 삼은 이유다. 이 해는 유방이 숨을 거두는 해이기도 하다. 이 경우 초한지제는 총 30여 년으로 늘어난다.

　현재 시중에 나와 있는《초한지》에는 무분별한 문학적 상상력이 난무하고 있다. 정본이 없는 것이 가장 큰 이유다. 그러나 정본이 없다는 것이 문학적 상상력을 무분별하게 동원해도 좋다는 의미는 아니다.《사기史記》는 삼황오제三皇五帝의 전설시대부터 사마천司馬遷이 절필絶筆하는 한무제漢武帝까지의 시기를 다루고 있다. 사마천은《사기》를 집필하면서 삼황오제부터 서주西周시대까지는《서경書經》, 동주東周 이후 진시황이 사상 최초로 천하를 통일하는 이른바 춘추전국시대는《춘추좌전春秋左傳》과《국어國語》및《전국책戰國策》등을 기본 사료로 삼았다. 이에 반해 진시황 이후 한고조漢高祖 유방이 한나라를 세우는 과정인 초한지제는 기본 사료가 없는 까닭에 사마천이 직접 현지를 답사하고 궁중에 보관된 문서를 열람하며 현지 고로古老들의 이야기를 취재해 편제할 수밖에 없었다. 이러한 노력이 바로《사기》를 위대한 사서로 정립시킨 근본 배경이다. 《사기》의 독창성이 가장 빛을 발하는 대목이기도 하다.

　본서가 유방을 비롯해 한초삼걸漢初三傑로 일컫는 소하蕭何와 장량張良 및 한신, 유씨의 한나라를 복원해 사직지신社稷之臣의 평을 받고 있는 진평陳平, 도가의 무위지치無爲之治를 원용해 나라의 기틀을 다진 조참曹參, 최초의 여제女帝를 꿈꾼 여태후呂太后, 토사구팽을 당한 건국공신 팽월彭越과 경포黥布 등을 집중조명 대상으로 삼은 이유가 여기에 있다. 실제로 이들이야말로 초한지제의 핵심에 해당한다. 본서가 초한지제에서 최후의 승리를 거둔 유방과 그를 도와 한나라 건립에 결정적인 공헌을 한 개국공신을 집중 조명한 이유다. 해당 인물을 조명한 각 장의 앞머리에 《사기》〈본기〉와 〈세가〉 및 〈열전〉이 다루고 있는 해당 인물의 전기를 실어놓았다. 초한지제의 정확한 실체를 파악하고자 하는 독자들을 위해 이같이 편제한 것이다.

　객관적으로 볼 때 한고조 유방과 그의 사람들이 보여준 지략은 오늘날에도 그대로 활용할 수 있는 것들이 매우 많다. 어떤 면에서는 삼국시대 군웅들의 활약을 통해 얻는 지혜보다 더 많은 것을 얻을 수 있다.

매사가 그렇듯이 아는 만큼 보이게 마련이다. 필자가《사기》완역본을 펴낸 데 이어 그 본질에 해당하는 본서를 펴낸 이유다. 모쪼록 독자들이 이 책을 통해 현재 맞닥뜨리고 있는 다양한 유형의 난관을 슬기롭게 헤쳐나가는 데 도움이 되었으면 하는 바람이다.

2016년 가을 학오재學吾齋에서
신동준

차 례

제 1 장

―

고조高祖 유방劉邦

한나라는 황제를 칭한 중국의 역대 왕조 가운데 가장 오래 지속된 나라다. 시골 건달 출신이던 유방이 누대의 명문가 출신인 항우를 누르고 사상 최초로 평민 출신 황제가 된 데에는 그의 남다른 능력이 가장 큰 배경으로 작용했다.

유방은 진시황이 천하순행을 하던 도중에 갑작스럽게 숨을 거두면서 힘의 공백으로 천하가 혼란에 빠져들자 이 틈을 적극 활용해 천하를 거머쥔 입지전적인 인물이다. 당초 진시황 사후 변혁의 단초를 연 인물은 머슴 출신인 진섭陳涉이었다. 그는 '왕후장상에 어찌 따로 씨가 있겠는가?'라는 혁명선언으로 중국 최초의 농민반란을 일으킨 장본인이다. 그가 세운 나라는 비록 반년 만에 패망했으나 사상 최초의 제국인 진秦나라를 일거에 무너뜨리는 기폭제 역할을 했다. 사마천 역시《사기》〈진섭세가陳涉世家〉에서 그를 높이 평가했다. 그가 없었다면 항우와 유방 같은 영웅호걸도 등장하지 못했을 것이다.

진섭의 세력이 진나라 군사에게 무너진 뒤 각지에서 반기를 든 군웅들 가운데 가장 두드러진 인물은 항우였다. 그는 초나라의 명문가 출신이었을 뿐아니라 백전백승의 뛰어난 무략武略을 자랑했다. 진시황 사후 군웅이 천하의 우이牛耳를 놓고 다투는 시기인 초한지제 당시 그가 초기에 제후 연합군을 이끌고 함양에 입성한 뒤 천하를 호령한 배경이다.

그러나 항우는 시기심이 많아 사람을 포용할 줄 몰랐다. 그의 곁에 있던 많은 인재가 이내 그를 떠나 유방 휘하로 들어간 것은 바로 이 때문이었다. 시골 건달 출신에 불과한 유방이 문득 초한지제의 최후 승리자로서 사상 최초의 평민 출신 황제가 된 근본 배경이 바로 여기에 있다. 그는 항우를 제압하고 보위에 오른 뒤 축하연을 벌이는 자리에서 자신의 역량을 이같이 평했던 바가 있다.

"군막軍幕 속에서 계책을 짜내는 행보[運籌帷帳]로 1,000리 밖의 승리를 결정짓는 일은 내가 장량만 못하오. 나라를 안정시켜 백성을 위로하고, 양식을 제때 공급하며 보급로가 차단되지 않도록 하는 일은 내가 소하만 못하오. 100만 대군을 통솔해 싸우면 반드시 이기고 공격하면 반드시 빼앗는 일은 내가 한신만 못하오. 이 세 명 모두 천하의 인걸이오. 내가 이들을 쓸 수 있었기에 바로 천하를 얻을 수 있었던 것이오. 항우는 단지 범증范增 한 명만 있었는데도 그마저 제대로 쓰지 못했소. 항우가 나에게 사로잡힌 이유요."

그의 자평은 결코 과장된 것이 아니었다. 그는 사람을 모으고 부리는 득인得人과 용인用人의 달인이었다. 여기에는 그가 건달의 삶을 영위하면서 기존의 가치관과 규율에 얽매이지 않는 행보를 보인 것이 결정적인 배경으로 작용했다.

고조본기

高祖本紀

한고조는 패현 풍읍 중양리 사람으로 성은 유劉, 자는 계季다.◎ 부친은
태공, 모친은 유오劉媼라고 한다.◎◎ 전에 유오가 큰 연못가에서 휴식
을 취한 적이 있다. 그때 잠깐 잠이 든 사이 꿈을 꾸었는데 신神을 만났

◎ 유방의 자인 계는 통상 백伯·중仲·숙叔·계로 이어지는 막내아들의 자다. 유방의 친형으로 유
백劉伯과 유중劉仲이 있었다. 유계劉季 위에 존재했을 유숙劉叔은 어렸을 때 죽은 것으로 추정된
다. 그밖에 유방의 동생으로는 유교劉交가 있다. 유교에 대해 《사기》는 어머니가 같다는 뜻의 동
모소제同母少弟, 《한서漢書》는 아버지가 같다는 뜻의 동부소제同父少弟로 기록해놓았다. 학자들
의 해석은 엇갈린다. 사다케 야스히코佐竹靖彦는 《한서》의 기록을 좇아 유백·유중·유방·유교 모
두 같은 부모로부터 태어났다고 주장했다. 그러나 《한서》가 고조의 일대기를 크게 윤색해놓은
점을 감안할 필요가 있다. 《사기》의 기록을 보면 유방의 부친은 유방과 마찬가지로 호색했다. 아
들이 있는 여성을 첩으로 들였을 공산이 크다. 유계는 이복동생으로 보는 것이 통설이다.

◎◎ 태공은 원래 주무왕周武王의 조상인 고공단보古公亶父의 존칭이다. 고공단보 태공이 바라던
인물이라는 뜻의 태공망太空望은 주무왕을 도와 주나라 건국에 대공을 세워 제나라에 봉해진 여
상呂尙의 별칭이다. 태공은 노인에 대한 존칭에 해당한다. 유오의 오媼는 흔히 온으로 읽고 있으
나 이는 속음俗音이다. 현대 중국어 발음도 아오ao다. 〈고조본기高祖本紀〉에 유방의 단골 술집 여
주인 왕오王媼의 이름이 나온다. 오와 짝이 되는 것은 원래 옹翁이다. 유방의 부친도 유옹으로 기
록하는 것이 타당하나 건국시조의 부친인 까닭에 극존칭을 사용해 태공으로 칭한 것이다. 사다
케는 《유방》에서 유방의 생모가 일찍 죽었기 때문에 오보다 높은 존칭을 사용하지 못한 것이라
고 보았다. 그는 "패공이 기병해 야전을 치를 때 그의 모친을 위나라 수도 대량 부근의 소황小黃
에서 잃었다"는 《진류풍속전陳留風俗傳》의 기록을 근거로 제시했다. 기병할 당시 유방은 소규모
반란집단의 우두머리에 불과했던 까닭에 그의 모친은 유오로 불리었을 공산이 크고, 다만 부친
은 즉위 이후까지 생존한 까닭에 태공이라는 존칭을 얻었다는 분석이다.

다.◎ 꿈속에서 보니 천둥과 번개가 치며 문득 사방이 어두컴컴해졌는데 태공이 달려가보니 교룡이 유오의 몸 위에 올라가 있었다. 과연 얼마 후 유오가 임신해 마침내 한고조 유방을 출산했다. 유방은 코끝[準頭]이 높고 이마가 튀어나와 마치 용을 닮은 관상[隆準龍顔]이었다. 수염이 아름다웠고 왼쪽 넓적다리에 일흔두 개의 검은 점이 있었다. 사람이 어질어 다른 사람을 사랑하고, 베풀기를 좋아했고, 성격이 활달했다. 늘 큰 뜻을 품고 있었던 까닭에 일반 백성처럼 돈을 버는 생산에 얽매이지 않았다. 장년이 되어 임시 관원에 발탁되어 사수정의 정장이 되었다. 관아의 관원 가운데 그가 깔보고 멸시하지 않은 자가 없었다. 그는 주색을 좋아했다. 늘 왕오와 무부武負의 주점에서 외상으로 술을 마신 이유다.◎◎ 술에 취하면 아무 데나 드러눕곤 했다. 왕오와 무부는 그럴 때마다 유방의 몸 위에 용이 나타나는 것을 보고는 기이하게 여겼다. 유방이 이들의 주점에서 술을 마시는 날이면 술이 평소의 몇 배씩이나 더 팔렸다. 그 기이한 일을 본 이후 연말이 되면 두 주점에서는 유방의 외상 장부를 찢고 술값을 받지 않았다. 유방은 일찍이 함양에서 부역을 한 적이 있다. 한번은 진시황의 행차를 구경하게 되었다. 이를 보고는 길게 탄식했다.

"아, 대장부라면 응당 이래야 할 것이다!"

선보 출신 여공呂公은 패현 현령과 사이가 가까웠다. 그는 원수를 피

◎ "꿈을 꾸었는데 신을 만났다"의 원문은 몽여신우夢與神遇다. 신화 및 전설에 나오는 우遇는 단순한 만남이 아니라 대개 남녀가 정을 통했다는 의미로 사용된 것이다.

◎◎ "왕오와 무부의 주점에사 외상으로 술을 마신 이유다"의 원문은 왕오무부세주王媼武負貰酒다. 부負는 부婦와 통한다. 《사기집해史記集解》는 위소韋昭의 주를 인용해 세貰를 외상할 사賒의 뜻으로 새겼다.

해 현령의 식객이 되어 패현에 거주했다. 패현의 호걸과 향리들이 현령에게 귀빈[重客]이 와 있다는 소식을 듣고 모두 인사를 드리러 왔다. 당시 아전의 우두머리인 주리로 있던 소하가 진상한 예물을 관리했다. 그가 여러 대부에게 말했다.

"진상한 예물이 1,000냥에 이르지 않는 자는 당堂 아래에 앉으시오."

당시 정장이었던 한고조는 평소 뭇 관원들을 경시했기에 짐짓 명함에 이같이 써 넣었다.

"하례금 1만 냥!"

실은 단 한 냥도 지참하지 않았다. 명함이 전해지자 여공이 크게 놀라 자리에서 일어난 뒤 유방을 문 앞에서 맞이했다. 여공은 관상 보기를 좋아했다. 유방의 생김새를 보고는 크게 존경하며 자리에 앉게 했다. 소하가 말했다.

"유계는 늘 큰소리만 칠 뿐 이루는 일은 극히 드뭅니다."

유방은 여러 손님을 무시한 채 상좌上坐에 앉았다. 조금도 사양하는 기색이 없었다. 술자리가 끝나갈 즈음 여공이 눈짓으로 유방을 붙잡아 놓았다. 연회가 끝나 모두 돌아가자 유방 한 사람만 남았다. 여공이 말했다.

"나는 어려서부터 관상 보기를 좋아해 많은 상을 보았소. 그러나 당신만한 호상好相은 본 적이 없소. 부디 자중하기 바라오. 나에게 딸이 있으니 청소나 하는 첩으로 삼아주시오."

술자리가 끝나자 여공의 아내가 화를 냈다.

"당신은 전부터 늘 훌륭한 우리 딸을 귀인에게 주겠다고 했습니다. 패현 현령이 당신과 가까워 딸을 달라 했을 때도 주지 않더니 어째서 함부로 유계에게 주려는 것입니까?"

여공이 일축했다.

"이는 아녀자가 알 바가 아니오."

결국 유계에게 시집보냈다. 여공의 딸이 바로 훗날 한혜제漢惠帝와 노원공주魯元公主를 낳은 여후呂后다. 유방이 정장으로 있을 때 하루는 휴가를 내고 시골집에 돌아온 적이 있다. 여후는 두 아이를 데리고 밭에서 김을 매고 있었다. 지나가던 노인이 마실 물을 청하자 여후가 먹을 것도 내주었다. 노인이 여후의 관상을 보고 말했다.

"부인은 천하의 귀인이 될 것입니다."

여후가 두 아이의 관상을 보게 했다. 노인이 한혜제를 보고 말했다.

"부인이 귀하게 되는 것은 바로 이 아이 때문입니다."

노원공주의 상을 보고 역시 모두 귀한 상이라고 했다. 노인이 떠난 뒤 마침 유방이 이웃집[旁舍]에서 나왔다. 여후가 유방에게 지나가던 길손이 자신과 아이들의 관상을 보고 귀상이라고 말한 사실을 소상히 전했다. 유방이 그 노인이 어디로 갔는지 묻자 여후가 대답했다.

"멀리 가지 못했을 것입니다"

유방이 노인 뒤를 쫓아가 자신의 관상을 물었다. 노인이 대답했다.

"방금 전에 부인과 아이들의 관상을 보았는데 모두 당신 상을 닮았습니다. 당신은 말로 표현할 수 없는 귀한 상입니다."

유방이 크게 기뻐했다.

"실로 노인장의 말씀대로라면 그 은덕을 잊지 않겠소."

훗날 유방은 천자가 된 뒤 노인을 찾았으나 결국 그 행방을 알 길이 없었다. 유방은 정장으로 있을 때 죽순껍질로 제작하는 죽피관竹皮冠을 만들었다. 도적을 잡는 포졸인 휘하의 구도求盜®를 죽피관 장인이 사는 설현으로 보내 이를 배우게 했다. 유방은 늘 죽피관을 머리에 썼다. 천자가 되어서도 그랬다. 이른바 유씨관劉氏冠은 바로 이 죽피관을 지칭하는 말이다.◎◎ 유방은 정장으로서 현縣의 명을 받아 노역에 동원된 죄수를 이끌고 여산으로 향한 적이 있다. 가는 길에 많은 죄수가 달아났다. 유방은 내심 여산에 이를 때면 모두 달아나 한 사람도 남지 않을 것으로 생각했다. 풍읍의 서쪽 늪지에 이르러 행렬을 멈추게 한 뒤 술을 마셨다. 밤이 되자 인솔하던 죄수들을 풀어주며 말했다.

"너희들은 모두 떠나라. 나 역시 이제 달아날 것이다."

죄수 가운데 유방을 따르고자 하는 장사가 10여 명 되었다. 유방이 술을 더 마신 뒤 한밤중에 늪지의 좁은 길을 가다가, 사람을 시켜 앞길을 살펴보게 했다. 그가 돌아와 보고했다.

"앞에 큰 뱀이 길을 막고 있습니다. 돌아가는 것이 좋을 듯합니다."

술에 취한 유방이 말했다.

"장사가 길을 가는데 무엇을 두려워할 것인가?"

앞으로 가더니 칼을 뽑아 뱀을 베어 죽였다. 뱀이 두 동강이 나면서 길이 열렸다. 다시 몇 리를 걷다가 취기를 이기지 못해 길에 누워버렸다. 뒷사람들이 오다가 뱀이 죽은 곳에 이르렀다. 그곳에서 한 노파가 한밤중에 통곡하고 있었다. 연유를 묻자 노파가 이같이 대답했다.

◎ 구도를 《사기집해》는 응소應劭의 주를 인용해 정장 밑에 있는 두 명의 소졸小卒 가운데 하나로 보았다. 구도는 도적을 잡는 소졸이고, 다른 소졸은 정을 개폐하거나 소제하는 정보亭父다.

◎◎ 죽피관을 《사기집해》는 응소의 주를 인용해 마치 까치꼬리를 닮아 작미관鵲尾冠으로도 불리었다고 했다. 《사기색은史記索隱》 역시 응소의 주를 인용하며, 매우 길었던 까닭에 일명 장관長冠으로 불리었다고 했다. 미술사학자 소부카와 히로시曾布川寬는 마왕퇴 1호분 한묘에서 출토된 마용馬俑이 쓴 관이 유씨관이라는 주장을 제기한 바 있다. 설현은 전국시대 말기 천하의 유협들이 맹상군의 식객으로 있던 곳이다. 그곳에 관을 만드는 장인이 있었던 점에 비추어 맹상군 때 이미 유씨관과 유사한 관을 쓰고 다니던 자가 적잖이 있었을 공산이 크다.

"어떤 자가 내 아들을 죽였기에 통곡하는 것이오."

"노파의 아들은 무슨 이유로 죽게 되었소?"

"내 아들은 백제白帝의 아들이오. 뱀으로 변해 길을 막고 있다가, 적
제赤帝의 아들에게 참살을 당했소. 그래서 통곡하는 것이오."

노파가 허황된 말을 한다고 여겨 혼내주려 하자 문득 사라졌다.◎ 뒷
사람들이 도착할 무렵 유방은 술에서 깼다. 사람들이 방금 있었던 일
을 이야기하자 유방이 내심 홀로 기뻐하며 뱀을 죽인 것을 자랑스럽게
여겼다. 수행하던 자 모두 날이 갈수록 유방을 더욱 경외했다. 진시황
은 일찍이 '동남쪽에 천자의 기운이 있다'며 동쪽으로 순수해 그 기운
을 진압하고자 했다. 유방은 화를 당하지나 않을까 우려해 망산과 탕산
사이의 늪과 암석이 많은 골짜기로 달아나 숨었다. 여후는 사람들과 함
께 유방을 찾을 때마다 숨어 있는 곳을 용케 찾아냈다. 유방이 기이하
게 여겨 묻자 여후가 이같이 대답했다.

"당신이 있는 곳 위에는 늘 운기雲氣가 있습니다. 이를 쫓아가면 늘
당신을 쉽게 찾을 수 있습니다."

유방이 크게 기뻐했다. 패현의 젊은이 가운데 이 소식을 듣고 유방을
따르고자 하는 자가 매우 많았다.

● 高祖, 沛豐邑中陽里人, 姓劉氏, 字季. 父曰太公, 母曰劉媼. 其先劉媼嘗
息大澤之陂, 夢與神遇. 是時雷電晦冥, 太公往視, 則見蛟龍於其上. 已而有
身, 遂産高祖. 高祖爲人, 隆準而龍顔, 美須髯, 左股有七十二黑子. 仁而愛
人, 喜施, 意豁如也. 常有大度, 不事家人生産作業. 及壯, 試爲吏, 爲泗水亭

◎ "혼내주려고 하자"의 원문은 욕고지欲告之다.《사기집해》는 서광徐廣의 주를 인용해 고告가
곤욕을 치르게 한다는 뜻의 고苦로 된 판본이 있다고 했다.《사기색은》은《한서》에 고苦로 되어
있다며 일부 판본에는 때린다는 뜻이 태笞로 나온다고 했다. 여기서는 고苦로 풀이했다.

長, 廷中吏無所不狎侮. 好酒及色. 常從王媼·武負貰酒, 醉臥, 武負·王媼見其上常有龍, 怪之. 高祖每酤留飲, 酒讎數倍. 及見怪, 歲竟, 此兩家常折券弃責. 高祖常繇咸陽, 縱觀, 觀秦皇帝, 喟然太息曰, "嗟乎, 大丈夫當如此也!" 單父人呂公善沛令, 避仇從之客, 因家沛焉. 沛中豪桀吏聞令有重客, 皆往賀. 蕭何爲主吏, 主進, 令諸大夫曰, "進不滿千錢, 坐之堂下." 高祖爲亭長, 素易諸吏, 乃紿爲謁曰'賀錢萬', 實不持一錢. 謁入, 呂公大驚, 起, 迎之門. 呂公者, 好相人, 見高祖狀貌, 因重敬之, 引入坐. 蕭何曰, "劉季固多大言, 少成事." 高祖因狎侮諸客, 遂坐上坐, 無所詘. 酒闌, 呂公因目固留高祖. 高祖竟酒, 後. 呂公曰, "臣少好相人, 相人多矣, 無如季相, 願季自愛. 臣有息女, 願爲季箕帚妾." 酒罷, 呂媼怒呂公曰, "公始常欲奇此女, 與貴人. 沛令善公, 求之不與, 何自妄許與劉季?" 呂公曰, "此非兒女子所知也." 卒與劉季. 呂公女乃呂后也, 生孝惠帝·魯元公主. 高祖爲亭長時, 常告歸之田. 呂后與兩子居田中耨, 有一老父過請飲, 呂后因餔之. 老父相呂后曰, "夫人天下貴人." 令相兩子, 見孝惠, 曰, "夫人所以貴者, 乃此男也." 相魯元, 亦皆貴. 老父已去, 高祖適從旁舍來, 呂后具言客有過, 相我子母皆大貴. 高祖問, 曰, "未遠." 乃追及, 問老父. 老父曰, "鄉者夫人嬰兒皆似君, 君相貴不可言." 高祖乃謝曰, "誠如父言, 不敢忘德." 及高祖貴, 遂不知老父處. 高祖爲亭長, 乃以竹皮爲冠, 令求盜之薛治之, 時時冠之, 及貴常冠, 所謂"劉氏冠"乃是也.

高祖以亭長爲縣送徒酈山, 徒多道亡. 自度比至皆亡之, 到豐西澤中, 止飲, 夜乃解縱所送徒. 曰, "公等皆去, 吾亦從此逝矣!" 徒中壯士願從者十餘人. 高祖被酒, 夜徑澤中, 令一人行前. 行前者還報曰, "前有大蛇當徑, 願還." 高祖醉, 曰, "壯士行, 何畏!" 乃前, 拔劍擊斬蛇. 蛇遂分爲兩, 徑開. 行數里, 醉, 因臥. 後人來至蛇所, 有一老嫗夜哭. 人問何哭, 嫗曰, "人殺吾子, 故哭之." 人曰, "嫗子何爲見殺?" 嫗曰, "吾子, 白帝子也, 化爲蛇, 當道, 今爲赤帝子斬

之, 故哭." 人乃以媼爲不誠, 欲告之, 媼因忽不見. 後人至, 高祖覺. 後人告高
祖, 高祖乃心獨喜, 自負. 諸從者日益畏之. 秦始皇帝常曰, "東南有天子氣."
於是因東遊以厭之. 高祖卽自疑, 亡匿, 隱於芒·碭山澤巖石之閒. 呂后與人
俱求, 常得之. 高祖怪問之. 呂后曰, "季所居上常有雲氣, 故從往常得季." 高
祖心喜. 沛中子弟或聞之, 多欲附者矣.

2세 황제 원년 가을, 진승陳勝 등이 기현에서 봉기한 뒤 진현에 이르
러 보위에 올랐다. 국호를 장초張楚라고 했다. 여러 군현이 진나라 조정
에서 파견한 지방장관을 죽이고 이에 호응했다. 패현 현령도 두려운 마
음에 패현 백성을 동원해 진승에게 호응하고자 했다. 주리 소하와 옥리
조참이 현령에게 말했다.

"현령은 진나라의 관원인데 지금 진나라를 배신하고 패현의 젊은이
들을 거느리고자 하나 젊은이들이 말을 듣지 않을까 우려됩니다. 전에
다른 곳으로 달아난 패현 사람을 부르면 수백 명을 모을 수 있습니다.
그들을 이용해 마을의 젊은이들을 위협하면 감히 따르지 않을 수 없을
것입니다."

현령이 번쾌樊噲를 시켜 유방을 불러오게 했다. 그 당시 유방은 이미
100명 가까운 무리를 이끌고 있었다.◎ 번쾌가 유방을 데려오자 현령은
곧 후회하며 혹여 유방 등이 모반하지나 않을까 두려워했다. 성문을 걸
어 잠근 채 성을 굳게 지키면서 소하와 조참을 죽이려 한 이유다. 겁이

◎ "유방은 이미 100명 가까운 무리를 이끌고 있었다"의 원문은 수십백인數十百人이다.《사기색
은》은《한서》에 수백인數百人으로 되어 있다며 당나라 초기에 나온 유백장劉伯莊의《사기음의史
記音義》를 인용해 수십 명에서 100명 사이로 보았다. 100명 이하로 본 것이다.

난 소하와 조참이 성벽을 넘어가 유방에게 몸을 맡겼다. 유방이 이내 비단에 글을 쓴 뒤 화살에 꽂아 성안으로 쏘아 보냈다. 마을의 부로들에게 보낸 서신의 내용은 이러했다.

천하가 진나라로 인해 고통을 받은 지 이미 오래되었습니다. 지금 부로들은 현령을 위해 성을 지키고 있으나 제후들이 모두 봉기한 상황이라 이제 패현을 도륙하러 올 것입니다. 패현 사람들이 함께 현령을 죽이고 젊은이 가운데 그럴 만한 자를 우두머리로 세운 뒤 제후들과 호응하면 가족과 재산을 보전할 수 있습니다. 그렇지 않으면 부자 모두 도륙당해 의미 없는 죽음을 맞을 것입니다.

부로들이 젊은이들을 이끌고 가 현령을 죽인 뒤 성문을 열고 유방을 맞이했다. 곧 패현 현령으로 삼으려 하자 유방이 사양했다.

"천하가 바야흐로 크게 어지러워 제후들이 일거에 궐기하고 있습니다. 지금 무능한 장수를 두면 단 한 번의 싸움에 무참히 패할 것입니다. 감히 저 자신을 아껴 그런 것이 아니라 능력이 부족해 부형과 젊은이들을 제대로 보호하지 못할까 두려워하기 때문입니다. 이는 큰일이니 적임자를 신중히 택하도록 하십시오."

소하와 조참 등은 모두 글을 담당하는 아전인 문리文吏였던 까닭에 목숨을 매우 아꼈다. 그들은 실패할 경우 진나라에 의해 멸족의 화를 당할까 두려운 나머지 모두 유방에게 자리를 양보했다. 부로들이 입을 모아 말했다.

"평소 들은 바로는 그대에게 여러 진귀하고 기이한 일이 많이 있었다고 하오. 틀림없이 귀인이 될 것이오. 거북점과 시초점인 복서卜筮를 해보니 당신만큼 길한 사람은 없었소."

유방이 누차 사양했으나 그 누구도 감히 우두머리가 되고자 하는 자가 없었다. 결국 유방을 패공으로 내세웠다. 유방이 패현의 관청에서 황제黃帝에게 기원하고, 전쟁의 신인 치우에게 제사를 올렸다. 이때 희생의 피를 북에 바르는 의식을 행했다. 군대의 깃발을 모두 적색으로 했다. 전에 죽인 뱀이 백제의 아들이고, 뱀을 죽인 자는 적제의 아들이었기 때문이다. 이후 한나라가 적색을 숭상하게 된 이유다. 소하·조참·번쾌 등과 같이 젊고 뛰어난 아전[豪吏]들이 패현의 젊은이들을 2,000~3,000명 단위로 모아 호릉과 방여를 공략한 뒤 다시 돌아와 풍읍을 지켰다.

2세 황제 2년, 진승의 부장인 주장의 군사가 서쪽 함양 부근의 희수까지 진격했다가 패배하고 돌아왔다. 당시 연燕·조趙·제齊·위魏 등이 자립했다. 항량項梁과 항우는 오현에서 봉기했다. 진나라 사천군감 평平이 군사를 이끌고 풍읍을 포위했다. 이틀 뒤 유방이 출전해 이들을 대파했다. 유방은 옹치雍齒에게 풍읍 수비를 명한 뒤 군사를 이끌고 설현으로 진격했다. 사천군수 장壯이 설현에서 패한 뒤 척현으로 달아났다. 이때 패공의 좌사마 조무상曹無傷이 사천군수 장을 붙잡아 죽였다. 유방이 항보로 회군해 방여에 이르기까지 단 한 번의 교전도 없었다. 당시 진왕陳王 진승은 위나라 출신 휘하장수 주불周市을 시켜 풍읍을 치게 했다. 주불이 옹치에게 사람을 보내 이같이 설득했다.

"풍읍은 원래 위魏나라가 천도한 곳이오. 이제 위나라가 평정한 땅이 수십 개 성읍에 이르고 있소. 그대가 항복하면 위나라는 그대를 후로 삼아 풍읍을 지키게 할 것이나, 그리하지 않으면 이내 도륙할 것이오."

옹치는 평소 유방에게 귀속되는 것을 달갑게 여기지 않았다. 마침 위나라의 회유를 받자 유방을 배신하고 위나라에 항복한 뒤 풍읍을 지켰다. 유방이 군사를 이끌고 풍읍을 쳤으나 함락시키지 못했다. 이내 병까지 나 패현으로 퇴각하게 되었다. 유방은 옹치와 풍읍 젊은이들의 배신을 크게 원망했다. 마침 동양현 출신 영군甯君과 진가秦嘉◎가 경구景駒를 초나라의 가왕假王(가짜 왕)으로 삼아 유현에 머물고 있었다. 이 이야기를 들은 유방은 곧 경구에게 달려가 군사를 빌려 다시 풍읍을 치고자 했다. 당시 진나라 장수 장함章邯은 진승의 패잔병을 추격하고 있었다. 그의 별장인 사마 니㐌◎◎는 군사를 이끌고 북진해 초나라 땅을 평정하고 상현을 함락시킨 뒤 탕현으로 돌아가 있었다. 당시 동양현에 있던 영군과 유방이 군사를 이끌고 서쪽으로 진격해 소현 서쪽에서 사마니와 교전했으나 이기지 못했다. 유현으로 퇴각한 영군과 유방은 병사들을 다시 모아 탕현을 쳤다. 사흘 만에 함락시켰다. 덕분에 탕현의 병사를 그러모아 5,000~6,000명의 군사를 얻었다. 여세를 몰아 다시 하읍을 쳐 함락시킨 후 풍읍으로 회군했다. 이어 항량이 설현에 있다는 소식을 듣고는 100여 명의 기병을 이끌고 그를 만나러 갔다. 항량이 병사 5,000명과 오대부 작위의 장수 열 명을 보태주었다. 유방이 돌아온 뒤 이들을 이끌고 가 풍읍을 쳤다. 유방이 항량을 추종한 지 한 달 남짓

◎ 영군과 진가가 동일 인물인지 여부를 둘러싸고 이론이 분분하다. 〈고조본기〉는 〈항우본기項羽本紀〉와 달리 같은 사건을 다루면서 영군이 진가와 함께 경구를 초왕으로 옹립했다고 기록해놓았으나 그가 어떤 인물인지에 대해서는 입을 다물었다. 《사기집해》는 진가의 직책으로 파악한 문영文穎의 주와 〈진승전陳勝傳〉을 인용해 별개의 인물로 파악한 신찬臣瓚의 주를 모두 실어놓았다. 《사기색은》은 서진 때 《한서》를 주석한 신찬의 견해에 동조하면서 안사고顏師古의 주를 인용해 녕甯은 성씨이고, 군君은 존칭에 해당한다고 풀이했다. 문맥상 《사기색은》의 주석이 타당하다.

◎◎ 사마 니를 두고 《한서》를 주석한 삼국시대 위나라의 여순如淳은 장함章邯의 사마司馬라고 했고, 당나라 초기 안사고는 '니'를 이夷의 고자古字로 풀이했다.

한 사이 항우는 이미 양성을 공략한 뒤 돌아와 있었다.

　이 와중에 항량이 각지의 별장을 모두 설현으로 소집했다. 진승이 분명히 죽었다는 말을 듣고는 초나라 왕실의 후손인 초회왕楚懷王의 손자 미심芈心을 초왕으로 삼고, 우이에 도읍했다. 항량은 무신군으로 불리었다. 몇 달 뒤 그는 북쪽으로 항보를 공략하고, 동아현을 구원하면서 진나라 군사를 대파했다. 제나라 군사가 철군하자 초나라는 단독으로 달아나는 진나라 군사를 추격했다. 이때 항량이 유방과 항우에게 명해 각기 성양을 공략하게 했다. 두 사람은 성양성을 함락시킨 뒤 성안 사람들을 도륙했다. 이어 유방과 항우는 복양 동쪽에 진을 친 뒤 진나라 군사와 접전해 격파했다. 진나라 군사가 다시 병력을 재정비해 복양을 굳게 수비하고 물을 끌어들여 해자를 만들었다. 초나라 군사가 철수해 정도를 다시 쳤으나 함락시키지는 못했다. 서쪽 토벌에 나선 유방과 항우는 옹구에 이르러 진나라 군사와 접전해 대파하고, 이유李由를 참수한 뒤 회군해 외황을 또 쳤다. 그러나 외황은 함락시키지 못했다.

　연이어 진격을 격파한 항량은 점차 교만한 모습을 보이기 시작했다. 송의宋義가 간했으나 듣지 않았다. 진나라 조정이 군사를 증파해 장함을 돕게 했다. 장함이 한밤중에 소리를 내지 않기 위해 얇은 나무 막대기인 하무를 입에 물도록 하는 함매銜枚를 한 채 항량을 기습했다. 정도에서 초나라 군사를 대파하고 항량을 패사시켰다. 당시 유방과 항우는 진류를 공략하고 있었다. 항량이 전사했다는 소식을 듣고는 곧 군사를 이끌고 여신呂臣과 함께 동쪽으로 퇴각했다. 여신은 팽성 동쪽, 항우는 팽성 서쪽, 패공의 군사는 탕현에 진을 쳤다. 항량의 군사를 대파한 장함은 초나라 군사를 두려워할 것이 없다고 생각해 황하를 건넌 뒤 북진해 조나라를 대파했다. 조나라 왕은 조헐趙歇이었다. 진나라 장수 왕리王離가 거록성에서 포위했다. 당시 진여陳餘가 이끄는 조나라 군사는 거록성 북쪽에 주둔하고 있었다. 이를 이른바 하북군이라고 했다.

● 秦二世元年秋, 陳勝等起蘄, 至陳而王, 號爲"張楚". 諸郡縣皆多殺其長吏以應陳涉. 沛令恐, 欲以沛應涉. 掾·主吏蕭何·曹參乃曰, "君爲秦吏, 今欲背之, 率沛子弟, 恐不聽. 願君召諸亡在外者, 可得數百人, 因劫衆, 衆不敢不聽." 乃令樊噲召劉季. 劉季之衆已數十百人矣. 於是樊噲從劉季來. 沛令後悔, 恐其有變, 乃閉城城守, 欲誅蕭·曹. 蕭·曹恐, 踰城保劉季. 劉季乃書帛射城上, 謂沛父老曰, "天下苦秦久矣. 今父老雖爲沛令守, 諸侯並起, 今屠沛. 沛今共誅令, 擇子弟可立者立之, 以應諸侯, 則家室完. 不然, 父子俱屠, 無爲也." 父老乃率子弟共殺沛令, 開城門迎劉季, 欲以爲沛令. 劉季曰, "天下方擾, 諸侯並起, 今置將不善, 壹敗塗地. 吾非敢自愛, 恐能薄, 不能完父兄子弟. 此大事, 願更相推擇可者." 蕭·曹等皆文吏, 自愛, 恐事不就, 後秦種族其家, 盡讓劉季. 諸父老皆曰, "平生所聞劉季諸珍怪, 當貴, 且卜筮之, 莫如劉季最吉." 於是劉季數讓. 衆莫敢爲, 乃立季爲沛公. 祠黃帝, 祭蚩尤於沛庭, 而釁鼓旗, 幟皆赤. 由所殺蛇白帝子, 殺者赤帝子, 故上赤. 於是少年豪吏如蕭·曹·樊噲等皆爲收沛子弟二三千人, 攻胡陵·方與, 還守豐. 秦二世二年, 陳涉之將周章軍西至戲而還. 燕·趙·齊·魏皆自立爲王. 項氏起吳. 秦泗川監平將兵圍豐, 二日, 出與戰, 破之. 命雍齒守豐, 引兵之薛. 泗州守壯敗於薛, 走至戚, 沛公左司馬得泗川守壯, 殺之. 沛公還軍亢父, 至方與, 周市來攻方與未戰. 陳王使魏人周市略地. 周市使人謂雍齒曰, "豐, 故梁徙也. 今魏地已定者數十城. 齒今下魏, 魏以齒爲侯守豐. 不下, 且屠豐." 雍齒雅不欲屬沛公, 及魏招之, 卽反爲魏守豐. 沛公引兵攻豐, 不能取. 沛公病, 還之沛. 沛公怨雍齒與豐子弟叛之, 聞東陽甯君·秦嘉立景駒爲假王, 在留, 乃往從之, 欲請兵以攻豐. 是時秦將章邯從陳, 別將司馬𡾱將兵北定楚地, 屠相, 至碭. 東陽甯君·沛公引兵西, 與戰蕭西, 不利. 還收兵聚留, 引兵攻碭, 三日乃取碭. 因收碭兵, 得五六千人. 攻下邑, 拔之. 還軍豐. 聞項梁在薛, 從騎百餘往見之. 項梁益沛公卒五千人, 五大夫將十人. 沛公還, 引兵攻豐. 從項梁月餘, 項羽已拔襄城還. 項梁盡召別將居薛. 聞陳王定死, 因立楚後懷王孫心爲楚王, 治盱台. 項梁號武信君. 居數月, 北攻亢父, 救東阿, 破秦軍. 齊軍歸, 楚獨追北, 使沛公·項羽別攻城陽, 屠之. 軍濮陽之東, 與秦軍戰, 破之. 秦軍復振, 守濮陽, 環水. 楚軍去而攻定陶, 定陶未下. 沛公與項羽西略地至雍丘之下, 與秦軍戰, 大破之, 斬李由. 還攻外黃, 外黃未下. 項梁再破秦軍, 有驕色. 宋義諫, 不聽. 秦益章邯兵, 夜銜枚擊項梁, 大破之定陶, 項梁死. 沛公與項羽方攻陳留, 聞項梁死, 引兵與呂將軍俱東. 呂臣軍彭城東, 項羽軍彭城西, 沛公軍碭. 章邯已破項梁軍, 則以爲楚地兵不足憂, 乃渡河, 北擊趙, 大破之. 當是之時, 趙歇爲王, 秦將王離圍之鉅鹿城, 此所謂河北之軍也.

2세 황제 3년, 항량의 군사가 패한 것을 보고 겁이 난 초회왕은 우이에서 팽성으로 천도한 뒤 여신과 항우의 군사를 합쳐 직접 지휘했다. 유방을 탕군 군장으로 삼고 무안후에 봉한 뒤 탕군 군사를 통솔하게 했다. 또 항우를 장안후에 봉하고 노공으로 칭했다. 여신은 사도, 그의 부친 여청은 영윤에 임명했다. 조나라가 누차 구원을 청하자 초회왕이 송의를 상장군, 항우를 부장, 범증을 말장으로 삼은 뒤 북진해 조나라를 구하게 했다. 또 유방에게는 서쪽을 공략해 관중으로 진공하게 했다. 초회왕은 여러 장수 앞에서 가장 먼저 입관入關해 관중을 평정하는 자를 관중왕關中王으로 삼겠다고 약속했다. 당시 진나라 병력은 강대했다. 늘 승세를 몰아 패주하는 적군을 추격한 이유다. 초나라 장수 가운데 먼저 입관하는 것을 이롭게 여긴 자는 거의 없었다. 그러나 진나라가 항량의 군사를 격파한 것을 원통해한 항우는 달랐다. 격분한 그는 유방과 함께 서쪽으로 입관하고자 했다. 초회왕의 노장들이 입을 모아 말했다.

"항우는 사람됨이 성급하고 사나우며 교활해 남을 잘 해칩니다. 항우가 일찍이 양성을 공략했을 때 양성에 살아남은 무리가 하나도 없었습니다. 모두 갱살한 탓입니다. 그가 지나가는 곳은 잔혹하게 말살당하지 않은 곳이 없습니다. 진승이 세운 장초의 경우 누차 함양을 공략하고자 했음에도 바로 전에 진승과 항량 등이 모두 패한 것처럼 여의치 않았습니다. 차라리 관인한 장자를 보내 의를 북돋우면서 서진해 진나라 부형들을 깨우쳐 이끄느니만 못합니다. 진나라 부형들은 이미 폭군으로 인해 고통을 받은 지 오래되었습니다. 지금 장자가 가서 포학한 모습을 보이지 않으면 그것만으로도 능히 관중을 함락시킬 수 있습니다. 항우는 성급하고 사나운 만큼 지금으로서는 보내서는 안 됩니다. 패공은 평소 관대한 장자의 행보를 보였으니 오직 그만 보낼 만합니다."

초회왕이 마침내 항우가 가는 것을 허락지 않고 패공을 보내 서쪽을 공략하게 했다. 유방이 진승과 항량 휘하에 있던 산졸散卒을 수습한 뒤 서진하다가 탕현을 지나 성양에 이르게 되었다. 강리에서 진나라 군사와 대치한 끝에 진나라의 두 부대를 격파했다. 당시 항우가 이끄는 초나라 군사는 출병한 직후 왕리가 이끄는 진나라 군사를 대파했다. 유방은 군사를 이끌고 서쪽으로 진격해 창읍에서 팽월과 만났다. 둘이 합세해 진나라 군사를 쳤으나 전세가 불리했다. 일단 율현으로 철군한 뒤 강무후剛武侯를 만나서 그의 군사 4,000여 명을 빼앗았다.® 이어 위나라 장수 황흔皇欣 및 사도 무포武蒲의 군사와 합세해 창읍을 쳤으나 함락시키지 못했다. 유방이 서진하면서 고양을 경유할 때 고양 출신 서생인 역이기酈食其가 문을 지키는 감문監門에게 말했다.

"그간 이곳을 지난 장수가 매우 많았소. 내가 패공을 보니 과연 도량이 큰 대인장자大人長者의 풍모가 있소."

그러고는 유방을 만나 유세하고자 했다. 이내 역이기가 유방을 만났을 때 마침 유방은 침상에 걸터앉아 두 여자에게 발을 씻기고 있었다. 역이기가 절하지 않고 길게 읍하며 말했다.

"족하가 반드시 무도한 진나라를 토벌하고자 하면 걸터앉은 채 장자를 만나서는 안 됩니다."

유방이 벌떡 일어나 옷을 여미고 사죄한 뒤 그를 윗자리에 앉혔다. 역이기가 유방에게 진류를 습격하라고 권했다. 덕분에 진나라가 비축한 군량을 얻었다. 유방이 역이기를 광야군廣野君으로 삼았다. 또 역이기의 아우 역상酈商을 장수로 삼은 뒤 진류의 군사를 이끌고 가 함께 개봉을 쳤으나 함락시키지 못했다. 유방이 계속 서진해 백마에서 진나라 장수 양웅楊熊과 교전한 뒤 곡우 동쪽에서 다시 싸워 크게 쳐부수었다. 양웅이 형양으로 달아나자, 2세 황제가 사자를 보내 참수하고 본보기로 삼게 했다. 유방이 남쪽으로 영양을 공략한 뒤 사람들을 도륙했다. 이어 장량의 도움을 받아 마침내 한韓나라의 환원을 공략했다. 당시 조나라 별장 사마앙司馬卬도 마침 황하를 건넌 뒤 유방에 앞서 함곡관을 통해 입관하고자 했다.

다급해진 유방이 북쪽으로 평음을 공략하고 황하 나루를 건넌 뒤 남

◎ 강무후와 관련해 이설이 분분하다. 《사기집해》는 《한서음의漢書音義》 등의 주를 인용해 초회왕의 장수 또는 위나라 장수 진무陳武로 간주한 응소의 주와 〈고조공신후자연표高祖功臣侯者年表〉를 근거로 시호가 나오지 않는 시무柴武로 간주한 신찬臣瓚의 주를 함께 실어놓았다. 《사기정의史記正義》는 안사고의 주를 인용해 작호만 나오고 있는 만큼 진무 내지 시무 등으로 간주해서는 안 된다고 했다.

하해 낙양 동쪽에서 진나라 군사와 교전했다. 전세가 불리해지자 양성으로 회군했다. 다시 군영의 기마병을 소집해 주현 동쪽에서 남양태수 여의呂齮와 접전해 격파했다. 남양을 점령하자 남양태수 여의가 달아나 완성을 굳게 지켰다. 유방이 군사를 이끌고 완성을 버려둔 채 서진하려 하자 장량이 간했다.

"패공은 지금 서둘러 함곡관으로 입관하고자 하나 진나라 병사가 아직 많은데다 험준한 요새를 근거로 버티고 있습니다. 지금 완성을 함락시키지 않으면 뒤에서는 완성의 적군이 치고, 앞에는 강한 진나라 군사가 가로막는 형국이 됩니다. 이는 매우 위험한 길입니다."

유방이 밤에 군사를 이끌고 다른 길로 돌아와 깃발을 바꾸고 동이 틀 무렵 완성을 세 겹으로 포위했다. 남양태수가 자진하려고 하자 문객인 진회陳恢가 만류했다.

"죽기에는 아직 이릅니다."

그러고는 성을 넘어가 유방을 만났다. 그가 유방에게 말했다.

"제가 듣건대 족하는 먼저 함양에 입성하는 사람이 그곳의 왕이 되기로 초회왕과 약속했다고 합니다. 지금 족하는 이곳에 머물며 완성을 포위하고 있습니다. 완성은 커다란 군郡의 도성으로 수십 개의 성이 연이어 있어 백성도 많고 비축한 양식도 충분합니다. 관민 모두 항복하면 반드시 죽게 될 것으로 여기고 있어, 모두 성 위로 올라가 굳게 지키고 있습니다. 지금 족하가 종일 이곳에 머물며 공격하면 죽거나 부상당하는 병사가 틀림없이 많을 것이고, 군사를 이끌고 완성을 떠나면 완성의 군사가 반드시 족하를 추격할 것입니다. 전자는 함양에 먼저 입성해 왕이 될 기회를 잃는 것이고, 후자는 완성의 강군이 추격해올 우려가 있습니다. 족하를 위한 계책을 말하면 항복을 약속받은 뒤 완성의 태수를 후로 삼아 계속 이곳에 머물러 지키도록 하느니만 못합니다. 이어 그의 병사들을 이끌고 함께 서진하면 아직 항복하지 않은 모든 성읍이 이 소식을 듣고 다투어 성문을 열고 기다릴 것입니다. 족하가 함양으로 가는 길에 아무런 장애가 없을 것입니다."

"좋소."

그러고는 완성의 태수를 은후殷侯로 삼고, 진회를 천호후千戶侯에 봉했다. 이후 남양의 군사를 이끌고 서진하자 과연 항복하지 않는 자가 없었다. 단수에 이르자 고무후高武侯 새鰓와 양후襄侯 왕릉王陵이 서릉에서 항복했다. 유방이 회군해 호양을 치고, 파군의 별장 매현梅鋗을 만나 함께 석현과 여현을 함락시켰다. 위나라 출신 영창甯昌을 진나라에 밀사로 보냈으나 미처 돌아오지 못했다. 이때 장함은 군사를 이끌고 조나라에서 항우에게 항복했다.

당초 항우는 송의와 함께 북쪽으로 가 조나라를 구하고자 했다. 도중에 송의를 죽이고 대신 상장군이 되었다. 경포를 비롯한 제장들이 모두 항우에게 귀속되었다. 항우가 진나라 장수 왕리의 군사를 격파하고 장함을 항복케 만들자 제후들 역시 모두 항우에게 귀의했다. 당시 조고趙高는 2세 황제를 시해한 뒤 유방에게 사자를 보내 관중을 둘로 쪼개 각자 왕이 되는 방안을 약조하고자 했다. 이를 거짓으로 생각한 유방이 장량의 계책을 받아들여 역이기와 육가陸賈를 보내 진나라 장수를 설득하는 동시에 뇌물로 유혹하고자 했다. 유방이 남쪽 무관을 습격해 함락시킨 배경이다. 이후 진나라 군사와 남전 남쪽에서 교전케 되었다. 이때 의병疑兵의 계책을 구사해 깃발을 늘리고, 지나는 마을에서 약탈을 하지 못하게 했다. 진나라 백성이 크게 기뻐하고, 진나라 군사가 크게 해이해진 덕분에 대승을 거둘 수 있었다. 남전 북쪽에서 진나라 군사와 접전해 대승을 거둔 뒤 승세에 올라타 함양 입성을 가로막는 진나라 군사를 모두 궤멸시켰다.

● 秦二世三年, 楚懷王見項梁軍破, 恐, 徙盱台都彭城, 幷呂臣·項羽軍自將之. 以沛公爲碭郡長, 封爲武安侯, 將碭郡兵. 封項羽爲長安侯, 號爲魯公. 呂臣爲司徒, 其父呂靑爲令尹. 趙數請救, 懷王乃以宋義爲上將軍, 項羽爲次將, 范增爲末將, 北救趙. 令沛公西略地入關. 與諸將約, 先入定關中者王之. 當是時, 秦兵彊, 常乘勝逐北, 諸將莫利先入關. 獨項羽怨秦破項梁軍, 奮, 願與沛公西入關. 懷王諸老將皆曰, "項羽爲人慓悍猾賊. 項羽嘗攻襄城, 襄城無遺類, 皆阬之, 諸所過無不殘滅. 且楚數進取, 前陳王·項梁皆敗. 不如更遣長者扶義而西, 告諭秦父兄. 秦父兄苦其主久矣, 今誠得長者往, 毋侵暴, 宜可下. 今項羽慓悍, 今不可遣. 獨沛公素寬大長者, 可遣." 卒不許項羽, 而遣沛公西略地, 收陳王·項梁散卒. 乃道碭至成陽, 與杠里秦軍夾壁, 破魏秦二軍. 楚軍出兵擊王離, 大破之. 沛公引兵西, 遇彭越昌邑, 因與俱攻秦軍, 戰不利. 還至栗, 遇剛武侯, 奪其軍, 可四千餘人, 幷之. 與魏將皇欣·魏申徒武蒲之軍幷攻昌邑, 昌邑未拔. 西過高陽. 酈食其謂爲監門, 曰, "諸將過此者多, 吾視沛公大人長者." 乃求見說沛公. 沛公方踞床, 使兩女子洗足. 酈生不拜, 長揖, 曰, "足下必欲誅無道秦, 不宜踞見長者." 於是沛公起, 攝衣謝之, 延上坐. 食其說沛公襲陳留, 得秦積粟. 乃以酈食其爲廣野君, 酈商爲將, 將陳留兵, 與偕攻開封, 開封未拔. 西與秦將楊熊戰白馬, 又戰曲遇東, 大破之. 楊熊走之滎陽, 二世使使者斬以徇. 南攻潁陽, 屠之. 因張良遂略韓地轘轅. 當是時, 趙別將司馬卬方欲渡河入關, 沛公乃北攻平陰, 絶河津. 南, 戰雒陽東, 軍不利, 還至陽城, 收軍中馬騎, 與南陽守齮戰犫東, 破之. 略南陽郡, 南陽守齮走, 保城守宛. 沛公引兵過而西. 張良諫曰, "沛公雖欲急入關, 秦兵尙衆, 距險. 今不下宛, 宛從後擊, 彊秦在前, 此危道也." 於是沛公乃夜引兵從他道還, 更旗幟, 黎明, 圍宛城三帀. 南陽守欲自剄. 其舍人陳恢曰, "死未晚也." 乃踰城見沛公, 曰, "臣聞足下約, 先入咸陽者王之. 今足下留守宛. 宛, 大郡之都也, 連城數十, 人民衆, 積蓄多, 吏人自以爲降必死, 故皆堅守乘城. 今足下盡日止攻, 士死傷者必多, 引兵去宛, 宛必隨足下後, 足下前則失咸陽之約, 後又有彊宛之患. 爲足下計, 莫若約降, 封其守, 因使止守, 引其甲卒與之西. 諸城未下者, 聞聲爭開門而待, 足下通行無所累." 沛公曰, "善." 乃以宛守爲殷侯, 封陳恢千戶. 引兵西, 無不下者. 至丹水, 高武侯鰓·襄侯王陵降西陵. 還攻胡陽, 遇番君別將梅鋗, 與皆, 降析·酈. 遣魏人甯昌使秦, 使者未來. 是時章邯已以軍降項羽於趙矣. 初, 項羽與宋義北救趙, 及項羽殺宋義, 代爲上將軍, 諸將黥布皆屬, 破秦將王離軍, 降章邯, 諸侯皆附. 及趙高已殺二世, 使人來, 欲約分王關中. 沛公以爲詐, 乃用張良計, 使酈生·陸賈往說秦將, 啗以利, 因襲攻武關, 破之. 又與秦軍戰於藍田南, 益張疑兵旗幟, 諸所過毋得掠鹵, 秦人喜, 秦軍解, 因大破之. 又戰其北, 大破之. 乘勝, 遂破之.

한고조 원년 10월, 유방의 군사가 마침내 제후들보다 한 발 앞서 파상에 이를 수 있었다. 진왕秦王 자영子嬰이 흰 수레에 흰 말을 타고 목에 끈을 맨 채 황제의 옥새와 부절을 봉한 모습으로 지도정 옆에서 항복의식을 거행했다. 제장들 가운데 어떤 자가 진왕 자영의 주살을 주장했다. 유방이 반대했다.

"당초 초회왕이 나를 보낸 것은 원래 내가 관용을 베풀 수 있을 것으로 여겼기 때문이오. 게다가 이미 항복한 사람을 죽이는 것은 상서롭지 못하오."

그러고는 진왕 자영을 관원에게 맡겼다. 유방이 마침내 서쪽 함양으로 들어가 궁궐에 머물며 휴식을 취했다. 번쾌와 장량이 간하자 진나라의 보화와 재물창고를 봉한 뒤 파상으로 회군했다. 회군 때 여러 현의 부로와 호걸을 불러 이같이 말했다.

"부로들이 진나라의 가혹한 법령에 시달린 지 오래되었소. 그간 조정을 비난한 자들은 멸족의 화를 당했고, 모여서 의론한 자들은 저잣거리에서 처형을 당했소. 나는 제후들과 가장 먼저 관중에 입관하는 자가 왕이 되기로 약조했소. 내가 응당 관중의 왕이 될 것이오. 지금 부로들에게 법령 세 가지만 약조하고자 하오.◎ 첫째, 사람을 죽인 자는 사형에 처한다. 둘째, 사람을 다치게 한 자는 그에 준하는 형을 가한다. 셋째, 남의 물건을 훔친 자는 그 죄의 경중에 따라 처벌한다. 진나라의 나머지 법령은 모두 폐지해 관민이 이전처럼 안심하고 생업에 종사할 수 있게 할 것이오. 내가 이곳에 온 것은 부로들을 위해 해로움을 없애고자 한 것이지, 포악한 짓을 하려는 것이 아니오. 그러니 조금도 두려워하지 마시오. 내가 파상으로 돌아가 주둔하고자 한 것은 단지 제후들이 오기를 기다렸다가 약조를 확정하려는 것일 뿐이오."

그러고는 사람을 시켜 진나라 관원과 함께 모든 현과 향 및 읍을 돌아다니며 이를 알리게 했다. 진나라 백성이 크게 기뻐했다. 소고기·양고기·술·음식 등을 가지고 나와 유방의 군사를 대접하고자 했다. 유방

◎ "부로들에게 법령 세 가지만 약조하고자 하오"의 원문은 약법삼장約法三章이다. 약법삼장의 내용과 관련해 전한 순자荀子의 후손인 순열荀悅은 《한기漢紀》에서 '살인자사殺人者死, 상인자형傷人者刑, 도자저죄盜者抵罪'로 풀이했다. 《한서》〈형법지刑法志〉는 당시 비록 약법삼장을 약속했지만 약법삼장이 너무 소략해 마치 그물의 코가 너무 넓어 배를 삼킬 정도의 대어인 탄주지어吞舟之魚를 놓치게 되었다고 비판했다. 중범을 제대로 취체取締하지 못한 것을 비판한 것이다. 유방도 이후 약법삼장이 너무 소략해 천하를 다스리는 데 부족하다고 여겨 소하에게 이를 보완하게 했다. 소하는 진나라 법률을 참조해 도율盜律·적률賊律·수율囚律·포율捕律·잡률雜律·구율具律 여섯 편을 만든 뒤 다시 호율戶律·흥률興律·구율廐律 세 편을 더했다. 이를 구장률九章律이라 한다. 구장률의 완성으로 비로소 한나라 율령제도의 기틀이 마련되었다.

이 사양했다.

"창고에 양식이 많아 부족함이 없소. 민폐를 끼치고 싶지 않소."

진나라 백성이 더욱 기뻐하며 오직 유방이 진나라 왕이 되지 못할까 걱정했다. 어떤 자가 유방에게 말했다.

"관중은 그 부가 천하의 열 배나 되고, 지형 또한 견고합니다. 지금 듣건대 장함이 항복하자 항우는 그를 옹왕雍王으로 봉해 관중의 왕 노릇을 시키려 한다고 합니다. 지금 항후가 오면 패공은 아마 이곳을 차지하지 못할 것입니다. 급히 병사들을 시켜 함곡관을 지켜 제후의 연합군이 들어오지 못하도록 하십시오. 이어 점차 관중의 병사를 징집해 병력을 증강하는 방식으로 이들을 적극 방어하도록 하십시오."

유방이 옳다고 여겨 그대로 따랐다. 이해 11월 중순, 항우가 과연 제후의 연합군을 이끌고 서진해 함곡관에 이른 뒤 안으로 들어가고자 했으나 관문이 굳게 닫혀 있었다. 유방이 이미 관중을 평정한 사실을 뒤늦게 알고는 크게 노했다. 곧 경포 등을 시켜 함곡관을 공략하게 했다. 이해 12월 중순, 함곡관을 돌파해 마침내 희수에 이르게 되었다. 유방의 좌사마 조무상은 항우가 대로해 유방을 치려 한다는 이야기를 듣자 곧바로 사람을 항우에게 보내 이같이 전했다.

"패공이 관중의 왕이 되려고 합니다. 자영을 재상으로 삼은 뒤 진귀한 보물을 모두 차지하려는 속셈입니다."

조무상은 항우로부터 봉작封爵을 받고자 한 것이다. 이때 범증이 유방을 토벌할 계책을 항우에게 일러주었다. 항우가 병사들을 배불리 먹인 뒤 다음날 아침 유방과 교전하고자 했다. 당시 항우의 병사는 40만 명인데 100만 명으로 부풀렸고, 유방도 10만 명인데 20만 명으로 부풀렸다. 유방의 병력은 항우와 대적할 수 없었다. 항백項伯이 장량을 살리기 위해 밤에 만나러 갔다. 이를 계기로 장량이 항우를 설득시켰다. 항우가 유방에 관한 공격을 그만둔 이유다. 당시 유방은 100여 명의 기병을 이끌고 홍문으로 달려가서 사죄했다. 항우가 말했다.

"이는 그대의 좌사마 조무상이 말한 것이오. 그렇지 않았다면 내가 무엇 때문에 이리했겠소?"

유방은 번쾌와 장량의 도움으로 홍문의 사지에서 벗어나 무사히 돌아올 수가 있었다. 돌아온 뒤 곧바로 조무상을 죽였다. 항우는 함양에 입성한 뒤 살육을 일삼으며 함양의 진나라 궁실을 닥치는 대로 불살랐다. 지나는 곳마다 무참히 파괴되지 않은 것이 없었다. 진나라 백성 모두 크게 실망했으나 두려운 나머지 감히 복종하지 않을 수 없었다. 항우가 사람을 보내 초회왕에게 이를 보고하자 초회왕이 말했다.

"약속대로 하라."

항우는 당초 초회왕이 자신을 유방과 함께 서쪽 함곡관으로 진입하도록 하지 않고, 북쪽으로 조나라를 구원케 함으로써 천하의 제후들과 함께한 약속에서 유방보다 뒤쳐지게 만든 것을 원망했다. 그가 말했다.

"회왕은 우리 집안의 숙부인 항량이 옹립한 사람이다. 공도 없는 그가 어찌 맹약을 주관할 수 있겠는가? 원래 천하를 평정한 사람은 제장들과 나 항우다."

그러고는 초회왕을 명목상 의제로 높인 뒤 실제로는 그의 명을 따르지 않았다. 이해 정월, 항우가 스스로 서초 패왕을 칭했다. 옛 양나라와 초나라 땅인 구군의 왕이 되어 팽성에 도읍했다. 당초의 협약을 어기고 유방을 한왕漢王으로 이봉한 뒤 파촉과 한중을 다스리며 남정에 도읍하게 했다. 이어 관중을 삼분해 세 명의 진나라 장수를 옹립했다. 장함을 옹왕으로 삼아 폐구에 도읍하게 하고, 사마흔司馬欣을 새왕塞王으로 삼아 약양에 도읍하게 하고, 동예董翳를 적왕翟王으로 삼아 고노에 도읍하게 했다. 또 초나라 장수인 하구 출신 신양申陽을 하남왕河南王으로 삼아 낙양에 도읍하게 했다. 조나라 장수 사마앙을 은왕殷王으로 삼아 조가에 도읍하게 했고, 조헐을 대 땅으로 이봉해 그곳의 왕이 되게 했다. 조나라 승상 장이張耳를 상산왕常山王으로 삼아 양국에 도읍하게 했다. 당양군當陽君 경포를 구강왕九江王으로 삼아 육현에 도읍하게 하고, 초회왕의 주국 공오共敖를 임강왕臨江王으로 삼아 강릉에 도읍하게 했다. 이어 파군 오예吳芮를 형산왕衡山王으로 삼아 주읍에 도읍하게 하고, 연나라 장수 장도臧荼를 연왕으로 삼아 계현에 도읍하게 했다. 예전의 연왕 한광韓廣은 요동으로 이봉해 그곳의 왕이 되게 했다. 한광이 복종하지 않자 장도가 공략해 무종에서 죽였다. 항우는 성안군成安君 진여에게 하간 부근의 세 개 현을 식읍으로 내주고, 남피에 머물게 했다. 매현에게는 10만 호를 식읍으로 내려주었다.

● 漢元年十月, 沛公兵遂先諸侯至霸上. 秦王子嬰素車白馬, 係頸以組, 封皇帝璽符節, 降軹道旁. 諸將或言誅秦王. 沛公曰, "始懷王遣我, 固以能寬容, 且人已服降, 又殺之, 不祥." 乃以秦王屬吏, 遂西入咸陽. 欲止宮休舍, 樊噲·張良諫, 乃封秦重寶財物府庫, 還軍霸上. 召諸縣父老豪桀曰, "父老苦秦苛法久矣, 誹謗者族, 偶語者棄市. 吾與諸侯約, 先入關者王之, 吾當王關中. 與父老約, 法三章耳, 殺人者死, 傷人及盜抵罪. 餘悉除去秦法. 諸吏人皆案堵如故. 凡吾所以來, 爲父老除害, 非有所侵暴, 無恐! 且吾所以還軍霸上, 待諸侯至而定約束耳." 乃使人與秦吏行縣鄕邑, 告諭之. 秦人大喜, 爭持牛羊酒食獻饗軍士. 沛公又讓不受, 曰, "倉粟多, 非乏, 不欲費人." 人又益喜, 唯恐沛公不爲秦王. 或說沛公曰, "秦富十倍天下, 地形彊. 今聞章邯降項羽, 項羽乃號爲雍王, 王關中. 今則來, 沛公恐不得有此. 可急使兵守函谷關, 無內諸侯軍, 稍徵關中兵以自益, 距之." 沛公然其計, 從之. 十一月中, 項羽果率諸侯兵西, 欲入關, 關門閉. 聞沛公已定關中, 大怒, 使黥布等攻破函谷關. 十二月中, 遂至戲. 沛公左司馬曹無傷聞項王怒, 欲攻沛公, 使人言項羽曰, "沛公欲王關中, 令子嬰爲相, 珍寶盡有之." 欲以求封. 亞父勸項羽擊沛公. 方饗士, 旦日合戰. 是時項羽兵四十萬, 號百萬. 沛公兵十萬, 號二十萬, 力不敵. 會項伯欲活張良, 夜往見良, 因以文諭項羽, 項羽乃止. 沛公從百餘騎, 驅之鴻門, 見謝項羽. 項羽曰, "此沛公左司馬曹無傷言之. 不然, 籍何以生此!" 沛公以樊噲·張良故, 得解歸. 歸, 立誅曹無傷. 項羽遂西, 屠燒咸陽秦宮室, 所過無不殘破. 秦人大失望, 然恐, 不敢不服耳. 項羽使人還報懷王. 懷王曰, "如約." 項羽怨懷王不肯令與沛公俱西入關, 而北救趙, 後天下約. 乃曰, "懷王者, 吾家項梁所立耳, 非有功伐, 何以得主約! 本定天下, 諸將及籍也." 乃詳尊懷王爲義帝, 實不用其命. 正月, 項羽自立爲西楚霸王, 王梁·楚地九郡, 都彭城. 負約, 更立沛公爲漢王, 王巴·蜀·漢中, 都南鄭. 三分關中, 立秦三將, 章邯爲雍王, 都廢丘, 司馬欣爲塞王, 都櫟陽, 董翳爲翟王, 都高奴. 楚將瑕丘申陽爲河南王, 都洛陽. 趙將司馬卬爲殷王, 都朝歌. 趙王歇徙王代. 趙相張耳爲常山王, 都襄國. 當陽君黥布爲九江王, 都六. 懷王柱國共敖爲臨江王, 都江陵. 番君吳芮爲衡山王, 都邾. 燕將臧荼爲燕王, 都薊. 故燕王韓廣徙王遼東. 廣不聽, 臧荼攻殺之無終. 封成安君陳餘河間三縣, 居南皮. 封梅鋗十萬戶.

한고조 원년 4월, 각 제후는 항우의 대장군의 기치 아래서 병사들을 해산해 각자 이들의 봉국으로 돌아갔다. 유방이 봉국으로 떠나자 항우는 병사 3만 명을 동원해 유방을 따르게 했다. 초나라와 다른 봉국에서 유방을 흠모해 따르는 자가 수만 명에 달했다. 이들은 두현 남쪽에서

식 땅으로 들어갔다. 유방은 길을 지나면 잔도棧道를 불태워 끊었다. 제후의 도병盜兵◎이 뒤에서 습격할 것에 방비하고, 동쪽으로 되돌아갈 뜻이 없음을 항우에게 표시한 것이다. 남정에 이르는 동안 장병들 가운데 달아나 귀향한 자가 많았다. 병사들 모두 고향을 그리워하는 노래를 부르며 동쪽으로 돌아가고 싶어 했다. 한왕 한신이 유방을 설득했다.

"항우는 공을 세운 장수를 모두 왕에 봉했습니다. 유독 대왕만 남정에 도읍하게 했으니 이는 유배한 것이나 다름없습니다. 우리 군영의 군관과 병사 모두 산동 출신입니다. 밤낮으로 발꿈치를 세워 고향으로 돌아가고자 합니다. 이들의 이런 날카로운 기세를 활용하면 큰 공적을 이룰 수가 있습니다. 천하가 평정되어 모두 평안을 찾으면 다시는 이들을 이용할 수가 없습니다. 결단해 동진하며 천하를 다투느니만 못합니다."

항우가 함곡관을 나서면서 사람을 의제에게 보내 천도를 강요했다.

"옛날부터 제왕은 영토가 사방 1,000리에 지나지 않았고, 반드시 강하의 상류에 머물렀습니다."

그러고는 사자를 의제에게 보내 속히 장사의 침현으로 천도할 것을 재촉했다. 신하들이 점차 의제를 배신하자 항우는 몰래 형산왕과 임강왕에게 습격을 명해, 마침내 강남에서 의제를 죽였다.

당시 항우는 전영田榮에게 원한이 있었던 까닭에 제나라 장수 전도田都를 제나라 왕으로 세웠다. 전영이 대로한 나머지 전도를 죽이고 스

◎ 도병은 크게 세 가지 뜻이 있다. 첫째, 교활한 수단으로 승리를 꾀하는 군사를 뜻한다. 《순자荀子》〈의병議兵〉에 대한 양경楊倞의 주는 도적지병盜賊之兵으로 풀이했다. 둘째, 반란을 일으킨 군사를 지칭한다. 북송 때 왕안석王安石의 시 〈여산驪山〉에 나오는 "여산여차도병하驪山如此盜兵何" 구절이 대표적이다. 셋째, 병권 탈취를 의미한다. 명나라 심덕부沈德符의 《야획편野獲編》〈병부兵部〉에 나오는 "역사도병령지亦思盜兵逞志" 구절이 대표적이다. 여기서는 첫 번째 의미로 사용되었다.

스로 보위에 오르면서 항우를 배신했다. 이어 팽월에게 장군의 인장을 주어 양 땅에서 모반하게 했다. 항우가 소공蕭公 각角에게 명해 팽월을 치게 했으나 오히려 팽월이 그를 대파했다. 진여도 항우가 자신을 왕으로 봉하지 않은 것에 원한을 품었다. 유세객 하열夏說을 전영에게 보내 원병援兵을 청했다. 상산왕 장이를 치고자 한 것이다. 전영이 진여에게 원병을 보내주자 진여가 장이를 격파했다. 장이가 도망쳐 유방에게 왔다. 진여가 조왕 헐을 대 땅으로부터 맞이해 다시 조왕으로 세웠다. 조왕 헐이 진여를 대왕으로 삼았다. 항우가 대로해 북진해 제나라를 쳤다.

이해 8월, 유방이 한신의 계책을 써 고도故道를 따라 관중으로 들어가 옹왕 장함을 쳤다. 장함이 진창에서 한나라 군사를 맞아 싸웠으나 이내 패주했다. 호치에서 멈추어 다시 싸웠지만 또다시 패해 폐구로 달아났다. 유방이 마침내 옹 땅을 평정했다. 이내 동쪽 함양에 이른 뒤 다시 군사를 이끌고 폐구에서 장함을 포위했다. 이때 제장을 각지로 보내 농서·북지·상군을 공략했다. 장수 설구薛歐와 왕흡王吸에게 명해 무관을 빠져나간 뒤 남양에 주둔한 왕릉 군사의 힘을 빌려 태공과 여후를 패현에서 모셔오게 했다. 소식을 들은 초나라가 군사를 동원해 양하에서 이들이 패현으로 가는 길을 막았다. 또 전에 오현의 현령으로 있던 정창鄭昌을 한왕韓王으로 삼아 한나라 군사에 저항하게 했다.

한고조 2년, 유방이 동쪽을 공략하자 새왕 사마흔과 적왕 동예, 하남왕 신양이 모두 항복했다. 한왕 정창이 항복하지 않자 회음후淮陰侯 한신을 시켜 그를 격파하고 땅을 점령하게 했다. 이어 이곳에 농서·북지·상군·위남·하상·중지 등의 군을 두었다. 또 함곡관 밖에는 하남군을 두었다. 이어 한韓나라 태위 신信을 한왕韓王으로 세웠다. 제후의 장수들 가운데 1만 명의 병사 또는 군郡 하나를 바치고 항복하는 자는 만

호후萬戶侯에 봉했다. 하상군의 요새를 수리하고, 이전의 진나라 원유와 원지를 모두 백성에게 나누어주고 경작하게 했다. 이해 정월, 옹왕 장함의 아우 장평章平을 생포한 뒤 죄수들에게 대사령을 내렸다. 유방은 무관을 빠져나간 뒤 섬현에 이르러 관외의 부로들을 위로하고 돌아왔다. 장이가 알현하러 오자 후하게 대접했다.

이해 2월, 진나라의 사직단을 없애고 한나라 사직단으로 바꿔 세웠다. 이해 3월, 유방이 임진에서 황하를 건너자 위왕 표豹가 군사를 이끌고 수행했다. 유방이 하내를 함락시켜 은왕 사마앙을 생포한 뒤 하내군을 두었다. 남쪽으로 평음진을 건너 낙양에 이르렀다. 신성의 삼로三老 동공董公이 유방을 가로막고 의제의 피살 배경을 말했다. 유방이 왼쪽 팔뚝을 드러낸 채 크게 통곡했다. 이어 의제를 위해 발상한 뒤 사흘 동안 곡을 하며 제사를 올렸다. 곧 사자를 시켜 제후들에게 격문을 돌렸다.

천하가 함께 의제를 천자로 옹립한 뒤 북면해 섬겼소. 지금 항우가 의제를 강남으로 쫓아내 죽였으니 대역무도한 짓이오. 과인이 직접 상을 치르고 있으니 제후들 모두 소복을 착용해주시오. 관중의 모든 병사를 동원하고, 하남과 하동 및 하내의 삼하 군사를 소집한 뒤 장강과 한수를 따라 남하할 생각이오. 제후왕들과 함께 의제를 시해한 초나라 죄인을 토벌하고자 하는 것이오.

당시 항우는 북쪽 제나라를 공격했다. 전영은 항우와 성양에서 교전했다가 패해 평원으로 달아났다. 평원의 백성이 그를 죽였다. 제나라 각지 모두 초나라에 항복했다. 초나라 군사가 제나라 성읍을 모두 불사른 뒤 그 자녀들을 생포해 끌고 갔다. 제나라 백성이 다시 초나라를 배신했다. 전영의 아우 전횡田橫이 전영의 아들 전광田廣을 옹립하자 전광이 성양에서 초나라에 반기를 들었다. 항우는 한나라 군사가 동진했다는 소식을 들었으나 이미 제나라 군사와 접전 중인 까닭에 제나라 군사를 격파한 뒤 한나라 군사를 치려고 했다. 덕분에 유방은 5국 제후를 압박해 연합군을 구성한 뒤 마침내 초나라 도성인 팽성을 공략할 수 있었다. 소식을 들은 항우가 곧바로 군사를 이끌고 제나라를 떠난 뒤 노현을 거쳐 호릉으로 나와 급속히 소현에 도착했다. 한나라 군사와 팽성 및 영벽 동쪽 수수 가에서 격전을 벌였다. 한나라 군사를 대파했다. 수많은 병사가 빠져 죽었는데 수수 가의 물이 시체에 막혀 흐르지 못할 정도였다. 항우가 유방의 부모와 처자를 패현에서 붙잡아 군중에 두고 볼모로 삼았다. 당시 제후들은 강력한 초군에게 한나라 군사가 패한 것을 보고는 모두 다시 한나라를 떠나 초나라에 귀의했다. 새왕 사마흔도 초나라로 도망쳐왔다.

여후의 오빠 주여후 여택呂澤은 한나라를 위해 군사를 이끌고 하읍에 머물고 있었다. 유방도 그에게로 가 점차 병사들을 그러모은 뒤 탕현에 주둔했다. 이어 서쪽으로 양 땅을 지나 우현에 이른 뒤 알자 수하隨何를 구강왕 경포가 있는 곳으로 보내 이같이 당부했다.

"그대가 경포에게 군사를 일으켜 초나라에 반기를 들게 하면 항우는 틀림없이 그곳에 머물며 경포를 칠 것이다. 항우를 몇 달만 머물게 할 수 있으면 내가 천하를 얻는 것은 분명한 일이다."

수하가 구강왕 경포를 설득하자 경포가 과연 초나라를 배신했다. 항우가 휘하장수 용저龍且를 시켜 그를 공격하게 했다. 유방이 팽성에서 패전해 서쪽으로 달아나는 와중에 사람을 보내 가족을 찾았다. 그러나 가족들도 뿔뿔이 도망치는 바람에 행방을 알 길이 없었다. 도중에 혜제와 노원공주와 만나 함께 달아났다. 이해 6월, 혜제 유영劉盈을 태자로 세우고, 죄수들에게 대사령을 내렸다. 태자 유영에게 약양을 지키게 한 뒤 제후의 아들로서 관중에 있는 자를 모두 약양으로 불러 모아 태자를 호위하게 했다. 이어 장함에 대한 공격에 나서 폐구성에 수공을 가했다. 물에 잠긴 폐구성의 군사들이 항복하고, 장함은 자진했다. 폐구의 이름을 바꿔 괴리로 불렀다. 제사를 담당하는 사관에게 명해 천지와 사방, 상제, 산천에게 제사를 올리게 했다. 이후 때맞추어 제사 지낼 것을 명했다. 관중의 병사를 동원해 변경을 수비하게 했다.

당시 구강왕 경포는 용저와 교전했으나 승리하지 못했다. 이내 수하와 함께 샛길을 통해 몰래 한나라로 달아났다. 유방이 점차 병사들을 그러모은 뒤 제장 및 관중의 병사들과 함께 출병했다. 군사의 사기가 형양 땅에 진동했다. 마침내 경현과 삭성 사이에서 초나라 군사를 격파했다.

● 四月, 兵罷戱下, 諸侯各就國. 漢王之國, 項王使卒三萬人從, 楚與諸侯之慕從者數萬人, 從杜南入蝕中. 去輒燒絶棧道, 以備諸侯盜兵襲之, 亦示項羽無東意. 至南鄭, 諸將及士卒多道亡歸, 士卒皆歌思東歸. 韓信說漢王曰, "項羽王諸將之有功者, 而王獨居南鄭, 是遷也. 軍吏士卒皆山東之人也, 日夜跂而望歸, 及其鋒而用之, 可以有大功. 天下已定, 人皆自寧, 不可復用. 不如決策東鄕, 爭權天下." 項羽出關, 使人徙義帝. 曰, "古之帝者地方千里, 必居上遊." 乃使使徙義帝長沙郴縣, 趣義帝行, 群臣稍倍叛之, 乃陰令衡山王·臨江王擊之, 殺義帝江南. 項羽怨田榮, 立齊將田都爲齊王. 田榮怒, 因自立爲齊王, 殺田都而反楚, 予彭越將軍印, 令反梁地. 楚令蕭公角擊彭越, 彭越大破之. 陳餘怨項羽之弗王己也, 令夏說說田榮, 請兵擊張耳. 齊予陳餘兵, 擊破常山王張耳, 張耳亡歸漢. 迎趙王歇於代, 復立爲趙王. 趙王因立陳餘爲代王. 項羽大怒, 北擊齊. 八月, 漢王用韓信之計, 從故道還, 襲雍王章邯. 邯迎擊漢陳倉, 雍兵敗, 還走, 止戰好畤, 又復敗, 走廢丘. 漢王遂定雍地. 東至咸陽, 引兵圍雍王廢丘, 而遣諸將略定隴西·北地·上郡. 令將軍薛歐·王吸出武關, 因王陵兵南陽, 以迎太公·呂后於沛. 楚聞之, 發兵距之陽夏, 不得前. 令故吳令鄭昌爲韓王, 距漢兵. 二年, 漢王東略地, 塞王欣·翟王翳·河南王申陽皆降. 韓王昌不聽, 使韓信擊破之. 於是置隴西·北地·上郡·渭南·河上·中地郡, 關外置河南郡. 更立韓太尉信爲韓王. 諸將以萬人若以一郡降者, 封萬戶. 繕治河上塞. 諸故秦苑囿園池, 皆令人得田之, 正月, 虜雍王弟章平. 大赦罪人. 漢王之出關至陝, 撫關外父老, 還, 張耳來見, 漢王厚遇之. 二月, 令除秦社稷, 更立漢社稷. 三月, 漢王從臨晉渡, 魏王豹將兵從. 下河內, 虜殷王, 置河內郡. 南渡平陰津, 至雒陽. 新城三老董公遮說漢王以義帝死故. 漢王聞之, 袒而大哭. 遂爲義帝發喪, 臨三日. 發使者告諸侯曰, "天下共立義帝, 北面事之. 今項羽放殺義帝於江南, 大逆無道. 寡人親爲發喪, 諸侯皆縞素. 悉發關內兵, 收三河士, 南浮江漢以下, 願從諸侯王擊楚之殺義帝者." 是時項王北擊齊, 田榮與戰城陽. 田榮敗, 走平原, 平原民殺之. 齊皆降楚. 楚因焚燒其城郭, 係虜其子女. 齊人叛之. 田榮弟橫立榮子廣爲齊王, 齊王反楚城陽. 項羽雖聞漢東, 既已連齊兵, 欲遂破之而擊漢. 漢王以故得劫五諸侯兵, 遂入彭城. 項羽聞之, 乃引兵去齊, 從魯出胡陵, 至蕭, 與漢大戰彭城靈壁東睢水上, 大破漢軍, 多殺士卒, 睢水爲之不流. 乃取漢王父母妻子於沛, 置之軍中以爲質. 當是時, 諸侯見楚彊漢敗, 還皆去漢復爲楚. 塞王欣亡入楚. 呂后兄周呂侯爲漢將兵, 居下邑. 漢王從之, 稍收士卒, 軍碭. 漢王乃西過梁地, 至虞. 使謁者隨何之九江王布所, 曰, "公能令布擧兵叛楚, 項羽必留擊之. 得留數月, 吾取天下必矣." 隨何往說九江王布, 布果背楚. 楚使龍且往擊之. 漢王之敗彭城而西, 行使人求家室, 家室亦亡, 不相得. 敗後乃獨得孝惠, 六月, 立爲太子, 大赦罪人. 令太子守櫟陽, 諸侯子在關中者皆集櫟陽爲衛. 引水灌廢

44

丘, 廢丘降, 章邯自殺. 更名廢丘爲槐里. 於是令祠官祀天地四方上帝山川, 以時祀之. 興關內卒乘塞. 是時九江王布與龍且戰, 不勝, 與隨何閒行歸漢. 漢王稍收士卒, 與諸將及關中卒益出, 是以兵大振滎陽, 破楚京·索閒.

한고조 3년, 위왕 표가 부모의 병을 살피러 휴가를 청해 귀국했다. 위나라에 이르자마자 곧바로 황하의 나루를 끊은 뒤 한나라를 배신하고 초나라에 귀의했다. 유방이 역이기를 보내 설득했으나 위표가 듣지 않았다. 곧 장수 한신을 시켜 위나라를 대파하고 위표를 생포했다. 위나라 땅을 평정한 뒤 세 개 군을 두었다. 하동군·태원군·상당군이 그것이다. 유방이 장이와 한신에게 명해 동쪽 정형을 함락시키고, 조나라를 공략해 진여와 조왕 헐을 죽이게 했다. 이듬해에 장이를 조왕으로 삼았다.

당시 형양 남쪽에 주둔한 유방은 황하로 통하는 용도를 쌓은 뒤 오창의 곡식을 차지했다. 이런 상태로 항우와 1년 남짓 대치했다. 항우가 자주 한나라의 용도를 침탈하자 한나라 군사가 군량 부족으로 애를 먹었다. 항우가 여세를 몰아 마침내 유방을 포위했다. 유방이 강화를 청해 형양 이서 지역을 한나라에 떼어줄 것을 요구했으나 항우가 응하지 않았다. 우려한 끝에 유방이 진평의 계책을 썼다. 진평에게 황금 4만 근을 내주자 진평이 첩자를 활용해 항우와 범증 사이를 이간질했다. 과연 항우가 아부 범증을 의심했다. 당시 범증은 항우에게 형양을 즉각 함락시킬 것을 권했다. 그러다가 자신이 의심받고 있다는 사실을 알고는 크게 분노했다. 곧 늙었다는 이유로 관직에서 물러나 귀향할 뜻을 밝혔다. 귀향 도중 팽성에도 이르지 못한 채 등창이 나 죽었다.

한나라 군사는 식량이 떨어지자 밤에 갑옷을 입은 부녀 2,000여 명을 형양성의 동문으로 내보냈다. 초나라 군사가 사면에서 이들을 공격했다. 장수 기신紀信이 유방의 어가御駕(왕의 수레)를 탄 채 거짓으로 유방인 척하며 초나라 군사를 속였다. 초나라 군사가 모두 만세를 부르며 구경하러 동문으로 갔다. 이 틈을 타 유방이 수십 명의 기병과 함께 서문을 통해 황급히 달아났다. 성을 빠져나오기 직전에 유방이 어사대부 주가周苛를 위시해 위표와 종공樅公 등에게 형양성을 지키게 했다. 유방을 수행할 수 없었던 제장과 병사들 모두 성에 머물러 있었다. 주가와 종공이 서로 논의했다.

"나라를 배신한 왕과는 함께 성을 지키기 어렵다."

그러고는 곧 위표를 죽였다. 형양성에서 황급히 달아난 유방은 관중으로 들어간 뒤 다시 병사를 모아 동진하고자 했다. 이때 원씨袁氏 성을 가진 유생이 유방을 찾아와 이같이 설득했다.

"한나라는 초나라와 형양성에서 대치하는 몇 년 동안 늘 곤궁했습니다. 원컨대 군왕은 무관을 빠져나가십시오. 그러면 항우는 반드시 군사를 이끌고 남하할 것입니다. 이후 벽을 높이 쌓고 굳게 수비만 해 형양과 성고의 군사들에게 휴식을 취하게 하십시오. 이때 한신 등을 시켜 하북의 조나라 땅을 진무한 뒤 연나라 및 제나라와 연합케 하십시오. 이후 군왕이 다시 형양성으로 가더라도 결코 늦지 않을 것입니다. 이같이 하면 초나라 군사는 여러 쪽으로 방비해야 하는 만큼 병력이 분산되고, 한나라 군사는 오히려 휴식을 취할 수 있습니다. 그 후에 다시 싸우면 틀림없이 초나라 군사를 무찌를 수 있을 것입니다."

유방이 이를 따랐다. 완성과 섭현 사이로 출병해 경포와 함께 군사를 그러모은 뒤 행군했다. 당시 항우는 유방이 완성에 있다는 소식을 듣자 과연 곧바로 군사를 이끌고 남하했다. 유방이 수비만 견고히 한 채 싸우지 않았다. 팽월은 수수를 건넌 뒤 항성項聲 및 설공薛公과 함께 하비에서 초나라 군사와 싸워 크게 이겼다. 항우가 곧 군사를 이끌고 동쪽으로 가 팽월을 치자 유방도 군사를 이끌고 북상해 성고에 주둔했다. 팽월을 패주시킨 항우는 유방이 다시 성고에 주둔했다는 소식을 듣고는 다시 군사를 이끌고 급속히 서진했다. 형양성을 공략해 주가와 종공을 죽이고 한왕 신을 생포한 뒤 마침내 여세를 몰아 성고를 포위했다. 궁지에 몰린 유방이 등공 관영灌嬰과 단 둘이 수레를 타고 성고성의 북문인 옥문을 통해 황급히 달아났다. 북쪽으로 황하를 건넌 뒤 말을 내달려 수무에서 하룻밤을 묵었다. 이어 다음날 새벽, 자신을 사자라고 칭하며 급히 말을 몰아 장이와 한신의 군영에 들어간 뒤 이들의 군대를 빼앗았다. 이어 장이를 북쪽으로 보내 조나라 땅에서 병사를 더 많이 모집하게 했다. 또 한신을 시켜 동쪽으로 제나라를 치게 했다.

유방은 회음후 한신의 군사를 얻자 다시 사기가 올랐다. 군사를 이끌고 남하해 황하 가에 이르자 소수무 남쪽에 주둔했다. 초군과 다시 싸울 생각이었다. 낭중 정충鄭忠이 설득에 나서 보루의 벽을 높이고, 참호를 깊게 파는 식으로 수비를 견고히 한 채 싸우지 말 것을 권했다. 유방이 이를 따라 죽마고우인 노관盧綰과 사촌 형인 형왕荊王 유가劉賈에게 병사 2만 명과 기병 수백 명을 이끌고 백마진을 건너 초나라 땅으로 들어가게 했다. 이들은 팽월과 함께 연현의 성곽 서쪽에서 협공해 초나라 군사를 대파했다. 마침내 양 땅의 10여 개 성을 손에 넣은 배경이다.

당시 회음후 한신은 이미 제나라 평정의 명을 받고 동진했으나 아직 평원진을 건너지 못하고 있었다. 유방은 역이기를 보내 제왕 전광을 설득했다. 전광이 이내 초나라를 배신하고 한나라와 강화한 뒤 함께 항우를 쳤다. 회음후 한신은 책사인 괴통蒯通의 계책을 써 마침내 제나라를 격파했다. 화가 난 제왕 전광이 역이기를 팽살한 뒤 동쪽 고밀로 달아났다. 항우는 한신이 하북의 군사를 이끌고 조나라와 제나라 군사를 차례로 격파한 뒤 다시 초나라를 치려 한다는 소식을 듣고는 곧바로 용저와 주란周蘭을 보내 한신을 치게 했다. 한신이 이들과 교전하자 기장 관영이 출격해 초나라 군사를 대파하고 용저를 참살했다. 제왕 전광은 팽월에게 달아났다. 당시 팽월은 군사를 이끌고 양 땅에 주둔한 채 초나라 군사를 괴롭히며 군량 보급로를 차단하곤 했다. 한고조 4년, 항우가 대사마로 있는 해춘후海春侯 조구曹咎에게 말했다.

"성고성을 신중히 지키시오. 한나라 군사가 싸움을 걸지라도 절대 응해서는 안 되오. 그들이 동진하지 못하게 막기만 하면 되오. 내가 보름 이내로 반드시 양 땅을 평정한 뒤 재차 장군을 따르도록 하겠소."

그러고는 군사를 이끌고 가 진류·외황·수양을 잇달아 공략했다. 이때 한나라 군사가 누차 싸움을 걸었으나 대사마 조구는 출병하지 않았다. 한나라 군사가 사람을 보내 5, 6일 동안 험한 욕을 해대자 마침내 대사마 조구가 화를 참지 못해 군사를 이끌고 사수를 건넜다. 초나라 군사가 사수를 반쯤 건널 즈음 한나라 군사가 공격을 가해 초나라 군사를 대파하고, 초나라의 금은보화와 재물을 모두 빼앗았다. 대사마 조구와 장사 사마흔 모두 사수 가에서 자진했다. 항우는 수양에 이르러 조구가 패사했다는 소식을 듣고는 이내 군사를 이끌고 회군했다. 당시 한나라 군사는 마침 형양성 동쪽에서 종리매鐘離昧를 포위하고 있었다. 항우가 그곳에 이르자 크게 놀라 황급히 험준한 곳으로 달아났다. 회음후 한신은 제나라를 평정한 뒤 사람을 유방에게 보내 이같이 요구했다.

"제나라는 초나라와 이웃해 있습니다. 저의 권력이 미미하니 임시로 저를 제나라의 가왕에 봉해주십시오. 그리하지 않으면 아마 제나라를 안정시킬 수 없을 듯합니다."

대로한 유방이 한신을 치려 했다. 유후留侯 장량이 만류했다.

"차라리 이 기회에 그를 제나라의 진왕眞王으로 세워 스스로 제나라를 지키게 하십시오."

장량을 시켜 인수를 가지고 가 한신을 제왕에 봉하게 했다. 항우는 용저의 군사가 패했다는 소식을 듣고 두려운 나머지 우이 출신 유세가인 무섭武涉을 보내 한신을 설득했다. 한신이 듣지 않았다. 초나라와 한나라 군사는 오랫동안 서로 대치했으나 승부가 나지 않았다. 장정들은 종군 생활을 힘겨워했고, 노약자들은 군량 운반으로 지쳐 있었다. 유방과 항우가 광무산 계곡을 사이에 두고 설전을 벌였다. 항우가 유방에게 단독으로 자웅을 겨루고자 제안했다. 유방은 이를 거절하고 항우의 죄상을 열거하며 꾸짖었다.

"당초 나는 그대와 함께 초회왕의 명을 받들어 먼저 관중에 입관해 평정하는 자가 왕이 되기로 약속했다. 그대는 약속을 어기고 나를 관중 대신 촉한에 봉했으니 이것이 첫 번째 죄다. 그대는 왕명을 사칭해 경자관군 송의를 죽였으니 이것이 두 번째 죄다. 또 그대는 조나라를 구한 뒤 응당 초회왕에게 보고해야 했음에도 멋대로 제후 연합군을 위협해 관중에 들어갔으니 이것이 세 번째 죄다. 초회왕이 약조할 때 진나라로 들어가 폭행과 노략질은 하지 말라고 당부했는데도 진나라 궁궐을 불사르며 시황제의 묘를 파헤쳤고 진나라의 재물을 사사로이 착취했으니 이것이 네 번째의 죄다. 또 항복한 진왕 자영을 이유 없이 죽였으니 이것이 다섯 번째 죄다. 속임수를 써 진나라의 젊은이 20만 명을 신안에서 갱살하고 그 장수 장함을 왕으로 봉했으니 이것이 여섯 번째 죄다. 그대는 제후의 장수들을 선지에 봉하고 원래의 제후왕을 다른 곳으로 쫓아내 이들의 신하들에게 서로 다투어 모반케 만들었으니 이것이 일곱 번째 죄다. 그대는 의제를 팽성으로 쫓아내고 스스로 그곳에 도읍했고, 한왕韓王의 봉지를 빼앗고, 양나라와 초나라 땅을 병탄해 자신의 땅을 넓혔으니 이것이 여덟 번째 죄다. 사람을 보내 강남에서 의제를 암살했으니 이것이 아홉 번째 죄다. 신하 된 자로서 그 군주를 시해하고, 이미 항복한 자를 죽이고, 공평하게 정사를 처리하지 않고, 약속을 어겨 신의를 저버리는 식으로 천하에 용납되지 못할 대역무도를 범했으니 이것이 열 번째 죄다. 나는 의병을 이끌고 제후의 연합군과 함께 남은 적을 토벌하려는 사람이다. 그대는 형벌을 받은 죄인들을 시켜 격살하는 것으로 족하다. 어찌 내가 수고롭게 그대와 싸울 필요가 있겠는가?"

항우가 대로한 나머지 숨겨놓은 쇠뇌를 발사해 유방을 명중시켰다. 유방이 가슴에 상처를 입고 짐짓 발을 더듬으며 말했다.

"저 역적이 내 발가락을 맞혔다!"

유방이 상처로 인해 자리에 눕자 장량이 유방에게 억지로 일어나 군중을 순시하며 병사들을 위로하게 했다. 덕분에 군심軍心이 안정되었다. 초나라가 이를 틈타 한나라 군사와 싸워 이기는 것을 막고자 한 것이다. 유방이 밖으로 나가 군중을 순시하다 병세가 악화되었다. 이내 말을 타고 성고로 급히 돌아왔다.

● 三年, 魏王豹謁歸視親疾, 至卽絶河津, 反爲楚. 漢王使酈生說豹, 豹不聽. 漢王遣將軍韓信擊, 大破之, 虜豹. 遂定魏地, 置三郡, 曰河東·太原·上黨. 漢王乃令張耳與韓信遂東下井陘擊趙, 斬陳餘·趙王歇. 其明年, 立張耳爲趙王. 漢王軍滎陽南, 築甬道屬之河, 以取敖倉. 與項羽相距歲餘. 項羽數侵奪漢甬道, 漢軍乏食, 遂圍漢王. 漢王請和, 割滎陽以西者爲漢. 項王不聽. 漢王患之, 乃用陳平之計, 予陳平金四萬斤, 以閒疏楚君臣. 於是項羽乃疑亞父. 亞父是時勸項羽遂下滎陽, 及其見疑, 乃怒, 辭老, 願賜骸骨歸卒伍, 未至彭城而死. 漢軍絶食, 乃夜出女子東門二千餘人, 被甲, 楚因四面擊之. 將軍紀信乃乘王駕, 詐爲漢王, 誑楚, 楚皆呼萬歲, 之城東觀, 以故漢王得與數十騎出西門遁. 令御史大夫周苛·魏豹·樅公守滎陽. 諸將卒不能從者, 盡在城中. 周苛·樅公相謂曰, "反國之王, 難與守城." 因殺魏豹. 漢王之出滎陽入關, 收兵欲復東. 袁生說漢王曰, "漢與楚相距滎陽數歲, 漢常困. 願君王出武關, 項羽必引兵南走, 王深壁, 令滎陽成皐閒且得休. 使韓信等輯河北趙地, 連燕齊, 君王乃復走滎陽, 未晚也. 如此, 則楚所備者多, 力分, 漢得休, 復與之戰, 破楚必矣." 漢王從其計, 出軍宛葉閒, 與黥布行收兵. 項羽聞漢王在宛, 果引兵南. 漢王堅壁不與戰. 是時彭越渡睢水, 與項聲·薛公戰下邳, 彭越大破楚軍. 項羽乃引兵東擊彭越. 漢王亦引兵北軍成皐. 項羽已破走彭越, 聞漢王復軍成皐, 乃復引兵西, 拔滎陽, 誅周苛·樅公, 而虜韓王信, 遂圍成皐. 漢王跳, 獨與滕公共車出成皐玉門, 北渡河, 馳宿脩武. 自稱使者, 晨馳入張耳·韓信壁, 而奪之軍. 乃使張耳北益收兵趙地, 使韓信東擊齊. 漢王得韓信軍, 則復振. 引兵臨河, 南饗軍小脩武南, 欲復戰. 郎中鄭忠乃說止漢王, 使高壘深塹, 勿與戰. 漢王聽其計, 使盧綰·劉賈將卒二萬人, 騎數百, 渡白馬津, 入楚地, 與彭越復擊破楚軍燕郭西, 遂復下梁地十餘城. 淮陰已受命東, 未渡平原. 漢王使酈生往說齊王田廣, 廣叛楚, 與漢和, 共擊項羽. 韓信用蒯通計, 遂襲破齊. 齊王烹酈生, 東走高密. 項羽聞韓信已舉河北兵破齊·趙, 且欲擊楚, 則使龍且·周蘭往擊之. 韓信與戰, 騎將灌嬰擊, 大破楚軍, 殺龍且. 齊王廣犇彭越. 當此時, 彭越將兵居梁地, 往來苦楚兵, 絶其糧食. 四年, 項羽乃謂海春侯大司馬曹咎曰, "謹守成皐. 若漢挑戰, 愼勿與戰, 無令得東而已. 我十五日必定梁地, 復從將軍." 乃行擊陳留·外黃·睢陽, 下之. 漢果數挑楚軍, 楚軍不出, 使人辱之五六日, 大司馬怒, 度兵汜水. 士卒半渡, 漢擊之, 大破楚軍, 盡得楚國金玉貨賂. 大司馬咎·長史欣皆自剄汜水上. 項羽至睢陽, 聞海春侯破, 乃引兵還. 漢軍方圍鍾離眜於滎陽東, 項羽至, 盡走險阻. 韓信已破齊, 使人言曰, "齊邊楚, 權輕, 不爲假王, 恐不能安齊." 漢王欲攻之. 留侯曰, "不如因而立之, 使自爲守." 乃遣張良操印綬立韓信爲齊王. 項羽聞龍且軍破, 則恐, 使盱台人武涉往說韓信. 韓信不聽. 楚漢久相持未決, 丁壯苦軍旅, 老弱罷轉餉. 漢王項羽相與臨廣武之閒而語. 項羽欲與漢王獨身挑戰. 漢王數項羽曰, "始與項羽俱受命懷王, 曰先入定關中者王之, 項羽負約, 王我於蜀漢, 罪一. 項羽矯殺卿子冠軍而自尊, 罪二. 項羽已救趙, 當還報, 而擅劫諸侯兵入關, 罪三. 懷王約入秦無暴掠, 項羽燒秦宮室, 掘始皇帝冢, 私收其財物, 罪四. 又彊殺秦降王子嬰, 罪五. 詐阬秦子弟新安二十萬, 王其將, 罪六. 項羽皆王諸將善地, 而徙逐故主, 令臣下爭叛逆, 罪七. 項羽出逐義帝彭城, 自都之, 奪韓王地, 幷王梁楚, 多自予, 罪八. 項羽使人陰弒義帝江南, 罪九. 夫爲人臣而弒其主, 殺已降, 爲政不平, 主約不信, 天下所不容, 大逆無道, 罪十也. 吾以義兵從諸侯誅殘賊, 使刑餘罪人擊殺項羽, 何苦乃與公挑戰!"項羽大怒, 伏弩射中漢王. 漢王傷匈, 乃捫足曰, "虜中吾指!"漢王病創臥, 張良彊請漢王起行勞軍, 以安士卒, 毋令楚乘勝於漢. 漢王出行軍, 病甚, 因馳入成皋.

유방은 병이 낫자 곧 서쪽 관중으로 들어갔다. 약양에 이르러서 연회를 베풀어 부로들을 위문한 뒤 새왕 사마흔의 수급을 저잣거리에 내걸었다. 약양에서 나흘 동안 머문 뒤 다시 군중에 돌아와 광무에 주둔했다. 관중에서 징집된 병사가 더욱 늘었다. 양 땅에 주둔한 팽월은 이리저리 오가는 식으로 초나라 군사를 괴롭히며 군량공급을 차단했다. 전횡이 그곳으로 가 팽월에게 귀의했다. 항우는 자주 팽월 등에게 반격해야 하는 상황에서 제왕 한신이 초나라 군사를 공격해오자 크게 두려워했다. 천하를 둘로 나누어 홍구의 서쪽은 한나라, 동쪽은 초나라에 귀속시킬 것을 유방과 약조했다. 대신 유방의 부모와 처자를 돌려보냈다. 양측 군사 모두 만세를 부르며 이내 철군하기 위해 주둔지를 떠났다.

항우가 철군해 동쪽으로 돌아갈 때 유방도 군사를 이끌고 서쪽으로 돌아가려 했다. 그러나 유후 장량과 진평의 계책을 받아들여 곧바로 진군해 항우를 뒤쫓았다. 양하 남쪽에 이르러 진을 친 뒤 제왕 한신 및 건성후 팽월과 약속한 날짜에 만나 함께 초나라 군사를 치기로 했다. 유방이 고릉에 도착했으나 한신과 팽월이 오지 않았다. 초나라 군사가 반격을 가해 한나라 군사를 크게 무찌르자 유방은 군영으로 철수한 뒤 참호를 깊게 파고 지켰다. 다시 장량의 계책을 쓰자 한신과 팽월이 모두 회합에 참여했다. 유가가 초나라 땅으로 들어가 수춘을 포위했다. 그러나 유방은 고릉에서 패했다. 유방이 은밀히 초나라 대사마 주은周殷에게 사람을 보내 회유했다. 주은이 이내 구강군의 군사를 일으킨 뒤 경포를 맞아들였다. 이들은 행군 도중에 성보城父를 도륙한 뒤 유가와 제나라 및 양나라 제후군과 만나 해하에 대거 집결했다. 유방이 경포를 회남왕淮南王으로 삼았다.

한고조 5년, 유방이 제후군과 함께 일제히 초나라 군사를 공격해 해하에서 항우와 자웅을 겨루었다. 회음후 한신이 30만 대군을 이끌고 초나라 군사와 정면으로 맞붙었다. 공장군孔將軍으로 불린 요후蓼侯 공총孔聚은 왼쪽, 비장군費將軍으로 불린 비후費侯 진하陳賀는 오른쪽, 유방은 뒤쪽, 강후絳侯 주발周勃과 시장군柴將軍 시무는 다시 유방의 뒤쪽에 진을 쳤다. 회음후 한신이 먼저 초군과 교전했으나 전세가 불리해 퇴각했다. 공장군과 비장군이 좌우에서 협공하자 초나라 군사의 전세가 불리해졌다. 한신이 이때를 틈타 반격을 가했다. 해하에서 초나라 군사를 대파한 배경이다. 수비에 들어간 항우는 마침내 한나라 군사가 부르는 초나라 노랫소리를 듣고는 한나라 군사가 초나라 땅을 완전히 점령한 것으로 여겼다. 항우가 이내 패주하자 초나라 군사 모두 대패하고 말았다.

유방이 기장 관영에게 급히 항우를 추격하게 했다. 관영이 동성에서 항우를 죽이게 하고 8만 명의 수급을 얻었다. 이로써 마침내 초나라를 완전히 평정했다. 당시 항우의 봉지인 노현의 백성은 초나라를 위해 굳게 지키며 항복하지 않았다. 유방이 제후군을 이끌고 북진해 노현의 부로들에게 항우의 머리를 보였다. 노현의 백성이 비로소 항복했다. 유방이 노공의 예로 항우를 곡성에서 장사 지냈다. 정도로 돌아온 유방이 제왕齊王 한신의 군영으로 쳐들어가 그의 병권을 빼앗았다. 이해 정월, 제후와 장상 들이 함께 황제 즉위를 청하자 유방이 사양했다.

"내가 듣건대 황제의 자리는 어진 자만이 앉을 수 있다고 들었소. 황제의 자리는 결코 공허한 말과 빈말로 지킬 수 있는 것이 아니오. 나는 황제의 자리를 감당할 수 없소."

여러 신하가 입을 모아 말했다.

"대왕은 가난하고 미천한 서민에서 일어나 포학한 역도를 주벌하고 천하를 평정했습니다. 이어 공을 세운 자에게 봉지를 나누어주며 왕후로 봉했습니다. 대왕이 황제의 존호를 받아들이지 않으면 모든 사람이 대왕이 내린 봉호를 의심하며 믿지 않을 것입니다. 신 등은 목숨을 걸고 존호의 봉헌을 관철시킬 것입니다."

유방이 세 번 사양한 뒤 부득이 받아들였다.

"경들이 그리하는 것이 반드시 경들은 물론 나라에 도움이 된다고 고집하면 받아들이도록 하겠소."

이해 2월 갑오일, 유방이 범수 북쪽에서 황제 즉위식을 거행했다. 황제 유방이 말했다.

"초나라 황제를 지낸 의제에게 후사가 없다."

그러고는 초나라 풍습에 익숙한 제왕齊王 한신을 초왕으로 이봉해 하비에 도읍하게 했다. 또 건성후 팽월을 양왕梁王으로 삼아 정도에 도읍하게 하고, 이전의 한왕 신을 그대로 한왕으로 삼아 양적에 도읍하게 했다. 이어 형산왕 오예를 장사왕長沙王으로 이봉해 임상에 도읍하게 했다. 오예가 파군으로 있을 당시 부장으로 있던 매현이 유방을 따라 무관으로 진입한 공이 있는 까닭에 특별히 파군을 치하했다. 회남왕 경포, 연왕 장도, 조왕 장오張敖의 봉호는 모두 이전과 같게 했다.

천하가 모두 평정되자 한고조 유방이 낙양에 도읍했다. 모든 제후가 신하가 되어 귀의했다. 그러나 이전의 임강왕 공환共驩◎은 귀의하지 않은 채 항우를 위해 반기를 들었다. 노관과 유가를 보내 포획하게 했으나 성을 함락시키지 못했다. 몇 달 후 공환이 항복하자 낙양으로 압송해 죽였다. 이해 5월, 병사가 모두 해산해 귀가했다. 제후의 자제로 관중에 남은 자는 12년 동안 부역을 면제해주기로 했다. 또 봉국으로 돌아간 자는 6년 동안 부역을 면제하고, 1년 동안 조정에서 부양해주기로 했다. 한고조 유방이 낙양의 남궁에서 연회를 베풀며 이같이 물었다.

"열후와 장수 모두 짐을 속이지 말고 속마음을 이야기해보도록 하시오. 내가 천하를 얻을 수 있었던 이유는 무엇이고, 항우가 천하를 잃은

◎ 공환을 《사기집해》는 서광의 주를 인용해 공위共尉로 된 판본이 있다고 했다. 《자치통감資治通鑑》에는 공위로 나온다.

이유는 무엇이오?"

도무후都武侯 고기高起와 신평후信平侯 왕릉이 대답했다.

"폐하는 오만해 다른 사람을 업신여기고, 항우는 인자해 다른 사람을 사랑할 줄 압니다. 그러나 폐하는 사람을 보내 성과 땅을 공략케 한 뒤 항복을 받아낸 자에게 성과 땅을 나누어주며 천하와 이익을 함께했습니다. 반면 항우는 어질고 재능 있는 자를 시기해 공이 있는 자를 미워하고, 현자를 의심하고, 승리를 거두고도 다른 사람에게 그 공을 돌리지 않고, 땅을 얻고서도 다른 사람에게 그 이익을 나누어주지 않았습니다. 이것이 항우가 천하를 잃은 까닭입니다."

한고조가 말했다.

"그대는 하나만을 알고 둘은 모르오. 군막 속에서 계책을 짜내는 행보로 1,000리 밖의 승리를 결정짓는 일은 내가 장량만 못하오. 나라를 안정시켜 백성을 위로하고, 양식을 제때 공급하며 보급로가 차단되지 않도록 하는 일은 내가 소하만 못하오. 100만 대군을 통솔해 싸우면 반드시 이기고 공격하면 반드시 빼앗는 일은 내가 한신만 못하오. 이 세 명 모두 천하의 인걸이오. 내가 이들을 쓸 수 있었기에 바로 천하를 얻을 수 있었던 것이오. 항우는 단지 범증 한 명만 있었는데도 그마저 제대로 쓰지 못했소. 항우가 나에게 사로잡힌 이유요."

한고조는 내심 오랫동안 낙양에 도읍하고자 했다. 그러나 제나라 출신 유경劉敬과 장량이 거듭 관중으로 들어갈 것을 권했다. 한고조가 이날 곧바로 어가를 타고 관중으로 들어가 도읍했다. 이해 6월, 천하에 대사령을 내렸다.

● 病愈, 西入關, 至櫟陽, 存問父老, 置酒, 梟故塞王欣頭櫟陽市. 留四日, 復如軍, 軍廣武. 關中兵益出. 當此時, 彭越將兵居梁地, 往來苦楚兵, 絶其糧食. 田橫往從之. 項羽數擊彭越等, 齊王信又進擊楚. 項羽恐, 乃與漢王約, 中分天下, 割鴻溝而西者爲漢, 鴻溝而東者爲楚. 項王歸漢王父母妻子, 軍中皆呼萬歲, 乃歸而別去. 項羽解而東歸. 漢王欲引而西歸, 用留侯·陳平計, 乃進兵追項羽, 至陽夏南止軍, 與齊王信·建成侯彭越期會而擊楚軍. 至固陵, 不會. 楚擊漢軍, 大破之. 漢王復入壁, 深塹而守之. 用張良計, 於是韓信·彭越皆往. 及劉賈入楚地, 圍壽春, 漢王敗固陵, 乃使使者召大司馬周殷舉九江兵而迎之武王, 行屠城父, 隨何劉賈·齊梁諸侯皆大會垓下. 立武王布爲淮南王. 五年, 高祖與諸侯兵共擊楚軍, 與項羽決勝垓下. 淮陰侯將三十萬自當之, 孔將軍居左, 費將軍居右, 皇帝在後, 絳侯·柴將軍在皇帝後. 項羽之卒可十萬. 淮陰先合, 不利, 卻. 孔將軍·費將軍縱, 楚兵不利, 淮陰侯復乘之, 大敗垓下. 項羽卒聞漢軍之楚歌, 以爲漢盡得楚地, 項羽乃敗而走, 是以兵大敗. 使騎將灌嬰追殺項羽東城, 斬首八萬, 遂略定楚地. 魯爲楚堅守不下. 漢王引諸侯兵北, 示魯父老項羽頭, 魯乃降. 遂以魯公號葬項羽穀城. 還至定陶, 馳入齊王壁, 奪其軍. 正月, 諸侯及將相相與共請尊漢王爲皇帝. 漢王曰, "吾聞帝賢者有也, 空言虛語, 非所守也, 吾不敢當帝位." 群臣皆曰, "大王起微細, 誅暴逆, 平定四海, 有功者輒裂地而封爲王侯. 大王不尊號, 皆疑不信. 臣等以死守之." 漢王三讓, 不得已, 曰, "諸君必以爲便, 便國家." 甲午, 乃卽皇帝位氾水之陽. 皇帝曰, "義帝無後." 齊王韓信習楚風俗, 徙爲楚王, 都下邳. 立建成侯彭越爲梁王, 都定陶. 故韓王信爲韓王, 都陽翟. 徙衡山王吳芮爲長沙王, 都臨湘. 番君之將梅鋗有功, 從入武關, 故德番君. 淮南王布·燕王臧荼·趙王敖皆如故. 天下大定. 高祖都雒陽, 諸侯皆臣屬. 故臨江王驩爲項羽叛漢, 令盧綰·劉賈圍之, 不下. 數月而降, 殺之雒陽. 五月, 兵皆罷歸家. 諸侯子在關中者復之十二歲, 其歸者復之六歲, 食之一歲. 高祖置酒雒陽南宮. 高祖曰, "列侯諸將無敢隱朕, 皆言其情. 吾所以有天下者何? 項氏之所以失天下者何?"

高起·王陵對曰, "陛下慢而侮人, 項羽仁而愛人. 然陛下使人攻城略地, 所降下者因以予之, 與天下同利也. 項羽妒賢嫉能, 有功者害之, 賢者疑之, 戰勝而不予人功, 得地而不予人利, 此所以失天下也." 高祖曰, "公知其一, 未知其二. 夫運籌策帷帳之中, 決勝於千里之外, 吾不如子房. 鎭國家, 撫百姓, 給餽饟, 不絶糧道, 吾不如蕭何. 連百萬之軍, 戰必勝, 攻必取, 吾不如韓信. 此三者, 皆人也, 吾能用之, 此吾所以取天下也. 項羽有一范增而不能用, 此其所以爲我擒也." 高祖欲長都雒陽, 齊人劉敬說, 乃留侯勸上入都關中, 高祖是日駕, 入都關中. 六月, 大赦天下.

이해 10월, 연왕 장도가 모반해 대 땅을 공략했다. 한고조 유방이 직접 군사를 이끌고 가 연왕 장도를 생포했다. 태위 노관을 연왕으로 삼고, 승상 번쾌에게 명해 군사를 이끌고 가 대 땅을 공략하게 했다. 이해 가을, 이기利幾가 모반했다. 한고조 유방이 직접 군사를 이끌고 가 토벌하자 이기가 곧바로 달아났다. 이기는 원래 항우의 장수였다. 항우가 패할 당시 진현의 현령으로 있던 그는 항우를 따르지 않고 달아나 유방에게 투항했다. 유방이 그를 영천후潁川侯에 봉했다. 이어 낙양에 이른 뒤 명부에 오른 열후를 모두 소집하자 이기가 주살을 당할까 두려운 나머지 모반한 것이다. 한고조 6년, 한고조 유방이 닷새에 한 번씩 부친인 태공을 배견했다. 서민의 부자지간의 예절을 따랐다. 태공의 가신이 태공에게 간했다.

"하늘에는 태양이 오직 하나뿐이고, 땅에는 두 명의 군주가 있을 수 없습니다. 지금 황상이 비록 집에서는 자식이지만 천하인의 군주이고, 태공은 비록 황상의 부친이기는 하나 엄연히 그의 신하이기도 합니다. 어찌 군주에게 신하를 배견하게 할 수 있습니까? 이리하면 황상의 위엄이 서지 않습니다."

이후 유방이 배견하러 왔을 때 태공이 빗자루를 들고 문전에서 맞이한 후 뒤로 물러섰다.◎ 한고조가 크게 놀라 어가에서 황급히 내려 태공을 부축했다. 태공이 말했다.

"황제는 천하인의 군주인데 어째서 저로 인해 천하의 법도를 어지럽힐 수 있겠습니까?"

한고조가 태공을 태상황으로 높이고, 내심 그 가신의 말을 가상히 여겨 황금 500근을 하사했다. 이해 12월, 어떤 자가 상서해 초왕 한신의 모반을 고했다. 한고조가 좌우 대신의 의견을 묻자 대신들이 다투어 토벌을 건의했다. 한고조가 진평의 계책에 따라 짐짓 운몽택으로 나아가 진현에서 제후들과 만났다. 한신이 나와 영접하자 곧바로 체포했다. 이날 한고조가 천하에 대사령을 내렸다. 전긍田肯◎◎이 하례를 올리며 진언했다.

"폐하는 한신을 붙잡고, 관중을 다스리고 있습니다. 진나라 땅은 지세가 뛰어난 곳으로 험준한 산하에 둘러싸여 있고, 도성은 제후국과 1,000리나 떨어져 있어 제후 연합군이 100만 대군일지라도 2만 명으로도 막아낼 수 있습니다.◎◎◎ 지세가 유리한 까닭에 군사를 내보내 제후

◎ "빗자루를 들고"의 원문은 옹수擁篲다.《사기집해》는 이기李奇의 주를 인용해 관아의 이졸이 마당 청소를 상징하는 빗자루를 들고 상관을 맞이한 것처럼 공손함을 표하기 위한 것으로 풀이했다.

◎◎ 《사기색은》은《한기》및《한서》에 전긍이 전소田肎로 나온다며, 유현劉顯의 주를 인용해 베껴 쓰는 과정에서 전소가 전긍으로 바뀌었다고 보았다.

◎◎◎ "100만 대군일지라도 2만 명으로도 막아낼 수 있습니다"의 원문은 진득백이언秦得百二焉이다.《사기집해》는 소림蘇林의 주를 인용해 백이百二를 제후연합군의 100분의 2로 풀이했다. 밑에 나오는 제득십이언齊得十二焉의 십이十二도 10분의 2로 풀이했다.

들을 공격할 때는 마치 높은 지붕 위에서 기와 고랑에 물을 내려보내는 것과 같습니다. 또 제나라 땅은 동쪽으로 물산이 풍부한 낭야와 즉묵이 있고, 남쪽으로 험준한 태산이 있고, 서쪽으로 자연경계를 이루는 황하가 있고, 북쪽으로 여러모로 이로운 발해가 있습니다. 땅이 사방으로 2,000리나 되고, 무장을 한 군사가 100만이고, 도성은 제후국과 1,000리나 떨어져 있어 제후 연합군이 100만 대군일지라도 20만 명으로도 능히 막아낼 수 있습니다. 두 곳은 가히 동진東秦과 서진西秦으로 칭할 만합니다. 폐하의 친자제가 아니면 제나라에 봉해서는 안 됩니다."

"좋은 생각이오."

전긍에게 황금 500근을 내렸다. 약 열흘 후 한신을 회음후에 봉하고, 그의 봉국이었던 초나라를 크게 둘로 나누었다. 장군 유가를 누차 공을 세웠다는 이유로 형왕으로 삼아 회수 동쪽 일대를 다스리고, 이복동생 유교를 초왕으로 삼아 회수 서쪽 일대를 다스리도록 조치한 것이 그렇다. 또 아들 유비劉肥를 제왕齊王으로 삼아 70여 개 성을 다스리게 하고, 인근 성읍 가운데 제나라 말을 하는 곳은 모두 귀속시켰다. 한고조는 논공행상에서 열후들에게 부절을 쪼개 봉후의 증표로 나누어주고, 한왕 신을 태원으로 이봉했다.

한고조 7년, 흉노가 마읍에서 한왕 신을 쳤다. 한왕 신이 이를 기회로 삼아 흉노와 함께 태원에서 모반했다. 백토白土의 만구신曼丘臣과 왕황王黃이 옛 조나라 장수 조리趙利를 옹립한 뒤 모반했다. 한고조 유방이 직접 군사를 이끌고 토벌에 나섰다. 마침 날씨가 추워 동상으로 손가락이 떨어진 병사가 열 명 가운데 두세 명이나 되었다. 평성으로 퇴각한 이유다. 당시 흉노가 한고조를 평성에서 포위했다가 일주일 뒤 포위를 풀고 철군했다. 한고조가 번쾌를 시켜 대 땅에 남아 평정케 하고, 친형 유중을 대왕으로 옹립했다. 이해 2월, 한고조가 평성을 떠난 뒤 조나라와 낙양을 거쳐 장안으로 돌아왔다. 장락궁이 완성되자 승상 이하 관원들이 장안으로 옮겨와 정사를 돌보았다.

한고조 8년, 한고조 유방이 또 동쪽으로 진격해 한왕 신의 나머지 반군을 동원에서 쳤다. 승상 소하가 미앙궁을 축조하면서 동궐·북궐·전전·무고·태창을 지었다. 한고조가 돌아와 궁궐이 매우 웅장한 것을 보고 화를 내며 소하에게 물었다.

"천하가 흉흉해 여러 해 동안 고전했는데도 아직 그 성패를 알 수 없소. 어찌해서 궁실을 이토록 과도하게 지은 것이오?"

소하가 대답했다.

"천하가 아직 안정되지 않았기에 오히려 이를 틈타 궁실을 지을 수 있었습니다. 천자는 천하를 집으로 삼습니다. 궁궐이 크고 웅장하지 않으면 막중한 위엄을 세울 길이 없습니다. 다만 후대에는 이보다 더 장려한 궁궐을 지을 수 없도록 조치하십시오."

한고조가 기뻐했다. 유방이 동원으로 가다가 백인을 지났다. 조나라 승상 관고貫高 등이 음모해 한고조를 시해하고자 했다. 유방은 원래 백인에서 유숙할 생각이었다. 그러나 마음이 바뀌어 백인에서 유숙하지 않았다. 대왕 유중이 봉국을 버린 채 달아나 스스로 낙양으로 돌아왔다. 그를 폐위하고 합양후合陽侯에 봉했다

한고조 9년, 조나라 승상 관고 등의 음모사건이 발각되었다. 삼족을 멸하고, 유방의 사위인 조왕 장오를 폐해 선평후宣平侯로 삼았다. 이해에 한고조가 초나라의 귀족 소씨昭氏·굴씨屈氏·경씨景氏·회씨懷氏와 제나라의 귀족 전씨田氏를 관중으로 이주시켰다. 또 미앙궁이 완성되자 제후와 여러 신하를 소집해 미앙궁 전전에서 연회를 베풀었다. 유방

이 옥잔을 받쳐 들고 일어나 태상황에게 축수하며 물었다.

"당초 대인은 늘 제가 재주가 없어 생업을 꾸려가지 못할 것이고, 둘째 형 유중처럼 노력하지도 않는다고 했습니다. 지금 제가 이룬 업적을 유중과 비교하면 어느 쪽이 더 큽니까?"

전상殿上의 대신들이 만세를 외치고 큰소리로 웃으며 즐거워했다. 한고조 10년 10월, 회남왕 경포, 양왕 팽월, 연왕 노관, 형왕 유가, 초왕 유교, 제왕 유비, 장사왕 오예가 모두 장락궁으로 와 한고조를 알현했다. 봄여름 동안 나라에 아무 일도 일어나지 않았다. 이해 7월, 태상황이 약양궁에서 죽었다. 초왕 유교와 양왕 팽월이 와 영구를 전송했다. 한고조 유방이 약양의 죄수들을 사면하고 여읍을 신풍으로 개명했다. 이해 8월, 조나라 상국 진희陳豨가 대 땅에서 모반했다. 한고조가 말했다.

"진희는 전에 내 부하로 있던 자로, 신용이 매우 두터웠다. 당초 나는 대 땅을 중시해 진희를 제후로 삼은 뒤 상국의 신분으로 대 땅을 지키게 했다. 지금 뜻밖에도 왕황 등과 함께 대 땅을 강탈하려 하고 있다. 대 땅의 관민은 죄가 없으니 사면하도록 하라."

이해 9월, 한고조가 직접 동쪽으로 가 진희를 쳤다. 한단에 이르러 크게 기뻐했다.

"진희가 남쪽 한단을 근거지로 삼지 않은 채 장수漳水에 의지해 저지하려고 한다. 이로써 나는 그가 별다른 능력이 없음을 알 수 있다."

진희의 부장이 전에 모두 장사꾼이었다는 말을 듣고는 호언했다.

"나는 이들을 어찌 상대해야 하는지 잘 알고 있다."

그러고는 진희의 부장들을 황금으로 회유했다. 투항하는 자가 많았다. 한고조 11년, 한고조 유방이 한단에서 진희 등을 미처 완전히 토벌하기도 전에 진희의 부장 후창侯敞이 1만여 명의 군사를 이끌고 나와 유격전[遊行]을 펼쳤다. 왕황은 곡역에 진을 쳤고, 장춘張春은 황하를 건너 요성을 공격했다. 한나라가 장군 곽몽郭蒙을 시켜 제나라 장수와 합세해 이들을 대파하게 했다. 태위 주발이 태원에서 진공해 대 땅을 평정하고 마읍에 이르렀다. 마읍이 항복하지 않자 이내 공략한 뒤 저항한 자들을 도륙했다. 진희의 부장 조리가 동원을 수비하고 있었다. 한고조가 쳤으나 한 달여 동안 함락시키지 못했다. 조리의 병사들이 한고조에게 욕을 해대자 대로한 한고조는 성을 함락시킨 뒤 욕을 한 자들을 찾아내 참수하고, 욕하지 않은 자들을 관대히 처리했다. 이어 조나라의 상산 이북 지역을 대나라에 떼어주고, 훗날 한문제로 즉위하는 아들 유항劉恒을 대왕에 봉해 진양에 도읍하게 했다.

이해 봄, 회음후 한신이 관중에서 모반하자 삼족을 멸했다. 이해 여름, 양왕 팽월이 모반했다. 폐위한 뒤 촉 땅으로 쫓아냈다. 그가 다시 모반하려 하자 마침내 삼족을 멸했다. 한고조가 아들 유회劉恢를 양왕梁王, 아들 유우劉友를 회양왕淮陽王으로 삼았다. 이해 가을 7월, 회남왕 경포가 모반해 동쪽으로 형왕 유가의 봉지를 병탄한 뒤 북진해 회수를 건넜다. 초왕 유교가 설현으로 달아났다. 한고조가 직접 군사를 이끌고 가 격파한 뒤 아들 유장劉長을 회남왕으로 삼았다.

● 十月, 燕王臧荼反, 攻下代地. 高祖自將擊之, 得燕王臧荼. 卽立太尉盧綰爲燕王. 使丞相噲將兵攻代. 其秋, 利幾反, 高祖自將兵擊之, 利幾走. 利幾者, 項氏之將. 項氏敗, 利幾爲陳公, 不隨項羽, 亡降高祖, 高祖侯之潁川. 高祖至雒陽, 擧通侯籍召之, 而利幾恐, 故反. 六年, 高祖五日一朝太公, 如家人父子禮. 太公家令說太公曰, "天無二日, 土無二王. 今高祖雖子, 人主也, 太公雖父, 人臣也. 柰何令人主拜人臣! 如此, 則威重不行." 後高祖朝, 太公擁篲, 迎門卻行. 高祖大驚, 下扶太公. 太公曰, "帝, 人主也, 柰何以我亂天下法!"於是高祖乃尊太公爲太上皇. 心善家令言, 賜金五百斤. 十二月, 人有上變事告楚王信謀反, 上問左右, 左右爭欲擊之. 用陳平計, 乃僞遊雲夢, 會諸侯於陳, 楚王信迎, 卽因執之. 是日, 大赦天下. 田肯賀, 因說高祖曰, "陛下得韓信, 又治秦中. 秦, 形勝之國, 帶河山之險, 縣隔千里, 持戟百萬, 秦得百二焉. 地埶便利, 其以下兵於諸侯, 譬猶居高屋之上建瓴水也. 夫齊, 東有琅邪·卽墨之饒, 南有泰山之固, 西有濁河之限, 北有勃海之利. 地方二千里, 持戟百萬, 縣隔千里之外, 齊得十二焉. 故此東西秦也. 非親子弟, 莫可使王齊矣." 高祖曰, "善." 賜黃金五百斤. 後十餘日, 封韓信爲淮陰侯, 分其地爲二國. 高祖曰將軍劉賈數有功, 以爲荊王, 王淮東. 弟交爲楚王, 王淮西. 子肥爲齊王, 王七十餘城, 民能齊言者皆屬齊. 乃論功, 與諸列侯剖符行封. 徙韓王信太原. 七年, 匈奴攻韓王信馬邑, 信因與謀反太原. 白土曼丘臣·王黃立故趙將趙利爲王以反, 高祖自往擊之. 會天寒, 士卒墮指者什二三, 遂至平城. 匈奴圍我平城, 七日而後罷去. 令樊噲止定代地. 立兄劉仲爲代王. 二月, 高祖自平城過趙·雒陽, 至長安. 長樂宮成, 丞相已下徙治長安. 八年, 高祖東擊韓王信餘反寇於東垣. 蕭丞相營作未央宮, 立東闕·北闕·前殿·武庫·太倉. 高祖還, 見宮闕壯甚, 怒, 謂蕭何曰, "天下匈匈苦戰數歲, 成敗未可知, 是何治宮室過度也?" 蕭何曰, "天下方未定, 故可因遂就宮室. 且夫天子四海爲家, 非壯麗無以重威, 且無令後世有以加也." 高祖乃說. 高祖之東垣, 過柏人, 趙相貫高等謀弑高祖, 高祖心動, 因不留. 代王劉仲棄國亡, 自歸雒陽, 廢以爲合陽侯. 九年, 趙相貫高等事發覺, 夷三族. 廢趙王敖爲宣平侯. 是歲, 徙貴族楚昭·屈·景·懷·齊田氏關中. 未央宮成. 高祖大朝諸侯群臣, 置酒未央前殿. 高祖奉玉卮, 起爲太上皇壽, 曰, "始大人常以臣無賴, 不能治産業, 不如仲力. 今某之業所就孰與仲多?" 殿上群臣皆呼萬歲, 大笑爲樂. 十年十月, 淮南王黥布·梁王彭越·燕王盧綰·荊王劉賈·楚王劉交·齊王劉肥·長沙王吳芮皆

來朝長樂宮. 春夏無事. 七月, 太上皇崩櫟陽宮. 楚王·梁王皆來送葬. 赦櫟陽
囚. 更命酈邑曰新豐. 八月, 趙相國陳豨反代地. 上曰, "豨嘗爲吾使, 甚有信.
代地吾所急也, 故封豨爲列侯, 以相國守代, 今乃與王黃等劫掠代地! 代地
吏民非有罪也. 其赦代吏民." 九月, 上自東往擊之. 至邯鄲, 上喜曰, "豨不南
據邯鄲而阻漳水, 吾知其無能爲也." 聞豨將皆故賈人也, 上曰, "吾知所以與
之." 乃多以金啗豨將, 豨將多降者. 十一年, 高祖在邯鄲誅豨等未畢, 豨將侯
敞將萬餘人遊行, 王黃軍曲逆, 張春渡河擊聊城. 漢使將軍郭蒙與齊將擊, 大
破之. 太尉周勃道太原入, 定代地. 至馬邑, 馬邑不下, 卽攻殘之. 豨將趙利
守東垣, 高祖攻之, 不下. 月餘, 卒罵高祖, 高祖怒. 城降, 令出罵者斬之, 不
罵者原之. 於是乃分趙山北, 立子恆以爲代王, 都晉陽. 春, 淮陰侯韓信謀反
關中, 夷三族. 夏, 梁王彭越謀反, 廢遷蜀, 復欲反, 遂夷三族. 立子恢爲梁王,
子友爲淮陽王. 秋七月, 淮南王黥布反, 東幷荊王劉賈地, 北渡淮, 楚王交走
入薛. 高祖自往擊之. 立子長爲淮南王.

한고조 12년 10월, 한고조가 경포의 군사를 회추에서 격파했다. 경
포가 달아나자 별장을 시켜 급히 추격하게 했다. 한고조가 귀경하는 길
에 패현을 지나게 되었다. 그곳에 머물며 패현에 세운 행궁인 패궁에
서 크게 연회를 베풀었다. 옛 친구와 마을의 부로, 자제를 모두 초청해
마음껏 마시게 했다. 또 패현의 아이 120명을 선발해 노래를 가르쳤다.
거나하게 취하자 축築을 타며 직접 노래를 지어서 불렀다.

큰 바람 일어나 구름이 휘날리고
위엄 천하에 떨치며 고향에 왔지.
어떻게 용사를 얻어 천하를 지킬까.

한고조가 아이들에게 모두 따라 부르게 한 뒤 자리에서 일어나 춤을 추었다. 강개慷慨한 심경으로 감상에 젖어 눈물을 뚝뚝 흘렸다. 패현의 부형들에게 말했다.

"나그네는 고향 생각에 슬퍼지는 법이오. 내가 비록 관중에 도읍하고 있으나 만년 후에도 내 혼백은 고향 패현을 좋아하고 그리워할 것이오. 나는 패공으로 있을 때부터 포학한 반역자를 토벌해 마침내 천하를 얻었소. 장차 패현을 나의 탕목읍으로 삼은 뒤 이곳 백성의 부역을 면제해주고, 대대로 납세와 복역이 없도록 할 것이오."

패현의 부형과 부녀들, 옛 친구 모두 날마다 유쾌하게 마시고, 지난 일을 이야기하며 즐거워했다. 약 열흘 뒤 한고조가 귀경하려 하자 패현의 부형들이 한사코 더 머물기를 청했다. 한고조가 말했다.

"수행원이 너무 많아 오래 머물면 부형들이 비용을 댈 수 없소."

그러고는 떠났다. 패현 사람들 모두 현을 텅 비워둔 채 마을 서쪽으로 나가 한고조 일행을 배웅하며 예물을 바쳤다. 한고조가 다시 머물며 천막을 친 뒤 사흘 동안 술을 마셨다. 패현의 부형들이 모두 머리를 조아리고 말했다.

"패현은 다행히 부역이 면제되었으나 풍읍은 면제받지 못했습니다. 부디 폐하는 저들을 불쌍히 여겨주십시오."

한고조가 말했다.

"풍읍은 내가 생장한 곳으로, 가장 잊을 수 없는 곳이오. 다만 전에 옹치를 따르고 나를 배신해 위나라를 도왔기에 그런 것이오."

패현의 부형들이 간청했다. 한고조가 풍읍에도 부역을 면제해 패현과 같게 했다. 이어 패후沛侯 유비劉濞를 오왕에 봉했다. 당시 한나라 장수들은 달아나는 경포의 군사를 도수의 남쪽과 북쪽에서 대파하고,

경포를 계속 추격해 마침내 파양에서 참수했다. 번쾌는 따로 군사를 이끌고 가 대 땅을 평정하고, 진희를 당성에서 참수했다. 이해 11월, 한고조가 경포의 군사를 모두 토벌한 후 장안으로 돌아왔다. 이해 12월, 한고조가 명했다.

"진시황제, 초은왕楚隱王 진섭, 위안희왕魏安釐王, 제민왕齊緡王, 조도양왕趙悼襄王 모두 후사가 없다. 각각 묘지기로 10호씩 나누어주도록 하라. 다만 진시황제는 20호, 위공자魏公子 무기無忌는 5호를 주도록 하라."

대 땅의 관민 가운데 진희와 조리에게 강요당해 노략질을 한 자는 모두 사면해주었다. 투항한 진희의 부장이 진희의 모반 당시 연왕 노관이 진희의 거처에 사람을 보내 함께 음모를 꾀했다고 고했다. 한고조가 벽양후辟陽侯 심이기審食其를 시켜 노관을 불러오게 했다. 노관이 병을 핑계 삼아 오지 않았다. 심이기가 돌아와 노관에게 모반의 단서가 있다는 사실을 상세히 보고했다.

한고조 12년 2월, 한고조가 번쾌와 주발에게 명해 군사를 이끌고 가 연왕 노관을 치게 했다. 강압적으로 반란에 참여한 연나라 땅의 관민을 사면했다. 아들 유건劉建을 연왕燕王으로 삼았다. 당초 한고조 유방은 경포를 칠 때 유시流矢를 맞은 적이 있다. 돌아오는 도중에 병이 났다. 병세가 심해지자 여후가 명의를 찾았다. 의원이 들어와 유방을 배견하자 유방이 병세를 물어보았다. 의원이 대답했다.

"폐하의 병은 치료될 수 있습니다."

한고조가 그를 업신여기며 나무랐다.

"나는 벼슬 없는 선비[布衣]로 있을 당시 3척 검을 들고 천하를 차지했다. 이것이 천명이 아니겠는가? 명운은 하늘에 있으니 설령 편작扁鵲

(의술하는 사람)이 온들 무슨 도움이 되겠는가!"

결국 치료를 거부한 뒤 황금 50근을 내리며 물러가게 했다. 잠시 후 여후가 물었다.

"폐하의 백세후百歲後, 상국 소하가 죽으면 누구에게 이를 대신토록 해야 합니까?"

"조참이 가할 것이오."

조참 이후의 사람을 묻자 이같이 대답했다.

"왕릉이 가할 것이오. 그러나 왕릉은 다소 고지식한 까닭에 진평이 돕도록 하는 것이 좋을 것이오. 진평은 지혜가 뛰어나지만 홀로 대임을 맡는 것은 어렵소. 주발은 중후하나 문재文才가 모자라오. 그럼에도 유씨의 한나라를 안정시킬 자는 틀림없이 주발일 것이오. 그를 태위로 삼을 만하오."

여후가 다시 그다음 사람을 묻자 한고조가 말했다.

"그 이후는 당신이 알 바가 아니오."

노관이 기병 수천 명과 함께 변경에서 기다렸다. 죽마고우 사이인 한고조 유방이 쾌유하면 직접 장안으로 가 사죄하고자 한 것이다. 이해 4월 갑진일, 한고조 유방이 장락궁에서 죽었다. 나흘이 지나도록 발상하지 않았다. 여후가 심이기와 논의했다.

"원래 제장들은 전에 황상과 함께 호적 명부에 오른 백성이었소. 북면해 신하가 된 이후 줄곧 불만을 품고 있소. 이제 어린 군주를 섬기게 되었으니, 이들을 멸족시키지 않으면 천하가 불안해질 것이오."

어떤 자가 이 말을 장군 역상에게 알렸다. 역상이 심이기를 만났다.

"내가 들건대 황상이 붕어한 지 나흘이 지나도록 발상하지 않은 채 제장들을 죽이려 한다고 하오. 만일 그리되면 천하가 위태로울 것이오.

진평과 관영이 10만 대군을 이끌고 형양을 수비하고 있고, 번쾌와 주발이 20만 대군을 이끌고 연나라와 대나라를 평정했소. 이들은 황상의 붕어를 계기로 제장들 모두 죽임을 당할 것이라는 소식을 들으면 반드시 함께 군사를 이끌고 돌아와 관중을 칠 것이오. 대신들이 안에서 배반하고 제후들이 밖에서 모반하면 나라의 패망은 발꿈치를 들고 기다릴 만큼 빠를 것이오."

심이기가 궁으로 들어가 여후에게 이 말을 전했다. 이해 4월 정미일, 발상한 뒤 천하에 대사령을 내렸다. 노관은 한고조가 죽었다는 소식을 듣고 마침내 흉노 땅으로 달아났다. 4월 병인일, 한고조를 안장했다. 4월 기사일, 대신들이 태자 유영을 황제로 옹립한 뒤 함께 태상황 태공의 사당으로 갔다. 이내 입을 모아 사당에 고했다.

"한고조는 미천한 서민 출신에서 몸을 일으킨 뒤 난세를 치세로 바꾸는 반정으로 천하를 평정하고 한조漢朝의 태조가 되셨으니, 그 공이 가장 높습니다."

그러고는 존호를 바쳐 고황제高皇帝로 칭했다. 이어 태자 유영이 황제의 호칭을 계승해 보위에 오르니, 그가 바로 효혜제孝惠帝다. 각 군국의 제후에게 고황제 사당을 세워 때맞추어 제사를 올리도록 명했다.

한혜제 5년, 한혜제는 전에 한고조 유방이 패현을 좋아하고 그리워한 일이 생각나 패궁을 한고조의 원묘原廟로 삼았다.[◎] 한고조가 노래를 가르쳤던 120명의 아이에게는 모두 원묘에서 연주와 노래를 하게 했다. 결원이 생기면 즉시 보충했다. 한고조 유방에게는 여덟 명의 아들

◎ 배인裴駰은 《사기집해》에서 원묘의 원原을 재再로 간주해, 한고조 유방의 사당이 이미 건립되었는데 다시 패현에 사당을 만들었다는 취지라고 해석했다.

이 있었다. 장남은 서출인 제도혜왕齊悼惠王 유비劉肥이고, 둘째는 혜제로 여후 소생이다. 셋째는 척부인戚夫人 소생의 조은왕趙隱王 유여의劉如意다. 넷째는 대왕 유항은 박태후薄太后의 소생으로 훗날 효문황제孝文皇帝로 즉위했다. 다섯째는 양왕 유회로 여태후가 집정할 때 조공왕趙共王으로 이봉되었다. 여섯째는 회양왕 유우다. 여태후가 집정할 때 조유왕趙幽王으로 이봉되었다. 일곱째는 회남여왕淮南厲王 유장이다. 여덟째는 연왕 유건이다.

● 十二年, 十月, 高祖已擊布軍會甀, 布走, 令別將追之. 高祖還歸, 過沛, 留. 置酒沛宮, 悉召故人父老子弟縱酒, 發沛中兒得百二十人, 教之歌. 酒酣, 高祖擊築, 自爲歌詩曰, "大風起兮雲飛揚, 威加海內兮歸故鄕, 安得猛士兮守四方!" 令兒皆和習之. 高祖乃起舞, 慷慨傷懷, 泣數行下. 謂沛父兄曰, "遊子悲故鄕. 吾雖都關中, 萬歲後吾魂魄猶樂思沛. 且朕自沛公以誅暴逆, 遂有天下, 其以沛爲朕湯沐邑, 復其民, 世世無有所與." 沛父兄諸母故人日樂飮極驩, 道舊故爲笑樂. 十餘日, 高祖欲去, 沛父兄固請留高祖. 高祖曰, "吾人衆多, 父兄不能給." 乃去. 沛中空縣皆之邑西獻. 高祖復留止, 張飮三日. 沛父兄皆頓首曰, "沛幸得復, 豐未復, 唯陛下哀憐之." 高祖曰, "豐吾所生長, 極不忘耳, 吾特爲其以雍齒故反我爲魏." 沛父兄固請, 乃幷復豐, 比沛. 於是拜沛侯劉濞爲吳王. 漢將別擊布軍洮水南北, 皆大破之, 追得斬布鄱陽. 樊噲別將兵定代, 斬陳豨當城. 十一月, 高祖自布軍至長安. 十二月, 高祖曰, "秦始皇帝·楚隱王陳涉·魏安釐王·齊緡王·趙悼襄王皆絶無後, 予守冢各十家, 秦皇帝二十家, 魏公子無忌五家." 赦代地吏民爲陳豨·趙利所劫掠者, 皆赦之. 陳豨降將言豨反時, 燕王盧綰使人之豨所, 與陰謀. 上使辟陽侯迎綰, 綰稱病. 辟陽侯歸, 具言綰反有端矣. 二月, 使樊噲·周勃將兵擊燕王綰, 赦燕吏民與反者. 立皇子建爲燕王. 高祖擊布時, 爲流矢所中, 行道病. 病甚, 呂后迎良

70

醫, 醫入見, 高祖問醫, 醫曰, "病可治." 於是高祖嫚罵之曰, "吾以布衣提三尺劍取天下, 此非天命乎? 命乃在天, 雖扁鵲何益!" 遂不使治病, 賜金五十斤罷之. 已而呂后問, "陛下百歲後, 蕭相國卽死, 令誰代之?" 上曰, "曹參可." 問其次, 上曰, "王陵可. 然陵少戇, 陳平可以助之. 陳平智有餘, 然難以獨任. 周勃重厚少文, 然安劉氏者必勃也, 可令爲太尉." 呂后復問其次, 上曰, "此後亦非而所知也." 盧綰與數千騎居塞下候伺, 幸上病愈自入謝. 四月甲辰, 高祖崩長樂宮. 四日不發喪. 呂后與審食其謀曰, "諸將與帝爲編戶民, 今北面爲臣, 此常怏怏, 今乃事少主, 非盡族是, 天下不安." 人或聞之, 語酈將軍. 酈將軍往見審食其, 曰, "吾聞帝已崩, 四日不發喪, 欲誅諸將. 誠如此, 天下危矣. 陳平·灌嬰將十萬守滎陽, 樊噲·周勃將二十萬定燕·代, 此聞帝崩, 諸將皆誅, 必連兵還鄉以攻關中. 大臣內叛, 諸侯外反, 亡可翹足而待也." 審食其入言之, 乃以丁未發喪, 大赦天下. 盧綰聞高祖崩, 遂亡入匈奴. 丙寅, 葬. 己巳, 立太子, 至太上皇廟. 群臣皆曰, "高祖起微細, 撥亂世反之正, 平定天下, 爲漢太祖, 功最高." 上尊號爲高皇帝. 太子襲號爲皇帝, 孝惠帝也. 令郡國諸侯各立高祖廟, 以歲時祠. 及孝惠五年, 思高祖之悲樂沛, 以沛宮爲高祖原廟. 高祖所敎歌兒百二十人, 皆令爲吹樂, 後有缺, 輒補之. 高帝八男, 長庶齊悼惠王肥, 次孝惠, 呂后子, 次戚夫人子趙隱王如意, 次代王恆, 已立爲孝文帝, 薄太后子, 次梁王恢, 呂太后時徙爲趙共王, 次淮陽王友, 呂太后時徙爲趙幽王, 次淮南厲王長, 次燕王建.

태사공은 평한다.

"하왕조의 정사는 충후忠厚했다. 충후의 병폐는 백성을 거칠게 만드는 데 있다. 은나라가 공경을 숭상한 이유다. 공경의 병폐는 백성을 귀신에 혹하도록 만드는 데 있다. 주나라가 예문을 숭상한 이유다. 예문의 병폐는 백성을 형식에 치우치도록 만드는 데 있다.◎ 형식에 얽매이는 폐단을 바로잡는 것으로 충후보다 나은 것이 없다. 하·은·주 3대의 치국 이치를 보면 마치 만물이 순환하듯 끝났다가 다시 시작되었다. 주나라에서 진나라에 이르는 동안 가장 큰 병폐는 지나치게 예문을 강구한 데 있다. 진나라는 예문의 병폐를 고치는 쪽이 아니라 오히려 형법을 가혹하게 적용하는 쪽으로 나아갔다. 이 어찌 잘못된 일이 아니겠는가? 한나라는 흥기하면서 진나라 때의 병폐를 이어받기는 했으나 이내 그 병폐를 고쳐 백성이 피곤에 빠지지 않게 만들었다. 자연의 이치[天統]를 얻은 결과다. 한나라 조정은 제후들에게 매년 10월 상경해 황제를 조현하게 했다. 황제가 타는 수레는 노란색 비단지붕을 덮고 쇠꼬리로 만든 기旗를 수레의 왼쪽에 꽂는 황옥좌독黃屋左纛으로 했다. 한고조 유방은 장릉에 안장되었다.”

● 太史公曰, “夏之政忠. 忠之敝, 小人以野, 故殷人承之以敬. 敬之敝, 小人以鬼, 故周人承之以文. 文之敝, 小人以僿, 故救僿莫若以忠. 三王之道若循環, 終而復始. 周秦之閒, 可謂文敝矣. 秦政不改, 反酷刑法, 豈不繆乎? 故漢興, 承敝易變, 使人不倦, 得天統矣. 朝以十月. 車服黃屋左纛. 葬長陵.”

◎ “예문의 병폐는 백성을 형식에 치우치도록 만드는 데 있다”의 원문은 소인이사小人以僿다. 소인은 백성을 뜻한다. 사를《사기집해》는 서광의 주를 인용해 박薄으로 된 판본이 있다고 했다. 《사기색은》은 정현鄭玄의 주를 인용해 박을 구차하게 예문의 글자에 얽매인 나머지 형식에 치우치며 성실하지 않은 불곤성不悃誠으로 풀이했다.

너그러움으로 사람을 모으다

최초의 평민 출신 황제

유방은 중국의 역대 제왕 가운데 최초의 평민 출신 황제에 해당한다. 난세가 만들어낸 작품이다. 〈고조본기〉에 따르면 그는 젊었을 때 지금의 강소성 서주 서북부에 위치한 패현에서 건달로 지내다가 장년에 이르러 비로소 처음으로 관원 시보가 되었다. 맡은 직책은 사수군의 가장 큰 정亭인 사수정의 정장이었다. '정장'은 10리마다 세워놓은 정의 치안과 소송을 담당하던 관원을 말한다. 요즘으로 치면 파출소장과 역장을 겸임하는 자리에 가깝다.

당초 유방이 정장으로 있던 이유는 아전의 우두머리로 있던 소하 덕분이었다. 호족 출신인 소하는 같은 호족으로 있던 조씨曹氏와 가까웠다. 조씨네도 소하가 소개해준 유방을 흔쾌히 받아들였다. 유방과 조씨네 딸 사이에 태어난 아들이 훗날 제왕에 봉해진 유비劉肥다. 유비는 유방의 서장자다. 유비의 생모 조씨는 사서에 흔히 조희曹姬로 기록되어 있다. 《한서》는 그녀를 외부外婦라고 써놓았다. 외부는 정실 이외에 다른 곳에서 맞아들인 첩 등을 지칭한다. 그녀는 유방이 여치呂雉(여태후)와 혼인하려 하자 스스로 물러났다.

당시 유방은 이를 다행으로 여겼지만 조씨의 오빠 조무상은 앙심을 품었던 것이 확실하다. 유방이 관중을 장악했을 당시 유방의 사자로 가 항우에게 유방의 속셈을 고자질했던 것이 그렇다. 결국 조무상은 항우가 내막을 고백함으로써 곧바로 유방에게 죽임을 당했다.

이미 여자가 있었던 유방은 여치와 결혼한 후에도 이전의 버릇을 버리지 못했다. 이전처럼 술집을 경영하는 왕오와 무부의 집을 주기적으로 드나들었다. 그는 일찍이 정장의 자격으로 함양에서 요역할 때 우연히 진시황의 행차를 구경했던 적이 있다. 그러고는 이같이 탄식했다.

"아, 대장부라면 마땅히 저러해야 할 것이다!"

일본학자 사다케 야스히코는 저서 《유방劉邦》에서 정장에 임명된 지 3년가량 된 유방이 진시황 31년인 기원전 216년에 함양으로 올라가 진시황의 행차를 관람했을 것으로 추정했다. 유방과 항우의 나이 차이가 다섯 살 정도에 불과한 것으로 간주한 그의 주장을 따를 경우 당시 유방의 나이는 약 스물두 살이다. 그러나 중국 학계의 통설은 《사기집해》 주석을 따라 유방의 출생 시기를 진소양왕 51년인 기원전 256년으로 간주하고 있다. 유방과 항우의 나이 차이가 스물네 살이나 된다. 이를 따를 경우 진시황의 행차를 관람했을 당시 유방의 나이는 마흔 전후로 보아야 한다. 중국 학계의 통설을 따르는 게 타당할 듯하다.

여러 정황에 비추어 당시 유방은 상관으로 있던 소하의 재가를 받고 그곳에 갔을 공산이 크다. 출장 명목은 강제노동에 징발된 인부의 인솔과 감독이었다.

그때 함양은 연일 토목공사를 진행하고 있었다. 《사기》는 아방궁과 수릉을 수축하는 데 동원된 죄수가 70만 명에 달한다고 기록해놓았다. 당시 총 인구가 약 600만 가구에 3,000만 명이었던 점을 감안하면 엄청난 인원이 동원되었던 셈이다. 유방이 죄수 출신 인부를 이끌고 패현에서 함양까지 갈 경우 그 거리가 왕복 1,600킬로미터에 달했다. 중간에 휴식을 취하는 것까지 감안하면 두 달 이상 걸렸다고 보아야 한다.

그는 인솔해온 인부들의 현장감독을 동료에게 맡기고 함양을 두루 관람했을 공산이 크다. 이때 여섯 마리 말이 이끄는 황금 장식 수레 위에 앉아 있는 진시황의 장려한 모습을 처음으로 목도했을 것으로 짐작된다. 천하가 일거에 혼란의 소용돌이에 빠지고 이에 편승해 진승과 오광吳廣이 반기를 들었을 때 덩달아 유방도 반진의 깃발을 들고 나섰던 배경을 대략 파악할 수 있다. 유방은 내심 '진승과 오광 같은 인물도 왕후장상의 씨가 따로 있느냐고 말했는데 내가 그들보다 못한 것이 무엇인가?'라는 식으로 자문했을 공산이 크다.

유방이 대지大志를 품고 대협大俠의 모습을 보인 그의 평소 행보에 비추어 보았을 때, 이때 처음으로 모반을 생각했을 것으로 보인다. 그의 이런 생각은 함양에 올 때마다 커졌을 것이다.

〈고조본기〉에 따르면 유방은 209년 9월께 현령의 명을 받아 노역에 동원된 죄수를 이끌고 함양의 여산을 향했다. 가는 길에 많은 죄수가 달아났다. 유방은 내심 여산에 이를 때면 모두 달아나 한 사람도 남지 않을 것으로 생각했다. 풍읍의 서쪽 늪지에 이르러 행렬을 멈추게 한 뒤 술을 마셨다. 밤이 되자 인솔해가던 죄수들이 가고 싶은 곳으로 가도록 풀어주었다. 대부분 크게 사례하며 갈 길을 떠났고 오갈 데 없는 장정들은 그대로 남았다. 이들이 바로 유방이 처음으로 반진의 깃발을 들었을 때 가담했던 부하들이다. 진승이 반기를 든 지 두 달 뒤인 호해胡亥 원년 9월의 일이다.

유방은 이후 패현 일대의 늪지대에 이들과 함께 몸을 숨긴 채 때가 오기를 기다렸다. 비록 짧은 기간이었으나 자신을 따르는 죄수 출신 장정들과 함께 군도群盜와 다를 바 없는 시간을 보냈을 공산이 크다. 《사기》를 비롯한 사서 모두 유방을 군도가 아니라 지방의 군소군벌인 토패土霸처럼 묘사해놓았으나 이는 '역사의 승리자'를 미화한 것에 지나지 않는다. 원래 군도와 토패는 종이 한 장 차이에 불과하다. 결과가 모든 평가를 좌우한다.

토패의 일원이 된 유방에게는 실력배양이 급선무였다. 그러기 위해서는 세력범위를 확장해 병력자원의 근원인 백성을 대거 확보할 필요가 있었다. 유방은 측근들을 모아놓고 곧바로 숙의에 들어갔다. 크게 세 가지 의제를 논했다.

첫째, 명분 문제다. 진나라를 타도하고 초나라를 부흥시키겠다는 진승의 '장초張楚' 건국 취지가 가장 그럴듯했다. 실제로 유방은 초나라 사람을 자처했다. 짧은 옷을 입지 않은 자는 동료로 인정치 않았고, 초나라 노래와 춤에 기대 시름을 달래었다. 당시 상황을 감안할 때 천하를 거머쥐기 위해서는 '초나라 광복'을 기치로 내거는 것이 효과적이다. 그만큼 진나라에 대한 원한이 깊었다. 유방이 출정식에 앞서 초나라 백성의 수호신이자 군신軍神인 치우에게 제사를 지냈던 것도 이러한 맥락에서 이해할 수 있다.

둘째, 2,000~3,000명으로 늘어난 세력을 군사집단으로 조직하는 문제다. 각 부대에 우두머리를 두고 몇 개 부대마다 장군을 임명했다. 유방과 행동을 함께해온 무리와 조참과 조무상 등 패현의 호족들이 임명되었다. 유방의 고향인 풍읍에서도 옹치와 왕릉 등이 무리를 이끌었다.

셋째, 북상하는 진나라 군사를 어떻게 대처할 것인가 하는 문제였다. 진나라의 정규군과 맞붙을 경우 패할 소지가 컸다. 유방의 무리는 지금의 산동성 어대현 동남쪽 호릉을 공략하기로 했다. 호릉은 하루면 닿을 수 있었다. 호릉을 접수한 뒤 새로 가담한 일당을 이끌고 사수를 거슬러 올라가 서북쪽의 방여까지 손에 넣었다.

초한지제 내내 호릉과 방여는 서로 차지하기 위해 다투는 격전지[爭地]였다. 이곳에는 유방과 호흡을 같이하는 무리가 대거 포진해 있었다. 그만큼 건달과 무뢰배가 많았다는 이야기다. 호릉과 방여 일대의 장악은 곧 중원 진출을 위한 교두보 확보를 뜻했다.

유방의 무리가 방여를 장악했을 무렵, 사수군 군수 장은 뒤늦게 소식을 접하고 서둘러 관군을 소집하고 있었다. 유방은 이들의 동향을 속속들이 알고 있었다. 사수군 고위 관원인 주가와 그의 사촌동생 주창周昌을 비롯해 하급 아전인 임오任放 등이 가담했던 덕분이다. 정보전에서 이미 이기고 있었던 셈이다. 고금을 막론하고 정보전에서 패하고도 싸움에서 이긴 적이 없다.

유방은 사수군에 주둔한 진나라 군사가 움직이기 시작했다는 정보를 입수하자 곧바로 풍읍 쪽으로 방향을 틀었다. 패현의 현성보다는 풍읍의 읍성에서 농성하는 것이 유리하다고 판단한 결과였다. 내부 이탈자를 최소화하려는 속셈도 있었다. 사수군 군수 장은 군사를 이끌고 사수군 건너편의 설현을 공략한 뒤 영채를 차렸다. 유방의 무리가 북쪽의 제나라 반군과 연계하는 것을 미리 차단하려던 것이었다. 이어 직속부하인 군감 평에게 명해 군사를 이끌고 사수를 건너게 했다. 평은 손쉽게 패현 현성을 탈환했다. 사수군 수장의 용병이 간단치 않았음을 보여준다. 진나라 군사가 여세를 몰아 유방의 무리가 운집한 풍읍을 포위했다. 유방의 무리는 자칫 '독 안의 쥐'가 될 수도 있었다. 유방의 무리가 여기서 무너졌으면 한제국은 역사무대에 등장하지 못했을 것이다.

그러나 손쉽게 패현의 현성을 탈환한 사수군 군감 평은 승리에 취해 사태를 너무 낙관했다. 풍읍에서 농성에 들어간 유방의 무리를 오합지졸로 간주했던 것이다. 이들이 풍읍을 포위한 지 사흘째 되던 날 유방이 풍읍의 수비를 옹치에게 맡긴 뒤 과감히 성문을 열고 나가 기습공격에 나섰다. 급작스러운 공격을 받은 진나라 군사가 일순에 와해되었다. 유방은 내친김에 패현의 현성 쪽으로 내달렸다. 재차 탈환하기 위해서였다. 하루 행군거리는 약 30킬로미터였다. 당시 패현 현성에는 약간의 수비대밖에 없었다. 결국 이내 패현을 다시 탈환했다.

싸움은 흐름을 타는 것이 중요하다. 적이 패퇴할 때는 급속히 추격해 반격의 여지를 없애는 것이 필요하다. 유방은 수군을 편성한 뒤 곧바로 사수를 건넜다. 배가 모두 나포된 까닭에 패배 소식이 강 건너편에 진을 치고 있던 진秦나라 군사의 귀에 들어가지 않았다. 사수군 군수 장은 유방의 기습공격에 크게 놀라 황급히 달아났다. 유방은 패현에 이어 상급 행정단위인 사수군까지 세력을 확장했다. 호해 원년 10월의 일이다.

유방은 비록 사수군을 손아귀에 넣었지만 이내 더 강력한 적을 상대해야만 했다. 바로 진나라에 최초로 반기를 든 진승의 군사였다. 똑같이 반反진의 깃발을 들었지만 원래 맞수는 적보다 더 위험한 법이다. 규모가 큰 지방군벌인 토왕土王 진승이 볼 때 토패 수준의 유방이 계속 세력을 확장하는 모습을 그대로 방치할 수는 없는 일이었다. 유방이 자원해 땅을 바치고 휘하로 들어오지 않을 경우 미리 싹을 제거하는 것이 유리했다. 승승장구해 동쪽으로 진출했던 진승의 휘하 장수 주불이 적현에서 전담田儋의 반격으로 더는 동진이 불가능해지자 문득 사수군 쪽으로 방향을 돌렸던 것도 비슷한 이유다. 만만한 곳을 택했던 것이다.

당시 주불은 일단 위나라 땅으로 돌아와 진성에 머물던 옛 위魏나라 왕족 위구魏咎를 보위에 앉힌 뒤 스스로 재상에 취임했다. 그는 위나라 군사를 이끌고 하수를 따라 내려와 유방이 점거한 사수군 일대를 공략하기 시작했다. 당시 유방은 같은 반진 연합세력이 자신의 등을 치리라고는 생각지도 못했다.

원래 유방의 고향 풍읍은 전국시대 말기 병화를 피해 위나라 백성들이 대거 남하해 둥지를 튼 곳 가운데 하나다. 주불이 이를 노렸던 것이다. 그는 적장의 마음을 뒤흔드는 이른바 공심攻心 계책을 구사했다. 곧 풍읍의 수비를 맡은 옹치에게 사람을 보내 설득했다.

"풍읍은 원래 위나라 수도 대량에서 옮겨온 이주민의 땅이오. 이제 위나라가 평정한 땅이 수십 성에 이르니 지금 위나라에 항복하면 위나라에서 그대를 후侯로 삼아 풍읍을 지키게 할 것이오. 만일 투항치 않으면 곧바로 풍읍을 함락시킬 것이오."

〈고조본기〉의 기록에 따르면 옹치는 매우 유능한 인물이었다. 도리상 나이가 어린 유방의 지휘를 기꺼이 받아들이기는 했으나 옹치로서는 내심 불만이었다. 주불로부터 제안을 받자마자 곧바로 수용했던 이유다. 당시 풍읍에는 유방의 부모인 유태공劉太公과 유오劉媼는 물론 아내인 여치와 자식들도 있었다. 장남 유비도 그곳에 있었다.

옹치의 배신은 유방에게 커다란 충격을 안겨주었다. 가슴을 가장 아프게 만든 것은 자신을 추종했던 풍읍의 자제들까지 옹치와 행보를 같이했던 점이다. 〈고조본기〉는 이로 인해 유방이 옹치와 이 자제들을 크게 원망했다고 기록해놓았다. 당시 옹치는 풍읍 사람들에게 고향인 위나라에 귀순해 진승이 세운 장초張楚 진영에 참가함으로써 반진 항전을 효과적으로 수행하자고 설득했다. 옹치의 설득이 통할 경우 유방의 무리는 앉은자리에서 이내 해체될 수밖에 없었다. 실제로 그들은 그의 설득을 그대로 받아들였다.

이 소식을 들은 유방은 대경실색해 곧바로 점거한 방여와 호릉을 놓아둔 채 황급히 방향을 틀어 풍읍으로 달려갔다. 풍읍을 잃는 것은 둥지를 빼앗기는 것이나 다름없었다. 전력을 다해 공격했으나 이미 착실히 준비한 옹치를 이길 수는 없었다. 부득불 패현의 현성으로 들어갔다.

유방이 풍읍을 잃은 뒤 진가와 경구 밑으로 들어가 구원병을 청하고, 이후 또다시 항량에게 고개를 숙이고 들어가 5,000명의 지원병을 얻어 마침내 탈환에 성공하는 우여곡절을 겪었던 이유다. '둥지'는 모든 거사의 출발에 해당한다.

〈고조본기〉에 따르면 유방이 풍읍 탈환에 실패해 패현의 현성으로 돌아올 당시 또 다른 반란군인 진가와 영군이 초나라 귀족인 경구를 초왕으로 옹립한 뒤 유현에 집결했다. 유현은 패현에서 동남쪽으로 20킬로미터 떨어진 곳이다. 진가의 무리가 유현에 사령부를 차린 것은 회수 하류의 동해군을 장악한 뒤 세력을 사방으로 확산시키려는 속셈이었다.

원래 진가의 무리 역시 그 기본성격을 보면 유방처럼 자체적인 노력으로 토패로 성장한 경우에 해당한다. 이들은 그릇이 유방보다는 상대적으로 컸다. '초왕'을 칭했던 것이 그렇다. 경구는 비록 가왕이기는 하나 '초왕'을 칭했다. 이는 진승의 장초에 정면도전한 것이나 다름없었다. 진가와 경구는 나름대로 승산이 있다고 생각했다. 실제로 이때는 이미 장초의 위세가 이전과는 비교할 수 없을 정도로 크게 떨어져 있을 때였다. 이미 조나라와 연나라, 위나라, 제나라 등의 고토에는 전국시대 말기를 방불케 하는 토패들이 등장했다. 이들 모두 진시황이 천하통일을 이루기 이전의 전국시대로 돌아가 봉건정권을 다시 부활시키고자 했다.

그러나 초나라 땅에서는 이것이 불가능했다. 너무 넓었기 때문이다. 비록 진승이 장초라는 국명을 내세우고 초나라 땅의 패자를 자처했지만 그의 관할영역은 춘추시대 당시 초나라에 합병된 소국 진陳나라의 영토에 지나지 않았다. 현 단위에 불과했다. 게다가 진가가 경구를 초왕으로 내세우며 초나라의 정통성을 주장하고 나선 까닭에 장초는 명분상의 위기까지 맞았다.

유방은 경구가 유현에 이르렀다는 소식을 듣고는 이내 몸을 굽히고 합류했다. 옹치를 물리치고 둥지를 탈환하려는 속셈이었다. 이때 마침 장함이 이끄는 관군은 장초의 수도인 진현을 쳤다. 장함의 별장인 사마 니는 동으로 진격해 사수군 군도인 상현을 함락시킨 여세를 몰아 다시 탕현을 쳤다. 크게 놀란 경구는 강력한 부장 영군과 새로 가담한 유방을 파견해 이를 저지하게 했다. 유방은 영군과 함께 군사를 이끌고 사수를 내려가 팽성에 이르렀다. 여기서 서쪽에 위치한 소현으로 들어가 사마 니가 이끄는 진나라 군사와 맞붙었다. 유방의 군사가 하비의 서쪽 팽성에 이르렀을 때 공교롭게도 경구에게 몸을 의탁하기 위해 무리를 이끌고 오던 장량과 마주쳤다. 유방과 이런저런 이야기를 나눈 장량은 곧 유방의 휘하로 들어갔다. 유방으로서는 천군만마를 얻은 것이나 다름없었다.

당시 사마 니가 이끄는 진나라 군사는 상현을 공략한 데 이어 여세를 몰아 탕현의 늪지대 일대까지 밀고 들어왔다. 유방은 영군과 합세해 결사적으로 싸웠다. 유방이 다시 탕현을 공격해 사흘 만에 함락시켰다.

탕현의 군사를 수습해 6,000명의 군사를 얻었다. 전에 있던 병사와 합치면 모두 9,000명이나 된다. 얼마 후 여택과 여석지呂釋之 형제는 탕현의 북쪽에 위치한 하읍을 함락시켰다. 이번에도 많은 수의 병사를 손에 넣었다. 유방은 여세를 몰아 풍읍에 대한 포위공격에 들어갔다. 풍읍을 놓칠 수는 없었다. 풍읍을 잃을 경우 다시 군도로 전락할 수밖에 없었다. 더구나 풍읍에는 가족과 동료가 있었다.

이 와중에 항량의 군사가 북상해 경구의 군사를 격파하는 일이 빚어졌다. 이는 유방이 전혀 예상치 못한 일이었다. 유현에서 남하해 팽성 동쪽에 진을 친 뒤 싸움에 임했다가 대패한 경구의 군사는 사방으로 흩어져 달아났다. 일부는 패현을 거쳐 호릉까지 달아났다. 당시 유방은 유현에 설치된 경구의 본진을 떠나 탕현과 하읍의 늪지대로 들어가 있었다. 행운이었다. 만일 경구와 같이 있었다면 항량에게 참패를 당했을 것이다. 유방은 다시 고개를 숙여 항량 밑으로 들어갔다.

당시 유방이 보유한 병력은 1만 명을 넘지 않았다. 항량은 유방의 요청에 선뜻 유방이 보유한 병력의 절반에 해당하는 군사를 내주었을 뿐 아니라 유능한 간부급 장교 열 명까지 지원했다. 이것이 옹치를 무찌르고 풍읍을 탈환하는 결정적인 배경이 되었다.《사기》〈진초지제월표秦楚之際月表〉는 호해 2년 4월에 옹치가 유방의 공격을 받고 이내 풍읍을 빠져나와 위나라로 달아났다고 기록해놓았다. 명분 면에서는 별장을 자처해 항량에게 굽히고 들어가는 모양이 되었으나 실리 면에서는 커다란 이익을 챙겼던 셈이다.

군벌의 일원이 되다

호해 3년 3월, 항량의 휘하 장수로 들어간 유방이 지금의 하남성 개봉

등지를 공격했으나 이기지 못했다. 서쪽으로 진격하는 와중에 진나라 장수 양웅과 지금의 하남성 활현인 백마에서 맞붙었다. 승부가 나지 않았다. 싸움터를 지금의 하남성 중모현의 동쪽 곡우로 옮겼다. 여기서 유방이 이겼다. 사서는 '대승'으로 기록해놓았다. 참패를 당한 양웅은 황급히 형양으로 퇴각했다. 일보 후퇴해 수비에 치중코자 했던 것이다. 그러나 이 소식을 접한 2세 황제 호해는 대로했다. 믿었던 왕리가 포로로 잡힌 데 이어 양웅마저 다시 패한 사실에 충격을 받아 분노가 폭발했던 듯하다. 곧바로 사자를 보내 양웅을 참한 뒤 그의 시체를 군중에 널리 돌리는 전시傳尸를 했던 이유다.

이해 여름 4월, 유방이 문득 남쪽으로 내려가 장량이 유격전을 펼치고 있는 영천 일대를 공략한 뒤 끝까지 저항한 영천성의 군민을 모두 도륙했다. 이보다 열 달 전인 호해 2년 6월, 장량은 진나라 군사의 반격으로 패퇴해 영천 일대에서 유격전을 전개하고 있었다. 그 성과는 극히 미미했다.

〈고조본기〉는 유방이 장량을 활용해 한나라 땅을 두루 다스렸다고 기록해놓았으나 영천성 군민을 도륙한 배경에 대해서는 입을 다물고 있다. '도륙'은 분노의 표현이다. 유방이 장량과 합세해 영천성을 공략할 때 영천성 안의 관민이 거세게 저항했고, 이는 함양 입성 문제로 마음이 급한 유방의 심기를 자극했을 공산이 크다.

영천성 군민은 왜 그처럼 강고하게 저항했던 것일까? 이는 장수의 자질과 거리가 먼 장량이 빨치산 활동을 펼치면서 적잖은 무리수를 두었을 가능성을 암시한다. 영천성의 군민을 도륙한 사건은 〈고조본기〉 속 유방의 관인한 모습과 크게 동떨어져 있다.

유방이 영천성 군민을 도륙할 당시 고국으로 돌아가 빨치산 활동을 전개하고 있던 장량과 재회한 것은 두 사람에게 일대 전기로 작용했다. 장량으로서는 가뭄에 비를 만난 격이었다. 두 사람의 결합은 곧바로 효력을 나타냈다. 당시 장량은 유방에게 옛 송나라 땅 일대를 손에 넣을 것을 권했다. 유방이 장량의 전략에 따라 진나라 군사를 차례로 격파했다. 이내 옛 송나라와 위나라 영역을 차지할 수 있었다. 당시 유방이 차지한 땅은 전국시대의 열국에 비교해도 뒤지지 않을 정도로 넓었다.

당초 팽성을 출발할 당시만 해도 유방의 군사는 초회왕 휘하의 일개 말단 군단에 불과했으나 이때에 이르러 문득 장함, 항우, 제나라 전영과 어깨를 나란히 할 만큼 성장한 것이다. 왕호만 사용하지는 않았을 뿐 당당한 군벌의 일원이 된 셈이었다.

원래 항량의 패사를 계기로 팽성을 초나라의 새 수도로 정할 당시 유방이 초회왕으로부터 부여받은 임무는 진승과 항량 휘하에 있다가 사방으로 흩어진 병사들을 거두어들이는 일이었다. 대규모 군단을 조직해 수도 팽성의 방위선을 구축하려는 심산이었다. 유방은 성공적으로 임무를 완수했다. 북쪽 창읍에서 성양을 거쳐 남쪽 율현에 이르는 기다란 방위선이 구축된 배경이다. 유방이 이 일에 공을 들인 이유는 그것이 결국 자신의 무력을 강화하는 길이었기 때문이다. 오랫동안 이 지역에 인맥을 쌓아두었기에 가능했던 일이다.

진나라와 전면전이 선포된 이후 유방의 머릿속에는 온통 함양 입성에 관한 생각뿐이었다. 항우가 초나라 연합군을 이끌고 서진할 당시 유방이 팽성 방위선의 북단에 있는 창읍 공략을 포기하고 창읍의 진나라 군사를 팽월에게 맡긴 뒤 서쪽으로 진격했던 이유다. 입관을 위한 유방의 행보는 매우 신속했다.

이해 6월, 유방이 군단 내에 최정예 부대를 선발해 선봉으로 내세우는 식으로 군을 재편했다. 군수물자 수송과 관련된 자와 기지 건설 등에 동원되는 공병부대는 최소한으로 줄였다. 가능한 한 신속하게 진군해야 한다는 판단에 따른 것이었다. 이해 7월, 결사저항의 의지를 보이던 남양군수 기齮가 항복했다. 남양군수가 힘없이 무너진 데에는 장함이 항우에게 항복한 것이 크게 작용했다. 당초 장함이 불리하다는 이야기가 널리 퍼지자 진나라의 방위체계는 내부에서부터 스스로 붕괴하기 시작했다. 여기에 결정타를 가한 것이 바로 장함의 투항 소식이었다. 남양군수는 이 소식을 듣고 절망했다. 유방은 천시天時를 만났던 셈이다.

이해 8월, 유방은 함양으로 들어가는 남쪽 관문인 무관을 돌파하고 있었다. 효관을 우회해 괴산을 넘어간 뒤 지금의 섬서성 남전 남쪽에서 진나라 군사를 대파했다. 유방의 군사는 진나라 백성들에게 '해방군'을 자처했다. 이해 겨울 10월, 유방의 군사가 지금의 섬서성 남전현 북쪽 파상에 이르렀다. 이미 싸움이 끝났다고 판단한 진秦나라 왕 자영이 곧 장례용 흰 수레와 말을 끌고 나왔다. 흰 수레와 말은 나라의 패망을 상징한다. 그의 목에는 인수印綬를 패용할 때 쓰는 넓은 띠가 걸려 있었다. 이는 죄를 지어 자진해야 할 입장에 서 있다는 취지를 나타내는 의식이다. 자영은 황제의 옥새를 받든 채 지도정 길가에서 항복의식을 거행했다.

유방이 비록 남쪽 무관을 통해 입성했으나 결국 진시황의 손자 자영으로부터 항복의식을 받았다. 주목할 것은 고조의 너그러운 행보다. 인의를 가장한 유방의 술수가 간단치 않았음을 반증하는 대목이다. 유방이 담당 관원에게 이 일을 관대히 처리하게 했던 사실이 이를 방증한다.

한중왕 등극

주목할 것은 당시 유방이 함양에 입성한 이후에 보여주었던 일련의 행보다. 당시 그는 함양으로 들어간 뒤 궁전에 머물렀다. 그러나 얼마 후 휘하 참모들의 간언에 따라 군사를 파상으로 옮겼다. 이해 11월, 유방은 여러 현縣의 부로와 호걸을 불러놓고 약법삼장을 선포했다. 사람을 죽인 자는 사형에 처하고, 사람을 다치게 하거나 물건을 훔친 자는 죄의 경중에 따라 처벌한다는 내용이었다. 약법삼장은 후대인에게 통상 백성들과 합의해 만들어낸 매우 간명하면서도 공정한 법률[約法]의 전형으로 알려져 있다. 이는 후대에 커다란 영향을 미쳤다. 전한 말기에 일어난 농민 반란 집단인 적미적赤眉賊도 유사한 기치를 내걸었던 바가 있다. '사람을 죽인 자는 사형, 사람을 다치게 한 자는 그에 상응하는 배상을 하도록 한다'고 선언했던 것이 그렇다.

당초 유방은 항우가 천하를 평정한 뒤 자신을 한중왕漢中王에 봉했을 때 크게 분노한 나머지 이내 항우를 공격하려 했다. 주발과 관영灌嬰, 번쾌 모두 동의했으나 소하가 반대했다.

"비록 한중처럼 험한 곳에서 왕을 칭하는 것이 싫겠으나 그래도 죽는 것보다는 낫지 않겠습니까?"

유방이 물었다.

"어찌하여 죽는다는 것이오?"

소하가 대답했다.

"지금 우리 군사들은 저들만 못해 백전백패할 터이니 죽지 않고 어찌하겠습니까? 무릇 천자의 치하에서 몸을 굽히면서 제후의 수장으로서 믿음을 준 사람으로 탕왕湯王과 무왕武王이 있습니다. 대왕은 한중에서 왕을 칭하면서 백성을 잘 다스려 현자를 불러들이고, 파촉의 재부를 거두어들인 뒤 옹雍과 적翟 및 새塞 등의 삼진三秦을 평정토록 하십시오. 그리하면 천하를 가히 도모할 수 있습니다.”

유방이 흔쾌히 따랐다.

“좋소.”

이 일화는 《한서》와 《자치통감》에만 나오고 《사기》에는 나오지 않는다. 《사기》 〈유후세가留侯世家〉에 따르면 당시 장량은 소하의 충고를 따른 유방이 내려준 금 100일鎰과 구슬 두 말을 모두 항백에게 바쳤다. 유방은 이와 별도로 장량을 시켜 항백에게 후한 예물을 보내면서 청을 넣도록 했다. 항백이 곧 항우를 만나 한중의 땅을 모두 유방에게 넘겨주도록 청하자 항우가 이를 허락했다는 것이다.

장량이 뇌물 계책을 쓴 〈유후세가〉의 대목은 《한서》 〈장진왕주전張陳王周傳〉과 《자치통감》에도 공히 나온다. 항우가 유방에게 한중을 '덤' 으로 떼어준 데에는 항백이 결정적인 공헌을 했던 셈이다. 항우는 자신의 곁에 유방의 반간계反間計에 두루 활용되고 있는 최고급 첩자가 암약하고 있다는 사실도 모른 채 그를 곁에 두고 신임하며 부리고 있었던 것이나 다름없다. 여기서 반간계란 적의 내부를 이간하는 계책을 말한다.

이해 여름 4월, 유방이 여타 제후들과 마찬가지로 휘하 군사들을 거두어 봉지인 한중으로 들어갔다. 한중과 관중은 동서로 가로놓인 진령산맥을 경계로 나뉜다. 협곡에는 구멍을 뚫은 뒤 줄을 늘어뜨려 맞은편에 연결시킨 벼랑길인 잔도가 있었다. 유방이 한중으로 들어갈 때 장량은 잔도를 불태워 끊을 것을 권했다. 관중으로 진출할 뜻이 없음을 보여주어 항우를 안심시키려는 속셈이었다.

장량은 유방을 지금의 섬서성 포성현 포중까지 배웅한 뒤 다시 한왕

韓王 한성韓成을 따라 항우와 함께 동쪽으로 향했다. 이는 자신이 줄곧 한성의 부하였고, 유방에게는 일종의 빈객賓客임을 보이고자 했던 것이다. 한나라 재상의 후예로서 한왕 한성의 측근으로 있다는 것은 항우를 기만하는 데 적잖은 효과를 발휘했다. 항우는 장량과 같은 귀족 출신을 좋아했다. 자신의 처지가 그러했기 때문이다.

관중에서 한중으로 가려면 험준한 진령산맥을 넘어야 한다. 〈고조본기〉는 행군 도중에 상당수의 병사가 달아났다고 기록해놓았다. 행군이 무척 고달팠음을 반증한다. 외양상 패잔병 부대와 닮았다. 비록 두 달에 불과했지만 관중에서 진나라 백성들의 성원 속에서 자칭 관중왕으로 있던 유방으로서는 참담한 심경이었을 것이다. 항우를 함곡관에서 막았다면 새 왕조를 능히 창건할 수도 있다고 생각하면 분통이 터질 일이었다. '항우 타도'를 목표로 세웠던 이유다. 항우만 제압하면 곧 천하를 차지하는 것이나 다름없었다. 그러기 위해서는 우선 관중을 탈환해야 했다.

유방에게 모인 시대의 지식인들

유방이 관중 일대를 모두 탈환한 시점은 한고조 2년 봄 정월이었다. 그 사이 많은 일이 일어났다. 조나라에서 갈라져 나온 상산의 장이가 유방에게 항복하고, 조헐이 다시 조왕이 되었다. 비슷한 시기에 항우가 명목상의 황제인 의제를 제거했다. 이를 유방을 비롯한 군웅들이 자신들의 반기를 합리화하는 데 적극 활용하기 시작했다. 관중을 손에 넣은 유방에게는 오히려 함곡관을 출관할 구실이 거듭 늘어났던 셈이다.

항우의 입장에서 볼 때는 전기를 마련해야 하는 위기국면이었다. 항우는 비록 자신의 주적이 유방이 아닌 전영과 진여 및 팽월 등 북부 연합세력이라고 오판했으나 나름대로 일정한 성과를 거두었다. 가장 먼저 반기를 든 전영을 제거했던 것이 그렇다. 이는 유방이 관중 일대를 석권했던 시기와 겹친다.

그러나 전영의 잔당이 아직 남아 있었다. 〈항우본기〉는 지금의 산동성 낙창현인 북해에 이른 뒤 성곽과 가옥을 불태우고 항복한 전영의 병사들을 모두 갱살했다고 기록해놓았다. 분노가 치밀어 그리했겠지만 천하의 백성들에게 잔인한 인물이라는 인상을 각인시킨 것은 큰 손해였다. 그나마 노약자와 부녀는 죽이지 않고 포로로 잡는 모습을 보인 것은 다행이었다.

그사이에 유방은 승승장구했다. 휘하 장수들이 관중의 북쪽 외곽지역인 북지를 함락시키고 옹왕 장함의 동생 장평을 포로로 잡는 성과를 올렸던 것이 그렇다. 유방이 함곡관 밖으로 세력을 확장해 항우의 영토를 야금야금 파고 들어오는 형국이었다. 대표적인 예로 낙양에 도읍한 하남왕 신양이 유방의 군사가 들이닥치자 곧바로 항복했던 사례를 들 수 있다. 유방은 그곳에 하남군을 두었다. 신향이 싸움 한 번 제대로 하지도 못한 채 항복한 것은 유방의 군사가 그만큼 강했음을 반증한다.

이해 3월, 유방이 위나라를 접수하기 위해 지금의 섬서성 태려현에 있는 임진에서 황하를 건넜다. 위왕 표가 이내 항복한 뒤 군사를 이끌고 유방의 뒤를 쫓았다. 유방이 여세를 몰아 하내를 함락시킨 뒤 은왕 사마앙을 포로로 잡았다. 그곳에 하내군이 설치되었다. 한 해 전인 한 고조 원년 8월에 관중을 탈환하기 위해 한중을 출발한 시점부터 이듬해 3월 은왕 사마앙을 굴복시킬 때까지 여덟 달 동안 관중을 포함해 하동과 하남, 하내 등 삼하의 땅을 모두 손에 넣었던 셈이다.

출관 이후 연승을 거두어 세력 범위를 크게 넓힌 유방은 고무되었다.

그는 승세에 적극 올라타 이내 항우의 본거지인 팽성까지 손에 넣을 심산이었다. 곧 평음의 나루터에서 황하를 남쪽으로 건너 낙양에 도착했다. 옛 주나라 왕실이 있던 낙양의 입성은 상징성이 컸다. 유방이 내사로 있던 패현 출신 주가를 어사대부로 삼아 진제국의 뒤를 잇는 제2의 제국 건립 행보를 본격화했다. 조만간 닥칠 일을 미리 내다보고 이러한 조치를 취했던 것이다.

이때 그는 전국시대 말기 한나라의 16대 왕인 한양왕韓襄王의 서손 한신을 군사 총책인 태위로 삼은 뒤 한나라 지역을 경략하게 했다. 그는 회음후 한신과 성은 물론 이름까지 똑같다. 사서는 그를 회음후 한신과 구분하기 위해 대개 '한왕 신信'으로 표현해놓았다.

유방의 명을 받은 한왕 신이 곧 대군을 이끌고 항우에 의해 새롭게 한나라 왕에 봉해진 정창을 공격했다. 기습공격을 받은 정창이 양성에서 항복했다. 한고조 원년 10월의 일이다.

이때 유방이 한왕 신을 한나라 왕으로 삼았다. 진시황이 천하통일 과정에서 가장 먼저 한나라 땅을 병탄한 데서 알 수 있듯이 이곳은 관중에서 중원으로 진출하는 교두보에 해당한다. 역으로 중원에서 관중으로 진출하는 다리이기도 하다. 전략적으로 그만큼 중요했던 곳이다. 그럼에도 항우는 분봉分封을 전후해 이곳을 거의 방치하다시피 했다. 한왕으로 분봉한 한성을 장량과 함께 팽성으로 끌고 갔다가 이내 살해했던 것이 그렇다. 유방이 관중을 접수한 뒤 한나라 땅 공략에 나서자 뒤늦게 정창을 한왕에 임명해 이를 막게 했으나 이미 때가 늦었다.

매사가 그렇듯이 일이 잘 풀릴 때는 모든 것이 순조롭게 진행한다. 진여의 군사가 제나라 군사와 함께 유방에게 협력한 상산왕 장이를 습격하자 싸움에서 패한 장이가 황급히 유방이 있는 곳으로 달아나 몸을 의탁했던 것이다. 유방의 입장에서 볼 때 '뜻밖의 수확'에 해당했다. 장이는 진여와 더불어 당대의 책사로 통한 인물이다. 당대의 병법가인 한신에 이어 장이까지 유방에게 귀부한 것은 천하대세의 흐름이 유방에게 유리하게 전개되고 있다는 신호였다. 당시 유방은 폐구에서 장이를 반갑게 맞이했다. 한때 장이를 모신 바가 있는 유방이 그를 후대했던 것은 말할 것도 없다.

한고조 2년 3월, 전영의 동생 전횡이 전영의 아들 전광을 제왕으로 삼은 뒤 항우에게 도전장을 던졌다. 전영의 무리를 철저히 궤멸시켰다고 생각하고 잠시 한숨을 놓고 있던 항우로서는 뒤통수를 얻어맞았던 셈이다. 실제로 항우는 전영에 이어 전횡을 상대하느라 유방의 동진을 제대로 막지 못했다. 전영을 제후에 봉하지 않은 후과가 이처럼 컸다.

항우는 제나라 땅에 머물며 전횡과 수차례 싸웠으나 쉽게 제압하지 못했다. 그는 이 와중에 유방이 동쪽으로 진격하고 있다는 소식을 들었다. 장량의 말만 믿고 아무런 대비도 하지 않았다가 허를 찔린 셈이었다. 그러나 이미 끝난 일이었다. 독이 오른 항우는 차제에 전횡을 완전히 격파한 뒤 유방을 치는 것이 낫다고 판단했다. 얼핏 보면 양면전을 전개할 수 없는 만큼 일리 있는 결단으로 보인다. 그러나 그 내막을 보면 이 또한 커다란 실책에 해당했다. 다음은 〈항우본기〉의 기록이다.

봄, 한왕이 5국 제후왕의 군사 약 56만 명을 이끌고 동쪽으로 진격해 초나라를 정벌했다.

항우는 제나라 토벌에 전력을 기울이는 바람에 둥지를 유방에게 그대로 '헌납'했던 셈이다. 유방이 '5국 제후왕'을 동원했던 근본 배경은 말할 것도 없이 항우가 장량의 달콤한 말에 속아 넘어간 데 있었다. 춘추시대 말 오왕吳王 부차夫差가 월왕越王 구천句踐의 책사인 범리范蠡의 계책에 넘어가 제나라 및 중원의 진나라와 패권을 다투기 위해 북상했다가 월왕 구천에게 허를 찔려 도성이 포위된 것과 꼭 닮았다.

이후에 나타나는 장면 역시 춘추시대 말기의 모습과 판박이다. 뒤늦게 허를 찔린 사실을 알고 급속히 군사를 거두어 도성으로 내닫고, 이후 몇 년에 걸쳐 공방전을 전개하고, 최후의 결전에서 패한 뒤 스스로 목숨을 끊은 점 등이 그렇다.

천우신조의 진실

사서의 기록에 따르면 팽성전투에서 유방군은 철저히 궤멸되었다. 거의 재기불능 상태였으니, 항우가 조금만 더 속도를 내 강하게 밀어붙였으면 역사가 완전히 달라졌을 공산이 크다. 팽성전투의 참패는 기본적으로 유방의 고질적인 호주호색好酒好色이 빚은 참사에 해당했다.

당시 유방은 황급히 도주하는 와중에 패현 일대를 지나면서 문득 집안 식구들을 생각했다. 그러나 항우가 한 발 빨랐다. 풍읍으로 사람을 보내 유방의 식구를 인질로 잡아두려고 했다. 〈항우본기〉는 패현으로 기록해놓았지만 〈번역등관열전樊酈滕灌列傳〉은 풍읍으로 써놓았다. 유방의 가족들은 이미 도망친 뒤여서 항우의 구상은 실패로 돌아갔다. 유방 역시 그들을 만날 수 없었다. 이때 유방은 하후영夏侯嬰이 몰던 수레에 올라타 길을 재촉하는 도중에 우연히 한혜제 유영과 노원공주를 길에서 만났다. 하후영이 황급히 그들을 태웠다.

초나라 기병이 추격해오자 유방이 다급한 나머지 두 자녀를 수레 아래로 밀어 떨어뜨렸다. 무게를 줄여 속도를 높이려는 속셈이었다. 자식들을 마치 짐짝처럼 취급했던 것이다. 하후영이 수레에서 내려 이들을 다시 태웠다. 〈번역등관열전〉은 이러한 일이 세 번이나 계속되었다고 기록해놓았다. 당시 하후영은 유방에게 이같이 간했다.

"지금 상황이 비록 긴박하나 더는 내달릴 수 없습니다. 게다가 자식 들을 내버리고 어찌하려는 것입니까?"

그러고는 천천히 갔다. 유방이 화가 난 나머지 10여 차례나 자식들 목을 치려고 했다. 하후영이 끝까지 보호해 두 자녀를 간신히 위기에서 구할 수 있었다. 당시 심이기는 태공과 여후를 쫓아 샛길로 유방을 찾 아 다녔으나 서로 만나지 못하고 오히려 초나라 군사에게 잡혔다. 항우 는 이들을 군중에 두고 인질로 삼았다. 태공과 여후는 항우와 유방이 홍구를 기준으로 천하를 반분하는 강화회담을 맺은 이후에 비로소 유 방에게 돌아올 수 있었다.

〈고조본기〉는 당시 유방이 천우신조로 살아남은 것처럼 묘사해놓았 다. 이는 유방이 태어날 때부터 천명을 미리 예약받은 것처럼 묘사해놓 은 것과 같다. 기록의 행간을 자세히 살필 필요가 있다. 〈항우본기〉의 해당 대목이다.

항우의 군사가 한왕 유방을 세 겹으로 포위했다. 이때 문득 큰 바람이 서북쪽에서 일었다. 나무가 꺾이고 집의 지붕이 날아가고, 돌멩이가 섞인 모래와 흙먼지가 불어와 일순 어둠이 밀려들면서 대낮이 그믐날 밤처럼 어두워졌다. 초나라 군사가 크게 어지러워져 사방으로 흩어졌 다. 이 틈을 타 한왕 유방이 기병 수십 기만 이끌고 간신히 숨듯이 달 아났다.

당시가 겨울이었던 점을 감안하면 문득 큰 바람이 일어난 것은 매우 특이한 현상이다. 과연 그러한 일이 있었을까? 설령 그러한 일이 있을지라도 왜 하필 유방만 칠흑처럼 변한 어둠 속에서 '신통하게도' 길을 찾아 달아날 수 있었던 것일까? 더구나 팽성 일대는 항우의 본거지다. 누가 더 길을 잘 알았을까? 어떤 말 못할 사정을 이처럼 우연으로 바꾸어 놓은 것은 아닐까? 이를 짐작하게 해주는 일화가 〈계포난포열전季布欒布列傳〉에 나온다.

이에 따르면 당초 초나라 장수 계포季布의 외숙인 정고丁固는 항우 밑에서 장수로 활약했다. 그는 팽성전투 당시 유방을 급히 추격해 팽성 서쪽까지 이르렀다. 궁지에 몰린 유방이 길이가 짧은 단병기로 접전하다가 상황이 다급해지자 정고를 돌아보며 이같이 큰소리로 외쳤다.

"양현兩賢이 어찌 이처럼 서로 다투는 사나운 운수를 만났는가!"

양현은 '두 현자'라는 뜻으로 여기서는 '협객 세계의 두 거물'을 의미한다. 곧 유방 자신과 정고를 지칭했던 것이다. 항우와 자웅을 가리는 유방이 정고에게 '양현'이라고 표현했을 때 당사자인 정고는 어떤 느낌이 들었을까? 유방의 양현 운운을 당시 정황에 맞추어 해석하면 이러한 이야기가 된다.

"당신과 나는 의리에 죽고 사는 임협의 세계에서 알아주는 '두 사나이'다. 어째서 당신이 이렇게까지 나의 목숨을 노릴 수 있다는 말인가? 무릇 천하의 협객이라면 응당 궁지에 몰린 상대의 처지를 이해해주며 기꺼이 도와주는 것이 도리가 아니겠는가?"

〈계포난포열전〉은 정고가 이 말을 듣고 이내 군사를 이끌고 돌아갔다고 써놓았다. 임협은 의기義氣와 협기俠氣를 합친 말이다. 고금을 막론하고 '의리의 사나이'를 자처하는 자들은 의리와 대의 등의 용어에

약하다. 이를 부인하는 행위는 곧 소인배를 자처하는 꼴이 되기 때문이다. 유방은 바로 그 허점을 예리하게 파고들었던 셈이다.

주목할 것은 〈계포난포열전〉에 나오는 후일담이다. 항우가 멸망하자 정공이 유방을 찾아와 알현했다. 그러나 유방은 그를 묶어 군중에 조리를 돌리며 이같이 말했다.

"정공은 항우의 신하로서 불충해 이내 항우로 하여금 천하를 잃게 만든 자다!"

그러고는 그의 목을 베게 했다. 사람이 어떻게 이처럼 '배은망덕'할 수 있는 것일까? 정고가 눈감아주지 않았다면 유방은 이내 황천객이 되었을 것이다. 정고 덕분에 천하를 차지했다고 해도 틀린 말이 아니다. 의리상 정고를 제후에 봉할지라도 시원찮았다. 급할 때는 양현 운운하며 목숨을 구걸해놓고 보위에 오른 후에는 은인에게 모욕을 가하며 목을 쳤던 것이다. 훗날 사마광司馬光은 득천하와 치천하의 논리가 다르기 때문이라고 변호했다.《자치통감》의 해당 대목이다.

한고조는 거병한 후 호걸들을 널리 거두고, 도망친 자들을 다시 부르고, 반기를 든 자들을 용납한 때가 매우 많았다. 그러나 보위에 오른 후 오직 정고만이 항우에게 불충했다는 이유로 주륙을 당했다. 이는 무슨 까닭인가? 무릇 진공해 정권을 탈취하는 진취進取와 이루어놓은 성공을 지키는 수성守成의 의미가 다르기 때문이다. 군웅이 각축할 때는 독존獨尊하는 군주가 없는 까닭에 투항하는 자가 있다면 이를 받아들이는 것이 마땅하다. 그러나 성공을 거두어 천자의 귀한 몸이 되면 사해 내에 신하 아닌 자가 없게 된다. 만일 신민에게 예의를 밝게 드러내 보이지 못하면 신하 된 자들로 하여금 두 마음을 품고 큰 이익을 꾀하도록 부추기는 것이 된다. 그러고도 나라가 어찌 능히 오랫동안 평안할 수 있겠는가? 그래서 대의로써 결단해 불충을 행하는 자는 스스로 용납될 곳이 없음을 분명히 알리고자 했던 것이다. 사적인 감정으로 은혜를 베풀어 교결交結하는 것은 설령 자신을 살려주는 일이 있을지라도 대의와는 아무 상관이 없는 일이다. 한 사람을 죽여 천하 사람을 두렵게 만들었으니 그 취지가 어찌 깊고 원대하지 않는가? 한고조의 자손들이 천록天祿을 400여 년이나 누린 것은 마땅한 일이다!

생명의 은인을 죽인 것을 두고 어떻게 '한 사람을 죽여 천하 사람을 두렵게 만들었다'고 평할 수 있는 것일까? 오히려 그 반대가 아닐까? 《춘추좌전》을 보면 춘추시대 당시 차례로 패업霸業을 이룬 제환공齊桓公과 진문공晉文公은 자신을 죽이려 했던 자를 과감히 포용해 세인의 신망을 얻었다. 유방도 그러한 모습을 보여주는 것이 옳았다.

실제로 중국의 전 역사를 통틀어 새 왕조를 세운 창업주가 자신의 목숨을 살려준 은인을 이처럼 무참하게 죽인 적은 없었다. 유방의 행위는 결코 득천하와 치천하 논리를 동원해 합리화할 사안이 아니다. 그는 정고를 죽여 없앰으로써 양현 운운하며 목숨을 구한 과거사의 부끄러운 흔적을 근원적으로 말소하려 했던 공산이 크다. '돌멩이가 섞인 모래'를 운운한 대목은 허구일 공산이 크다.

정고가 유방의 목숨을 살려준 것은 항우와 유방의 운명을 가르는 엄청난 일이었다. 사마천은 〈계포난포열전〉에 이 대목을 기술하면서 왜 사평을 달지 않았을까? 정고 사건을 '본기'에 기술하지 않고 '열전'에 기록한 점에 주목할 필요가 있다. 황실의 의심을 피해 후대인이 역사적 실체를 찾아낼 단서를 남기고자 하는 고육책이었을 공산이 크다.

천하를 얻어 역사가 되다

〈고조본기〉는 시종 유방을 '통 큰 군자'로 묘사해놓았다. 최근 학자들의 연구성과를 종합해볼 때 유방이 득천하에 성공한 배경은 크게 세 가지로 요약할 수 있다.

첫째, 인화人和다. 이는 《사기》를 비롯한 대다수 사서가 하나같이 유방의 득천하 비결로 꼽았던 것이다. 유방은 인화에 성공한 까닭에 득록得鹿의 행운을 거머쥘 수 있었고, 반대로 항우는 제 발로 걸어온 인재마저 제대로 활용하지 못한 탓에 실록失鹿의 당사자가 되었다는 것이 골자다. 천시는 난세에 과감히 반기를 들고 봉기한 모든 군웅에게 거의 동일하게 적용한다. 지리地利 역시 큰 변수는 되지 못한다. 넓은 영토와 많은 인구를 지닌 쪽이 유리하나 이것이 승패를 좌우하는 결정적인 요인은 아니다. 삼국시대 당시 원소袁紹는 지리에서 가장 유리한 입장에 서 있었으나 결국 불리한 지리를 차지하던 조조曹操에게 패했다. 인재 확보 및 운용에서 뒤진 것이 결정적인 패인이었다. 모든 면에서 불리했던 유방이 인화에 성공해 마침내 득록의 주인공이 되었다는 분석은 타당하다.

둘째, 승시乘時다. 기회가 왔을 때 즉각 올라타야 한다. 항우는 홍문의 연회 때 범증의 계책을 따라 유방의 목을 치는 결단을 내리거나, 최소한 굴복을 받아내 한중이 아닌 다른 곳에 봉해야 했다. 그러나 그는 그리하지 못하고 유방을 한중왕에 봉했다. 이는 호랑이를 숲에 풀어준 것이나 다름없었다. 이후에도 그에게는 유방을 제압할 기회가 여러 번 있었다. 그러나 항우는 계속 우물쭈물하며 이러한 기회들을 날렸다. 거록대전에서 승리를 거둘 때 파부침주破釜沈舟의 결단을 내렸던 것과 대비된다. 이와 정반대로 자기 멋대로 결정해 일을 처리하던 유방은 마지막 순간에 장량의 계책을 받아들여 절호의 기회를 놓치지 않았다. 최후 결전에서 항우의 군사를 결정적으로 궤멸시켰던 것이 그렇다.

셋째, 투지다. 유방은 당대 최고의 전략가이자 용장인 항우를 상대로 싸운 까닭에 시종 비세非勢를 면치 못했다. 그럼에도 그는 결코 좌절하지 않았다. 그는 팽성을 점령했다가 항우의 기습공격으로 혼이 났는데도 포기하지 않았다. 매사를 낙관적으로 바라보는 그의 천성이 적잖은 도움을 주었다는 것이 일반적인 평가다.

고금의 모든 싸움이 그렇듯이 판세의 저울추를 기울게 하는 결정적인 '진검승부'에서 승리하는 자가 천하를 거머쥐게 마련이다. "최후에 웃는 자가 가장 잘 웃는 자다"라는 속언이 이를 웅변한다. 난세는 기존의 가치와 관행이 일거에 뒤집히는 격동의 시기다. 이러한 시기에는 명문가 출신이 오히려 불리하다. 엘리트 의식에 젖어 민심을 제대로 읽지 못한 것이 항우의 치명적인 약점이었다.

유방이 천하를 거머쥔 것도 이러한 맥락에서 이해할 수 있다. 건달 출신인 까닭에 누구보다 민심에 밝았다는 이야기다. 그로서는 당초 잃을 것이 없었다. 실제로 그는 시작부터 경무장으로 신속히 이동해 힘을 한곳에 집중하는 용병술을 구사했다. 중무장을 한 채 사방으로 뛰어다녔던 항우와 대비된다. 항우는 뛰어난 병법과 초인적인 능력을 발휘해 백전백승을 거두었지만 정작 가장 중요한 민심을 얻는 데에 실패해 결국 천하의 강산을 유방에게 상납했다.

—

제 2 장

문종후文終侯 소하蕭何

한고조 유방은 소하를 '한나라 건국의 최고 공신'이라고 평가했다. 논공행상 당시 많은 공신이 소하의 공적을 가장 높이 평가한 것에 강한 불만을 표시하자 유방이 이같이 일갈했다.

"사냥할 때 짐승이나 토끼를 쫓아가 죽이는 것은 사냥개다. 그러나 개의 줄을 놓아 짐승이 있는 곳을 지시하는 것은 사람이다. 지금 그대들이 할 수 있는 것은 단지 짐승을 잡아온 것뿐이니 그 공로는 마치 사냥개와 같다. 소하로 말하면 개의 줄을 놓아 사냥대상을 잡아오도록 지시한 것이니 그 공로는 사냥꾼과 같다. 더욱이 그대들은 단지 혼자 또는 많아야 두세 명이 나를 따랐을 뿐이다. 소하는 가문 출신 수십 명이 모두 나를 따라 전쟁을 치렀다. 그런 공로를 잊어서는 안 될 것이다."

유방이 소하의 공적을 얼마나 높이 평가했는지 짐작하게 해주는 대목이다. 그러나 몸과 마음을 바쳐 충성을 다한 소하조차 유방의 의심에서 완전히 벗어날 수는 없었다. 한때 모반 혐의를 받고 투옥된 것이 그렇다. 개국공신을 가차 없이 토사구팽의 제물로 삼은 유방의 냉혹한 모습이 여실히 드러나는 대목이다.

소상국세가

蕭相國世家

소상국蕭相國 소하는 패현 풍읍 사람이다. 그는 형법과 율령에 통달해 패현의 아전을 총괄하는 주리를 지냈다. 한고조 유방이 포의로 있을 때 소하는 누차 관원의 신분으로 유방을 돌보았다. 유방이 정장이 되었을 때도 계속 도와주었다. 유방이 관원의 자격으로 일꾼을 이끌고 함양으로 부역을 갔을 때도 다른 관원은 그에게 300전을 주었으나 소하만은 500전을 내주었다.

진秦나라 어사가 공무를 감독하기 위해 지방에 와서 소하와 함께 일을 한 적이 있다. 소하가 늘 일을 조리 있게 처리했다. 사수군의 졸사 직책이 주어진 이유다. 그의 공무를 처리하는 성적이 으뜸이었다. 진나라 어사가 소하를 입조시켜 등용하고자 했으나 소하는 극구 사양하며 가지 않았다. 유방이 군사를 일으켜 패공이 되자 소하는 그를 보좌하는 승丞이 되어 공무를 감독했다. 유방이 함양으로 진공했을 때 모든 장수가 앞다투어 금은보화가 가득한 창고로 달려가 나누어 가졌다. 유독 소하만은 먼저 궁으로 들어가 진나라의 승상부와 어사부의 법령과 도적圖籍 문서를 수거해 보관했다.

유방이 항우에 의해 한왕으로 봉해지자 소하를 승상으로 삼았다. 항우는 제후들과 함께 함양을 모조리 약탈하고 불태운 뒤 떠났다. 유방은 천하의 산천과 요새, 호적과 인구의 많고 적음, 강성한 지역과 쇠약한 지역의 분포, 백성의 고통 등을 모두 알고 있었다. 소하가 진나라의 도적 문서를 완벽히 손에 넣은 덕분이다. 소하가 병법의 대가 한신을 천거하자, 유방은 한신을 대장군에 임명했다. 이는 〈회음후열전淮陰侯列傳〉에 자세히 기록되어 있다.

유방이 군사를 이끌고 동진해 삼진을 평정할 때 소하는 승상으로서 파촉에 머물며 세금을 거두었다. 유시諭示를 통해 백성을 다독이면서 군량을 차질 없이 보급했다. 한고조 2년, 유방이 제후들과 함께 항우를 격파하러 갔을 때 관중을 지키면서 태자를 모셨고, 도성인 약양을 잘 다스렸다. 이때 법령과 규약을 제정하고, 종묘사직과 궁실 및 각 현읍의 여러 기구를 건립했다. 매번 위에 보고한 뒤 유방이 허락한 연후에 실행했다. 불가피하게 보고하지 못했을 때는 가장 합리적으로 처리한 뒤 유방이 돌아오면 전말을 상세히 보고했다. 소하는 관중에서 호구를 관리하며 군량을 징수한 뒤 이를 육로 또는 수로를 이용해 차질 없이 공급했다. 유방은 누차 군사를 잃고 달아났으나 소하는 늘 관중의 사병을 징발해 결손 인원을 보충하곤 했다. 유방이 소하에게 관중의 업무를 전적으로 맡긴 이유다.

한고조 3년, 유방과 항우가 경현과 삭정 사이에서 대치했다. 유방이 여러 번 사자를 보내 승상을 위로했다. 포씨 성을 가진 어떤 자가 승상 소하에게 말했다.

"한왕이 햇볕에 얼굴을 그을리며 들에서 노숙하며 전쟁하는 와중에 매번 사자를 보내 그대를 위로하는 것은 그대를 의심하기 때문이오. 내 생각에는 그대의 자제와 형제들 가운데 싸울 수 있는 자들을 모두 싸움터로 보내는 것이 좋을 듯하오. 그러면 한왕은 반드시 그대를 더욱 신임할 것이오."

소하가 이를 따랐다. 유방이 크게 기뻐했다. 한고조 5년, 이미 항우를 격파하고, 천하를 평정했다. 논공행상이 시작되었다. 신하들이 서로 공을 다투었는데 1년이 지나도록 결판이 나지 않았다. 한고조 유방은 소하가 가장 공이 크다고 여겨, 찬후鄼侯◎로 봉했다. 식읍도 가장 많았다. 공신들이 반발했다.

"신들은 몸에는 갑옷을 입었고, 손에는 예리한 창칼을 잡았습니다. 많은 자는 100여 차례, 적은 자는 수십 차례 적과 싸웠습니다. 성을 치고 땅을 빼앗는 과정에서 각각 크고 작은 공로의 차이가 있습니다. 지금 소하에게 어찌 힘들여 싸운 전쟁의 공로가 있다고 할 수 있겠습니까? 그는 단지 붓을 잡고 의론했을 뿐 전투에 참여하지도 않았습니다. 그런데도 포상이 오히려 우리보다 많으니 이는 어찌된 일입니까?"

유방이 물었다.

"그대들은 사냥을 아는가?"

"압니다."

또다시 물었다.

"사냥개를 아는가?

"압니다."

유방이 말했다.

◎ 찬후의 찬鄼 음을 두고 이론이 분분하다. 《사기집해》는 손검孫檢의 주석을 인용해 동일한 지명이 두 곳 있었다며 패군 소속은 차嵯, 남양군 소속은 찬讚과 음이 같다고 했다. 《사기색은》은 소하의 식읍이 남양군에 있었다는 《무릉서茂陵書》의 주석을 인용해 찬讚에 손을 들어주었다.

"사냥할 때 짐승이나 토끼를 쫓아가 죽이는 것은 사냥개다. 그러나 개의 줄을 놓아 짐승이 있는 곳을 지시하는 것은 사람이다. 지금 그대들이 할 수 있는 것은 단지 짐승을 잡아온 것뿐이니 그 공로는 마치 사냥개와 같다. 소하로 말하면 개의 줄을 놓아 사냥대상을 잡아오도록 지시한 것이니 그 공로는 사냥꾼과 같다. 더욱이 그대들은 단지 혼자 또는 많아야 두세 명이 나를 따랐을 뿐이다. 소하는 가문 출신 수십 명이 모두 나를 따라 전쟁을 치렀다. 그런 공로를 잊어서는 안 될 것이다."

신하들 모두 감히 더는 말을 하지 못했다. 열후가 모두 봉해진 뒤 위계를 정하는 과정에서 사람들이 모두 입을 모아 말했다.

"평양후 조참은 70여 군데나 상처를 입었고, 성을 치고 땅을 빼앗는 과정에서 공이 가장 큽니다. 응당 1위로 꼽아야 합니다."

유방은 이미 공신들에게 무안을 주었고, 소하를 크게 봉한 까닭에 위계를 정하는 과정에서는 이들을 난감하게 만들지 않으려 했다. 그러나 마음만큼은 여전히 소하를 제일로 두고 싶어 했다. 이때 관내후關內侯 악천추鄂千秋가 이같이 진언했다.

"신하들의 의론은 모두 틀렸습니다. 조참이 비록 야전에서 땅을 빼앗은 공은 있지만, 이는 단지 한때의 일일 뿐입니다. 폐하는 초나라 군사와 5년 동안 대치했습니다. 자주 군사를 잃었고, 몸만 달아난 것이 수차례나 됩니다. 소하는 늘 관중에서 군사를 보내 병력을 보충해주었습니다. 이는 폐하가 명을 내려 한 것이 아닙니다. 또한 관중에서 수만 명의 군사를 전선으로 보낸 것은 마침 폐하가 병력을 잃은 매우 위급할 때였고, 그런 적이 수차례나 됩니다. 한나라와 초나라 군사는 형양에서 수년 동안 대치했습니다. 군사들이 양식이 없을 때 소하는 육로나 수로로 관중의 군량을 제때 공급했습니다. 폐하는 비록 누차 효산 동쪽의 큰 땅을 잃기도 했으나, 소하는 늘 관중을 잘 보전하며 폐하를 기다렸습니다. 이는 만세의 공입니다. 지금 조참과 같은 사람이 100여 명이 없다고 한들 어찌 한나라의 앞날에 문제 될 일이 있겠습니까? 한나라가 반드시 이들을 얻어야 보존할 수 있는 것은 아닙니다. 어떻게 하루아침의 공을 세운 자가 만세의 공을 세운 자를 능가할 수 있겠습니까? 응당 소하를 제일, 조참을 그다음으로 배치해야 합니다."

"좋은 생각이오."

이에 소하를 제일로 확정했다. 소하가 전殿 위로 오를 때 칼을 차고 신을 신는 것을 특별히 허락했다. 황제를 배견할 때도 종종걸음으로 걷지 않아도 되었다. 한고조가 말했다.

"짐이 듣건대, 현명한 자를 천거한 자는 포상을 받아야 한다고 했소. 소하가 비록 공이 크지만 악천추의 논변을 통해 더욱 빛이 나고 있소."

악천추를 원래의 관내후 작위 위에 안평후安平侯의 식읍을 더해 봉했다. 이날 소하의 부자 형제 10여 명이 모두 식읍을 받았다. 소하에게는 2,000호의 식읍이 더해졌다. 이는 한고조가 옛날 함양으로 사람들을 이끌고 부역하러 갈 때 소하가 다른 사람보다 200전을 더 얹어 500전을 준 것에 보답한 것이다.

한고조 11년 가을, 진희가 반기를 들었다. 한고조는 친히 군사를 이끌고 출정해 한단에 이르렀다. 아직 전쟁이 끝나지 않았을 때 회음후 한신이 관중에서 모반을 일으켰다. 여후가 소하의 계책을 이용해 한신을 주살했다. 이는 〈회음후열전〉에 자세히 기록되어 있다. 한고조는 회음후 한신이 주살되었다는 말을 듣고 사자를 보내 승상 소하를 상국에 제수하고, 식읍 5,000호를 더 주었다. 아울러 500명의 군사와 도위 한명을 보내 상국을 호위하게 했다. 이때 많은 대소 관원이 축하했으나 오직 소평만은 애도를 표했다. 소평은 원래 진나라 때 동릉후東陵侯로 있었다. 진나라가 망하자 서민이 되었다. 집이 가난해 장안성 동쪽에서 오이를 심었다. 오이가 맛이 좋아 세간에서는 동릉과東陵瓜로 불렀다. 이는 소평의 봉호에서 비롯된 것이다. 당시 소평은 소하에게 이같이 말했다.

"화근은 이로부터 시작됩니다. 황제는 밖에서 고된 전쟁을 치르고 있는데 그대는 궁궐에 남아 단지 지키고 있을 뿐입니다. 그런데도 그대의 봉지를 늘려줄 뿐 아니라 호위부대까지 붙여주었습니다. 이는 지금 회음후가 막 반기를 든 상황에서 그대까지 의심하는 마음이 생겼기 때문입니다. 호위부대를 설치해 그대를 호위하는 것은 당신에게 은총을 베푸는 것이 아닙니다. 늘어난 봉지를 사양하고, 재산을 기울여 군비에 보태면 황상이 기뻐할 것입니다."

상국 소하가 그의 계책을 따랐다. 한고조 유방이 과연 크게 기뻐했다.

● 蕭相國何者, 沛豐人也. 以文無害爲沛主吏掾. 高祖爲布衣時, 何數以吏事護高祖. 高祖爲亭長, 常左右之. 高祖以吏繇咸陽, 吏皆送奉錢三, 何獨以五. 秦御史監郡者與從事, 常辨之. 何乃給泗水卒史事, 第一. 秦御史欲入言徵何, 何固請, 得毋行. 及高祖起爲沛公, 何常爲丞督事. 沛公至咸陽, 諸將皆爭走金帛財物之府分之, 何獨先入收秦丞相御史律令圖書藏之. 沛公爲漢王, 以何爲丞相. 項王與諸侯屠燒咸陽而去. 漢王所以具知天下阸塞, 戶口多少, 彊弱之處, 民所疾苦者, 以何具得秦圖書也. 何進言韓信, 漢王以信爲大將軍. 語在淮陰侯事中. 漢王引兵東定三秦, 何以丞相留收巴蜀, 塡撫諭告, 使給軍食. 漢二年, 漢王與諸侯擊楚, 何守關中, 侍太子, 治櫟陽. 爲法令約束, 立宗廟社稷宮室縣邑, 輒奏上, 可, 許以從事, 卽不及奏上, 輒以便宜施行, 上來以聞. 關中事計戶口轉漕給軍, 漢王數失軍遁去, 何常興關中卒, 輒補缺. 上以此專屬任何關中事. 漢三年, 漢王與項羽相距京索之閒, 上數使使勞苦丞相. 鮑生謂丞相曰, "王暴衣露蓋, 數使使勞苦君者, 有疑君心也. 爲君計, 莫若遣君子孫昆弟能勝兵者悉詣軍所, 上必益信君." 於是何從其計, 漢王大說. 漢五年, 既殺項羽, 定天下, 論功行封. 群臣爭功, 歲餘功不決. 高祖以蕭何功最盛, 封爲酇侯, 所食邑多. 功臣皆曰, "臣等身被堅執銳, 多者百餘戰, 少者數十合, 攻城略地, 大小各有差. 今蕭何未嘗有汗馬之勞, 徒持文墨議論, 不戰, 顧反居臣等上, 何也?" 高帝曰, "諸君知獵乎?" 曰, "知之." "知獵狗乎?" 曰, "知之." 高帝曰, "夫獵, 追殺獸免者狗也, 而發蹤指示獸處者人也. 今諸君徒能得走獸耳, 功狗也. 至如蕭何, 發蹤指示, 功人也. 且諸君獨以身隨我, 多者兩三人. 今蕭何擧宗數十人皆隨我, 功不可忘也." 群臣皆莫敢言. 列侯畢已受封, 及奏位次, 皆曰, "平陽侯曹參身被七十創, 攻城略地, 功最多, 宜第一." 上已橈功臣, 多封蕭何, 至位次未有以復難之, 然心欲何第一. 關內侯鄂君進曰, "群臣議皆誤. 夫曹參雖有野戰略地之功, 此特一時之事. 夫上與楚相距五歲, 常失軍亡衆, 逃身遁者數矣. 然蕭何常從關中遣軍補其處, 非上所詔令召, 而數萬衆會上之乏絶者數矣. 夫漢與楚相守滎陽數年, 軍無見糧, 蕭何轉漕關中, 給食不乏. 陛下雖數亡山東, 蕭何常全關中以待陛下, 此萬世之功也. 今雖亡曹參等百數, 何缺於漢? 漢得之不必待以全. 柰何欲以一旦之功而加萬世之功哉! 蕭何第一, 曹參次之." 高祖曰, "善." 於是乃令蕭何第一, 賜帶劍履上殿, 入朝不趨. 上曰, "吾聞進賢受上賞. 蕭何功雖高, 得鄂君乃益明." 於是因鄂君故所食關內侯邑封爲安平侯. 是日, 悉封何父子兄弟十餘人, 皆有食邑. 乃益封何二千戶, 以帝嘗繇咸陽時何送我獨贏錢二也. 漢十一年, 陳豨反, 高祖自將, 至邯鄲. 未罷, 淮陰侯謀反關中, 呂后用蕭何計, 誅淮陰侯, 語在淮陰事中. 上已聞淮陰侯誅, 使使拜丞相何爲相國, 益封五千戶, 令卒五百人一都尉爲相國衛. 諸君皆賀, 召平獨弔. 召平者, 故秦東陵侯. 秦破, 爲布衣, 貧, 種瓜於長安城東, 瓜美, 故世俗謂之 "東陵瓜", 從召平以爲名也. 召平謂相國曰, "禍自此始矣. 上暴露於外而君守於中, 非被矢石之事而益君封置衛者, 以今者淮陰侯新反於中, 疑君心矣. 夫置衛衛君, 非以寵君也. 願君讓封勿受, 悉以家私財佐軍, 則上心說." 相國從其計, 高帝乃大喜.

한고조 12년 가을, 경포가 반기를 들었다. 한고조가 친히 군사를 이끌고 그를 토벌하러 갔다. 누차 사람을 보내 상국 한신이 무엇을 하고 있는지 알아보았다. 상국 소하는 한고조가 군사를 이끌고 나간 까닭에 열성을 다해 백성을 다독였다. 또 자신의 재산을 모두 기울여 군비에 보탰다. 진희가 반기를 들었을 때와 똑같이 한 것이다. 어떤 빈객이 상국에게 이같이 간했다.

"그대가 멸족당하는 날이 멀지 않았습니다. 그대의 지위는 상국이고, 공로도 제일 크니 다시 무엇을 더하겠습니까? 그대가 당초 관중으로 들어간 뒤 민심을 얻은 것이 10여 년에 달합니다. 백성은 모두 그대를 따르고 그대도 부지런히 일을 처리해 백성의 사랑을 받고 있습니다. 황제가 누차 그대의 근황을 물은 것은 그대가 관중을 동요시킬까 두려워하기 때문입니다. 지금 그대는 어찌해서 많은 전택을 싸게 사서 빌려주는 식으로 자신의 명예를 훼손시키지 않는 것입니까? 그래야만 황제는 비로소 안심할 것입니다."

소하가 그의 계책을 따랐다. 한고조는 크게 기뻐했다. 한고조가 경포의 군사를 격파하고 장안으로 돌아올 때 백성들이 길을 막고 상서했다. 상국이 백성의 전택 수천만 전을 강매했다는 내용이었다. 한고조가 귀국하자 소하가 배견했다. 한고조가 웃으며 말했다.

"상국은 이런 식으로 백성을 이롭게 했는가?"

백성이 올린 상서를 모두 상국에게 보여주며 이같이 말했다.

"상국이 직접 백성에게 사죄하라!"

소하가 이 기회를 틈타 백성을 위한다는 구실로 이같이 주청했다.

"장안은 땅이 좁습니다. 상림원에는 많은 공터가 있는데, 모두 황폐한 상황입니다. 원컨대 백성이 그곳에 들어가 농사를 짓게 해주십시오. 벼와 보리 이삭은 짐승들이 먹도록 거두지 않으면 될 것입니다."

한고조가 대로했다.

"상국이 상인들의 재물을 많이 받았구나. 그들을 위해 짐의 상림원을 요구하다니!"

그러고는 곧 상국을 정위에게 보냈다. 족쇄와 수갑을 찬 채 구금되었다. 며칠 후 왕씨王氏 성의 위위衛尉가 물었다.

"상국이 무슨 대죄를 저질렀기에 폐하는 그를 그리 엄하게 구금한 것입니까?"

한고조가 대답했다.

"짐은 승상 이사李斯가 진시황을 보좌할 때 업적이 있으면 황제에게 돌리고 과실이 있으면 자신이 떠맡았다고 들었소. 지금 상국은 간사한 상인들에게 뇌물을 받고도 백성을 위한다는 구실로 짐의 상림원을 요구했소. 이는 스스로 백성에게 잘 보이려는 짓이오. 그를 구금해 죄를 다스리고자 한 이유요."

왕위위가 말했다.

"직책상 백성에게 도움이 될 것 같으면 백성을 위해 주청하는 것이 승상의 본분입니다. 폐하는 어찌해서 상국이 상인의 뇌물을 받았다고 의심하는 것입니까? 폐하는 과거 여러 해 동안 초나라와 싸웠고, 진희와 경포의 모반 때는 친히 군사를 지휘해 난을 평정했습니다. 당시 상국은 관중에 남아 굳게 지켰습니다. 만일 그가 동요했으면 함곡관 이서의 관중 땅은 폐하에게 돌아오지 않았을 것입니다. 상국은 그때도 이익을 취하지 않았습니다. 그런 그가 상인의 뇌물을 받을 리 있겠습니까? 진시황은 잘못을 지적하는 간언을 듣지 않아 천하를 잃었습니다. 이사가 황제의 과실을 분담한 것이 어찌 본받을 만한 것이겠습니까! 폐하는 승상을 왜 그리 천박하게 의심하는 것입니까?"

한고조가 불쾌하게 여겼다. 이날 부절을 든 사자를 보내 소하를 석방했다. 소하는 연로한데다 평소 공손하고 신중했다. 황제를 배견할 때 맨발로 가 사죄했다. 한고조가 말했다.

"상국은 그만하시오! 상국은 백성을 위해 상림원을 요구했고, 짐은 윤허하지 않았소. 이로써 짐은 걸주桀紂 같은 군주에 불과하고, 상국은 현명한 재상이 되었소. 짐이 상국을 구금한 것은 백성에게 짐의 잘못을 알도록 하려는 취지였소."

소하는 평소 조참과 서로 좋지 못했다. 소하가 병이 들자 한혜제가 친히 문병을 와 이같이 물었다.

"상국이 만일 죽는다면 과연 누가 대신할 수 있겠소?"

소하가 대답했다.

"신하를 아는 사람으로 군주보다 나은 사람은 없습니다."

한혜제가 물었다.

"조참은 어떻소?"

소하는 머리를 조아리며 대답했다.

"폐하가 잘 택했습니다. 신은 죽어도 여한이 없습니다!"

소하는 전택을 살 때 반드시 외딴 땅에 마련했다. 집을 지을 때도 담장을 두르지 않았다. 그러면서 그는 이같이 말했다.

"후손이 현명하면 나의 검소함을 배울 것이고, 현명하지 못할지라도 권세가에게 빼앗기지는 않을 것이다."

한혜제 2년, 상국 소하가 죽었다. 시호는 문종후文終侯다. 소하의 후손이 죄를 지어 제후의 지위를 잃은 것이 4대에 걸쳤다. 매번 뒤를 이을 자가 끊겼다. 천자는 번번이 소하의 후손을 찾아내 찬후에 봉했다. 다른 공신들 모두 그와 비교할 수조차 없었다.

● 漢十二年秋, 黥布反, 上自將擊之, 數使使問相國何爲. 相國爲上在軍, 乃捬循勉力百姓, 悉以所有佐軍, 如陳豨時. 客有說相國曰, "君滅族不久矣. 夫君位爲相國, 功第一, 可復加哉? 然君初入關中, 得百姓心, 十餘年矣, 皆附君, 常復孶孶得民和. 上所爲數問君者, 畏君傾動關中. 今君胡不多買田地, 賤貰貸以自汗? 上心乃安." 於是相國從其計, 上乃大說. 上罷布軍歸, 民道遮行上書, 言相國賤彊買民田宅數千萬. 上至, 相國謁. 上笑曰, "夫相國乃利民!" 民所上書皆以與相國, 曰, "君自謝民." 相國因爲民請曰, "長安地狹, 上林中多空地, 棄, 願令民得入田, 毋收稾爲禽獸食." 上大怒曰, "相國多受賈人財物, 乃爲請吾苑!" 乃下相國廷尉, 械繫之. 數日, 王衛尉侍, 前問曰, "相國何大罪, 陛下繫之暴也?" 上曰, "吾聞李斯相秦皇帝, 有善歸主, 有惡自與. 今相國多受賈豎金而爲民請吾苑, 以自媚於民, 故繫治之." 王衛尉曰, "夫職事苟有便於民而請之, 眞宰相事, 陛下奈何乃疑相國受賈人錢乎! 且陛下距楚數歲, 陳豨·黥布反, 陛下自將而往, 當是時, 相國守關中, 搖足則關以西非陛下有也. 相國不以此時爲利, 今乃利賈人之金乎? 且秦以不聞其過亡天下, 李斯之分過, 又何足法哉. 陛下何疑宰相之淺也." 高帝不懌. 是日, 使使持節赦出相國. 相國年老, 素恭謹, 入, 徒跣謝. 高帝曰, "相國休矣! 相國爲民請苑, 吾不許, 我不過爲桀紂主, 而相國爲賢相. 吾故相國, 欲令百姓聞吾過也."何素不與曹參相能, 及何病, 孝惠自臨視相國病, 因問曰, "君卽百歲後, 誰可代君者?" 對曰, "知臣莫如主." 孝惠曰, "曹參何如?" 何頓首曰, "帝得之矣! 臣死不恨矣!" 何置田宅必居窮處, 爲家不治垣屋. 曰, "後世賢, 師吾儉, 不賢, 毋爲勢家所奪." 孝惠二年, 相國何卒, 諡爲文終侯. 後嗣以罪失侯者四世, 絕, 天子輒復求何後, 封續酇侯, 功臣莫得比焉.

태사공은 평한다.

"상국 소하는 진나라 때는 아전인 도필리에 불과했다. 매우 평범해 특별한 공적이 없다. 한나라가 일어날 때 고조의 남은 빛에 의지해 직책을 충실히 수행했다. 백성들이 진나라의 혹법을 증오하는 것을 알고 시류를 따라 새롭게 바꾼 것이 그렇다. 한신과 경포 등은 모두 주살되었으나 그의 공훈은 이후에도 찬연히 빛났다. 지위 또한 신하들 가운데 최고였다. 그 명성은 후대까지 면면히 이어졌다. 주문왕 때의 명신인 굉요閎夭 및 산의생散宜生 등과 다툴 만했다."

● 太史公曰, "蕭相國何於秦時爲刀筆吏, 錄錄未有奇節. 及漢興, 依日月之末光, 何謹守管籥, 因民之疾奉秦法, 順流與之更始. 淮陰·黥布等皆以誅滅, 而何之勳爛焉. 位冠群臣, 聲施後世, 與閎夭·散宜生等爭烈矣."

앞날을 내다보고 처신하다

건국의 일등공신

소하는 유방과 마찬가지로 패현 풍읍 출신이다. 패현의 총무와 인사를 주관하는 수령의 직속 속관인 공조연으로 있었다. 공조연은 아전의 우두머리다. 유방이 건달로 지낼 때 소하가 늘 도와주었다. 한번은 유방이 부역에 징집된 사람을 이끌고 함양으로 갈 때 다른 관리들은 노자로 그에게 300전을 주었으나 소하만은 500전을 주었다. 유방이 거병한 후 거의 모든 내정을 소하에게 맡겼던 이유다. 형법과 율령에 밝았던 점을 높이 산 결과이기는 하나 과거 유방에게 통 큰 모습을 보인 점도 크게 작용했다.

한고조 유방이 즉위할 때에 소하가 논공행상에서 으뜸가는 공신으로 꼽혔던 것도 이러한 맥락에서 이해할 수 있다. 유방이 항우와 치열한 접전을 벌일 때 소하는 관중에 머물며 군량과 병력을 차질 없이 제공했다. 덕분에 천하통일 후 제후에 봉해지고 식읍 7,000호를 하사받은 것은 물론 그의 일족 수십 명도 각각 식읍을 받았다. 파격적인 포상이었다. 이후에도 한신 등의 반란을 평정하는 공을 세웠다.

사마천은 〈소상국세가蕭相國世家〉에서 당시 소하만이 먼저 진나라 승상부로 들어가 지도와 전적을 수습해 보관했다고 기록했다. 덕분에 두 달 동안 진나라의 율령과 도서에 의거해 새 왕조 건립의 기초를 다질 수 있었다. 사람을 죽인 자는 사형에 처하고, 사람을 다치게 하거나 물건을 훔친 자는 죄의 경중에 따라 처벌한다는 '약법삼장'이 그 결과물이다. 이는 당시 유방의 무리는 항우와 달리 일찍부터 소하를 중심으로 한 관료체제가 가동되고 있었던 사실을 알려준다. 이를 조금만 확장해 보강하면 이내 진제국과 유사한 중앙집권적 관료체제를 구축할 수 있었다. 실제로 유방이 세운 한제국은 바로 그러한 식으로 흘러갔다. 후대의 사가들이 소하의 공을 높이 평가했던 이유다.

가혹한 법에 시달리던 진나라 백성들은 약법삼장에 쌍수를 들고 환호했다. 정치제도사의 관점에서 볼 때 중앙집권적 관료체제는 진시황의 천하통일 이후 처음으로 등장했다. 그러나 진제국은 진시황의 급서이후 2세 황제 호해가 피살되고, 자영이 '진왕'으로 격하된 자신의 위상을 그대로 수용하는 등 시종 내리막길을 걸었다. 너무 수명이 짧아 제국의 진면목을 드러낼 기회조차 없었다. 그 과실을 유방이 주워 담았던 셈이다. 여기에는 말할 것도 없이 소하의 공이 컸다. 진나라 법제를 누구보다 잘 알고 있었던 것이 결정적인 배경이다.

한나라를 건국하는 과정에서 소하의 가장 뛰어난 공적은 역시 한신을 천거했던 일이다. 소하는 유방의 군단에 귀의한 한신과 수차례 이야기를 나누고는 그의 기재를 단박에 알아보았다. 소하가 여러 차례 한신을 천거했으나 유방은 듣지 않았다. 한신도 유방이 자신을 중용하지 않는 것으로 생각해 달아났다. 한신이 도망쳤다는 말을 들은 소하는 유방에게 보고하는 것도 생략한 채 곧바로 직접 그를 찾아 나섰다. 논리적으로 볼 때 한신이 없다면 유방의 천하통일도 없고, 소하가 없다면 한신도 신출귀몰한 용병술을 마음껏 발휘하지 못했을 것이다. 소하가 공신 가운데 으뜸을 차지했던 배경을 대략 짐작할 수 있다.

모순되게도 여후가 한신을 장락궁으로 유인해 죽일 때 결정적인 역할을 했던 사람도 소하다. 한신의 입신과 패망을 두고 후대인들이 "성공하는 것도 소하에게 달려 있고, 실패하는 것도 소하에게 달려 있다[成也蕭何, 敗也蕭何]"라고 말하는 이유다. 이 말은 흔히 한 사람의 손에 성패가 모두 달려 있음을 비유할 때 사용한다.

뛰어난 행정 전략가

유방은 여러모로 월왕 구천을 닮았다. 가장 가까운 소하조차 믿지 못하는 행보가 그렇다. 이는 팽성전투의 참패로 인해 유방이 크게 의기소침해 있을 때 일어났다. 당시 유방은 팽성전투의 참패 이후 심기일전하는 자세로 일시적으로 숨을 죽이며 힘을 기르는 일종의 도광양회韜光養晦 계책을 구사했다. 늪지대에서 힘을 비축한 뒤 전략요충지인 형양을 손에 넣고자 했던 것이 그렇다. 이는 형양의 서북쪽에 위치한 거대한 곡물 저장소인 오창敖倉을 겨냥한 것이었다. 오창 확보는 승부를 가르는 관건에 해당했다.

한고조 3년 5월, 유방이 형양에 이르자 사방으로 도망갔던 패잔병이 하나둘 모여들기 시작했다. 관중에 있던 소하가 그간 군역을 부과하지 않던 스물세 살 미만, 쉰여섯 살 이상의 남자까지 모두 징발해 형양으로 보냈다. 소하가 파견한 관중의 병사는 대부분 노인과 소년이어서 전투에 직접 투입하기 어려웠다. 그런데도 소하는 왜 이러한 병사들을 형양으로 보냈던 것일까? 여기에는 고도의 노림수가 있었다.

유방이 팽성을 공격할 때 동원한 병력은 대부분 관중의 장정 출신이었다. 이들은 유방이 팽성전투에서 참패한 후 사방으로 달아났다. 이들이 선택할 수 있는 것은 떠돌이 유적이 되든지 다시 유방군에 참가하든지 둘 가운데 하나밖에 없었다. 소하가 노린 것이 바로 이것이었다. 실제로 사방으로 돌아다니던 패잔병들이 속속 가족을 찾아 형양으로 돌아왔다. 소년과 노인을 차출해 형양으로 보낸 의도가 적중했던 셈이다. 망아지를 풀어 암말을 모으고, 암말을 풀어 수말을 모으는 미마계美馬計와 닮았다.

팽성전투 후 자진해서 유방군에 투신하려는 사람은 거의 없었다. 형양은 전략적으로 매우 중요했다. 중원으로 진출하는 교두보이자 관중을 방어하는 최전선이 된 까닭에 성격상 초한지제의 승패를 가르는 요충지에 해당했다. 유방이 형양을 확보한 가운데 나름의 힘을 키운 데는 소하의 공이 컸다. 팽성전투에서 참패했음에도 비교적 짧은 시간 안에 이전 수준에 육박하는 기력을 회복한 것은 전적으로 소하 덕분이었다.

인재를 천거하는 수완가

소하는 천하통일 이후 승상에 임명되자마자 법령과 규약을 공포한 뒤 곧바로 한제국의 기반을 튼튼히 하는 일련의 조치를 취했다. 종묘사직을 지키고 궁실을 건립한 것 등이 그것이다. 유방이 항우를 제압한 후 논공행상을 할 때 그의 공을 제1등으로 쳤던 것도 이와 무관치 않다. 여기서 나온 성어가 바로 공구공인功狗功人이다. 사냥개의 공도 크지만 사냥개를 부리는 사람의 공이 더 크다는 뜻이다.

〈소상국세가〉에 따르면 유방이 논공행상을 행할 때 소하를 지금의 하남성 영성현 서남쪽 찬후에 봉하면서 제1등으로 기록했다. 그의 식읍이 가장 많았다. 공신들이 입을 모아 항의하자 유방이 말했다.

"무릇 수렵할 때 짐승이나 토끼를 쫓아가 죽이는 것은 사냥개이고, 사냥개를 풀어 짐승이 있는 곳으로 내달리도록 지시하는 것은 사냥하는 사람이다. 소하는 사냥개를 풀어 짐승이 있는 곳으로 내달리도록 했으니 이는 사냥하는 사람의 공이라고 할 수 있다. 소하는 수십 명을 천거해 짐을 따르게 했다. 짐은 그 공을 잊을 수 없다."

군신들이 더는 감히 말할 생각을 하지 못했다. 소하는 단순히 행정수완만 뛰어났던 것이 아니라 인재를 천거하는 데 남다른 공을 세웠던 것이다. 주목할 것은 소하가 대공을 세울 수 있던 데에는 유방의 전폭적인 신임이 뒷받침되었기에 가능했다는 점이다. 대표적인 예가 있다. 한고조 2년 가을 8월, 유방이 형양으로 가면서 소하에게 명해 관중을 굳게 지키면서 태자 유영을 보필하게 했다. 이때 유방은 소하에게 상주해 결재를 받을 여유가 없을 때는 정황에 따라 편의대로 시행한 뒤 나중에 보고하는 전결권을 부여했다.

당시 소하는 무략이나 유세 등에서는 큰 재주가 없었으나 행정수완만큼은 단연 발군이었다. 천하를 거머쥐는 득천하에는 조참처럼 뛰어난 용장과 장량과 진평 등의 책사가 필요하지만, 천하를 다스리는 치천하에는 소하처럼 뛰어난 행정가가 필요한 법이다. 유방이 소하로 하여금 사방으로 정복한 영토를 진제국의 법제를 본받아 군현체제로 편제하도록 한 것은 높이 평가할 만하다. 이는 새 왕조의 건립기반을 닦는 일이기도 했다.

사실 소하는 새 왕조가 본격 출범하기 전에 이미 제국체제를 성공적으로 가동했던 바가 있다. 〈소상국세가〉에 따르면 진나라 때 군의 감독관인 어사가 지방으로 와 소하와 함께 일을 했던 적이 있다. 소하는 늘 일을 조리 있게 처리했다. 근무평가는 군 단위로 이루어졌다. 어사는 그에게 사수군 졸사 가운데 최고 평점을 내렸다. 졸사는 현의 아전을 포함해 해당 군의 군수 휘하 모든 실무담당관인 아전을 뜻한다. 군 졸사 가운데 최고 평가를 받으면 현령이나 군수 등 고관으로 나아가는 길이 열린다. 어사는 소하를 입조시켜 등용코자 했으나 소하는 극구 사양하며 가지 않았다.

당시 유방의 휘하 가운데 소하처럼 진제국의 행정과 법제상의 장점을 잘 이해하고 있는 인물은 없었다. 유방이 함양에 입성할 때 진나라 승상과 어사의 관공서에서 율령과 도서를 입수했던 것이 그렇다. 그는 이미 먼 앞날을 내다보고 있었다. 여기에는 패현에서 공조연으로 재직한 경력이 큰 도움이 되었다.

유방 휘하의 수많은 장상 가운데 소하만큼 유방의 복심으로 일한 인물은 없었다. 〈소상국세가〉에 따르면 소하는 유방이 항우와 접전을 벌일 때 한 번도 군량과 병력의 공급이 모자라거나 끊어지게 만든 적이 없었다.

청렴한 관리의 표본

소하는 역사상 최고 수준의 정사를 펼친 행정의 달인으로 칭송받았다. 나아가 막강한 실권을 쥐고 있으면서도 욕심이 없고, 윗사람이나 아랫사람에게 신뢰와 존경을 받는 청렴한 관리의 표본으로 간주되었다. 유방이 소하에게 모든 것을 맡겼던 이유도 이와 무관치 않다. 사적인 세력을 만들지 않고 사리사욕을 챙기지 않는 그의 성품을 믿었기 때문이다.

그러나 우리말 속담에 "열 길 물속은 알아도 한 길 사람의 속은 모른다"는 말이 있다. 군주와 신하의 관계가 이와 같다. 특히 유방처럼 의심이 많은 인물일 경우는 더욱 그렇다. 고금을 막론하고 군신의 관계를 맺을 때는 맨 먼저 상대가 어떤 사람인지를 분명히 알아야 한다. 춘추시대 말 범리가 월왕 구천을 도와 패업을 이룬 뒤 미련 없이 그의 곁을 떠났던 이유다. 구천이 고난은 함께해도 영화는 함께 누릴 수 없는 인물이라는 사실을 깨달았기 때문이다. 당시 범리와 함께 구천의 핵심참모로 활약했던 문종文種은 범리의 충고를 귓등으로 흘려들었다가 이내 토사구팽의 희생양이 되었다.

장량과 소하는 범리의 전례를 따라 천수를 누리고, 한신은 문종의 전철을 그대로 밟아 죽임을 당했다. 사가들이 문종과 한신의 사례를 두고 "역사는 돌고 돈다"고 말했던 이유다.

사실 소하도 한신의 전철을 밟을 뻔했다. 유방은 한신을 토사구팽한 직후 소하를 승상에서 상국으로 높이고 5,000호를 더해주었던 바가 있다. 당시 유방의 속셈을 모르는 문무관원들이 소하를 찾아와 크게 축하했다. 이때 식객 가운데 한 사람이 소하에게 이같이 충고했다.

"승상은 큰 재앙이 오리라는 것을 알고 있습니까?"

소하가 크게 놀라 물었다.

"그것이 무슨 말이오?"

식객이 대답했다.

"친정에 나선 황상은 비바람과 추위를 무릅쓰고 있습니다. 그러나 승상은 조정에서 한가로운 나날을 보내고 있습니다. 그런데도 승상을 상국으로 높이고 식읍도 늘려주었으니 이는 무슨 뜻입니까?"

'친정' 운운은 유방의 토사구팽을 돌려 표현했던 것이다. 소하가 물었다.

"그것이 무슨 뜻이오?"

식객이 대답했다.

"회음후가 모반을 꾀했기에 승상에 대해서도 의심하는 것입니다. 속히 가산을 헐어 군비로 충당하십시오. 그래야 화를 복으로 바꿀 수 있습니다."

소하가 황급히 식객의 말을 따랐다. 유방이 크게 기뻐했던 것은 말할 것도 없다. 당시 유방은 자신의 속마음을 제대로 읽지 못한 팽월과 경포 등을 차례로 제거했다.

고금을 막론하고 적을 알고 나를 알아야 예측치 못한 상황에 적극 대응할 수 있다. 소하는 《손자병법孫子兵法》이 역설한 지피지기의 원리를 추구해 유방에게 병력과 군수물자를 충분히 공급함으로써 마침내 유방이 천하를 거머쥐는 데 결정적인 공을 세웠다. 평소 먼 앞날을 내다보는 계획성, 치밀하고 광범한 정보 수집력, 자신과 상대에 대한 철저한 점검 등을 꾸준히 행했던 덕분이다. 그가 한나라 건국의 일등공신이 된 근본 배경이 여기에 있다.

제 3 장

——

문성후文成侯 장량張良

장량은 삼국시대의 제갈량諸葛亮 및 명태조明太祖 주원장朱元璋의 책사인 유기劉基와 더불어 중국 역사상 최고의 꾀주머니인 지낭智囊으로 평가받는 다. 객관적으로 볼지라도 한나라의 건국공신 가운데 그만큼 뛰어난 학식과 지략을 지닌 자는 없었다. 이는 유방 자신이 한미한 정장 출신인 사실과 무 관치 않았다. '정장'은 10리마다 세워놓은 정의 치안과 소송을 담당하던 관 원을 말한다. 요즘으로 치면 파출소장과 역장을 합쳐놓은 자리에 가깝다.

당초 유방 주변에 모인 인물은 모두 시정잡배 수준에 지나지 않았다. 가장 뛰어난 인물로 손꼽힌 소하와 조참조차도 일개 소리에 불과했다. 이에 반해 장량은 조상이 대대로 한韓나라에서 고관을 지낸 명문가 출신이었다.

더구나 그는 어렸을 때부터 경전과 병서 등을 체계적으로 깊숙이 공부했다. 그런 그가 유방의 휘하로 들어간 것은 유방이 보여준 일련의 행보에서 뛰어 난 리더십을 발견한 데 따른 것이었다. 그가 토사구팽을 당한 한신과 달리 시종 유방의 의심으로부터 벗어나 있었던 것도 이러한 맥락에서 이해할 수 있다. 유방이 천하를 평정하자마자 신선술을 배우는 등 도인을 흉내 낸 것 이 결정적인 도움이 되었다. 《도덕경道德經》이 역설한 공성신퇴功成身退를 실천한 덕분으로 해석할 수 있다. 장량이 현재까지 지낭의 대명사로 불리는 것도 그의 이런 행보와 무관할 수 없다.

유후세가

留侯世家

유후 장량은 그 선조가 전국시대 한나라 출신이다. 조부 장개지張開地
는 한소후와 한선혜왕韓宣惠王 및 한양애왕韓襄哀王 때 재상을 지냈다.
부친 장평張平은 한희왕과 한도혜왕韓悼惠王 때 재상을 지냈다. 한도혜
왕 23년, 부친 장평이 죽었다. 이후 20년 만에 진나라가 한나라를 멸했
다. 당시 장량은 나이가 어려 한나라에서 벼슬을 하지는 않았다. 그러
나 한나라가 멸망했음에도 그의 집에는 노복이 300명이나 있었다. 그
의 동생이 죽었을 때 장례를 크게 치르기는커녕 오히려 가산을 모두 기
울여 진시황을 척살할 자객을 구했다. 조국 한나라의 원수를 갚고자 한
것이다. 조부와 부친이 한나라에서 5대에 걸쳐 재상을 지낸 결과다.

　장량은 일찍이 회양에서 예를 배웠고, 동쪽으로 가 창해군倉海君을
배견했다. 이어 강력한 역사 한 사람을 찾아내 120근의 철추 하나를 만
들었다. 진시황이 동쪽을 순시할 때 장량과 역사는 박랑사에 매복해 있
다가 저격을 시도했다. 그러나 실수로 뒤따르는 수레를 철추로 맞추었
다. 진시황이 크게 노해 전국 각지를 대거 수색해 긴급히 자객들을 잡
아들였다. 모두 장량 때문이었다. 장량이 이름을 바꾸고 하비로 달아나
숨었다. 하루는 장량이 한가한 틈을 타 하비의 다리 위를 천천히 거닐

었다. 한 노인이 거친 삼베옷을 걸친 채 그에게 다가와 일부러 신을 다리 밑으로 떨어뜨린 뒤 그를 돌아보고는 이같이 말했다.

"얘야, 내려가서 내 신을 주워오너라!"

장량은 의아해하며 한바탕 때려주려고도 했으나 그 사람이 노인이었으므로 억지로 참고 다리 아래로 내려가서 신을 주워왔다. 노인이 말했다.

"신발을 신겨라!"

장량은 기왕에 노인을 위해 신을 주워왔으므로 윗몸을 곧게 세우고 꿇어앉아 신을 신겨주었다. 노인은 발을 뻗어 신을 신기게 하고는 웃으면서 가버렸다. 장량은 크게 놀라서 노인이 가는 대로 물끄러미 바라다보았다. 노인은 1리쯤 가다가 다시 돌아와 말했다.

"이놈, 실로 가르칠 만하구나! 닷새 뒤 새벽에 여기서 나와 만나자."

장량은 더욱 괴이하게 여기며 꿇어앉아 "예" 하고 대답했다. 그리고 닷새째 되는 날 새벽에 장량이 그곳으로 가보니 노인은 벌써 나와 있었다. 노인이 화를 냈다.

"늙은이와 약속을 하고 뒤늦게 오다니 어찌 된 노릇이냐?"

그러고는 되돌아가며 다시 말했다.

"닷새 뒤 좀더 일찍 나오너라."

닷새가 지나 새벽닭이 울 때 장량은 다시 그곳으로 갔다. 노인은 또 먼저 그곳에 와 있었다. 다시 화를 냈다.

"또 늦게 오니 어찌 된 것이냐?"

그곳을 떠나면서 다시 말했다.

"닷새 뒤 좀더 일찍 나오너라."

닷새 뒤 장량은 밤이 반도 지나지 않았을 때 그곳으로 갔다. 잠시 뒤 노인도 그곳으로 와서는 기쁜 표정으로 말했다.

"마땅히 이같이 해야지!"

그러고는 책 한 권을 내놓으며 말했다.

"이 책을 읽으면 제왕의 스승이 될 수 있다. 10년 뒤 뜻을 이룰 것이다. 그리고 13년 뒤 제수 북쪽에서 나를 만날 수 있을 것이다. 곡성산 아래의 누런 돌이 바로 나다."

노인이 이내 그곳을 떠나가며 더는 아무 말도 하지 않았다. 이후 다시는 볼 수 없었다. 날이 밝아 책을 보니 바로《태공병법太公兵法》이었다. 장량은 그 책을 기이하게 여겨 늘 익히고 외워가며 읽었다. 하비에 숨어 있을 때 협객으로 지냈다. 당시 항백은 전에 사람을 죽인 일이 있어 장량을 따라다니며 숨어 지냈다. 10년 뒤 진섭 등이 봉기하자 장량도 청년 100여 명을 모았다. 경구가 자립해 초왕을 자처하며 유현에 머물 때 장량이 그곳으로 가 그를 따르고자 했다. 그러나 도중에 패공 유방을 만나게 되었다. 당시 유방은 무리 수천 명을 이끌고 하비 서쪽의 땅을 공격해 점령했다. 장량이 마침내 패공을 따라갔다. 유방은 장량을 마구간을 총괄하는 구장으로 임명했다. 장량이 자주《태공병법》으로 패공에게 유세했다. 유방이 기뻐하며 늘 그의 계책을 따랐다. 장량은 또 다른 사람에게도《태공병법》을 말했으나 이들은 모두 이해하지 못했다. 장량이 유방을 칭송했다.

"패공은 아마도 하늘이 낸 인물일 것이다."

장량은 유방을 따르면서 경구를 찾지 않았다. 유방이 설현으로 가 항량을 만났을 때 항량이 초회왕을 옹립했다. 장량이 건의했다.

"그대는 이미 초나라 후예를 세웠습니다. 한나라의 여러 공자 가운데 횡양군橫陽君 한성이 가장 현명하니 그를 한왕으로 세워 우군 세력을 늘리십시오."

항량이 장량을 시켜 한성을 찾아낸 뒤 한왕으로 삼았다. 이어 장량을 한나라 사도로 삼아 유방을 따르게 했다. 당시 장량은 1,000여 명의 군사를 이끌고 서쪽으로 나아가 한나라 원래 땅을 공략했다. 몇 개의 성을 빼앗았으나 번번이 진나라가 다시 탈환했다. 한나라 군사가 근거지도 없이 영천 일대에서 이리저리 옮겨 다니며 싸움을 하게 된 이유다.

유방이 낙양에서 남쪽으로 환원산으로 나아갔을 때 장량은 군사를 이끌고 패공을 따라 한나라 땅 10여 성을 무너뜨리고 양웅의 군사를 격파했다. 당시 유방은 한왕 한성에게 남아서 양적을 지키게 했다. 그러고는 장량과 함께 남하해 원宛을 격파한 뒤 서쪽 무관으로 들어갔다. 유방이 병사 2만 명으로 요관을 지키는 진나라 군사를 치려고 했다. 장량이 계책을 냈다.

"진나라 군사가 아직은 강성하니 가볍게 볼 수 없습니다. 제가 듣건대 이들 장수는 백정의 자식이라고 합니다. 장사꾼은 돈이나 재물로 쉽게 움직일 수 있습니다. 원컨대 잠시 진영 내에 머물러 있으십시오. 사람을 시켜 먼저 가서 5만 명의 식량을 준비하고, 모든 산 위에 많은 깃발을 세워 의병으로 삼으십시오. 이어 역이기에게 많은 보물을 가지고 가 진나라 장수를 매수하도록 하십시오."

진나라 장수가 과연 진나라를 배반하고 패공과 합세해 서쪽으로 함양을 치려 했다. 유방이 곧 진나라 장수의 요구를 들어주려고 했다. 장량이 간했다.

"저 장수는 매수되어 진나라를 배반하고자 합니다. 신은 그 병사들이 듣지 않을까 두렵습니다. 저들이 듣지 않으면 매우 위험해집니다. 이들이 태만해진 틈을 타 치느니만 못합니다."

유방이 군사를 이끌고 진나라 군사를 공격해 대파했다. 이어 패잔병을 쫓아 남전에 이른 뒤 다시 싸웠다. 진나라 군사가 마침내 붕괴되었다. 마침내 함양에 다다르자 진왕 자영이 패공 유방에게 항복했다. 유방은 진나라 궁궐로 들어가 궁실, 휘장, 개와 말, 값진 보배, 부녀자 등이 수천을 헤아릴 정도로 많은 것을 보고 내심 그곳에 머물고 싶어 했다. 번쾌가 패공에게 궁궐 밖으로 나가기를 충간했으나 유방이 듣지 않았다. 다시 장량이 간했다.

"무릇 진나라가 무도했기에 여기까지 올 수 있었습니다. 모름지기 천하 사람을 위해 남은 적을 제거하려면 응당 검소함을 바탕으로 삼아야 합니다. 비로소 진나라에 들어온 지금 바로 그 즐거움을 편안히 누리신다면 이는 곧 이른바 '하나라 걸이 포학한 짓을 하게 돕는 것'에 해당합니다. 속담에 이르기를, '충성스러운 말은 귀에 거슬리지만 행실에 이롭고, 독한 약은 입에 쓰지만 병에 이롭다'고 했습니다. 원컨대 번쾌의 말을 들으십시오."

유방이 곧 파상으로 환군했다. 항우가 홍문 아래에 이르러 패공을 치려 하자 항백이 밤중에 패공의 군영으로 달려왔다. 함께 달아나자는 취지로 말하자 장량이 반대했다.

"저는 한왕을 대신해 패공을 호송하고 있습니다. 지금 위급하다는 이유로 달아나는 것은 의롭지 못한 행동입니다."

그러고는 모든 사정을 패공에게 고했다. 유방이 크게 놀라 물었다.

"장차 어찌해야 좋겠소?"

장량이 반문했다.

"군주는 실로 항우를 배반하고자 하십니까?"

유방이 대답했다.

"소인배들이 나더러 함곡관을 막고 다른 제후의 군사를 듣지 않으면 진나라 땅 전부를 차지해 왕이 될 수 있다고 했소. 나는 그 말을 따른 것이오."

장량이 물었다.

"패공 스스로 판단컨대 항우를 능히 물리칠 수 있다고 생각하는 것입니까?"

유방이 한참 동안 묵묵히 있다가 입을 열었다.

"물론 물리칠 수 없소. 이제 어찌하면 좋겠소?"

장량이 항백에게 패공을 만나게 했다. 항백이 유방을 만나자 유방은 그와 함께 술을 마시며 축수하고 서로 친구가 되었다. 아울러 인척 관계도 맺었다. 그러고는 항백을 시켜 유방은 항우를 감히 배반하지 않았고, 함곡관을 지킨 것은 다른 도적들을 막기 위한 것이라는 식으로 이야기하도록 했다. 유방이 항우를 만났을 때 서로 화해한 배경이다. 자세한 이야기는 〈항우본기〉에 나온다.

● 留侯張良者, 其先韓人也. 大父開地, 相韓昭侯·宣惠王·襄哀王. 父平, 相釐王·悼惠王. 悼惠王二十三年, 平卒. 卒二十歲, 秦滅韓. 良年少, 未宦事韓. 韓破, 良家僮三百人, 弟死不葬, 悉以家財求客刺秦王, 爲韓報仇, 以大父·父五世相韓故. 良嘗學禮淮陽. 東見倉海君. 得力士, 爲鐵椎重百二十斤. 秦皇帝東遊, 良與客狙擊秦皇帝博浪沙中, 誤中副車. 秦皇帝大怒, 大索天下, 求賊甚急, 爲張良故也. 良乃更名姓, 亡匿下邳. 良嘗閒從容步遊下邳圯上, 有一老父, 衣褐, 至良所, 直墮其履圯下, 顧謂良曰, "孺子, 下取履!" 良鄂然, 欲毆之. 爲其老, 彊忍, 下取履. 父曰, "履我!" 良業爲取履, 因長跪履之. 父以足受, 笑而去. 良殊大驚, 隨目之. 父去里所, 復還, 曰, "孺子可敎矣. 後五日平明, 與我會此." 良因怪之, 跪曰, "諾." 五日平明, 良往. 父已先在, 怒曰, "與老人期, 後, 何也?"去, 曰, "後五日早會."五日雞鳴, 良往. 父又先在, 復怒曰, "後, 何也?"去, 曰, "後五日復早來."五日, 良夜未半往. 有頃, 父亦來, 喜曰, "當如是."出一編書, 曰, "讀此則爲王者師矣. 後十年興. 十三年孺子見我濟北, 穀城山下黃石卽我矣."遂去, 無他言, 不復見. 旦日視其書, 乃太公兵法也. 良因異之, 常習誦讀之. 居下邳, 爲任俠. 項伯常殺人, 從良匿. 後十年, 陳涉等起兵, 良亦聚少年百餘人. 景駒自立爲楚假王, 在留. 良欲往從之, 道遇沛公. 沛公將數千人, 略地下邳西, 遂屬焉. 沛公拜良爲廐將. 良數以太公兵法說沛公, 沛公善之, 常用其策. 良爲他人言, 皆不省. 良曰, "沛公殆天授."故遂從之, 不去見景駒. 及沛公之薛, 見項梁. 項梁立楚懷王. 良乃說項梁曰, "君已立楚後, 而韓諸公子橫陽君成賢, 可立爲王, 益樹黨."項梁使良求韓成, 立以爲韓王. 以良爲韓申徒, 與韓王將千餘人西略韓地, 得數城, 秦輒復取之, 往來爲遊兵潁川. 沛公之從雒陽南出轘轅, 良引兵從沛公, 下韓十餘城, 擊破楊熊軍. 沛公乃令韓王成留守陽翟, 與良俱南, 攻下宛, 西入武關. 沛公欲以兵二萬人擊秦嶢下軍, 良說曰, "秦兵尙彊, 未可輕. 臣聞其將屠者子, 賈豎易動以利. 願沛公且留壁, 使人先行, 爲五萬人具食, 益爲張旗幟諸山上, 爲疑兵, 令酈食其持重寶啗秦將."秦將果畔, 欲連和俱西襲咸陽, 沛公欲聽之. 良曰, "此獨其將欲叛耳, 恐士卒不從. 不從必危, 不如因其解擊之."沛公乃引兵擊秦軍, 大破之. 遂逐北至藍田, 再戰, 秦兵竟敗. 遂至咸陽, 秦王子嬰降沛公. 沛公入秦宮, 宮室帷帳狗馬重寶婦女以千數, 意欲留居之. 樊噲諫沛公出舍, 沛公不聽. 良曰, "夫秦爲無道, 故沛公得至此. 夫爲天下除殘賊, 宜縞素爲資. 今始入秦, 卽安其樂, 此所謂'助桀爲虐'. 且'忠言逆耳利於行, 毒藥苦口利於病', 願沛公聽樊噲言."沛公乃還軍霸上. 項羽至鴻門下, 欲擊沛公, 項伯乃夜馳入沛公軍, 私見張良, 欲與俱去. 良曰, "臣爲韓王送沛公, 今事有急, 亡去不義."乃具以語沛公. 沛公大驚, 曰, "爲將奈何?"良曰, "沛公

誠欲倍項羽邪?"沛公曰, "鰡生敎我距關無内諸侯, 秦地可盡王, 故聽之." 良
曰, "沛公自度能卻項羽乎?"沛公黙然良久, 曰, "固不能也. 今爲奈何?"良乃
固要項伯. 項伯見沛公. 沛公與飮爲壽, 結賓婚. 令項伯具言沛公不敢倍項
羽, 所以距關者, 備他盜也. 及見項羽後解, 語在項羽事中.

한고조 원년 정월, 유방이 한왕漢王이 되어 파촉을 다스렸다. 유방은
장량에게 황금 100일과 진주 두 말을 상으로 내렸다. 장량은 이를 모두
항백에게 바쳤다. 유방 역시 장량을 시켜 많은 재물을 항백에게 전하면
서, 한중 땅을 떼어줄 것을 항우에게 부탁하게 했다. 항우가 이를 허락
했다. 한중 땅을 손에 넣은 배경이다.

유방이 봉국으로 갈 때 장량이 배웅했다. 포중에 이르러 장량은 한나
라로 갔다. 장량이 유방에게 권했다.

"대왕은 어찌해 지나간 곳의 잔도를 불태워 끊지 않는 것입니까? 천
하 사람들에게 동쪽으로 돌아올 뜻이 없음을 보여주고, 그것으로 항우
의 마음을 안정시켜야 합니다."

유방은 장량을 한나라로 돌아가게 한 뒤 앞으로 나아갈 때마다 지나
온 잔도를 모두 불태워 끊었다. 장량이 한나라로 갈 당시 항우는 한왕
韓王 한성을 봉국인 한나라로 돌려보내지 않고 자신을 따라 함께 동진
하게 했다. 장량이 일찍이 유방을 따라간 일로 인한 것이다. 장량이 항
우를 설득했다.

"한왕 유방이 잔도를 태워 끊은 것은 돌아올 마음이 없다는 의미입
니다."

장량은 또 제나라 왕 전영이 모반했다는 사실을 서신으로 고했다. 항
우가 서쪽 유방에 대한 경계를 푼 이유다. 곧 군사를 내 북쪽으로 제나

라를 쳤다. 항우는 한왕 한성을 봉국으로 돌려보내지 않았다. 이후 그를 다시 후에 봉했다가 팽성에서 죽였다. 장량은 황급히 달아났다. 샛길을 택해 유방에게 돌아갔다. 당시 유방 역시 이미 회군해 삼진을 평정했다. 유방이 다시 장량을 성신후成信侯로 봉했다. 이어 동쪽으로 초나라를 칠 때 자신을 보좌하게 했다. 팽성에 이르러 한나라 군사는 패해 돌아왔다. 하읍에 이르자 유방이 말에서 내려 말안장에 기대 물었다.

"내가 함곡관 동쪽을 떼어서 상으로 주고자 한다. 누가 나와 통일천하의 대공을 함께할 수 있겠는가?"

장량이 말했다.

"구강왕 경포는 초나라의 맹장이나 항우와 사이가 좋지 않습니다. 팽월은 제왕 전영과 함께 양 땅에서 반기를 들었으니 이 두 사람을 급히 써야 합니다. 대왕의 장수들 가운데 한신만이 큰일을 맡기면 한 방면을 담당할 수 있습니다. 만일 함곡관 동쪽을 떼어내 포상하고자 하면 이 세 명에게 주십시오. 그러면 능히 초나라를 격파할 수 있습니다."

유방이 수하를 보내 구강왕 경포를 설득하게 했다. 또 팽월에게도 사람을 보내 연락하게 했다. 위왕 위표가 반기를 들자 유방은 곧 한신을 시켜 군사를 이끌고 가 그를 치게 했다. 이어 여세를 몰아 연燕·대代·제齊·조曹 땅을 모두 점령하게 했다. 끝내 항우를 격파한 것은 바로 이 세 명의 도움 때문이다. 원래 장량은 병이 많았기에 독자적으로 군사를 통솔한 적이 없다. 늘 계책을 내는 신하로 활약하면서 가끔 유방을 쫓아 종군한 배경이다. 한고조 3년, 항우가 급히 형양에서 유방을 포위했다. 유방이 이를 크게 우려하면서 역이기와 함께 초나라의 힘을 약화시키고자 했다. 역이기가 말했다.

"옛날 은나라 탕왕은 하나라 걸을 토벌하고 이후 후손을 기나라에 봉해주었고, 주무왕은 은나라 주를 토벌하고 이후 후손을 송나라에 봉해주었습니다. 지금 진나라가 덕을 잃고 도의를 저버린 채 각 봉국을 침공해 육국의 후대를 끊어버렸습니다. 이들은 송곳 하나 세울 곳이 없습니다. 대왕이 실로 육국의 후손을 복위시켜 이들 모두에게 대왕의 관인을 받게 하면 그 나라의 군신과 백성이 반드시 대왕의 은덕을 우러러받들 것입니다. 또한 대왕의 덕의를 흠모해 마지않을 것이고, 대왕의 신민이 되기를 바랄 것입니다. 덕의가 행해지면 대왕은 남면해 패왕으로 불릴 것이고, 초나라는 반드시 옷깃을 여미고 조현할 것입니다."

유방이 말했다.

"좋소. 급히 관인을 새길 것이니 선생이 직접 육국에 가지고 가도록 하시오."

역이기가 떠나기 전에 장량이 마침 외지에서 돌아와 유방을 만났다. 유방이 막 식사를 하던 중이었다.

"자방子房(장량), 어서 들어오시오. 빈객 가운데 나를 위해 초나라의 권세를 약하게 할 계책을 낸 사람이 있었소."

그러고는 역이기의 계책을 모두 장량에게 말한 뒤 물었다.

"자방은 어떻게 생각하오?"

장량이 대답했다.

"누가 대왕을 위해 이런 계책을 세운 것입니까? 이 계책대로 하면 대왕의 대업은 가망이 없습니다."

"어째서 그렇소?"

장량이 대답했다.

"청컨대 앞에 있는 젓가락을 빌려주시면 대왕을 위해 당면한 형세를 하나하나 따져보겠습니다."

그러고는 물었다.

"옛날 은나라 탕왕이 하나라 걸을 토벌하고 그 후손을 기나라에 봉한 것은 하나라 걸을 사지로 몰아넣을 수 있다고 여겼기 때문입니다. 지금 대왕은 항우를 사지로 몰아넣으실 수 있습니까?"

"그럴 수 없소."

장량이 또 말했다.

"이것이 육국의 후손을 봉하는 것이 불가한 첫 번째 이유입니다. 주무왕이 은나라 주를 토벌한 후 후손을 송나라에 봉한 것은 은나라 주의 머리를 얻을 수 있다고 여겼기 때문입니다. 지금 대왕은 항우의 머리를 얻으실 수 있습니까?"

"그럴 수 없소."

장량이 말했다.

"이것이 불가한 두 번째 이유입니다. 주무왕이 은나라로 쳐들어갈 때 상용의 마을 문에 그의 덕행을 표창하고, 감옥에 구금되어 있는 기자箕子를 석방하고, 비간比幹의 무덤에 흙을 북돋아주었습니다. 지금 대왕은 성인의 무덤에 흙을 북돋고, 현자의 마을 문에 그 덕행을 표창하고, 지자의 문 앞을 지나며 경의를 표하실 수 있습니까?"

"그럴 수 없소."

장량이 말했다.

"이것이 불가한 세 번째 이유입니다. 주무왕은 일찍이 거교의 곡식을 풀고, 녹대 창고의 돈을 꺼내 빈궁한 사람들에게 나누어주었습니다. 지금 대왕은 창고를 열어 돈과 식량을 빈궁한 사람들에게 나누어주실 수 있습니까?"

"그럴 수 없소."

장량이 말했다.

"이것이 불가한 네 번째 이유입니다. 은나라를 치는 일이 이미 끝나자 주무왕은 병거를 고쳐 일반 수레로 만들고, 병기를 거꾸로 해 창고 속에 넣은 뒤 호랑이 가죽으로 덮어씌웠습니다. 천하에 더는 병기를 사용하지 않으리라 본 것입니다. 지금 대왕은 무력을 버리고 문교文教를 행해 다시는 병기를 사용치 않을 수 있습니까?"

"그럴 수 없소."

장량이 말했다.

"이것이 불가한 다섯 번째 이유입니다. 주무왕은 전투용 말을 화산 남쪽에 풀어놓고 앞으로 사용치 않을 뜻을 드러냈습니다. 지금 대왕도 말을 풀어놓고 앞으로 사용하지 않을 수 있습니까?"

"그럴 수 없소."

장량이 말했다.

"이것이 불가한 여섯 번째 이유입니다. 주무왕은 군수품을 나르는 소를 도림 북쪽에 풀어놓고 다시는 군수품을 운반하거나 식량이나 마초馬草를 한곳에 모으는 데 쓰지 않을 뜻을 드러냈습니다. 지금 대왕은 소를 풀어놓고 다시는 군수품 수송용으로 쓰지 않으실 수 있습니까?"

"그럴 수 없소."

장량이 말했다.

"이것이 불가한 일곱 번째 이유입니다. 천하의 유사遊士들이 친척과 헤어지고 조상의 분묘를 버려두고 친구를 떠나 대왕을 따라 분주히 다니는 것은 단지 작은 땅덩어리라도 떼어주기를 밤낮으로 바라기 때문입니다. 지금 육국을 회복해 한·위·조·연·제·초의 후대를 세우면 천하의 유사들 모두 각자 돌아가 그 주인을 섬기고, 일가친척을 쫓아 조상의 분묘가 있는 곳으로 돌아갈 것입니다. 그 경우 대왕은 과연 누구와 더불어 천하를 차지하려는 것입니까? 이것이 불가한 여덟 번째 이유입니다. 그뿐 아니라 지금은 오직 초나라가 강성할 도리가 없지만, 만일 강성해지면 대왕이 세운 육국의 후손들이 다시 굽히고 초나라를 따를 것입니다. 그 경우 대왕은 어떻게 이들을 신하로 삼을 수 있겠습니까? 실로 그 빈객의 계책을 사용하면 대왕의 사업은 다 그르칠 것입니다."

유방이 입안의 음식을 내뱉은 뒤 큰소리로 꾸짖었다.

"그 유생 놈이 하마터면 대사를 그르치게 할 뻔했다!"

그러고는 황급히 관인을 녹이게 했다.

● 漢元年正月, 沛公爲漢王, 王巴蜀. 漢王賜良金百溢, 珠二斗, 良具以獻項伯. 漢王亦因令良厚遺項伯, 使請漢中地. 項王乃許之, 遂得漢中地. 漢王之國, 良送至褒中, 遣良歸韓. 良因說漢王曰, "王何不燒絶所過棧道, 示天下無還心, 以固項王意." 乃使良還. 行, 燒絶棧道. 良至韓, 韓王成以良從漢王故, 項王不遣成之國, 從與俱東. 良說項王曰, "漢王燒絶棧道, 無還心矣." 乃以齊王田榮反書告項王. 項王以此無西憂漢心, 而發兵北擊齊. 項王竟不肯遣韓王, 乃以爲侯, 又殺之彭城. 良亡, 閒行歸漢王, 漢王亦已還定三秦矣. 復以良爲成信侯, 從東擊楚. 至彭城, 漢敗而還. 至下邑, 漢王下馬踞鞍而問曰, "吾欲捐關以東等棄之, 誰可與共功者?" 良進曰, "九江王黥布, 楚梟將, 與項王有郤, 彭越與齊王田榮反梁地, 此兩人可急使. 而漢王之將獨韓信可屬大事, 當一面. 卽欲捐之, 捐之此三人, 則楚可破也." 漢王乃遣隨何說九江王布, 而使人連彭越. 及魏王豹反, 使韓信將兵擊之, 因擧燕·代·齊·趙. 然卒破楚者, 此三人力也. 張良多病, 未嘗特將也, 常爲畫策臣, 時時從漢王. 漢三年, 項羽急圍漢王滎陽, 漢王恐憂, 與酈食其謀橈楚權. 食其曰, "昔湯伐桀,封其後於杞. 武王伐紂, 封其後於宋. 今秦失德棄義, 侵伐諸侯社稷, 滅六國之後, 使無立錐之地. 陛下誠能復立六國後世, 畢已受印, 此其君臣百姓必皆戴陛下之德, 莫不鄕風慕義, 願爲臣妾. 德義已行, 陛下南鄕稱霸, 楚必斂衽而朝." 漢王曰, "善. 趣刻印, 先生因行佩之矣." 食其未行, 張良從外來謁. 漢王方食, 曰, "子房前! 客有爲我計橈楚權者." 其以酈生語告, 曰, "於子房何如?" 良曰, "誰爲陛下畫此計者? 陛下事去矣." 漢王曰, "何哉?" 張良對曰, "臣請藉前箸爲大王籌之." 曰, "昔者湯伐桀而封其後於杞者, 度能制桀之死命也. 今陛下能制項籍之死命乎?" 曰, "未能也." "其不可一也. 武王伐紂封其後於宋者, 度能得紂之頭也. 今陛下能得項籍之頭乎?" 曰, "未能也." "其不可二也. 武王入殷, 表商容之閭, 釋箕子之拘, 封比干之墓. 今陛下能封聖人之墓, 表賢者之閭, 式智者之門乎?" 曰, "未能也." "其不可三也. 發鉅橋之粟, 散鹿臺之錢, 以賜貧窮. 今陛下能散府庫以賜貧窮乎?" 曰, "未能也." "其不可四矣. 殷事已畢, 偃革爲軒, 倒置干戈, 覆以虎皮, 以示天下不復用兵. 今陛下能偃武行文, 不復用兵乎?" 曰, "未能也." "其不可五矣. 休馬華山之陽, 示以無所爲. 今陛下能休馬無所用乎?" 曰, "未能也." "其不可六矣. 放牛桃林之陰, 以示不復輸積. 今陛下能放牛不復輸積乎?" 曰, "未能也." "其不可七矣. 且天下游士離其親戚, 棄墳墓, 去故舊, 從陛下遊者, 徒欲日夜望咫尺之地. 今復六國, 立韓·魏·燕·趙·齊·楚之後, 天下游士各歸事其主, 從其親戚, 反其故舊墳墓, 陛下與誰取天下乎? 其不可八矣. 且夫楚唯無彊, 六國立者復橈而從之, 陛下焉得而臣之? 誠用客之謀, 陛下事去矣." 漢王輟食吐哺, 罵曰, "豎儒, 幾敗而公事!" 令趣銷印.

한고조 4년, 한신이 제나라를 격파하고 스스로 제왕齊王이 되고자 했다. 유방이 크게 노했다. 장량이 유방을 진정시켰다. 유방이 장량을 보내 한신에게 제왕의 관인을 주게 했다. 이는 〈회음후열전〉에 자세히 기록되어 있다. 이해 가을, 유방은 초나라 군사를 추격해 양하 남쪽에 이르렀으나 전세가 불리하자 고릉의 보루를 굳게 지켰다. 제후들이 약속한 기일이 되어도 오지 않았다. 장량이 유방을 설득했다. 유방이 그의 계책을 쓰자 제후들이 모두 이르렀다. 이 이야기는 〈항우본기〉에 자세히 기록되어 있다. 한고조 6년 정월, 공신들을 크게 봉했다. 장량은 일찍이 별다른 전공을 세운 적이 없다. 그런데도 한고조는 오히려 이같이 말했다.

"군영의 장막 안에서 계책을 세워 1,000리 밖의 승부를 결정짓는 것은 모두 자방의 공이다. 제나라 영토 안에서 3만 호를 직접 고르도록 하라."

장량이 사양했다.

"신은 당초 하비에서 일어난 뒤 폐하를 유 땅에서 만났습니다. 이는 하늘이 신을 폐하에게 보내주신 것입니다. 폐하는 신의 계책을 썼고, 요행히도 그 계책이 맞아떨어졌습니다. 신은 유후에 봉해지는 것으로 족합니다. 3만 호는 도저히 감당할 수 없습니다."

이에 장량을 유후에 봉했다. 소하 등과 함께 봉지를 받았다. 한고조 유방이 이미 큰 공을 세운 공신 20여 명을 봉했으나 나머지 사람들은 밤낮으로 공을 다투었다. 결론을 내지 못해 봉할 수가 없었다. 유방이 낙양의 남궁에 있을 때 구름다리 위에서 보니, 여러 장수가 자주 모래밭에 모여 앉아 무언가를 이야기하고 있었다. 장량에게 물었다.

"저기서 무슨 말들을 하는 것인가?"

"폐하는 모르고 있습니까? 이는 모반하려는 것입니다."

"천하가 막 안정되었는데 무슨 까닭으로 모반하려는 것인가?"

장량이 대답했다.

"폐하는 포의의 신분으로 일어난 뒤 저들에게 의지해 천하를 차지했습니다. 이제 폐하가 천자가 되어 봉한 자들 모두 폐하가 친애하는 소하나 조참 같은 옛 친구들이고, 죽인 자들은 모두 평소에 원한이 있던 자들입니다. 지금 군리軍吏가 따져보니 천하의 땅을 다 가지고도 전공을 세운 자들을 모두 봉하기에는 부족하다고 합니다. 저들은 폐하가 모두 봉해주지 않을까 두렵고, 또 평소의 잘못을 의심받아 죽게 되지나 않을까 두려워하고 있습니다. 그래서 서로 모여 모반하려는 것입니다."

유방이 이를 걱정해 물었다.

"어찌하면 좋겠소?"

장량이 반문했다.

"황상이 평소 미워하면서도 신하들이 모두 아는 자 가운데 가장 심한 자가 누구입니까?"

유방이 대답했다.

"옹치와 짐 사이에 구원이 있소. 일찍이 짐을 여러 차례 곤욕스럽게 만들어 죽이고자 했소. 허나 그의 공이 많은 까닭에 차마 죽이지 못하는 것이오."

유방이 말했다.

"지금 급히 옹치를 봉하는 모습을 신하들에게 내보이십시오. 옹치를 봉하는 것을 보면 자신들도 봉해지리라 굳게 믿을 것입니다."

유방이 곧 술자리를 베풀고 옹치를 십방후什方侯에 봉했다. 이어 급히 승상과 어사를 재촉해 공을 정한 뒤 각지에 봉했다. 신하들 모두 주연이 끝나자 기뻐했다.

"옹치도 후에 봉해졌으니 우리는 걱정할 일이 없다."

이때 유경이 유방을 설득했다.

"관중에 도읍하십시오."

한고조 유방이 머뭇거리며 결정하지 못했다. 좌우 대신 모두 산동 출신이었다. 대다수가 낙양에 도읍할 것을 권했다.

"낙양 동쪽에는 성고가 있고, 서쪽에는 효산과 민지가 있습니다. 또한 황하를 등지고 이수와 낙수를 마주하고 있으니 그 견고함이 가히 안심할 만합니다."

장량이 반대했다.

"낙양이 비록 그토록 견고하나 그 중심지역이 좁아 수백 리에 불과하고, 땅이 척박합니다. 더구나 사방에서 적의 공격을 받을 수 있는 곳이어서 힘을 쓸 만한 곳이 아닙니다. 반면 관중 일대는 동쪽으로 효산과 함곡관이 있고, 서쪽으로 농산과 촉산이 있습니다. 중심지에는 비옥한 들이 1,000리에 걸쳐 있고, 남쪽으로 파촉의 풍부한 자원이 있습니다. 또 북쪽으로는 소와 말을 방목할 수 있는 이점이 있습니다. 나아가 삼면은 험준한 지형에 의지해 굳게 지켜질 수 있습니다. 오직 동쪽 한 방면으로 제후를 통제하기만 하면 됩니다. 제후들이 안정되면 황하와 위수를 통해 천하의 식량을 운반해 서쪽 도성에 공급할 수 있습니다. 설령 제후가 반란을 일으킬지라도 물길을 따라 내려가 능히 군사와 군수물자를 수송할 수 있습니다. 이는 곧 1,000리에 걸친 철옹성을 뜻하는 금성천리金城千里이자, 천하의 창고에 해당하는 나라인 이른바 천부지국天府之國입니다. 유경의 말이 옳습니다."

한고조 유방이 곧바로 그날로 수레를 타고 서쪽을 향해 나아간 뒤 관중에 도읍했다. 유후 장량도 한고조를 따라 관중으로 들어갔다.

● 漢四年, 韓信破齊而欲自立爲齊王, 漢王怒. 張良說漢王, 漢王使良授齊王信印, 語在淮陰事中. 其秋, 漢王追楚至陽夏南, 戰不利而壁固陵, 諸侯期不至. 良說漢王, 漢王用其計, 諸侯皆至. 語在項籍事中. 漢六年正月, 封功臣. 良未嘗有戰鬪功, 高帝曰, "運籌策帷帳中, 決勝千里外, 子房功也. 自擇齊三萬戶." 良曰, "始臣起下邳, 與上會留, 此天以臣授陛下. 陛下用臣計, 幸而時中, 臣願封留足矣, 不敢當三萬戶." 乃封張良爲留侯, 與蕭何等俱封. 六年上已封大功臣二十餘人, 其餘日夜爭功不決, 未得行封. 上在雒陽南宮, 從復道望見諸將往往相與坐沙中語. 上曰, "此何語?" 留侯曰, "陛下不知乎? 此謀反耳." 上曰, "天下屬安定, 何故反乎?" 留侯曰, "陛下起布衣, 以此屬取天下, 今陛下爲天子, 而所封皆蕭·曹故人所親愛, 而所誅者皆生平所仇怨. 今軍吏計功, 以天下不足遍封, 此屬畏陛下不能盡封, 恐又見疑平生過失及誅, 故卽相聚謀反耳." 上乃憂曰, "爲之奈何?" 留侯曰, "上平生所憎, 群臣所共知, 誰最甚者?" 上曰, "雍齒與我故, 數嘗窘辱我. 我欲殺之, 爲其功多, 故不忍." 留侯曰, "今急先封雍齒以示群臣, 群臣見雍齒封, 則人人自堅矣." 於是上乃置酒, 封雍齒爲什方侯, 而急趣丞相·御史定功行封. 群臣罷酒, 皆喜曰, "雍齒尙爲侯, 我屬無患矣." 劉敬說高帝曰, "都關中." 上疑之. 左右大臣皆山東人, 多勸上都雒陽, "雒陽東有成皋, 西有殽黽, 倍河, 向伊雒, 其固亦足恃." 留侯曰, "雒陽雖有此固, 其中小, 不過數百里, 田地薄, 四面受敵, 此非用武之國也. 夫關中左殽函, 右隴蜀, 沃野千里, 南有巴蜀之饒, 北有胡苑之利, 阻三面而守, 獨以一面東制諸侯. 諸侯安定, 河渭漕輓天下, 西給京師, 諸侯有變, 順流而下, 足以委輸. 此所謂金城千里, 天府之國也, 劉敬說是也." 於是高帝卽日駕, 西都關中. 留侯從入關.

유후는 천성적으로 병이 많았다. 도가의 양생술인 도인을 행하면서 곡식을 먹지 않고 1년여 동안 두문불출했다. 한고조 유방이 태자를 폐하고 척부인의 아들 조왕趙王 유여의劉如意를 세우고자 했다. 많은 대신이 다투어 간했으나 명확히 결단하지 않았다. 여후가 두려워하며 어찌할 바를 몰랐다. 어떤 자가 여후에게 말했다.

"유후는 대책을 잘 세우는데다가 황제가 그를 신임하고 있습니다."

여후가 곧 건성후 여택을 시켜 유후를 강압했다.

"그대는 일찍이 황제의 모신謀臣으로 활약했소. 지금 황상이 태자를 바꾸려 하고 있소. 그런데도 어찌해서 베개를 높이 한 채 누워만 있는 것이오?"

장량이 말했다.

"전에 황상은 누차 곤란하고 위급할 때 요행히도 저의 계책을 써주셨습니다. 지금 천하가 안정된 상황에서 총애하는 자식으로 태자를 바꾸고자 하니 이는 곧 골육 간의 일입니다. 저와 같은 사람이 100여 명이 있다고 한들 무슨 소용이 있겠습니까?"

여택이 더욱 세게 강요했다.

"부디 나를 위해 계책을 세워주시오."

장량이 말했다.

"이는 말로 다투기 어려운 일입니다. 돌이켜 생각해보니 황상이 임의로 불러올 수 없었던 사람으로 천하에 네 명이 있습니다. 이들 모두 연로합니다. 황상이 자신들을 업신여긴다고 생각한 까닭에 상산에 은거하며 절조를 지키고 있습니다. 한나라의 신하가 되지 않으려고 그런 것입니다. 황상은 이들을 높이 평가하고 있습니다. 지금 공은 실로 금옥과 비단을 아끼지 말고, 태자에게 공손한 내용의 서신을 쓰게 하고, 안거安車를 준비한 뒤 변사辯士를 시켜 간곡히 청하도록 하십시오. 그러면 이들은 틀림없이 올 것입니다. 이들이 오면 귀한 손님으로 예우하고

때때로 태자를 따라 조정으로 들어가 조현하게 하십시오. 황제가 이들을 보면 반드시 기이하게 여겨 이들에 관해 물으실 것입니다. 그리되면 황제는 이 네 명이 현자임을 알게 되고, 그러면 태자에게 큰 도움이 될 것입니다."

여후는 여택에게 명해 사람을 시켜 태자의 편지를 받들어 겸손한 말과 후한 예물로 이 네 명을 맞아오게 했다. 네 명이 이른 뒤 귀한 손님의 대접을 받으며 건성후의 집에 묵게 되었다. 한고조 11년, 경포가 모반했다. 한고조 유방은 마침 병이 난 까닭에 태자를 대장으로 삼아 그를 토벌하고자 했다. 네 노인이 서로 의논했다.

"우리가 온 것은 장차 태자를 보위하기 위한 것이다. 태자가 군사를 이끌고 싸운다면 일이 위험해질 수 있다."

곧 건성후를 설득했다.

"태자가 군사를 이끌고 출정해 공을 세우더라도 태자의 권위에는 더는 보탬이 없지만, 만일 공을 세우지 못하고 돌아오신다면 바로 그 때문에 화를 입을 것이오. 또 태자와 함께 출정할 여러 장수는 모두 전에 황상과 함께 천하를 평정한 맹장들이오. 지금 태자에게 이들을 거느리게 하면 이는 양에게 이리를 이끌게 하는 것과 다름없소. 이들 모두 태자를 위해 힘을 다하려 하지 않을 터이니 태자가 공을 세우지 못할 것이 틀림없소. 내가 듣건대, '어미가 총애를 받으면 그 자식도 귀여움을 받는다'고 했소. 지금 척부인이 밤낮으로 황제를 받들어 모시니 조왕 유여의는 늘 황제 앞에 안기어 있소. 황제 또한 말하기를, '아무래도 불초한 자식을 사랑스러운 자식 위에 있게 할 수는 없다'고 했소. 태자의 지위를 대신할 것이 틀림없소. 그대는 어찌해 급히 여후에게 기회를 보아 황제에게 눈물을 흘리며 이같이 말하도록 청하지 않는 것이오?

'경포는 천하의 맹장이고 군사를 쓰는 데 뛰어납니다. 지금 여러 장군은 모두 폐하의 옛 동료입니다. 바로 태자에게 이들을 거느리게 하는 것은 양에게 이리를 거느리게 하는 것과 다름없습니다. 이들은 힘을 쓰고자 하지 않을 것입니다. 게다가 만일 경포가 이 사실을 안다면 분명 북을 치며 서쪽 장안으로 진격해올 것입니다. 폐하가 비록 병환 중이기는 하나 큰 수레를 준비해 누워서라도 장수들을 통솔하면 여러 장수가 감히 힘을 다하지 않을 수 없을 것입니다. 폐하가 비록 고통스럽겠지만 처자를 위해 친히 힘써주십시오'라고 말하도록 청하시오."

여택이 이날 밤 곧바로 여후를 만났다. 여후가 틈을 보아 황제에게 눈물을 흘리며 네 명이 의도한 것처럼 말했다. 한고조 유방이 말했다.

"짐도 원래 그 어린아이는 보낼 만하지 않다고 여겼소. 짐이 직접 가겠소."

한고조 유방이 직접 군사를 이끌고 동쪽으로 갔다. 신하와 유수 들이 모두 파상까지 전송을 나왔다. 유후 장량은 병상에 있었으나 억지로 일어나 전송했다. 곡우에 이르러 황제를 만난 자리에서 이같이 말했다.

"신이 응당 따라가야 하나 병이 심합니다. 초나라 사람은 용맹하고 민첩합니다. 원컨대 폐하는 초나라 군사와 직접 예봉을 다투지 마십시오."

이후 다시 기회를 보아서 설득했다.

"태자를 장군으로 삼아 관중의 군사를 감독하게 하십시오."

한고조 유방이 말했다.

"자방은 비록 병중이기는 하지만 누워서라도 힘써 태자를 보필하도록 하시오."

당시 숙손통叔孫通은 태자태부, 장량은 태자소부 직책을 맡고 있었다. 한고조 12년, 황제가 경포의 군사를 격파하고 돌아온 뒤 병이 더욱 심해졌다. 더욱 태자를 바꾸고자 했다. 장량이 거듭 간했으나 한고조가 듣지 않았다. 장량은 병을 핑계 삼아 공무를 돌보지 않았다. 태자태부 숙손통이 고금의 일을 인용해 설득하며 죽을 각오로 태자를 보위했다. 황제는 짐짓 그의 말을 들어주는 것처럼 했다. 실제로는 태자를 교체할 마음을 바꾸지 않았다. 한번은 연회가 베풀어졌을 때 태자가 황제를 모시게 되었다. 네 명의 은자가 태자를 따랐다. 이들 모두 나이가 여든이 넘었다. 수염과 눈썹이 희고, 의관은 매우 위엄이 있었다. 한고조 유방이 괴이하게 여겨 물었다.

"그대들은 무엇을 하는 사람들인가?"

네 명이 앞으로 나아가 대답하며 각각 이름을 밝혔다. 동원공東園公·녹리선생角里先生·기리계綺里季·하황공夏黃公이라 했다. 한고조 유방이 크게 놀랐다.

"짐이 그대들을 가까이 두고자 한 것이 이미 여러 해 되었소. 그대들은 기어이 짐을 피해 도망가더니 이제 어찌해서 스스로 태자를 따라 노니는 것이오?"

네 명이 입을 모아 말했다.

"폐하는 선비를 업신여기고 잘 꾸짖습니다. 신들은 의義에 욕되지나 않을까 두려운 나머지 달아나 숨은 것입니다. 삼가 듣건대, 태자는 사람됨이 어질고 효성스럽고, 사람을 공손히 축하하고, 선비를 사랑합니다. 천하에 목을 빼고 태자를 위해 죽고자 하지 않는 자가 없다고 한 까닭에 신들이 온 것입니다."

한고조가 말했다.

"번거롭겠지만 공들이 끝까지 태자를 잘 돌보아주기를 바라오."

네 명이 축수를 마치고 급히 떠나자 황제는 눈길로 이들을 전송해 보냈다. 이때 척부인을 불러 이 네 명을 가리키며 말했다.

"짐이 태자를 바꾸고자 했으나 저 네 명이 보좌해 태자의 우익羽翼이 이미 이루어졌으니 어떻게 할 수가 없소. 여후는 진정으로 그대의 주인이오."

척부인이 흐느끼자 황제가 말했다.

"짐을 위해 초나라 춤을 추어 보여주시오. 짐도 부인을 위해 초나라 노래를 부르리다."

그러고는 이같이 노래했다.

홍혹이 높이 날아, 한 번에 1,000리를 나니,
날개가 이미 자라, 천하를 마음껏 날지.
천하를 마음껏 나니, 이를 어쩔 것인가.
설령 주살이 있은들, 무슨 소용이 있으리.

몇 번 잇달아 노래를 부르자 척부인이 한숨을 내쉬며 눈물을 흘렸다. 한고조가 일어나 자리를 뜨자 연회가 끝났다. 태자를 바꾸지 못한 것은 유후 장량이 이 네 명을 불러오도록 했기 때문이다. 장량은 유방을 따라 대 땅을 치고, 마읍 성 아래서 기책을 냈다. 소하를 상국에 임명하도록 건의하는 등 황제와 함께 조용히 천하대사를 논의한 것이 매우 많았다. 이는 천하의 존망에 관련된 것이 아니므로 여기에 일일이 기록하지 않겠다. 당시 장량은 늘 이같이 공언했다.

"우리 집안은 대대로 한나라 재상을 지냈다. 한나라가 멸망한 후 만금의 가산을 아끼지 않고 한나라를 위해 강대한 진나라에 복수함으로

써 천하를 떠들썩하게 만들고자 했다. 그리고 지금은 세 치의 혀로 황제의 스승이 되어 식읍이 1만 호에 이르고, 지위가 제후 반열에 올랐다. 이는 백성으로서 최고 지위에 오른 것이다. 나 장량은 매우 만족스럽게 생각한다. 원컨대 세속의 일은 떨치고 전설적인 신선인 적송자赤松子를 따라 고고히 노닐고자 한다."

곡식을 먹지 않는 벽곡술을 배웠고, 도가의 양생술인 도인을 행해 몸을 가벼이 했다. 마침 한고조 유방이 붕어하자 여후가 장량의 은덕에 감격해하며 억지로 음식을 먹게 했다.

"사람의 한평생은 마치 흰 망아지가 문틈을 지나는 것처럼 빠르오. 굳이 스스로 그토록 고통스럽게까지 할 필요가 있소?"

유후 장량이 부득불 여태후의 말을 듣고 음식을 먹었다. 8년 뒤 유후 장량이 세상을 떠났다. 시호는 문성후文成侯다. 아들 장불의張不疑가 부친의 작위를 이어받았다. 자방 장량이 당초 하비의 다리 위에서 자신에게 《태공병법》을 준 노인을 만난 지 13년 뒤 한고조를 따라 제북을 지나게 되었다. 과연 곡성산 아래서 누런 돌을 보았다. 장량이 이를 가지고 돌아와 보물처럼 받들며 제사까지 지냈다. 장량이 죽을 때 누런 돌을 함께 안장했다. 후대인은 성묘하는 날이나 복일伏日 또는 납일臘日이면 으레 장량뿐 아니라 누런 돌에게도 제사를 지냈다. 유후 장불의는 한문제 5년, 불경죄를 범했다. 그의 봉국도 폐지되었다.

● 留侯性多病, 卽道引不食穀, 杜門不出歲餘. 上欲廢太子, 立戚夫人子趙王如意. 大臣多諫爭, 未能得堅決者也. 呂后恐, 不知所爲. 人或謂呂后曰, "留侯善畫計筴, 上信用之." 呂后乃使建成侯呂澤劫留侯, 曰, "君常爲謀臣, 今上欲易太子, 君安得高枕而臥乎?" 留侯曰, "始上數在困急之中, 幸用臣筴. 今天下安定, 以愛欲易太子, 骨肉之間, 雖臣等百餘人何益." 呂澤彊要曰, "爲我畫計." 留侯曰, "此難以口舌爭也. 顧上有不能致者, 天下有四人. 四人者年老矣, 皆以爲上慢侮人, 故逃匿山中, 義不爲漢臣. 然上高此四人. 今公誠能無愛金玉璧帛, 令太子爲書, 卑辭安車, 因使辯士固請, 宜來. 來, 以爲客, 時時從入朝, 令上見之, 則必異而問之. 問之, 上知此四人賢, 則一助也." 於是呂后令呂澤使人奉太子書, 卑辭厚禮, 迎此四人. 四人至, 客建成侯所. 漢十一年, 黥布反, 上病, 欲使太子將, 往擊之. 四人相謂曰, "凡來者, 將以存太子. 太子將兵, 事危矣." 乃說建成侯曰, "太子將兵, 有功則位不益太子, 無功還, 則從此受禍矣. 且太子所與俱諸將, 皆嘗與上定天下梟將也, 今使太子將之, 此無異使羊將狼也, 皆不肯爲盡力, 其無功必矣. 臣聞'母愛者子抱', 今戚夫人日夜侍御, 趙王如意常抱居前, 上曰'終不使不肖子居愛子之上', 明乎其代太子位必矣. 君何不急請呂后承閒爲上泣言, '黥布, 天下猛將也, 善用兵, 今諸將皆陛下故等夷, 乃令太子將此屬, 無異使羊將狼, 莫肯爲用, 且使布聞之, 則鼓行而西耳. 上雖病, 彊載輜車, 臥而護之, 諸將不敢不盡力. 上雖苦, 爲妻子自彊.'" 於是呂澤立夜見呂后, 呂后承閒爲上泣涕而言, 如四人意. 上曰, "吾惟豎子固不足遣, 而公自行耳." 於是上自將兵而東, 群臣居守, 皆送至灞上. 留侯病, 自彊起, 至曲郵, 見上曰, "臣宜從, 病甚. 楚人剽疾, 願上無與楚人爭鋒." 因說上曰, "令太子爲將軍, 監關中兵." 上曰, "子房雖病, 彊臥而傅太子." 是時叔孫通爲太傅, 留侯行少傅事. 漢十二年, 上從擊破布軍歸, 疾益甚, 愈欲易太子. 留侯諫, 不聽, 因疾不視事. 叔孫太傅稱說引古今, 以死爭太子. 上詳許之, 猶欲易之. 及燕, 置酒, 太子侍. 四人從太子, 年皆八十有餘, 鬚眉皓白, 衣冠甚偉. 上怪之, 問曰, "彼何爲者?" 四人前對, 各言名姓, 曰東園公, 角里先生, 綺里季, 夏黃公. 上乃大驚, 曰, "吾求公數歲, 公辟逃我, 今公何自從吾兒遊乎?" 四人皆曰, "陛下輕士善罵, 臣等義不受辱, 故恐而亡匿. 竊聞太子爲人仁孝, 恭敬愛士, 天下莫不延頸欲爲太子

死者, 故臣等來耳." 上曰, "煩公幸卒調護太子." 四人爲壽已畢, 趨去. 上目送
之, 召戚夫人指示四人者曰, "我欲易之, 彼四人輔之, 羽翼已成, 難動矣. 呂
后眞而主矣." 戚夫人泣, 上曰, "爲我楚舞, 吾爲若楚歌." 歌曰, "鴻鵠高飛, 一
擧千里. 羽翮已就, 橫絶四海. 橫絶四海, 當可奈何! 雖有矰繳, 尙安所施!"
歌數闋, 戚夫人噓唏流涕, 上起去, 罷酒. 竟不易太子者, 留侯本招此四人之
力也. 留侯從上擊代, 出奇計馬邑下, 及立蕭何相國, 所與上從容言天下事甚
衆, 非天下所以存亡, 故不著. 留侯乃稱曰, "家世相韓, 及韓滅, 不愛萬金之
資, 爲韓報讎彊秦, 天下振動. 今以三寸舌爲帝者師, 封萬戶, 位列侯, 此布衣
之極, 於良足矣. 願棄人閒事, 欲從赤松子遊耳." 乃學辟穀, 道引輕身. 會高
帝崩, 呂后德留侯, 乃彊食之, 曰, "人生一世閒, 如白駒過隙, 何至自苦如此
乎!" 留侯不得已, 彊聽而食. 後八年卒, 諡爲文成侯. 子不疑代侯. 子房始所
見下邳圯上老父與太公書者, 後十三年從高帝過濟北, 果見穀城山下黃石,
取而葆祠之. 留侯死, 幷葬黃石冢. 每上冢伏臘, 祠黃石. 留侯不疑, 孝文帝五
年坐不敬, 國除.

태사공은 평한다.

"학자들은 대부분 귀신은 없다고 말하면서도 괴이한 일이 있다고 한
다. 유후 장량을 만난 노인이 그에게 책을 준 것은 괴이한 일에 속한다.
한고조가 곤궁에 처한 일이 여러 번 있었다. 유후는 그때마다 늘 공을
세웠다. 이 어찌 하늘의 뜻이 아니라고 할 수 있겠는가? 한고조는 일찍
이 말하기를, '무릇 군영의 장막 안에서 계책을 세워 1,000리 밖의 승부
를 결정짓는 것은 내가 자방만 못하다'고 했다. 나는 원래 자방이 체격
이 매우 크리라고 여겼다. 나중에 그의 화상畵像을 보니 얼굴 생김새가
여자처럼 예뻤다. 원래 공자孔子도 말하기를, '용모로 사람을 평가하면

서 나는 자우子羽에 대해 실수한 적이 있다'고 했다. 나의 유후에 대한
평가도 대략 그 경우에 속할 것이다."

● 太史公曰, "學者多言無鬼神, 然言有物. 至如留侯所見老父予書, 亦可怪
矣. 高祖離困者數矣, 而留侯常有功力焉, 豈可謂非天乎? 上曰, '夫運籌筴帷
帳之中, 決勝千里外, 吾不如子房.' 余以爲其人計魁梧奇偉, 至見其圖, 狀貌
如婦人好女. 蓋孔子曰, '以貌取人, 失之子羽.' 留侯亦云."

뜻을 이룬 뒤 몸을 숨기다

황제의 스승

장량과 제갈량은 중국 역사상 가장 뛰어난 군사軍師로 칭송받고 있다. 장량은 유방을 도와 전한 건립에 커다란 공을 세우고, 제갈량은 유비를 도와 삼국정립의 한 축을 형성했다는 것이 이유다. 오랫동안 호사가들은 두 사람이 여러모로 닮은 점에 주목해 누가 과연 천하제일의 꾀주머니, 즉 지낭인가에 대해 많은 관심을 기울였다.

초한지제 인물 가운데《사기》와《한서》등을 통해 크게 미화된 대표적인 인물을 고르라면 단연 유방과 장량을 들 수 있다. 항우와 한신의 사적이 깎이거나 묻혔던 것과 대비된다.

장량은 당대의 명문가 출신이다. 비록 조국 한나라는 진나라에 의해 패망했지만 그의 집안은 300명의 노비를 부릴 정도로 부유했다. 진시황 척살 음모를 꾸밀 수 있었던 것도 이러한 배경과 무관치 않을 것이다.

주목할 것은 초한지제 당시 승패를 가른 뛰어난 계책을 낸 당사자로 장량과 진평이 함께 거론되고 있는 점이다. 제나라 왕에 봉해달라고 청하는 한신을 향해 벌컥 화를 내는 유방을 두 사람이 동시에 제지했던 것이 그렇다. 홍구에서 강화한 직후 유방에게 철군하는 항우군을 곧바로 추격할 것을 건의했던 것도 두 사람의 합작품으로 기록되어 있다. 통상 여러 명의 참모가 있을 경우 차례로 건의하는 점에 비추어보면 이는 매우 이례적이다.

사서는 왜 두 사람이 공히 계책을 낸 것으로 기록해놓았던 것일까? 진평은 유방의 무리 내에서 큰 인기가 없었다. 유방에게 귀의하기 전까지 주군을 바꿔 섬기는 등 어지러운 행보를 보였던 탓이다. '굴러온 돌'에 해당하는 진평이 크게 부각되는 것을 꺼린 나머지 함께 계책을 낸 것으로 기록해놓았을 공산이 크다.

이러한 점 등을 감안하면 제갈량은 장량이 아닌 진평과 비교하는 것이 타당하다. 진평은 초장에 자신을 알아주는 주군을 곧바로 만나지 못해 방황한 전력이 있기는 하나 이는 작은 사안에 지나지 않는다. 제갈량도 《삼국지三國志》 배송지裴松之 주에 인용된 《위략魏略》에 따르면 스스로 유방을 찾아갔던 것으로 기록되어 있다.

중요한 것은 내용이다. 얼마나 제대로 보필했는지 여부가 평가 기준이 되어야 한다. 진평은 한나라의 사직을 구한, 말 그대로 사직지신에 해당한다. 한나라는 유방 사후 유씨의 나라가 아닌 여씨呂氏의 나라로 바뀐 것이나 다름없었다. 여후가 작심한다면 새 나라를 건설할 수도 있는 상황이었다. 이러한 위기 상황에서 유씨의 사직을 되찾아온 장본인이 바로 진평이었다. 제갈량이 유비 사후 후주인 유선을 지극정성으로 섬기며 촉한의 사직을 지킨 것과 닮았다.

장량은 진평과 달리 유방이 살아 있을 때 이미 그 곁을 떠났다. 표면상 '신선술'을 내세웠지만 이는 구실에 불과하다. 관련 기록을 종합해보았을 때 유방의 신하로 계속 있기를 거부했던 것으로 보는 것이 합리적이다. 〈고조본기〉는 유방을 '통 큰 군자'로 미화해놓았지만 행간을 보면 유방은 여러모로 월왕 구천과 닮았다. 장량은 제갈량 및 진평이 아닌 범리와 비교하는 것이 타당하다.

진평과 제갈량은 2인자 리더십의 전형에 해당한다. 공을 세운 후 곧바로 주군 곁을 떠난 장량과 범리는 '일인자의 스승'에 가깝다. 신하이되 신하로 대하지 않는 이른바 신이불신臣而不臣의 신하가 이 경우에 해당한다. 왕사와 제사, 국사 등이 대표적인 사례다.

장량을 범리와 같은 범주로 파악해야 하는 것은 유방이 천하를 평정한 뒤 장량이 취했던 행보가 웅변한다. 당시 유방은 장량의 공에 보답하기 위해 제齊 지방의 3만 호를 주려고 했다. 한나라 초기 신하들의 영지는 조참에게 내려준 1만 600호가 가장 컸다. 거의 두 배에 달한다. 파격에 가까운 우대였다. 장량이 이를 덜컥 받으면 어떻게 되었을까? 대공을 세운 후 뒤로 물러나는 공성신퇴의 취지가 무색해졌을 것이다. 유방의 견제 눈초리도 피할 수 없었을 것이다. 〈유후세가〉에 따르면 장량은 이를 정중히 사양했다.

"신은 당초 하비에서 일어난 뒤 폐하를 유 땅에서 만났습니다. 이는 하늘이 신을 폐하에게 보내주신 것입니다. 폐하는 신의 계책을 썼고, 요행히도 그 계책이 맞아떨어졌습니다. 신은 유후에 봉해지는 것으로 족합니다. 3만 호는 도저히 감당할 수 없습니다."

결국 그는 유현 일대의 1만 호만 봉지로 받았다. 범리처럼 곧바로 군주 곁을 떠나는 방안 대신 우선은 조참보다 봉지를 덜 받는 쪽으로 공성신퇴의 취지를 살렸던 셈이다. 어찌 보면 세속에 묻혀 있으면서 탈속脫俗을 추구하는 쪽이 훨씬 더 현명한 공성신퇴의 방법일 수 있다. 〈유후세가〉의 다음 술회에 그 취지가 잘 나타난다.

우리 집안은 대대로 한나라 재상을 지냈다. 한나라가 멸망한 후 만금의 가산을 아끼지 않고 한나라를 위해 강대한 진나라에 복수함으로써 천하를 떠들썩하게 만들고자 했다. 그리고 지금은 세 치의 혀로 황제의 스승이 되어 식읍이 1만 호에 이르고, 지위가 제후 반열에 올랐다. 이는 백성으로서 최고 지위에 오른 것이다. 나 장량은 매우 만족스럽게 생각한다. 원컨대 세속의 일은 떨치고 전설적인 신선인 적송자를 따라 고고히 노닐고자 한다.

제왕의 자리를 제외하고는 인신으로서는 최고의 자리에 오른 만큼 이제 하산하겠다는 취지를 밝혔던 것이다. 제왕의 그릇이 아닌 사람이 정승 자리까지 오르고도 더 욕심을 내는 것은 패망에 이르는 길이다. 그러나 장량은 단순한 '재상'이 아니었다. 스스로를 '황제의 스승'인 "제자사帝者師"에 비유한 것이 그렇다. 제자사를 흔히 줄여 제사라고 한다. 초한지제의 혼란이 수습된 뒤 자신의 공을 이처럼 직설적으로 표현한 사람은 장량 외에 없었다. 장량의 자부심이 얼마나 강했는지를 여실히 보여준다.

장량의 행보를 보면 그는 비록 도중에 유방 밑에서 참모로 활약하기는 했으나 원래는 일인자의 길을 가고자 했던 인물이다. 자신의 한계를 알고 유방에게 몸을 굽히고 들어가 참모로 활약했을 뿐이다. 범리가 구천의 패업이 완성되면 미련 없이 떠날 생각으로 도운 것과 맥을 같이한다. 장량과 범리는 심정적으로 2인자의 자리를 기꺼워한 사람들이 아니다. 스승으로서 일인자를 돕는 역할을 즐긴 자들이었다. 그만큼 당당했다. 실제로 유방과 구천 모두 장량과 범리를 비록 신하로 두기는 했으나 여타 신하처럼 대하지 않았다.

장량이 대공을 세운 후 공성신퇴의 모습을 보였던 이유가 여기에 있다. 누대에 걸친 재상가 가문 출신답다.

흉중에 천하를 품은 자

장량이 은신처인 하비에서 다시 기지개를 켠 것은 진승과 오광이 반진의 깃발을 든 이후였다. 그는 초왕 경구에게 몸을 의탁하기 위해 무리를 이끌고 오다가, 풍읍을 탈환하려고 경구 밑으로 들어간 유방의 군사와 우연히 마주쳤다. 〈유후세가〉는 당시 상황을 이같이 묘사해놓았다.

진섭 등이 봉기하자 장량도 청년 100여 명을 모았다. 경구가 자립해 초왕을 자처하며 유현에 머물 때 장량이 그곳으로 가 그를 따르고자 했다. 그러나 도중에 패공 유방을 만나게 되었다. 당시 유방은 무리 수천 명을 이끌고 하비 서쪽의 땅을 공격해 점령했다.

당초 장량은 진승이 봉기했을 때 곧바로 은신하고 있던 하비에서 재빨리 100명의 소년을 그러모은 뒤 반기를 들었다. 이미 진시황 척살을 꾀한 데서 알 수 있듯이 장량은 흉중에 천하를 품은 자였다. 내심 천하가 이제 자신을 부르고 있다고 판단했음 직하다. 그가 휘하의 무리를 이끌고 경구를 찾아갔던 이유는 경구가 자신의 지략을 받아줄 만한 인물인지 여부를 타진하려던 것으로 보인다. 많은 사람이 두 사람의 해후를 역사적인 만남으로 미화하고 있으나 이는 지나치다. 〈유후세가〉의 관련 기록을 액면 그대로 믿어서는 안 된다.

유방이 장량을 처음으로 만나 이야기를 나눈 후 말[馬]을 담당하는 책임자인 구장으로 삼았던 사실이 이를 뒷받침한다. 구장 표현은 《사기》〈유후세가〉를 비롯해 《한서》〈장진왕주전〉, 《자치통감》 등에 모두 나온다. 유방이 첫 만남에서 장량을 당대의 지낭으로 믿었다면 구장이라는 말단 직책을 맡기지는 않았을 것이다.

그럼에도 〈유후세가〉는 두 사람의 만남을 극적으로 묘사해놓았다. 장량이 전에 제나라 시조인 태공망 여상의 병법을 말했을 때는 아무도 이해하지 못했으나 유방만은 곧바로 이해했을 뿐 아니라 장량을 높이 평가했다는 식이다. 장량이 이같이 탄복한 것으로 묘사해놓았다.

"패공이야말로 거의 하늘이 내려준 인물이다!"

두 사람이 해후할 당시 유방은 서른 살, 장량은 부친이 사망한 기원전 250년에 태어났다고 가정할 경우 마흔세 살이다. 당시 유방은 연장자인 장량의 말을 경청하는 모습을 보였을 개연성이 크다. 마치 군신 관계에 있는 양 장량이 유방을 '하늘이 내려준 인물'이라고 운운했을 가능성은 거의 없다고 보는 것이 합리적이다. 이 당시 대화에서는 대략 풍읍의 탈환 방안을 중심으로 유방이 장량에게 이것저것 물어보았을 공산이 크다. 유방이 대화를 나눈 뒤 풍읍 탈환을 뒤로 미루고 먼저 그간 자신이 근거지로 삼았던 망현과 탕현 일대를 겨냥한 점에 비추어 장량은 매우 현실적인 방안을 제시했던 것으로 보인다.

사면협공 계책을 제안하다

〈고조본기〉는 유방이 팽성전투에서 참패해 가까스로 사지를 빠져나와 황급히 도주할 당시 제후들이 모두 유방을 배반하고 다시 초나라에 합류했다고 기록해놓았다. 천하대세는 팽성전투를 계기로 다시 항우에게 유리하게 기울기 시작했다. 그러나 또다시 이를 뒤집는 사태가 일어났다. 바로 항우가 어렵사리 세워놓은 제나라 왕 전가가 전횡의 공격을 받고 초나라로 도주했던 것이다.

당시 화가 난 항우가 전가의 목을 베어버렸지만 그것으로 끝날 일이 아니었다. 제나라가 계속 북쪽에서 위협을 가할 경우 항우는 서쪽의 유방과 동쪽의 전횡 양면으로 협공을 당할 소지가 컸다. 게다가 북쪽의 팽월과 남쪽의 경포까지 유방에게 가세하면 그야말로 옴짝달싹도 하지 못하는 곤경에 처한다. 실제로 일이 그러한 식으로 진행되었다.

어떤 싸움이든 종료가 선언될 때까지 방심은 금물이다. 국지전의 승리에 도취해 긴장의 끈을 놓는 순간 빈틈을 보이게 되고, 그 틈을 노려 상대가 공격해 들어올 경우 졸지에 상황이 역전될 수 있다. 항우가 바로 이 덫에 걸렸다. 유방이 반사이익을 누린 것은 말할 것도 없었다.

그러나 이것이 유방이 아무런 노력도 기울이지 않았다는 의미는 아니다. 당시 유방은 팽성전투의 참패를 만회하기 위해 절치부심했다. 병법에 나오는 온갖 궤계를 모두 동원했던 것이 그렇다. 여기에는 팽성전투 참패 후 초심으로 돌아가는 모습을 보인 것이 결정적인 도움이 되었다. 사방으로 달아났던 장병들이 하나둘 모여들기 시작한 것이 그렇다. 그러나 이는 일정한 한계가 있었다. 제후들 대부분이 천하대세가 항우로 기울었다고 판단해 분분히 다시 항우 쪽에 합류했기 때문이다. 그들을 탓할 수만도 없었다. 일거에 운명이 뒤바뀌는 난세의 상황에서는 불가피한 선택이기 때문이다. 유방이 제후들의 이러한 염량세태炎凉世態 행보를 이해하지 못할 리 없었다. 〈유후세가〉에 따르면 당시 유방은 크게 위축되어 있었다. 이때 장량이 국면을 일거에 바꿀 수 있는 방안을 제시했다. 환호작약한 유방이 군신들을 모아놓고 이같이 호언했다.

"내가 함곡관 동쪽을 떼어서 상으로 주고자 한다. 누가 나와 통일천하의 대공을 함께할 수 있겠는가?"

통 큰 양보였다. 팽성전투에서 참패하기 전까지만 해도 유방은 영토에 매우 인색하게 굴었다. 이내 항우를 제압하고 천하를 거머쥘 수 있다고 자만했던 결과다. 그는 한 치의 땅도 팽월 등에게 떼어줄 생각이 없었다. 그러나 현실은 그와 반대로 나타났다. 팽성전투 참패가 그 증거였다. 이를 계기로 그는 연합세력을 결성한 뒤 막강한 항우를 제압하는 방안을 구상했다. 유방이 "누가 가히 나와 함께 이러한 공업을 이룰 수 있겠소?"라고 물은 대목은 바로 이 맥락에서 이해할 수 있다. 이는 유방의 머리에서 나온 것이었다. 이를 뒷받침하는 장량의 건의가 〈유후세가〉에 실려 있다.

"구강왕 경포는 초나라의 맹장이나 항우와 사이가 좋지 않습니다. 팽월은 제왕 전영과 함께 양 땅에서 반기를 들었으니 이 두 사람을 급히 써야 합니다. 대왕의 장수들 가운데 한신만이 큰일을 맡기면 한 방면을 담당할 수 있습니다. 만일 함곡관 동쪽을 떼어내 포상하고자 하면 이 세 명에게 주십시오. 그러면 능히 초나라를 격파할 수 있습니다."

장량이 내놓은 이 방안을 '사면협공 계책'이라고 한다. 북쪽의 팽월과 동쪽의 한신, 서쪽의 유방, 남쪽의 경포가 사면으로 협공을 가해 항우를 제압하는 계책을 말한다. 당시의 천하정세를 정확히 읽은 뛰어난 계책이었다.

그러나 이 방안을 제시한 것은 장량이지만 결단은 유방이 내렸다는 점을 간과해서는 안 된다. 대다수 사람은 유방이 이러한 묘안과 거리가 멀었을 것이라고 지레 짐작한다. 그러나 이는 선입견이다. 유방은 항우와 달리 남의 의견을 잘 받아들일 줄 알았다. 경청과 수용은 일인자 자질의 기본덕목에 해당한다. 게다가 유방은 머리도 비상했다.

"함곡관 동쪽을 떼어서 상으로 주고자 한다"라는 구절 원문에서 가

진 것을 내놓다는 뜻의 연捐과 헌신짝처럼 내던진다는 뜻의 기棄 동사를 동시에 사용하고 있는 점에 주의할 필요가 있다. 장량의 계책을 그대로 받아들인 것이라면 연 자만 사용했을 것이다. 그런데도 굳이 기 자가 잇달아 나온다. 이는 유방이 장량의 건의를 듣고 스스로 결단을 내렸음을 암시한다. 한신이 제나라의 가왕에 봉해달라고 청했을 때 천둥같이 화를 내다가 장량과 진평의 건의를 들은 후에 한신을 진왕眞王에 봉하는 식의 통 큰 결정을 내린 것과 닮았다. 당시 비세에 몰려 있던 유방이 역전승을 거두는 결정적인 배경이 된 사면협공 계책을 장량만의 작품으로 간주하는 기존 견해는 일정 부분 수정이 필요하다.

젓가락으로 분봉을 막다

그렇다고 장량이 이름뿐인 책사라는 뜻은 아니다. 그 또한 당대의 책사였다. 유방이 유세가로 활약하는 책사 역이기의 말을 듣고 큰 실책을 범하는 사태를 저지했던 것이 대표적이다. 유방이 결단할 당시 상황은 매우 좋지 못했다. 항우의 거센 반격으로 군량 수송로가 자주 끊겼고, 이로 인해 한나라 군사들이 자주 식사를 거른 것이 그렇다. 그의 결단이 효력을 발휘하기도 전에 자멸할지도 모를 일이었다. 이를 크게 걱정한 유방이 역이기와 함께 이 문제를 심각하게 논의했다. 역이기는《맹자孟子》의 핵심인 덕치의 방안을 제시했다. 유방이 훌륭하다며 빨리 인새를 새겨 가져가라고 말했다.

　역이기가 아직 출발하지 않았을 때 장량이 밖에서 들어와 알현했다. 식사 중이던 유방이 역이기의 계책을 장량에게 전하면서 의중을 물었다. 장량이 목소리를 높였다. 유방이 당황해하며 묻자 장량이 정색을 하고 역이기의 주장을 조목조목 반박했다. 유방이 이 말을 듣고는 먹던 음식을 내뱉은 뒤 역이기를 향해 마구 욕을 해댔다. 그러고는 곧바로 인새를 녹이라고 명을 내렸다. 여기서 나온 성어가 바로 젓가락으로 그림을 그려 설득함으로써 분봉 사태를 막았다는 뜻의 화저조봉畫著阻封이다. 흔히 쉬운 비유를 들어 잘못된 방향으로 나아가는 것을 막는다는 뜻으로 사용한다.

화저조봉 일화는 장량의 진면목을 잘 보여주고 있다. 여기서 주목할 것은 장량의 기본 목표가 완전히 뒤바뀌었다는 점이다. 당초 그는 진시황 척살을 꾀할 때 패망한 조국의 부활을 내걸었지만, 사실 이는 몰락한 한나라 재상가 가문 출신으로서 울분을 토로했던 것에 지나지 않는다. 천하대사를 사적인 원한에 초점을 맞춘 점에서 저급했다. 그러나 유방에게 몸을 숙이고 들어가 2인자로 활약하면서 그는 완전히 면모를 일신했다. 오직 주군인 유방의 득천하를 위해 헌신했던 것이 그렇다. 화저조봉은 바로 이를 상징한다.

화저조봉 일화가 보여주듯이, 그가 2인자로 활약하면서 추구한 것은 천하 만민을 위한 새로운 제국 건설이었다. 그의 목표 전환은, 관중管仲이 초반에 자신이 모시는 공자 규糾를 옹립하기 위해 훗날 제환공으로 즉위하는 공자 소백小白을 죽이려고 화살을 날렸다가 이후 일대 변신을 꾀했던 것과 닮았다. 포숙아鮑叔牙의 천거로 제환공의 부름을 받은 관중은 공자 규와 함께 죽는 것을 마다하고 이내 제환공 밑으로 들어간 뒤 천하 만민을 위한 패업을 완성하는 데 진력했다. 이로 인해 후대인들로부터 변절자라는 비난을 받았으나 공자는 오히려 그의 행태를 높이 칭송했다. 대의를 위해 소의를 버렸다는 것이 논거다. 사서의 기록을 종합해볼 때 장량이 유방을 도와 새 제국 건설에 매진했던 것 역시 같은 맥락에서 나온 것으로 풀이된다.

홍구 강화회담의 진실

한고조 4년 8월, 유방과 항우가 홍구에서 강화회담을 체결했다. 그 결과 황하에서 회하 상류로 이어진 홍구를 기준으로 서쪽은 한나라, 동쪽은 초나라에 귀속되었다. 그러나 항우는 회담이 타결된 지 불과 넉 달뒤에 스스로 목을 치는 비극의 주인공이 되었다. 유방에게 철저히 농락당한 결과였다.

원래 홍구는 식량 등의 물자수송에 매우 긴요한 대표적인 운하였다. 지금의 하남성 정주시 서북방에서 끌어들인 황하의 물줄기가 동쪽 개봉까지 흐르다가 회양현을 거쳐 하남성 구현에 이르러 영수와 합류해 회수로 빠진다. 운하의 굴착은 전국시대 중엽 위혜왕魏惠王 10년에 시작되었다. 개통 후 진한시대는 물론 그 이후의 위진남북조시대까지 황하와 회수를 연결하는 중요한 수로로 사용되었다.

주목할 것은 항우 진영에 인질로 잡혀 있던 유방의 부친 태공과 부인 여후가 유방의 영채로 송환된 시점이 강화회담이 타결된 지 한 달뒤라는 점이다. 항우는 순진하게도 유방의 약속을 믿고 태공과 여후를 돌려보냈다가 후미를 공격당한 꼴이다. 《사기》와 《한서》는 당시 유방이 약양으로 돌아가려 하자 문득 장량과 진평이 만류했던 것으로 기술해놓았다. 《사기》〈고조본기〉는 "장량과 진평의 계책을 따랐다"라는 식으로 간략히 기술하는 것으로 그쳤다. 그러나 《한서》〈고제기高帝記〉는 당시 상황을 이처럼 생생히 묘사해놓았다.

"한나라가 천하의 절반을 차지하자 제후들이 모두 귀부했습니다. 지금 초나라 군사는 피로에 지쳐 있고 식량도 떨어진 상황입니다. 바야흐로 하늘이 초나라를 멸망시키려는 것입니다. 지금 저들이 지친 틈을 타 공격해 취하지 않으면 호랑이를 길러 근심거리를 남기는 격이 될 것입니다."

이 대목을 읽으면 유방은 신의를 극히 중시하는 사람이고, 장량과 진평은 속임수에 능하다고 생각할 수밖에 없다.《한서》는 무엇을 근거로 장량과 진평의 건의를 이처럼 상세히 묘사했던 것일까? 내용이 모순되고 있다. 크게 두 가지다.

첫째, 유방은 천하대세가 자신에게 유리하게 돌아가고 있는데 왜 천하통일을 도모할 생각을 하지 않고 관중으로 돌아가려고 했던 것일까? 누구보다 욕심도 많고 시기심도 많던 유방이 천하를 나누어주려 했을 리 없다. 홍구의 강화회담이 태공과 여후를 돌려받기 위한 속임수의 일환으로 이루어졌던 사실이 이를 뒷받침한다. "유방이 군사를 이끌고 서쪽으로 돌아가려고 했다"는 구절은 당시의 정황과 동떨어진다.

둘째, 당시 유방이 병법의 기본이치가 적을 철저히 속이는 궤사詭詐에 있다는 사실을 몰랐다는 것은 있을 수 없는 일이다.《한비자韓非子》와《사기》에 따르면 전국시대 이래 세상 사람들 모두 집에《손자병법》과《오자병법吳子兵法》을 비치해놓고 있었다. 당시 적을 제압하기 위한 궤사의 구사는 상식에 속했다. 유방이 장량과 진평의 간언을 듣고서야 비로소 공격에 나섰다고 보는 것 자체가 있을 수 없는 일이다.

사서의 기록을 종합해보면 홍구의 강화회담은 시종 유방이 계책을 내고 주도적으로 추진했던 것으로 추정된다. 실제로 유방은 강화회담에 앞서 전에 궁지에 몰려 있을 때 형양을 반분하는 계책을 냈던 바가 있다. 홍구의 강화회담을 추진하는 과정에서 전혀 거론되지 않던 장량과 진평의 건의를 받고 비로소 유방이 이들의 계책을 사용했다는 구절은 당시 정황상 어울리지 않는다. 〈고제기〉에 수록된 이 일화는 후대인이 꾸며냈거나 윤색 내지 가필했던 것으로 보인다.

실제로 이같이 보지 않을 경우 유방이 강화회담 타결의 먹물이 마르기도 전에 항우의 등을 노렸던 배경을 이해할 길이 없다. "역사는 승자의 기록이다"라는 금언을 새삼 상기시켜주는 대목이다. 유방이 구사한 기만술은 그가 얼마나 욕심과 시기심이 많았는지 잘 보여주고 있다. 항우의 등에 칼을 꽂으려고 황급히 뒤를 쫓아갔다가 대패했던 사실이 이를 뒷받침한다. 항우를 얕잡아 보고 단숨에 천하를 거머쥐고자 서두른 탓이었다.

당시 항우의 반격에 깜짝 놀라 황급히 뒤로 물러난 유방은 참호를 깊게 파고 영루를 굳게 지키면서 한신과 팽월이 오기만을 기다렸다. 두 사람이 올 리 만무했다. 그러나 유방은 두 사람이 자신의 명을 받들어 이내 올 것으로 착각했다. 초조하게 기다리다 지친 유방이 마침내 장량에게 물었다.

"제후들이 내 말을 따르지 않으니 도대체 이것이 어찌 된 일이오?"

너무 늦은 감이 있었다. 그는 형양에서 항우와 대치할 때 충직하기 그지없는 소하에 대해서도 의심을 품었던 바가 있다. 자신이 항우에게 패하면 소하가 관중을 가로채리라 의심했던 것이다. 그는 소하가 일족을 참전시킨 뒤에야 안심했다. 유방은 고난은 같이해도 부귀는 함께 누릴 수 없는 인물이었다.

당시 한신은 앉은자리에서 어부지리를 취할 수 있는 가장 막강한 세력으로 부상해 있었다. 실제로 무력 면에서 유방과 항우를 압도했다. 군사적인 재능 면에서 유방은 한신과 비교할 수조차 없었다. 한신과 어깨를 나란히 할 수 있는 사람은 항우 정도밖에 없었다. 그런데도 유방은 이러한 사실을 무시 내지 간과했다. 사태를 지나치게 낙관한 나머지 달라진 현실에 눈을 감았던 것이다.

장량이 간언을 삼가한 채 유방이 자문을 구할 때까지 기다렸던 것도 이러한 맥락에서 이해할 수 있다. 섣불리 간할 경우 득보다 실이 컸다. 자칫 토사구팽 목록에 오를지도 모를 일이었다. 장량은 유방이 뒤늦게 자문을 구하자 비로소 자신이 생각해온 해법을 제시했다.

천수를 누린 비결

장량은 공을 세운 뒤 아무 미련 없이 뒤로 물러났다. 토사구팽을 피해 천수를 누린 근본 배경이 여기에 있다. 장량은 유현 일대의 1만 호를 영지로 받은 뒤 유후로 불리었다.

장량은 전설적인 도인인 적송자의 길을 걷겠다고 선언했다. 제왕의 자리를 빼고는 인신으로서는 최고의 자리에 오른 만큼 이제 하산하겠다는 취지를 밝혔던 것이다. 장량은 자신의 그릇이 천기를 틀어쥐는 능력은 없어도 이를 얻는 방법을 아는 책사라는 사실을 통찰하고 있었다.

조선시대에 장량과 유사한 역할을 한 인물이 정도전鄭道傳이다. 그 역시 제왕의 스승을 자부했다. 그러나 그는 어리석게도 현실정치에 몸을 담근 채 취중에 그러한 발언을 했다. 스스로 무덤을 판 꼴이었다. 그가 이방원李芳遠의 토벌대상이 되었던 근본 배경이 여기에 있다. 속세와 인연을 끊을 때는 제왕의 스승을 자부할지라도 상관이 없다. 그러나 현실에 몸을 담은 채 그러한 이야기를 하는 것은 화를 자초하는 길이다.

장량이 늘 유방이 자문을 구할 때까지 기다렸던 것도 이 때문이다. 공연히 나섰다가 의심을 받을까 우려했던 것이다. 고금을 막론하고 천하가 평정되었는데도 매사를 자기중심적으로 생각하는 주군을 계속 모시는 것은 매우 위험한 일이다. 그는 초한지제의 막바지에 이르러 유씨의 천하를 만들어놓은 뒤 아무 미련 없이 떠날 생각을 했던 것이 확실하다.

천하의 책사인 장량의 일생에서 가장 눈여겨볼 대목은, 목표를 한번 정하면 모든 노력을 기울여 이를 관철했던 점이다. 오늘날 관점에서 보면 일종의 '선택과 집중'에 해당한다.

제 4 장

회음후淮陰侯 한신韓信

한신은 초한지제 당시 당대 최고의 병법가로 활약했다. 병법의 기본이치인 임기응변을 깊이 터득한 덕분이다. 그가 젊었을 때 자신을 위협하는 건달의 가랑이 사이를 기어가는 이른바 과하지욕胯下之辱을 스스럼없이 행한 사실이 이를 뒷받침한다. 자신이 바라는 최종 목표를 이루기 위해서는 과정상의 온갖 수치와 어려움 등은 능히 참을 수 있다는 판단에 따른 것이었다.

당초 그는 진시황 사후에 천하가 어지러워지자 항우에게 의탁하려 했으나 여의치 못했다. 유방에게 달아나 소하의 천거로 장수가 된 그는 뛰어난 군사적 재능을 유감없이 발휘했다. 한때 항우로부터 궤멸 직전의 타격을 받고 패퇴 위기에 몰렸던 유방이 이내 역전극을 펼친 것은 전적으로 그의 공이었다. 반복된 훈련 등을 통해 최상의 무력을 유지해온 한신의 정예병을 유방이 수시로 차출해 자신의 군사로 적극 활용한 것이 그렇다.

한신의 도움이 없었다면 애초부터 유방의 천하통일은 불가능했다. 그런 점에서 그는 한나라 건국의 일등공신에 해당한다. 그러나 한신은 팽월 및 경포 등과 마찬가지로 토사구팽의 제물이 되었다. 막강한 실력을 지닌 신하인 이른바 강신强臣으로 존재한 후과였다. 역대 왕조의 창업과정에서 강신이 목숨을 무사히 부지한 경우는 거의 없었다. 창업주의 입장에서 볼 때 오직 능력만으로 제후왕 자리에 오른 강신만큼 위험한 존재는 없다. 역대 왕조의 창업주들이 손에 직접 피를 묻히며 강신으로 존재한 창업공신들을 가차 없이 제거했던 이유다. 한신의 패망도 이러한 맥락에서 이해할 수 있다.

회음후열전

淮陰侯列傳

회음후 한신은 회음 출신이다. 당초 서민으로 있을 때 가난한데다 품행도 단정하지 않았다. 천거를 받아 관원이 되지도 못했고, 장사로 생계를 꾸려나갈 능력도 없어 늘 남에게 의지해 먹고살았다. 사람들이 대부분 그를 싫어한 이유다. 일찍이 하향현의 남창◎ 마을 정장의 집에서 누차 얻어먹은 일이 있었다. 몇 달 후 정장의 아내가 한신을 귀찮게 여긴 나머지 새벽에 밥을 지은 뒤 이부자리에 앉아 먹어 치웠다[晨炊蓐食]. 한신이 식사시간에 맞추어 갔으나 밥을 차려주지 않았다. 한신도 그 뜻을 알고는 화를 내며 의절하고 떠났다.

한번은 한신이 성 아래서 낚시를 하고 있을 때였다. 풀솜 빨래를 하는 여인◎◎ 가운데 한 사람이 한신이 주린 것을 보고 밥을 주었다. 풀솜 빨래를 마치는 날까지 수십 일 동안을 이같이 했다. 한신은 기뻐하며 여인에게 말했다.

◎ 《사기색은》은 하향현을 회음군 속현으로 파악하면서, 남창이 《초한춘추楚漢春秋》에는 신창으로 되어 있다고 했다.

◎◎ 원문은 "제모표諸母漂"다. 《사기집해》는 위소의 주를 인용해 表漂를 물로 풀솜을 빠는 이소격서以水擊絮로 풀이했다.

"내 언젠가는 반드시 이 은혜에 크게 보답하겠다."

여인이 화를 냈다.

"대장부가 스스로 밥을 먹지 못해 내가 왕손◎을 불쌍히 여겨 밥을 준 것이오. 어찌 보답을 바라겠소?"

당시 회음 땅의 젊은이 가운데 한신을 업신여기는 자가 있었다. 그가 한신에게 말했다.

"너는 비록 장대해 칼 차기를 좋아하나 속은 겁쟁이일 뿐이다."

또 사람들 앞에서 이같이 모욕을 주었다.

"네가 죽을 용기가 있으면 나를 찌르고, 용기가 없다면 내 가랑이 밑으로 기어가도록 하라."

한신은 그를 한참 바라보다가 몸을 굽혀 가랑이 밑으로 기어갔다. 이 일로 시정의 모든 사람이 한신을 비웃으며 겁쟁이로 생각했다.

● 淮陰侯韓信者, 淮陰人也. 始爲布衣時, 貧無行, 不得推擇爲吏, 又不能治生商賈, 常從人寄食飮, 人多厭之者. 常數從其下鄕南昌亭長寄食, 數月, 亭長妻患之, 乃晨炊蓐食. 食時信往, 不爲具食. 信亦知其意, 怒, 竟絶去. 信釣於城下, 諸母漂, 有一母見信飢, 飯信, 竟漂數十日. 信喜, 謂漂母曰, "吾必有以重報母." 母怒曰, "大丈夫不能自食, 吾哀王孫而進食, 豈望報乎!" 淮陰屠中少年有侮信者, 曰, "若雖長大, 好帶刀劍, 中情怯耳." 衆辱之曰, "信能死, 刺我, 不能死, 出我袴下." 於是信孰視之, 俛出袴下, 蒲伏. 一市人皆笑信, 以爲怯.

◎ 왕손을 두고 《사기집해》는 소림의 주를 인용해 공자公子로 풀이했다. 《사기색은》은 유덕劉德의 주를 인용해 진나라 말기에 나라를 잃은 자들을 왕손 내지 공자 등으로 높여 불렀다고 해석했다.

항량이 회수를 건널 무렵, 한신이 칼을 차고 그를 쫓았다. 항량 휘하에 있을 때는 이름이 널리 알려지지 않았다. 항량이 패사한 뒤에는 항우에 속하게 되었다. 항우는 그를 낭중에 임명했다. 누차 항우에게 계책을 올렸으나 받아들여지지 않았다. 유방이 촉 땅에 들어오자 한신은 초나라에서 도망쳐 한나라로 귀의했다. 이때도 알려지지 않았기에 곡식창고를 관리하는 연오 벼슬을 받았다. 그러다가 법을 어겨 참형을 당하게 되었다. 같은 무리 열세 명이 이미 참수된 후 한신의 차례가 왔다. 한신이 고개를 들어 쳐다보다가 등공 하후영을 발견하고는 이같이 말했다.

"주상은 천하를 취하지 않을 것입니까? 어찌해서 장사壯士를 죽이려는 것입니까!"

하후영은 그 말이 기특하고, 그 모습을 장하게 여겼다. 이내 풀어주고 죽이지 않았다. 이어 함께 이야기를 나누고는 크게 기뻐하며 유방에게 천거했다. 유방이 한신을 양초糧草를 관리하는 치속도위로 임명했으나 특이하게 여기지는 않았다. 한신이 소하와 자주 이야기를 나누었다. 소하는 그가 매우 뛰어난 인물임을 알아보았다. 유방이 한중왕에 봉해져 도성인 남정에 이르렀을 때 제장들 가운데 달아난 장수가 수십 명이나 되었다. 한신도 소하가 이미 누차 천거했음에도 유방이 등용하지 않는다고 생각해 이내 달아났다. 소하는 한신이 달아났다는 말을 듣고는 유방에게 알리지도 않은 채 곧바로 그를 뒤쫓았다. 어떤 자가 유방에게 승상 소하가 달아났다고 고했다. 유방이 크게 화를 내며 양손을 잃은 것처럼 실망했다. 며칠 뒤 소하가 돌아와 유방을 만났다. 유방은 노여움과 기쁨이 뒤섞인 목소리로 힐난했다.

"그대는 어째서 달아난 것인가?"

소하가 대답했다.

"신은 감히 달아난 것이 아니라, 달아난 자를 뒤쫓았을 뿐입니다."

유방이 물었다.

"그대가 뒤쫓은 자가 누구인가?"

소하가 대답했다.

"한신입니다."

유방이 다시 꾸짖었다.

"장수 가운데 달아난 자가 수십 명인데 그대는 쫓아간 적이 없다. 한신을 쫓아갔다는 것은 거짓말이다."

소하가 대답했다.

"다른 장수야 쉽게 얻을 수 있습니다. 한신과 같은 인물은 너무 뛰어나 그 누구와도 비견될 수 없는 국사무쌍國士無雙이라고 할 수 있습니다. 대왕이 한중에서 계속 왕 노릇을 하려면 한신을 쓸 필요가 없습니다. 그러나 천하를 다투고자 하면 한신 말고는 이를 상의할 자가 없습니다. 대왕의 생각이 어느 쪽인지 여부에 달려 있습니다."

유방이 말했다.

"나 역시 동진해 천하를 다투고 싶소. 어찌 답답하게 이곳에 오래 머물 수 있겠소?"

소하가 말했다.

"대왕이 동진하고자 하면 한신을 등용할 수 있습니다. 그러면 그는 머물 것입니다. 그러나 중용하지 않으면 그는 결국 떠날 것입니다."

유방이 말했다.

"그대의 뜻을 따라 그를 장군으로 삼겠소."

소하가 말했다.

"비록 장군으로 삼을지라도 그는 떠날 것입니다."

유방이 말했다.

"그렇다면 대장으로 삼겠소."

소하가 말했다.

"실로 다행스러운 일입니다."

유방이 한신을 곧바로 불러 대장으로 임명하고자 했다. 소하가 만류했다.

"대왕은 평소 오만하고 무례한 나머지 지금 대장을 임명하면서 마치 어린아이를 부르듯 합니다. 이런 이유로 한신이 떠난 것입니다. 대왕이 그를 대장으로 임명하려면 좋은 날을 골라 재계를 하시고, 장수를 임명하는 단을 설치하는 등 의식을 갖추어야 합니다."

유방이 이를 허락했다. 제장들이 모두 기뻐하며 저마다 자신이 대장이 될 것으로 생각했다. 그러나 막상 한신이 대장으로 임명되자 모두 경악했다.

● 及項梁渡淮, 信杖劍從之, 居戲下, 無所知名. 項梁敗, 又屬項羽, 羽以爲郎中. 數以策幹項羽, 羽不用. 漢王之入蜀, 信亡楚歸漢, 未得知名, 爲連敖. 坐法當斬, 其輩十三人皆已斬, 次至信, 信乃仰視, 適見滕公, 曰, "上不欲就天下乎? 何爲斬壯士!" 滕公奇其言, 壯其貌, 釋而不斬. 與語, 大說之. 言於上, 上拜以爲治粟都尉, 上未之奇也. 信數與蕭何語, 何奇之. 至南鄭, 諸將行道亡者數十人, 信度何等已數言上, 上不我用, 卽亡. 何聞信亡, 不及以聞, 自追之. 人有言上曰, "丞相何亡." 上大怒, 如失左右手. 居一二日, 何來謁上, 上且怒且喜, 罵何曰, "若亡, 何也?" 何曰, "臣不敢亡也, 臣追亡者." 上曰, "若所追者誰何?" 曰, "韓信也." 上復罵曰, "諸將亡者以十數, 公無所追, 追信, 詐也." 何曰, "諸將易得耳. 至如信者, 國士無雙. 王必欲長王漢中, 無所事信,

必欲爭天下, 非信無所與計事者. 顧王策安所決耳." 王曰, "吾亦欲東耳, 安
能鬱鬱久居此乎?" 何曰, "王計必欲東, 能用信, 信卽留, 不能用, 信終亡耳."
王曰, "吾爲公以爲將." 何曰, "雖爲將, 信必不留." 王曰, "以爲大將." 何曰,
"幸甚." 於是王欲召信拜之. 何曰, "王素慢無禮, 今拜大將如呼小兒耳, 此乃
信所以去也. 王必欲拜之, 擇良日, 齋戒, 設壇場, 具禮, 乃可耳." 王許之. 諸
將皆喜, 人人各自以爲得大將. 至拜大將, 乃韓信也, 一軍皆驚.

당시 유방은 대장 임명식을 마치고 자리에 오른 한신에게 물었다.

"승상이 대장에 대해 자주 이야기했소. 그대는 무엇으로 과인에게 계
책을 일러줄 생각이오?"

한신이 사례한 뒤 오히려 반문했다.

"지금 동진해 천하의 대권을 다툴 자는 항왕이 아니겠습니까?"

유방이 대답했다.

"그렇소."

한신이 물었다.

"대왕이 스스로를 항왕과 비교할 때 용감하고 사납고 어질고 굳센
용한인강勇悍仁彊에서 누가 더 낫습니까?"

유방이 오랫동안 대답하지 않다가 입을 열었다.

"내가 항왕만 못하오."

한신이 재배하며 칭송한 뒤 이같이 말했다.

"저 또한 대왕이 항우만 못하다고 생각합니다. 저는 일찍이 그를 섬
긴 적이 있기에 항왕의 사람됨을 말씀드리겠습니다. 그가 화를 내며 큰
소리를 내지르면 1,000명이 모두 엎드립니다. 그러나 현장을 믿고 병
권을 맡기지 못하니 이는 일개 사내의 용기[匹夫之勇]에 지나지 않습

니다. 그가 사람을 대하는 태도는 공손하고 자애롭고 말씨 또한 부드럽습니다. 누가 병에 걸리면 눈물을 흘리며 음식을 나누어줍니다. 그러나 부리는 사람이 공을 세워 봉작해야 할 때 인장이 닳아 없어질 때까지 차마 내주지를 못합니다.◎ 이는 일개 아녀자의 어짊[婦人之仁]에 지나지 않습니다. 항왕은 비록 천하의 패자가 되어 여러 제후를 신하로 삼았지만 관중에 머물지 못하고, 팽성에 도읍했습니다. 또 의제와 맺은 약속을 저버리고 자신이 친애하는 정도에 따라 제후들을 왕으로 삼은 것은 불공평한 일입니다. 제후들은 항왕이 의제를 옮겨 강남으로 쫓는 것을 보고는 모두 자기 나라로 돌아가 그 군주를 쫓아내고 자신들이 좋은 땅의 군주가 되었습니다. 항왕의 군사가 지난 곳은 학살과 파괴가 휩쓸지 않은 곳이 없습니다. 천하의 많은 사람이 그를 원망하고 있고, 백성은 가깝게 다가가지 않고 있습니다. 단지 그의 강한 위세에 눌려 있을 뿐입니다. 항왕이 비록 패자로 불리고 있으나 실은 천하의 인심을 잃고 있는 것입니다. 그의 위세는 이내 약화되기 십상입니다.

지금 대왕이 항왕의 정책과 정반대로 천하의 용장에게 믿고 맡기면 주멸하지 못할 것이 어디 있겠습니까? 천하의 성읍을 공신에게 봉하면 심복하지 않을 신하가 어디 있겠습니까? 의병의 기치를 내세워 동진하고자 하는 병사를 거느리면 이들의 전진에 놀라 흩어져 달아나지 않을 적병이 어디 있겠습니까? 삼진의 왕은 원래 진나라 장수들이었습니다. 이들이 진나라의 자제를 거느린 지 여러 해가 되었습니다. 그사이 죽고 달아난 자의 수는 이루 다 헤아릴 수 없습니다. 이후 휘하 병사들을 속

◎ "인장이 닳아 없어질 때까지"의 원문은 "인완폐印刓敝"다. 《사기집해》는 《한서음의》를 인용해 차마 수여하지 못하는 불인수不忍授로 새겼다. 완刓은 거듭 깎아 닳아 없어지는 것을 뜻한다.

여 제후 연합군에 항복하고 신안으로 왔습니다. 항왕은 항복한 진나라 병사 20만여 명을 속여 구덩이에 묻어 죽였습니다. 당시 오직 장함과 사마흔 및 동예만 죽음에서 벗어났습니다. 진나라 부형들은 이 세 명을 원망해 그 원한이 골수에 사무쳐 있습니다.

지금 초나라가 위력으로 이 세 명을 왕으로 삼았습니다. 그러나 진나라 백성 가운데 이들을 사랑하는 자는 아무도 없습니다. 지금 대왕은 무관을 통해 관중으로 들어가 터럭만큼도 백성을 해치는 일이 없었습니다. 또 진나라의 혹법酷法을 폐지하면서, 진나라 백성에게 삼장의 법만 두기로 약속했습니다. 진나라 백성 가운데 대왕이 진나라 왕이 되는 것을 바라지 않는 자가 없습니다. 제후들끼리 먼저 관중에 들어간 자가 관중왕이 된다고 약속한 만큼 대왕이 응당 관중왕이 되어야 합니다. 관중의 백성도 이를 잘 알고 있습니다. 항왕의 견제로 대왕이 관중왕이 아닌 한중왕이 된 것을 두고 관중의 백성 가운데 원망하지 않는 자가 없습니다. 이제 대왕이 군사를 이끌고 동진하면 삼진의 땅은 격문 한 장으로 평정할 수 있습니다."

유방이 이를 듣고 크게 기뻐하며 한신을 너무 늦게 얻었다고 여겼다. 마침내 그의 계책에 따라 제장들을 모은 뒤 각자 공격할 곳을 정했다.

● 信拜禮畢, 上坐. 王曰, "丞相數言將軍, 將軍何以敎寡人計策?" 信謝, 因問王曰, "今東鄕爭權天下, 豈非項王邪?" 漢王曰, "然." 曰, "大王自料勇悍仁彊孰與項王?" 漢王黙然良久, 曰, "不如也." 信再拜賀曰, "惟信亦爲大王不如也. 然臣嘗事之, 請言項王之爲人也. 項王暗噁叱咤, 千人皆廢, 然不能任屬賢將, 此特匹夫之勇耳. 項王見人恭敬慈愛, 言語嘔嘔, 人有疾病, 涕泣分食飮, 至使人有功當封爵者, 印刓敝, 忍不能予, 此所謂婦人之仁也. 項王雖霸天下而臣諸侯, 不居關中而都彭城. 有背義帝之約, 而以親愛王, 諸侯不平.

諸侯之見項王遷逐義帝置江南, 亦皆歸逐其主而自王善地. 項王所過無不殘滅者, 天下多怨, 百姓不親附, 特劫於威彊耳. 名雖爲霸, 實失天下心. 故曰其彊易弱. 今大王誠能反其道, 任天下武勇, 何所不誅! 以天下城邑封功臣, 何所不服! 以義兵從思東歸之士, 何所不散! 且三秦王爲秦將, 將秦子弟數歲矣, 所殺亡不可勝計, 又欺其衆降諸侯, 至新安, 項王詐阬秦降卒二十餘萬, 唯獨邯·欣·翳得脫, 秦父兄怨此三人, 痛入骨髓. 今楚彊以威王此三人, 秦民莫愛也. 大王之入武關, 秋豪無所害, 除秦苛法, 與秦民約, 法三章耳, 秦民無不欲得大王王秦者. 於諸侯之約, 大王當王關中, 關中民咸知之. 大王失職入漢中, 秦民無不恨者. 今大王舉而東, 三秦可傳檄而定也." 於是漢王大喜, 自以爲得信晚. 遂聽信計, 部署諸將所擊.

한고조 원년 8월, 유방이 군사를 이끌고 동쪽 진창을 통해 관중으로 진격해 삼진을 평정했다.◎ 한고조 2년, 함곡관을 빠져나와 위나라와 황하 이남의 땅을 점령했다. 한韓나라와 은나라 왕도 모두 항복했다. 제나라 및 조나라 군사와 합세해 초나라를 쳤다. 이해 4월, 팽성에 이르렀다. 항우의 급습으로 한나라 군사가 대패해 사방으로 흩어져 퇴각했다. 한신이 다시 병사를 모아 유방과 형양에서 합류했다. 초나라 군사를 경京과 삭索 사이에서 격파했다. 여세를 몰아 서진하던 초나라 군사가 더는 서진하지 못한 이유다.

한나라 군사가 팽성에서 패해 물러나자 새왕 사마흔과 적왕 동예가

◎ 〈고조본기〉는 유방이 한신의 계책에 따라 장함을 격파한 것으로 되어 있으나 〈회음후열전〉에는 아예 유방이 처음부터 군사를 이끌고 진창으로 들어가 관중을 일거에 점거한 것으로 되어 있다. 한신의 업적을 의도적으로 삭제하고자 한 후대인의 가필로 보인다.

한나라 군중에서 도망 나와 초나라에 항복했다. 제나라와 조나라 역시 한나라를 배신하고 초나라와 화친했다. 이해 6월, 위왕 위표가 부모의 문병을 핑계로 귀국을 청했다. 귀국 후 곧바로 하관河關을 폐쇄하고 한나라를 배반했다. 이어 초나라와 화친 조약을 맺었다. 유방이 역이기를 시켜 위왕 위표를 달랬으나 뜻을 굽히지 않았다.

이해 8월, 한신을 좌승상으로 삼은 뒤 위나라를 치게 했다. 위왕 위표가 포판의 수비를 강화하면서 임진으로 통하는 물길을 막았다. 한신이 대군을 거느린 것처럼 위장한 뒤 배를 이어 임진에서 황하를 건너는 시늉을 했다. 그러고는 은밀히 하양에서 나무통인 목앵부木罌缶를 연결한 부교浮橋를 통해 도강한 뒤 위나라 도성 안읍을 기습했다. 위표가 놀라 군사를 이끌고 나와 한신을 맞아 싸웠지만 상대가 되지 않았다. 결국 한신이 위표를 생포하고, 위나라를 평정했다. 유방은 이곳을 하동군으로 만들었다. 이때 유방이 장이를 보내 한신과 함께 동북쪽으로 진격해 조나라와 대나라를 치게 했다.

이해 윤 9월, 대나라 군사를 격파하고, 알여에서 대나라 재상 하열을 생포했다. 한신이 위나라를 항복시키고 대나라를 격파하자 유방이 사자를 보내 명을 전했다. 정예병을 이끌고 형양으로 가 초나라 군사를 저지하라는 내용이었다. 한신이 장이와 함께 병사 수만 명을 이끌고 동진해 정형에서 내려와 조나라를 치려고 했다. 조왕 조헐과 성안군 진여는 한나라 군사가 곧 습격할 것이라는 말을 듣고는 바로 군사를 정형 어귀에 집결시켰다. 숫자를 20만 명이라고 했다. 광무군廣武君 이좌거李左車가 성안군 진여를 설득했다.

"들은 바에 따르면 한나라 장수 한신은 서하를 건너 위왕 위표와 재상 하열을 생포하고, 알여를 피로 물들였다고 합니다. 이번에는 장이의 도움을 받아 우리 조나라를 함락시키려 한다고 합니다. 이는 승세를 타고 고국 밖에서 싸우는 것으로 이들의 예봉을 막아내기가 어려울 것입니다. 신이 듣건대, '1,000리 밖에서 식량을 운송해오면 병사들이 굶주리고, 작전 중에 땔나무나 풀을 베어 밥을 지으면 군사는 배불리 먹을 수 없다'고 했습니다.[◎] 지금 정형의 길이 매우 좁아 수레 두 대가 나란히 갈 수 없고, 기병도 대열을 이루어 지나갈 수 없습니다. 이런 길이 수백 리나 이어지고 있습니다. 형세로 보아 군량미는 반드시 후방에 있을 것입니다.

원컨대 그대가 신에게 기병 3만 명만 빌려주면 지름길로 가 이들의 군량미 수송대를 끊겠습니다. 족하는 도랑을 깊이 파고, 성벽과 보루를 높이 쌓는 식으로 진영을 굳게 지키기만 하면 됩니다. 한나라 군사와 맞붙어 싸우지 마십시오. 그리하면 적은 전진해 싸울 수도 없고, 물러가려 해도 돌아갈 수 없습니다. 우리의 기습이 적의 뒤를 끊고 들판에서 적이 약탈할 만한 식량을 치우면 열흘도 되지 않아 적의 두 장수 한신과 장이의 머리를 휘하에 바칠 수 있습니다. 족하는 신의 계책에 유의해주십시오. 이리하지 않으면 반드시 적의 두 장수에게 사로잡힐 것입니다."

성안군 진여는 유자인 까닭에 늘 의병을 기치로 내세우며 병법의 기본원칙인 사모詐謀와 기계奇計를 거부했다. 그가 이같이 반박했다.

"내가 들으니 《손자병법》에 이르기를, '아군이 적군의 열 배가 되면

◎ 원문은 "천리궤량千里餽糧, 사유기색士有飢色. 초소후찬樵蘇後爨, 사불숙포師不宿飽"다. 《삼략三略》 〈상략上略〉에 나온다. 《사기집해》는 《한서음의》를 인용해 초樵를 땔나무를 하는 취신取薪, 소蘇를 풀을 베는 취초取草로 풀이했다. 찬爨은 불을 때 밥을 짓는다는 뜻으로 취炊와 통한다.

포위하고, 두 배가 되면 싸운다'고 했소.[◎] 지금 한신의 병력이 수만 명이라고 하나 실제로는 수천 명에 지나지 않소. 게다가 1,000리 먼 곳에 와서 우리를 치는 것이니 벌써 크게 지쳤을 것이오. 지금 이런 적을 피한 채 치지 않으면 나중에 적의 대군이 쳐들어올 때는 어떻게 싸우겠다는 것이오? 그리하면 제후들이 우리를 겁쟁이로 여겨 함부로 쳐들어올 것이오."

그러고는 광무군 이좌거의 계책을 듣지 않았다. 한신이 첩자를 놓아 조나라의 동향을 염탐하게 했다. 첩자가 광무군의 계책이 채택되지 않은 것을 알고는 곧바로 돌아와 보고했다. 한신이 크게 기뻐하며 과감히 군사를 이끌고 정형의 좁은 길로 내려왔다. 정형 어귀에서 약 30리를 미치지 못한 곳에 멈추어 야영했다. 밤중에 군령을 전해 경기병 2,000명을 선발한 뒤 사람마다 붉은 깃발을 한 개씩 들고 샛길에 숨어 조나라

◎ 원문은 "십즉위지十則圍之, 배즉전倍則戰"이다. 《손자병법》〈모공謀攻〉에 나온다. 〈모공〉에는 "배즉전"이 분산시켜 공격한다는 뜻의 배즉분지倍則分之로 나온다. 〈모공〉은 말하기를, "아군의 병력이 적의 열 배일 때는 포위해 굴복시키는 것도 가하고, 다섯 배일 때는 공격해 굴복시키는 것도 가하고, 두 배일 때는 분산시켜 공격한다. 비등할 때는 유리한 지형 등을 최대한 활용해 싸운다. 아군이 수적으로 적을 때는 충돌을 피한다. 극히 열세일 때는 과감히 퇴각한다"고 했다. 이는 원칙적인 용병술을 언급한 것으로 반드시 따르는 것은 아니다. 임기응변이 필요하다. 조조는 《손자약해孫子略解》에서 풀이하기를, "아군의 병력이 적보다 열 배가 되면 포위해 싸울 수 있다고 한 것은 적과 아군의 장수가 지략과 용맹 등에서 거의 같고 병사의 사기와 무기가 거의 비슷할 때 적용되는 원칙이다. 만일 아군의 장수가 뛰어나고 병사의 사기나 무기가 적보다 압도적으로 우세한 상황[主弱客強]일 때는 병력이 반드시 열 배까지 차이가 날 필요는 없다. 나 조조는 단지 두 배의 병력만으로도 하비성을 포위해 용맹하기 그지없는 여포呂布를 생포한 바 있다. 아군의 병력이 다섯 배 많을 때는 5분의 3은 정병, 나머지 5분의 2는 기병으로 활용한다. 아군의 병력이 두 배 많을 때는 군사를 절반으로 나누어 한 부대는 정병, 다른 한 부대는 기병으로 활용한다. 적과 아군의 병력이 비등할 때는 매복이나 기습 등의 다양한 전술을 활용해야 승리를 거둘 수 있다. 아군이 적을 때는 성벽을 높이고 보루를 튼튼히 하는 방법으로 맞서야 하고, 결코 가벼이 접전해서는 안 된다. 극히 열세일 때는 병사를 이끌고 재빨리 피해야 한다"고 했다. 성안군 진여는 《손자병법》을 고식적으로 해석하는 우를 범했다.

군사를 주시하게 했다. 그러고는 이같이 명했다.

"조나라 군사는 달아나는 우리 군사를 보면 반드시 성벽을 비우고 쫓아올 것이다. 너희는 그사이 재빨리 조나라 성벽으로 들어가 깃발을 뽑아버리고 한나라의 붉은 깃발을 세우도록 하라."

이어 비장을 시켜 가벼운 식사를 모든 군사에게 나누어주도록 한 뒤 이같이 호언했다.

"오늘 조나라 군사를 격파한 뒤 함께 모여 실컷 먹도록 하자."

제장들 모두 그 말을 믿지 않았지만 응하는 척하며 대답했다.

"그리하겠습니다."

한신이 군리에게 말했다.

"조나라 군사는 우리보다 먼저 편리한 곳을 골라 보루와 성벽을 구축했다. 또 우리 대장의 깃발과 북이 보이기 전에는 선봉을 치지 않을 것이다. 우리가 좁고 험한 곳에 부딪쳐 돌아가버릴까 두려워하기 때문이다."

한신이 선봉 1만 명을 출발시킨 뒤 정형의 어귀로 나가서는 물을 등지고 진을 치는 이른바 배수진背水陣을 펼쳤다. 조나라 군사가 이를 보고는 병법을 모른다며 한껏 비웃었다. 새벽에 한신이 대장의 깃발과 북을 세운 뒤 북을 치며 정형 어귀로 행진했다. 조나라 군사가 성벽을 열고 나와 이들을 공격했다. 오랫동안 양측이 격렬히 싸웠다. 이때 한신과 장이가 거짓으로 북과 깃발을 버리고 강가에 세운 배수진의 진지로 달아났다. 진지에서 황급히 문을 열어 이들을 맞아들였다. 이 와중에 다시 치열한 싸움이 벌어졌다.

당시 조나라 군사는 성벽을 비워둔 채 한나라의 북과 깃발을 빼앗기 위해 황급히 한신과 장이를 쫓아온 까닭에 전력을 다했다. 그러나 한나라 군사 역시 한신과 장이가 강가의 진지로 들어온 뒤에는 필사적으로 싸운 까닭에 도저히 깨뜨릴 수 없었다. 당시 한신이 앞서 파견한 경기병 2,000명은 조나라 군사가 성벽을 비운 채 전리품을 쫓는 틈을 타 조나라의 성벽 안으로 달려갔다. 조나라 깃발을 다 뽑아버린 뒤 한나라의 붉은 깃발 2,000개를 세워놓았다.

조나라 군사는 이기지도 못하고 한신 등도 생포할 수 없자 성벽으로 돌아가려 했다. 그러나 조나라 성벽에는 모두 한나라의 붉은 깃발만 꽂혀 있었다. 크게 놀란 조나라 군사는 한나라 군사가 이미 조왕 조헐의 휘하 장수들을 모두 생포한 것으로 여겨 어지럽게 달아났다. 조나라 장수들이 달아나는 군사를 베어 죽이면서 막으려 했지만 소용없었다. 한나라 군사가 앞뒤에서 협공해 조나라 군사를 크게 깨뜨리고, 병사들을 대거 생포했다. 성안군 진여를 지수 가 부근에서 참수하고, 조왕 조헐을 생포했다. 한신이 군중에 명을 내렸다.

"광무군을 죽이지 말라. 생포하면 1,000금으로 사겠다."

마침내 광무군 이좌거를 결박해 끌고 오는 자가 있었다. 한신이 포승을 풀어주고 동쪽을 향해 앉도록 한 뒤 자기는 서쪽을 향해 마주 보며 스승으로 모셨다. 당시 제장들은 참수한 적의 머리와 포로를 바치며 서로 축하했다. 이어 한신에게 궁금해하던 사항을 물었다.

"병법에 이르기를, '산릉을 오른쪽으로 해 등지고, 수택을 앞의 왼쪽으로 둔다'◎고 했습니다. 이번에 장군은 저희에게 오히려 물을 등지는

◎ 원문은 "우배산릉右倍山陵, 전좌수택前左水澤"이다. 출처가 확실치 않다. 《손자병법》〈지형地形〉에 우배산릉과 유사한 내용의 우배고右背高 구절이 나온다. 높은 곳을 등진 곳에 측면 날개에 해당하는 부대를 배치해야 한다는 취지다. 《오자병법》〈응변應篇〉에는 오른쪽에 산, 왼쪽에 물을 두는 우산좌수右山左水 표현이 나온다. 유사한 내용의 용병술이 널리 회자되었을 공산이 크다.

배수진을 치라고 명하고, 이어 말하기를, '오늘 조나라 군사를 격파한 뒤 함께 모여 실컷 먹도록 하자'고 했습니다. 저희는 내심 승복하지 않았으나 마침내 승리했습니다. 이는 무슨 전술입니까?"

한신이 대답했다.

"이 또한 병법에 있는 것이오. 그대들이 제대로 살펴보지 않았을 뿐이오.《손자병법》에 이르기를, '병사들은 살아남지 못할 사지에 빠뜨려야 죽을 고비를 넘기고 살아남을 수 있고, 극히 위험한 망지亡地에 두어야 필사의 각오로 적을 물리치고 생존할 수 있다'◎고 하지 않았소? 나는 평소 훈련을 받은 사대부를 이끌고 싸운 것이 아니라, 아무런 훈련도 받지 않은 시정의 사람을 몰아다가 싸운 것과 같소. 이들을 사지에 두지 않으면 각자 살아남기 위해서라도 죽기를 각오하고 싸우게 만들 방법이 없소. 이들을 살아남을 수 있는 생지生地에 두었으면 모두 달아났을 것이오. 이들을 어찌 쓸 수 있었겠소?"

제장들 모두 입을 모아 탄복했다.

"훌륭합니다. 저희는 도저히 미칠 수 없습니다."

● 八月, 漢王擧兵東出陳倉, 定三秦. 漢二年, 出關, 收魏·河南, 韓·殷王皆降. 合齊·趙共擊楚. 四月, 至彭城, 漢兵敗散而還. 信復收兵與漢王會滎陽, 復擊破楚京·索之閒, 以故楚兵卒不能西. 漢之敗卻彭城, 塞王欣·翟王翳亡漢降楚, 齊·趙亦反漢與楚和. 六月, 魏王豹謁歸視親疾, 至國, 卽絶河關反漢, 與楚約和. 漢王使酈生說豹, 不下. 其八月, 以信爲左丞相, 擊魏. 魏王盛兵蒲

◎ 원문은 "함지사지이후생陷之死地而後生, 치지망지이후존置之亡地而後存"이다.《손자병법》〈구지九地〉에 유사한 내용의 "투지망지연후존投之亡地然後存, 함지사지연후생陷之死地然後生" 구절이 나온다.《손자병법》〈구변九變〉에도 사지에 빠졌을 때는 죽기 살기로 싸울 수밖에 없다는 뜻의 사지즉전死地則戰 구절이 나온다.

阪, 塞臨晉, 信乃益爲疑兵, 陳船欲度臨晉, 而伏兵從夏陽以木罌缻渡軍, 襲安邑. 魏王豹, 引兵迎信, 信遂虜豹, 定魏爲河東郡. 漢王遣張耳與信俱, 引兵東, 北擊趙·代. 後九月. 破代兵, 禽夏說閼與. 信之下魏破代, 漢輒使人收其精兵, 詣滎陽以距楚. 信與張耳以兵數萬, 欲東下井陘擊趙. 趙王·成安君陳餘聞漢且襲之也, 聚兵井陘口, 號稱二十萬. 廣武君李左車說成安君曰, "聞漢將韓信涉西河, 虜魏王, 禽夏說, 新喋血閼與, 今乃輔以張耳, 議欲下趙, 此乘勝而去國遠鬪, 其鋒不可當. 臣聞千里餽糧, 士有飢色, 樵蘇後爨, 師不宿飽. 今井陘之道, 車不得方軌, 騎不得成列, 行數百里, 其勢糧食必在其後. 願足下假臣奇兵三萬人, 從閒道絶其輜重, 足下深溝高壘, 堅營勿與戰. 彼前不得鬪, 退不得還, 吾奇兵絶其後, 使野無所掠, 不至十日, 而兩將之頭可致於戲下. 願君留意臣之計. 否, 必爲二子所禽矣." 成安君, 儒者也, 常稱義兵不用詐謀奇計, 曰, "吾聞兵法十則圍之, 倍則戰. 今韓信兵號數萬, 其實不過數千. 能千里而襲我, 亦已罷極. 今如此避而不擊, 後有大者, 何以加之! 則諸侯謂吾怯, 而輕來伐我." 不聽廣武君策, 廣武君策不用. 韓信使人閒視, 知其不用, 還報, 則大喜, 乃敢引兵遂下. 未至井陘口三十里, 止舍. 夜半傳發, 選輕騎二千人, 人持一赤幟, 從閒道萆山而望趙軍, 誡曰, "趙見我走, 必空壁逐我, 若疾入趙壁, 拔趙幟, 立漢赤幟." 令其裨將傳飧, 曰, "今日破趙會食!" 諸將皆莫信, 詳應曰, "諾." 謂軍吏曰, "趙已先據便地爲壁, 且彼未見吾大將旗鼓, 未肯擊前行, 恐吾至阻險而還." 信乃使萬人先行, 出, 背水陳. 趙軍望見而大笑. 平旦, 信建大將之旗鼓, 鼓行出井陘口, 趙開壁擊之, 大戰良久. 於是信·張耳詳棄鼓旗, 走水上軍. 水上軍開入之, 復疾戰. 趙果空壁爭漢鼓旗, 逐韓信·張耳. 韓信·張耳已入水上軍, 軍皆殊死戰, 不可敗. 信所出奇兵二千騎, 共候趙空壁逐利, 則馳入趙壁, 皆拔趙幟, 立漢赤幟二千. 趙軍已不勝, 不能得信等, 欲還歸壁, 壁皆漢赤幟, 而大驚, 以爲漢皆已得趙王將矣, 兵遂亂, 遁走, 趙將雖斬之, 不能禁也. 於是漢兵夾擊, 大破虜趙軍, 斬成安君泜水上, 禽趙王歇. 信乃令軍中毋殺廣武君, 有能生得者購千金. 於是有縛廣武君而致戲下者, 信乃解其縛, 東鄉坐, 西鄉對, 師事之. 諸將效首虜, 畢賀, 因問信曰, "兵法右倍山陵, 前左水澤, 今者將軍令臣等反背水陳, 曰破趙會食, 臣等不服. 然竟以勝, 此何術也?" 信曰, "此在兵法, 顧諸君不察耳. 兵法不曰 '陷之死地而後生, 置之亡地而後存'? 且信非得素拊循士大夫也, 此所謂 '驅市人而戰之', 其勢非置之死地, 使人人自爲戰, 今予之生地, 皆走, 寧尚可得而用之乎!" 諸將皆服曰, "善. 非臣所及也."

당시 한신은 광무군 이좌거를 스승으로 모시면서 이같이 물었다.

"내가 북쪽으로 연나라, 동쪽으로 제나라를 치려고 합니다. 어찌해야 공을 세울 수 있겠습니까?"

광무군이 사양했다.

"신이 든건대 '패배한 군사의 장수는 무용武勇에 관해 말할 수 없고, 망한 나라의 대부는 나라의 존속에 관해 논할 수 없다'◎고 했습니다. 지금 신은 패망한 나라의 포로입니다. 어찌 그런 큰일을 꾀할 수 있겠습니까?"

한신이 말했다.

"내가 든건대 백리해가 우나라에 있을 때는 우나라가 망했고, 진나라에 있을 때는 진나라가 패자가 되었다고 합니다. 이는 백리해가 우나라

◎　원문은 "패군지장敗軍之將, 불가이언용不可以言勇. 망국지대부亡國之大夫, 불가이도존不可以圖存"이다. 《오월춘추吳越春秋》〈구천입신외전句踐入臣外傳〉에 패군지장 운운과 유사한 내용의 "패군지장敗軍之將, 불감어용不敢語勇" 구절이 나온다. 흔히 말하는 "패전지장敗戰之將, 유구무언有口無言"은 후대인이 〈회음후열전〉의 구절을 변용한 것이다.

에 있을 때는 어리석었다가 진나라에 있을 때 현명해졌기 때문이 아닙니다. 군주가 그를 등용했는지, 그의 계책을 받아들였는지 여부에 달려 있을 뿐입니다. 성안군 진여가 족하의 계책을 들었다면 나 같은 사람은 벌써 포로가 되었을 것입니다. 그가 족하의 계책을 쓰지 않았기에 내가 족하를 모실 수 있게 되었을 뿐입니다."

이어 강압적으로 부탁했다.

"내가 마음을 다해 족하의 계책을 따를 터이니 족하는 사양하지 마십시오."

광무군 이좌거가 대답했다.

"제가 듣건대 '지혜로운 자도 1,000번 생각하다 한 번 실수하는 일[千慮一失]이 있고, 어리석은 자[愚者]도 1,000번 생각하다 한 번 적중하는 일[千慮一得]이 있다'고 했습니다. '미치광이의 말도 성인은 가려 들어 택한다'라는 이야기가 나온 이유입니다. 저의 계책이 반드시 채용될 만한 것은 되지 않지만 성의를 다하도록 하겠습니다. 저 성안군 진여는 백전백승의 계책이 있었는데도 하루아침에 실수를 범해 군사가 호 땅의 성 밑에서 격파되고 자신은 지수 가에서 죽었습니다.

지금 장군은 서하를 건너 위왕 위표를 생포하고, 하열을 알여에서 생포했습니다. 또 단번에 정형을 내려와 하루아침에 조나라의 20만 대군을 깨뜨리고 성안군을 주륙했습니다. 이름이 해내海內에 널리 알려지고, 위엄이 천하를 진동시킨 이유입니다. 당시 농부들은 나라의 앞날이 얼마 남지 않았다고 여겨 농사를 그치고 쟁기를 내버린 채 아름다운 옷을 입고 맛있는 음식을 먹으며 장수의 명령을 귀 기울여 듣지 않는 자가 없습니다. 이는 장군에게 이로운 것입니다.

그러나 백성은 피로하고 병사들은 지쳐 있어 사실 부리기가 어렵습니다. 그런데도 지금 장군은 싸움에 지친 군사를 몰아 문득 연나라의 견고한 성 밑으로 쳐들어가려 하고 있습니다. 싸울지라도 싸움이 오랫동안 지속되어 힘으로는 성을 빼앗을 수 없을 것입니다. 오히려 우리 군사의 피폐한 실정만 드러내고, 기세가 꺾인 채로 시일만 오래 끌다 군량미마저 바닥날 것입니다. 그러다가 약한 연나라조차 항복하지 않으면 제나라는 반드시 국경의 방비를 갖추고 스스로 강화해나갈 것입니다. 연나라와 제나라가 서로 버티며 항복하지 않으면 유방과 항우의 싸움은 승패가 불분명해집니다. 이런 상황은 장군에게 불리합니다. 저의 어리석은 생각으로는 연나라와 제나라를 치는 것은 잘못된 계책입니다. 용병을 잘하는 자는 이쪽의 단점으로 적의 장점을 치는 것이 아니라, 이쪽의 장점으로 적의 단점을 친다고 했습니다."

한신이 물었다.

"그러면 어떤 계책을 써야 하오?"

광무군이 대답했다.

"지금 장군을 위한 계책으로는 싸움을 멈춘 채 군사를 쉬게 하고, 조나라를 진무鎭撫하는 것보다 나은 것이 없습니다. 전쟁고아를 어루만지고, 100리 안의 땅에서 쇠고기와 술로 날마다 잔치를 벌여 사대부들을 대접하며 군사들에게 술을 먹인 뒤 북쪽 연나라로 향하는 것이 그것입니다. 연후에 유세하는 선비를 시켜 서신을 가지고 가 장수의 장점을 알리면 됩니다. 그러면 연나라는 감히 복종하지 않을 수 없을 것입니다. 연나라가 복종하면 유세하는 선비에게 동쪽 제나라로 가 연나라의 복종 사실을 알리도록 하십시오. 그러면 제나라는 바람에 휩쓸리듯 복종할 것입니다. 설령 지혜로운 자가 있을지라도 제나라를 위한 계책을 낼 수 없을 것입니다. 이리되면 천하대사를 모두 도모할 수 있습니다.

용병할 때 성세聲勢로 적의 사기를 꺾고 실전은 그다음에 치르는 계책 [先聲後實]은 바로 이를 말하는 것입니다."

한신이 말했다.

"좋은 계책이오."

이좌거의 계책에 따라 사자를 연나라에 보내자 연나라가 마치 바람에 휩쓸리듯 복종했다. 사자를 보내 유방에게 이를 고하면서 장이를 조왕으로 삼아 조나라를 진무하도록 해달라고 청했다. 유방이 이를 허락해 장이를 조왕으로 세웠다.

● 於是信問廣武君曰, "僕欲北攻燕, 東伐齊, 何若而有功?" 廣武君辭謝曰, "臣聞敗軍之將, 不可以言勇, 亡國之大夫, 不可以圖存. 今臣敗亡之虜, 何足以權大事乎!" 信曰, "僕聞之, 白里奚居虞而虞亡, 在秦而秦霸, 非愚於虞而智於秦也, 用與不用, 聽與不聽也. 誠令成安君聽足下計, 若信者亦已爲禽矣. 以不用足下, 故信得侍耳." 因固問曰, "僕委心歸計, 願足下勿辭." 廣武君曰, "臣聞智者千慮, 必有一失, 愚者千慮, 必有一得. 故曰 '狂夫之言, 聖人擇焉'. 顧恐臣計未必足用, 願效愚忠. 夫成安君有百戰百勝之計, 一旦而失之, 軍敗鄗下, 身死泜上. 今將軍涉西河, 虜魏王, 禽夏說閼與, 一擧而下井陘, 不終朝破趙二十萬衆, 誅成安君. 名聞海內, 威震天下, 農夫莫不輟耕釋耒, 褕衣甘食, 傾耳以待命者. 若此, 將軍之所長也. 然而衆勞卒罷, 其實難用. 今將軍欲擧倦弊之兵, 頓之燕堅城之下, 欲戰恐久力不能拔, 情見勢屈, 曠日糧竭, 而弱燕不服, 齊必距境以自彊也. 燕齊相持而不下, 則劉項之權未有所分也. 若此者, 將軍所短也. 臣愚, 竊以爲亦過矣. 故善用兵者不以短擊長, 而以長擊短." 韓信曰, "然則何由?" 廣武君對曰, "方今爲將軍計, 莫如案甲休兵, 鎭趙撫其孤, 百里之內, 牛酒日至, 以饗士大夫醳兵, 北首燕路, 而後遣辯士奉咫尺之書, 暴其所長於燕, 燕必不敢不聽從. 燕已從, 使諠言者東告齊, 齊

必從風而服, 雖有智者, 亦不知爲齊計矣. 如是, 則天下事皆可圖也. 兵固有
先聲而後實者, 此之謂也." 韓信曰, "善." 從其策, 發使使燕, 燕從風而靡. 乃
遣使報漢, 因請立張耳爲趙王, 以鎭撫其國. 漢王許之, 乃立張耳爲趙王.

당시 초나라는 누차 기병을 동원해 황하를 건너와 조나라를 쳤다. 조
왕 장이와 한신이 이리저리 쫓아다니며 조나라를 구원했다. 이를 계기
로 가는 곳마다 조나라 성읍을 평정하며 다독였다. 덕분에 병사를 징발
해 유방에게 보낼 수 있었다. 이 와중에 초나라 군사가 문득 유방을 형
양에서 포위했다. 유방이 남쪽으로 달아나다가 완과 섭 땅 사이에서 영
포를 자기편으로 만든 뒤 성고로 함께 들어갔다. 초나라 군사가 다시
그곳을 급히 포위했다.

한고조 3년 6월, 유방이 성고를 빠져나왔다. 동쪽으로 황하를 건너
등공 하후영만 데리고 수무에 있는 장이의 군대에 몸을 맡기려고 했다.
수무에 이르러 객사에서 잠을 잔 뒤 새벽에 한나라 사자를 칭하면서 말
을 달려 한신과 장이가 자고 있는 조나라 성안으로 뛰어들었다. 장이와
한신이 아직 일어나지 않은 상황에서 유방이 이들의 침실로 뛰어들어
인수를 빼앗은 뒤 제장들을 모아놓고 자리를 재배치했다. 한신과 장이
는 뒤늦게 일어나 유방이 와 있는 것을 알고는 크게 놀랐다. 유방이 두
사람의 군사권을 빼앗은 뒤 장이에게 조나라를 지키게 하고, 한신을 조
나라 상국으로 임명했다. 이어 조나라의 병력 자원 가운데 아직도 징집
되지 않은 자를 거두어 제나라를 치게 했다.

한신이 유방의 명에 따라 군사를 이끌고 동진할 때였다. 평원진에서
황하를 건너기 직전에 유방이 역이기를 시켜 이미 제나라를 설득해 항
복을 받았다는 소문이 들려왔다. 한신이 제나라 공벌을 멈추려 했다.

범양 출신의 책사 괴철蒯徹이 한신을 설득했다.

"장군이 한나라 왕의 명을 받아 제나라를 치는 와중에 한나라 왕이
단독으로 밀사 역이기를 보내 제나라를 항복시켰습니다. 그러나 장군
이 공격을 그만두라는 명령이 어디에 있었습니까? 어찌 진격하지 않을
수 있겠습니까? 더구나 역이기는 일개 유세하는 선비에 지나지 않습니
다. 그는 수레의 가로나무에 의지해 세 치 혀로 제나라의 70여 개 성읍
의 항복을 받아냈습니다. 장군은 수만 명의 군사를 이끌면서 한 해가
넘도록 겨우 조나라의 50여 개 성읍의 항복을 받아냈을 뿐입니다. 장군
으로 임명된 지 벌써 여러 해가 되었습니다. 어찌해서 보잘것없는 일개
유생의 전공보다 못한 것입니까?"

한신도 이 말이 옳다고 여겼다. 그의 계책에 따라 마침내 평원진에서
황하를 건너갔다. 제나라는 역이기의 말만 듣고는 그를 머물게 한 뒤
술잔치를 벌이고 있었다. 한나라의 침공에 관한 방비를 전혀 하지 않
았던 이유다. 한신이 이 틈을 타 제수 남쪽 역성현에 주둔하고 있는 제
나라 군사를 습격한 뒤 마침내 도성 임치에 이르렀다. 보고를 접한 제
나라 왕 전광은 역이기가 자신을 속였다고 판단해 크게 화를 내며 그
를 팽살한 뒤 고밀로 달아났다. 그곳에서 항우에게 사자를 보내 구원을
청했다. 당시 한신은 임치를 평정한 뒤 전광을 동쪽으로 추격해 마침내
고밀 서쪽에 이르게 되었다. 항우도 용저를 장군으로 삼은 뒤 20만 대
군을 일으키며 제나라를 구원하게 했다. 제나라 왕 전광과 용저가 합세
해 싸우려 했다. 싸움이 벌어지기 직전에 어떤 자가 용저를 설득했다.

"한나라 군사는 멀리서 싸우러 왔으니 있는 힘을 다해 싸울 것입니
다. 그 예기를 꺾기가 쉽지 않습니다. 반면 제나라와 초나라는 자기 나
라 땅에서 싸우는 것이기에 병사들이 패해 흩어지기 쉽습니다. 성벽을

높이 쌓아 지키면서 제나라 왕에게 신임하는 신하를 보내 잃어버린 성읍을 회유해 돌아오도록 하느니만 못합니다. 함락된 성읍의 군사들은 제나라 왕이 건재하고 초나라가 구원하러 왔다는 이야기를 들으면 반드시 한나라를 배반할 것입니다. 한나라 군사는 2,000리나 떨어진 타국에 와 있습니다. 제나라 성읍이 모두 배반하면 형세상 식량도 얻을 길이 없습니다. 그러면 싸우지 않고도 항복을 받아낼 수 있습니다."

용저가 말했다.

"나는 평소에 한신이 어떤 자인지 잘 알고 있다. 그는 상대하기가 매우 쉽다. 게다가 제나라를 구원한다고 왔는데 싸우지도 않고 한나라 군사를 항복시키면 내게 무슨 공이 있겠는가? 지금 싸워 승리하면 제나라의 절반은 내 것이 된다. 어찌 이대로 그만두겠는가?"

결국 싸우게 되었다. 유수를 사이에 두고 한신과 마주해 진을 쳤다. 한신이 밤에 사람을 시켜 주머니 1만여 개에 모래를 가득 채웠다. 이어 이를 이용해 유수의 상류를 막게 했다. 짐짓 한나라 군사를 이끌고 반쯤 건너가서 용저를 치다가 지는 체하고 뒤돌아 달아났다. 용저가 과연 크게 기뻐하며 이같이 말했다.

"나는 원래 한신이 겁쟁이라는 것을 알고 있었다!"

그러고는 한신을 뒤쫓아 유수를 건너가기 시작했다. 한신이 사람을 시켜 막아놓았던 모래주머니를 터뜨리자 문득 물이 크게 쏟아졌다. 용저의 군사가 절반도 건너지 못했다. 한신이 급습을 가해 용저를 죽였다. 용저가 죽자 유수 동쪽에 있던 용저의 군사가 사방으로 흩어져 달아났다. 제나라 왕 전광도 황급히 도망쳤다. 한신이 패해 달아나는 초나라 군사들을 뒤쫓아 성양에 이르는 사이 초나라 병사가 모두 포로로 잡혔다.

● 楚數使奇兵渡河擊趙, 趙王耳·韓信往來救趙, 因行定趙城邑, 發兵詣漢. 楚方急圍漢王於滎陽, 漢王南出, 之宛·葉閒, 得黥布, 走入成皋, 楚又復急圍之. 六月, 漢王出成皋, 東渡河, 獨與滕公俱, 從張耳軍脩武. 至, 宿傳舍. 晨自稱漢使, 馳入趙壁. 張耳·韓信未起, 卽其臥內上奪其印符, 以麾召諸將, 易置之. 信·耳起, 乃知漢王來, 大驚. 漢王奪兩人軍, 卽令張耳備守趙地, 拜韓信爲相國, 收趙兵未發者擊齊. 信引兵東, 未渡平原, 聞漢王使酈食其已說下齊, 韓信欲止. 范陽辯士蒯通說信曰, “將軍受詔擊齊, 而漢獨發閒使下齊, 寧有詔止將軍乎? 何以得毋行也! 且酈生一士, 伏軾掉三寸之舌, 下齊七十餘城, 將軍將數萬衆, 歲餘乃下趙五十餘城, 爲將數歲, 反不如一豎儒之功乎?” 於是信然之, 從其計, 遂渡河. 齊已聽酈生, 卽留縱酒, 罷備漢守禦. 信因襲齊歷下軍, 遂至臨菑. 齊王田廣以酈生賣己, 乃亨之, 而走高密, 使使之楚請救. 韓信已定臨菑, 遂東追廣至高密西. 楚亦使龍且將, 號稱二十萬, 救齊. 齊王廣·龍且并軍與信戰, 未合. 人或說龍且曰, “漢兵遠鬪窮戰, 其鋒不可當. 齊·楚自居其地戰, 兵易敗散. 不如深壁, 令齊王使其信臣招所亡城, 亡城聞其王在, 楚來救, 必反漢. 漢兵二千里客居, 齊城皆反之, 其勢無所得食, 可無戰而降也.” 龍且曰, “吾平生知韓信爲人, 易與耳. 且夫救齊不戰而降之, 吾何功? 今戰而勝之, 齊之半可得, 何爲止!” 遂戰, 與信夾濰水陳. 韓信乃夜令人爲萬餘囊, 滿盛沙, 壅水上流, 引軍半渡, 擊龍且, 詳不勝, 還走. 龍且果喜曰, “固知信怯也.” 遂追信渡水. 信使人決壅囊, 水大至. 龍且軍大半不得渡, 卽急擊, 殺龍且. 龍且水東軍散走, 齊王廣亡去. 信遂追北至城陽, 皆虜楚卒.

한고조 4년, 한신이 마침내 제나라를 모두 평정한 뒤 사자를 보내 유방에게 이같이 고했다.

"제나라는 거짓과 속임수가 많고 변절이 심해 반복무상한 나라입니다. 게다가 남쪽으로 초나라와 접경하고 있습니다. 먼저 임시 왕을 세워 진정시키지 않으면 정세가 안정되기 어렵습니다. 원컨대 신을 임시 왕으로 세워주면 모든 일이 편할 것입니다."

당시 초나라 군사가 급습해 유방을 형양에서 포위하고 있었다. 이 와중에 한신의 사자가 온 것이다. 유방이 그 서신을 보고는 크게 화를 냈다.

"나는 여기서 곤경에 처해 빨리 와 도와주기를 바라고 있는데 본인은 스스로 왕이 될 생각이나 하고 있다는 것인가?"

장량과 진평이 일부러 유방의 발을 밟고는 사과하는 척하며 유방의 귓가에 입을 대고 속삭였다.

"한나라는 지금 불리한 처지에 놓여 있습니다. 어찌 한신이 왕 노릇을 하고자 하는 것을 막을 수 있겠습니까? 차라리 그를 왕으로 삼고 잘 대우해 자진해서 제나라를 지키게 하느니만 못합니다. 그리하지 않으면 변란이 일어날 것입니다."

유방이 문득 깨닫고는 짐짓 사자를 점잖게 꾸짖었다.

"대장부가 제후를 평정했으면 곧 진짜 왕[眞王]이 되어야지, 어찌 임시 왕이 된다는 말인가?"

그러고는 곧 장량을 보내 한신을 제왕齊王으로 삼은 뒤 그의 군사를 징발해 초나라를 쳤다. 당시 항우는 용저를 잃자 크게 두려운 나머지 우이 출신 무섭을 시켜 한신을 회유하고자 했다. 무섭이 한신을 찾아가 말했다.

"천하인 모두 진나라의 폭정에 괴로움을 당한 지 오래되었습니다. 서로 힘을 합쳐 진나라를 친 이유입니다. 진나라가 무너지자 공을 헤아려 땅을 나누고, 각지에 왕을 봉해 병사들을 쉬게 했습니다. 지금 유방이 다시 군사를 일으킨 뒤 동진해 남의 봉지를 침공하며 마구 빼앗고 있습니다. 이미 삼진을 깨뜨리고 군사를 대동한 채 함곡관을 빠져나온 뒤 제후의 군사를 거두면서 동쪽으로 초나라를 치고 있는 것이 그렇습니다. 천하를 모두 삼키지 않고는 그치지 않을 것입니다. 그의 탐욕은 이토록 심해 만족을 모릅니다. 그는 결코 믿을 수 없는 자입니다. 그 몸이 누차 항우의 손에 쥐어졌지만 항우는 늘 그를 가엾게 여겨 살려주었습니다. 그러나 그는 위기를 벗어나기만 하면 번번이 약속을 어기고, 다시 항우를 쳤습니다. 그를 가까이해 믿을 수 없는 것이 이와 같습니다.

지금 족하는 스스로 유방과 후교厚交가 있다고 착각한 나머지 그를 위해 있는 힘을 다해 군사를 지휘하고 있습니다. 그러나 끝내 그의 포로가 될 것입니다. 족하가 아직 살아남은 것은 항우가 살아 있기 때문입니다. 지금 항우과 유방의 싸움에서 승리의 저울추는 족하에게 달려 있습니다. 족하가 추를 오른쪽으로 기울이면 유방, 왼쪽으로 기울이면 항우가 이길 것입니다. 항우가 오늘 망하면 다음에는 족하를 멸할 것입니다. 족하는 항우와 옛 연고가 있습니다. 어찌해서 한나라를 배반한 뒤 초나라와 손을 잡고 천하를 삼분해 왕이 되려 하지 않는 것입니까? 지금 절호의 기회를 버린 채 스스로 한나라를 믿고 초나라를 치고자 하니, 이것이 어찌 지혜로운 자가 할 일이겠습니까!"

한신이 사절했다.

"내가 일찍이 항왕을 섬긴 적이 있소. 벼슬은 낭중에 지나지 않았으니, 지위도 창을 잡고 숙직하며 지키는 집극執戟에 불과했소. 바른말을 해도 들어주지 않고, 계책도 받아들여지지 않았소. 초나라를 떠나 한나라로 간 이유요. 유방은 나에게 상장군의 인수를 내주고 수만 명의 군사를 거느리게 했소. 게다가 자신의 옷을 벗어 나에게 입히고, 자신의 밥을 주어 나에게 먹도록 했소. 건의가 받아들여지고, 계책이 채택되었소. 내가 오늘 여기까지 이른 배경이오. 무릇 남이 나를 깊이 친신親信하는데 이를 배신하는 것은 상서롭지 못하오. 내가 설령 죽을지언정 이 마음을 바꿀 수는 없소. 나를 위해 항왕에게 거절의 뜻을 전해주면 좋겠소!"

무섭이 할 수 없이 자리를 떠났다.

● 漢四年, 遂皆降平齊. 使人言漢王曰, "齊僞詐多變, 反覆之國也, 南邊楚, 不爲假王以鎭之, 其勢不定. 願爲假王便." 當是時, 楚方急圍漢王於滎陽, 韓信使者至, 發書, 漢王大怒, 罵曰, "吾困於此, 且暮望若來佐我, 乃欲自立爲王!" 張良·陳平躡漢王足, 因附耳語曰, "漢方不利, 寧能禁信之王乎? 不如因而立, 善遇之, 使自爲守. 不然, 變生." 漢王亦悟, 因復罵曰, "大丈夫定諸侯, 卽爲眞王耳, 何以假爲!" 乃遣張良往立信爲齊王, 徵其兵擊楚. 楚已亡龍且, 項王恐, 使盱眙人武涉往說齊王信曰, "天下共苦秦久矣, 相與勠力擊秦. 秦已破, 計功割地, 分土而王之, 以休士卒. 今漢王復興兵而東, 侵人之分, 奪人之地, 已破三秦, 引兵出關, 收諸侯之兵以東擊楚, 其意非盡呑天下者不休, 其不知厭足如是甚也. 且漢王不可必, 身居項王掌握中數矣, 項王憐而活之, 然得脫, 輒倍約, 復擊項王, 其不可親信如此. 今足下雖自以與漢王爲厚交, 爲之盡力用兵, 終爲之所禽矣. 足下所以得須臾至今者, 以項王尙存也. 當今二王之事, 權在足下. 足下右投則漢王, 左投則項王勝. 項王今日亡, 則次取足下. 足下與項王有故, 何不反漢與楚連和, 參分天下王之? 今釋此時, 而自必於漢以擊楚, 且爲智者固若此乎!" 韓信謝曰, "臣事項王, 官不過郎中, 位不過執戟, 言不聽, 畫不用, 故倍楚而歸漢. 漢王授我上將軍印, 予我數萬衆, 解衣衣我, 推食食我, 言聽計用, 故吾得以至於此. 夫人深親信我, 我倍之不祥, 雖死不易. 幸爲信謝項王!" 武涉已去.

무섭이 떠난 뒤 제나라 범양 출신 괴철이 천하 대권의 향방이 한신에게 달린 것을 알고는 기책을 동원해 한신을 설득시키고자 했다. 그가 관상을 언급하며 회유하고자 했다.

"제가 일찍이 관상을 배운 적이 있습니다."

한신이 물었다.

"선생의 관상술은 어떤 것이오?"

괴철이 대답했다.

"부귀함과 빈천함은 뼈의 상인 골법骨法, 기쁨과 걱정은 얼굴모양과 얼굴빛인 용색, 성공과 실패는 결단에 달려 있습니다. 이를 참고하면 만에 하나도 어긋나지 않습니다."

한신이 물었다.

"좋소. 선생이 보건대 과인의 관상은 어떻소?"

괴철이 말했다.

"잠시 주위 사람을 물리쳐주십시오."

한신이 명했다.

"다들 물러가라."

괴철이 대답했다.

"장군의 얼굴을 보면 제후의 상에 불과합니다. 게다가 위태롭고 불안합니다. 그러나 장군의 등을 보면 귀하기가 이를 데 없습니다."

한신이 물었다.

"그것이 무슨 말이오?"

괴철이 대답했다.

"천하가 당초 어지러워졌을 때 영웅호걸 모두 왕을 칭하며 한번 소리치자 천하의 선비들이 구름처럼 몰려들었습니다. 마치 물고기 비늘처럼 겹치거나 오색이 뒤섞여 있는 듯하고, 불똥이 튀거나 바람이 일어나는 듯했습니다.◎ 이때는 오직 진나라를 어떻게 멸망시킬까 하는 것만 걱정했습니다. 그러나 지금 초나라와 한나라가 서로 다투면서 상황이 달라졌습니다. 천하의 죄 없는 자들의 간과 쓸개로 땅을 칠하는 경우[肝膽塗地]와 아비와 자식의 해골이 들판에 나뒹구는 경우[暴骨中野]가 헤아릴 수 없을 정도로 많습니다.

초나라 출신 항우가 팽성에서 기의한 뒤 여기저기 돌아다니며 달아나는 적을 쫓아다니다 형양에 이르게 되었습니다. 여세를 몰아 각지를 석권하자 그 위세가 천하를 진동시켰습니다. 그러나 이내 그의 군사는 형양의 남쪽에 있는 경 땅과 북쪽에 있는 색 땅 사이에서 한나라 군사와 교전하며 곤경에 처하고, 서산에 가로막혀 전진할 수 없게 된 지 벌써 3년이나 되었습니다. 유방은 수십만 명의 군사를 이끌면서 공과 낙 땅 사이에서 험준한 산하를 방패 삼아 하루에도 몇 차례 싸웠지만 조그만 공도 세우지 못했습니다. 좌절하고 패배해도 구원해주는 사람이 없어 형양에서 패하고 성고에서 군사를 잃은 채 마침내 완과 섭 땅 사이로 달아났습니다. 이것이 유방처럼 지혜로운 자와 항우처럼 용맹스러운 자가 함께 곤경에 처한 이른바 지용구곤智勇俱困의 형국입니다. 날카로운 예기는 험준한 요새에서 꺾이고, 군량은 창고에서 바닥이 나고, 백성은 지칠 대로 지쳐 원망만 할 뿐 의지할 곳도 없습니다. 제가 보기에 이런 형세에서는 천하의 성현이 아니면 그 화란을 그치게 할 길이

◎ 원문은 "어린잡답魚鱗襍遝, 표지풍기熛至風起"다. 잡답은 뒤섞여 있다는 뜻으로 잡답雜遝과 같다. 여기의 잡襍은 오색이 섞여 있다는 뜻으로 잡雜과 통한다. 표지熛至는 불똥이 튀는 상황을 지칭한다.

없습니다.

지금 유방과 항우의 운명은 족하에게 달려 있습니다. 족하가 한나라를 위하면 한나라, 초나라를 위하면 초나라가 이길 것입니다. 저는 속마음을 터놓고 간과 쓸개를 드러낸 채 어리석은 계책을 건의하고자 합니다. 단지 족하가 받아들이지 않을까 걱정될 뿐입니다. 족하가 실로 저의 계책을 써주면 저는 한나라와 초나라를 이롭게 하면서 항우와 유방을 존속시킨 것보다 나은 계책은 없다고 말하고자 합니다. 이른바 천하를 셋으로 나누는 삼분천하參分天下의 계책이 그것입니다. 족하를 포함한 세 사람이 세발솥이 벌려 선 형세인 정족지세鼎足之勢로 웅거하면 어느 편도 먼저 움직이지 못할 것입니다. 이후 족하처럼 현성한 인물이 많은 갑병甲兵을 이끌고 강대한 제나라에 의지해 연나라와 조나라를 제압한 후 주인 없는 땅으로 나아가 그 후방을 누르고, 백성이 바라는 대로 서진해 두 나라의 전쟁을 종식시키면 됩니다. 그런 식으로 백성의 생명을 구해주면 천하가 바람처럼 달려오고 메아리처럼 호응할 것입니다. 그 누가 감히 족하의 명을 듣지 않겠습니까? 이후 큰 나라를 나누고, 강한 나라를 약화시켜 제후를 세우십시오. 제후가 들어서면 천하가 복종하고, 그 은덕을 제나라에 돌릴 것입니다. 그러고 나면 제나라의 옛 땅을 감안해 교와 사 땅을 보유하고 덕으로써 제후들을 회유하십시오. 궁궐 깊은 곳에서 두 손 모아 읍하며 겸양의 예를 보이면 천하의 군주들이 서로 달려와 입조할 것입니다.

옛날 말에 이르기를, '하늘이 주는 것을 받지 않으면 오히려 벌을 받고, 때가 왔을 때 결행하지 않으면 오히려 그 재앙을 입는다'고 했습니다. 족하는 이를 깊이 생각해보십시오."

그러나 한신이 이같이 말했다.

"한나라 왕은 나를 후하게 대해주었소. 자신의 수레에 나를 태워주고, 자신의 옷을 나에게 입혀주고, 자신의 음식을 나에게 먹여주었소. 내가 듣건대, '남의 수레를 얻어 타는 자는 남의 우환을 제 몸에 싣고, 남의 옷을 입는 자는 남의 근심을 제 마음에 품고, 남의 밥을 먹는 자는 남의 사업을 위해 목숨을 건다'고 했소. 내가 어찌 이익을 얻기 위해 의리를 저버릴 수 있겠소?"

괴철이 말했다.

"족하는 스스로 한나라 왕과 친하다고 착각해 만세의 공업을 세우려고 하지만 저는 그것이 잘못이라고 생각합니다. 당초 상산왕 장이와 성안군 진여는 벼슬이 없었을 때 서로 목을 베어줄 만큼 가까운 문경지교를 맺었습니다. 그러나 나중에 장염과 진택이 죽은 일로 인해 서로를 원망하게 되었습니다. 이후 상산왕 장이는 진여의 공격을 받자 머리와 목을 감싸 안은 채 쥐새끼처럼 황급히 달아나[◎] 유방에게 귀의했습니다. 한나라 왕 유방이 장이에게 군사를 내주자 상산왕 장이가 동쪽으로 내려가 성안군 진여를 지수 남쪽에서 죽였습니다. 진여는 머리와 다리가 따로 떨어져 나가 마침내 천하의 웃음거리가 되었습니다.

상산왕 장이와 장안군 진여는 원래 천하에 둘도 없이 친한 사이였는데 마침내 서로 잡아먹으려고 한 것은 무슨 까닭이겠습니까? 우환은

◎ 원문은 "봉항영두이찬奉項瓔頭而竄"이다. 이 구절을 두고 논란이 분분하다. 대부분 항영項瓔을 인명으로 간주한 것에 주목해 '항영의 머리를 베어 들고 달아나'로 해석하고 있다. 항영에 대해서도 해석이 다양하다. 항우의 부친으로 보는 견해와 사촌으로 보는 견해를 비롯해 상산국에 파견한 사자로 보는 견해 등 매우 다양하다. 그러나 정황상 장이가 거록성의 포위를 풀기 위해 달려온 항우의 일족 내지 그 사자를 죽일 이유가 없었다. 그보다는 원문의 구두점을 "봉항奉項, 영두瓔頭, 이찬而竄"으로 끊어 읽는 것이 설득력이 있다. 이럴 경우 '목과 머리를 감싼 채 황급히 달아났다'는 뜻이 된다.《한서》〈괴통전蒯通傳〉에도 황급히 머리를 감싸고 쥐새끼처럼 달아났다는 뜻의 봉두서찬奉頭鼠竄으로 되어 있다.

욕심에서 생기는 법이고, 사람의 마음은 예측할 수 없습니다. 지금 족하는 충성과 신의를 다해 한나라 왕 유방과 사귀려고 하나 아무리 그럴지라도 상산왕과 성안군의 경우보다 더할 리는 없을 것입니다. 나아가 족하와 한나라 왕 유방 사이에 가로놓인 일은 장염과 진석이 죽은 일보다 더 많고 큽니다. 제가 판단컨대 한나라 왕 유방이 결코 족하를 위태롭게 하지는 않을 것이라는 족하의 믿음은 잘못입니다.

월나라 대부 문종과 범리는 망해가는 월나라를 존속시키고 월왕 구천을 패자로 만드는 대공을 세워 이름을 떨쳤습니다. 그러나 문종의 경우는 막상 죽임을 당했습니다. 들짐승이 사라지면 사냥개도 쓸모가 없어져 이내 삶아 먹히는 토사구팽의 신세가 되게 마련입니다. 교분으로 보면 족하와 한나라 왕 유방의 관계는 장이가 진여와 친한 것만 못하고, 충신으로 말할지라도 대부 문종과 범리가 월왕 구천에게 한 것보다 못합니다. 이 두 가지의 일은 거울로 삼을 만합니다. 족하는 이를 깊이 생각해보십시오.

또 저는 용기와 지략이 군주를 진동시키는 용략진주勇略震主는 자신의 몸을 위험하게 만들고, 세운 공이 천하를 덮을 정도로 큰 공개천하功蓋天下는 끝내 포상을 받지 못한다는 이야기를 들었습니다. 제가 족하의 공과 지략을 말하겠습니다. 족하는 서하를 건너 위왕 위표와 재상 하열을 생포했습니다. 군사를 이끌고 정형으로 내려와 성안군 진여를 베어 죽이고 조나라를 항복시켰습니다. 연나라를 위협해 굴복시키고 제나라를 평정했습니다. 남쪽으로 내려와 초나라의 20만 대군을 꺾고, 동쪽으로 진격해 용저를 죽인 뒤 서쪽을 향해 유방에게 승리를 보고했습니다. 이것이 바로 천하에 둘도 없는 공로[功無二於天下]와 좀처럼 세상에 나타나지 못할 정도로 뛰어난 지략[略不世出]을 이룬 것입니다. 지금 족하는 군주를 진동시킬 정도의 위세를 지녔고, 포상을 받을 수 없을 정도의 대공[不賞之功]을 이루었습니다. 족하가 초나라로 갈지라도 항왕이 믿지 않을 것이고, 한나라로 갈지라도 유방이 떨며 두려워할 것입니다. 족하는 그런 위세와 공을 지닌 채 어디로 가려는 것입니까? 형세상 남의 신하 자리에 있으면서 군주를 떨게 하는 위세를 지니고 있고, 그 명성이 천하에 떨치고 있습니다. 제가 보기에 족하는 매우 위태로운 상황입니다.”

한신이 사례하며 말했다.

“선생은 잠시 쉬도록 하시오. 나도 이에 관해 생각해보겠소.”

며칠 뒤 괴철이 다시 한신을 설득했다.

“원래 의견 청취는 성패의 조짐, 계획 수립은 성패의 기틀이 됩니다. 건의를 제대로 받아들이지 못하고 계책에 실패했는데도 오래도록 편한 자는 드뭅니다. 건의 수용에 조금도 실수하지 않으면 자잘한 말로 어지럽힐 수 없고, 계책 수립에 본말을 잃지 않으면 교묘한 말로 분란을 일으킬 수 없습니다. 대략 나무를 하고 말을 먹이는 자는 만승의 천자가 될 권위도 잃고, 조그마한 봉록을 지키는 데 급급한 자는 경상의 자리를 지키지 못합니다. 지혜는 일을 결단하는 힘이 되고, 의심은 일을 방해하는 장애가 됩니다. 터럭처럼 작은 계책[毫氂之計]을 자세히 따지면 천하의 큰 술수를 잊게 되고, 지혜를 발휘해 일의 실체를 알았는데도 결행하지 않는 것은 모든 일의 화근이 됩니다.

옛날 말에 이르기를, ‘맹호라도 꾸물대면 벌이나 전갈만큼도 위협을 줄 수 없고, 기기와 같은 준마라도 주춤거리면 노마가 천천히 가는 것만도 못하고, 맹분과 같은 용사도 여우처럼 의심을 일삼으며 머뭇거리면 평범한 사내가 일을 결행하는 것만도 못하고, 순임금이나 우왕의 지

혀라도 우물거리며 말하지 않으면 벙어리나 귀머거리가 손짓 발짓을 하는 것만도 못하다'고 했습니다. 이는 능히 실행하는 것을 귀하게 여긴다는 뜻입니다. 대략 공은 이루기 힘들지만 실패하기는 쉽고, 시기는 얻기 어렵지만 잃기는 쉬운 법입니다. 때는 두 번 다시 오지 않습니다. 족하는 이를 자세히 살피도록 하십시오."

결국 한신은 망설이면서 차마 한나라를 배반하지 못했다. 내심 자신의 공이 많으니 한나라가 끝내 제나라를 빼앗지는 않을 것으로 여겼다. 마침내 괴철의 건의를 거절한 이유다. 괴철은 한신이 자신의 말을 들어주지 않자 짐짓 미친 척하며 무당이 되었다. 유방이 고릉에서 궁지에 몰렸을 때 장량의 계책에 따라 제왕齊王 한신을 불렀다. 한신이 군사를 이끌고 해하에서 유방과 만났다. 항우가 패하자 한고조 유방이 곧바로 제왕 한신의 군사를 전격적으로 빼앗았다.

● 齊人蒯通知天下權在韓信, 欲爲奇策而感動之, 以相人說韓信曰, "僕嘗受相人之術." 韓信曰, "先生相人何如?" 對曰, "貴賤在於骨法, 憂喜在於容色, 成敗在於決斷, 以此參之, 萬不失一." 韓信曰, "善. 先生相寡人何如?" 對曰, "願少閒." 信曰, "左右去矣." 通曰, "相君之面, 不過封侯, 又危不安. 相君之背, 貴乃不可言." 韓信曰, "何謂也?" 蒯通曰, "天下初發難也, 俊雄豪桀建號壹呼? 天下之士雲合霧集, 魚鱗襍遝, 熛至風起. 當此之時, 憂在亡秦而已. 今楚漢分爭, 使天下無罪之人肝膽塗地, 父子暴骸骨於中野, 不可勝數. 楚人起彭城, 轉鬪逐北, 至於滎陽, 乘利席卷, 威震天下. 然兵困於京·索之閒, 迫西山而不能進者, 三年於此矣. 漢王將數十萬之衆, 距鞏·雒, 阻山河之險, 一日數戰, 無尺寸之功, 折北不救, 敗滎陽, 傷成皋, 遂走宛·葉之閒, 此所謂智勇俱困者也. 夫銳氣挫於險塞, 而糧食竭於內府, 百姓罷極怨望, 容容無所倚. 以臣料之, 其勢非天下之賢聖固不能息天下之禍. 當今兩主之命縣於足

200

下. 足下爲漢則漢勝, 與楚則楚勝. 臣願披腹心, 輸肝膽, 效愚計, 恐足下不能用也. 誠能聽臣之計, 莫若兩利而俱存之, 參分天下, 鼎足而居, 其勢莫敢先動. 夫以足下之賢聖, 有甲兵之衆, 據彊齊, 從燕·趙, 出空虛之地而制其後, 因民之欲, 西鄉爲百姓請命, 則天下風走而響應矣, 孰敢不聽! 割大弱彊, 以立諸侯, 諸侯已立, 天下服聽而歸德於齊. 案齊之故, 有膠·泗之地, 懷諸侯以德, 深拱揖讓, 則天下之君王相率而朝於齊矣. 蓋聞天與弗取, 反受其咎, 時至不行, 反受其殃. 願足下孰慮之." 韓信曰, "漢王遇我甚厚, 載我以其車, 衣我以其衣, 食我以其食. 吾聞之, 乘人之車者載人之患, 衣人之衣者懷人之憂, 食人之食者死人之事, 吾豈可以鄉利倍義乎!" 蒯生曰, "足下自以爲善漢王, 欲建萬世之業, 臣竊以爲誤矣. 始常山王·成安君爲布衣時, 相與爲刎頸之交, 後爭張黶·陳澤之事, 二人相怨. 常山王背項王, 奉項嬰頭而竄, 逃歸於漢王. 漢王借兵而東下, 殺成安君泜水之南, 頭足異處, 卒爲天下笑. 此二人相與, 天下至驩也. 然而卒相禽者, 何也? 患生於多欲而人心難測也. 今足下欲行忠信以交於漢王, 必不能固於二君之相與也, 而事多大於張黶·陳澤. 故臣以爲足下必漢王之不危己, 亦誤矣. 大夫種·范蠡存亡越, 霸句踐, 立功成名而身死亡. 野獸已盡而獵狗亨. 夫以交友言之, 則不如張耳之與成安君者也, 以忠信言之, 則不過大夫種·范蠡之於句踐也. 此二人者, 足以觀矣. 願足下深慮之. 且臣聞勇略震主者身危, 而功蓋天下者不賞. 臣請言大王功略, 足下涉西河, 虜魏王, 禽夏說, 引兵下井陘, 誅成安君, 徇趙, 脅燕, 定齊, 南摧楚人之兵二十萬, 東殺龍且, 西鄉以報, 此所謂功無二於天下, 而略不世出者也. 今足下戴震主之威, 挾不賞之功, 歸楚, 楚人不信, 歸漢, 漢人震恐, 足下欲持是安歸乎? 夫勢在人臣之位而有震主之威, 名高天下, 竊爲足下危之." 韓信謝曰, "先生且休矣, 吾將念之." 後數日, 蒯通復說曰, "夫聽者事之候也, 計者事之機也, 聽過計失而能久安者, 鮮矣. 聽不失一二者, 不可亂以言, 計

不失本末者, 不可紛以辭. 夫隨廝養之役者, 失萬乘之權, 守儋石之祿者, 闕
卿相之位. 故知者決之斷也, 疑者事之害也, 審豪氂之小計, 遺天下之大數,
智誠知之, 決弗敢行者, 百事之禍也. 故曰'猛虎之猶豫, 不若蜂蠆之致螫, 騏
驥之跼躅, 不如駑馬之安步, 孟賁之狐疑, 不如庸夫之必至也, 雖有舜禹之
智, 吟而不言, 不如瘖聾之指麾也'. 此言貴能行之. 夫功者難成而易敗, 時者
難得而易失也. 時乎時, 不再來. 願足下詳察之." 韓信猶豫不忍倍漢, 又自以
爲功多, 漢終不奪我齊, 遂謝蒯通. 蒯通說不聽, 已詳狂爲巫. 漢王之困固陵,
用張良計, 召齊王信, 遂將兵會垓下. 項羽已破, 高祖襲奪齊王軍.

한고조 5년 정월, 제왕 한신을 초왕으로 이봉한 뒤 하비에 도읍하게
했다. 한신이 초나라에 이르자 전에 자신에게 밥을 먹여준 표모漂母를
불러 1,000금을 내렸다. 또 하향의 남창 정장에게도 100전을 내리면서
이같이 말했다.

"그대는 소인이다. 남에게 은덕을 베풀다가 중간에 끊었기 때문이다."

또 자신을 욕보인 젊은이 가운데 가랑이 밑으로 기어가는 모욕을 준
자를 불러 초나라 중위로 삼은 뒤 장상들에게 이같이 말했다.

"이 사람은 장사다. 나를 욕보일 때 내가 어찌 이 사람을 죽일 수 없
었겠는가? 죽인들 이름날 것도 없어 참은 덕분에 오늘의 공업을 이룰
수 있었다."

항우 휘하의 장수 종리매는 이려에 집이 있었다. 원래 그는 한신과
사이가 좋았다. 항우가 죽은 뒤 달아나 한신에게 온 것이다. 한고조는
종리매에게 원한이 있었다. 그가 초나라에 와 있다는 말을 듣고는 초나
라에 조서를 내려 종리매를 체포하게 했다. 당시 한신은 초나라에 처음
왔기에 현읍을 순행할 때면 군사를 세워놓고 출입했다. 한고조 6년, 어

떤 자가 상서해 초왕 한신의 모반을 고발했다. 한고조 유방은 진평의 계책에 따라 천자의 순수를 구실로 제후들을 불러 모으기로 했다. 남쪽에 운몽택이라는 큰 호수가 있었다. 사자를 각지로 보내 제후들에게 고했다.

"진현에 모이도록 하라. 내가 운몽으로 순행할 것이다."

실은 한신을 습격하려는 속셈이었다. 한신은 그 내막을 알지 못했다. 한고조 유방이 초나라에 도착할 무렵 한신은 내심 군사를 일으켜 모반할 생각도 있었다. 그러나 자기에게는 죄가 없다고 생각해 이내 알현하고자 했다. 그러면서도 생포될까 우려했다. 어떤 자가 한신에게 말했다.

"종리매의 목을 잘라 조현하면 황상이 반드시 기뻐할 것입니다. 그러면 조금도 걱정할 것이 없습니다."

한신이 종리매를 만나 의논하자 종리매가 말했다.

"한나라가 초나라를 공격해 빼앗지 않는 것은 내가 그대 밑에 있기 때문이오. 만일 그대가 나를 체포해 한나라에 잘 보이고자 하면 나는 오늘이라도 죽겠소. 그러나 그리하면 다음 차례는 그대가 되어 패망할 것이오."

그러고는 큰소리로 꾸짖었다.

"그대는 장자長者가 아니오!"

마침내 종리매가 스스로 목을 찔러 죽었다. 한신이 그의 목을 가지고 진현으로 가 유방을 조현했다. 유방이 무사를 시켜 한신을 결박한 뒤 후거後車에 싣게 했다. 한신이 탄식했다.

"과연 사람들이 교활한 토끼가 죽고 나면 훌륭한 사냥개를 삶아 죽이고, 높이 나는 새가 없어지면 훌륭한 활도 한쪽으로 치워버리고, 적국을 깨뜨리고 나면 지모가 있는 신하를 죽인다고 언급한 것이 맞다.

천하가 이미 평정된 뒤 내가 팽살을 당하는 것은 당연하다!"

유방이 말했다.

"공이 모반했다고 밀고한 자가 있다."

마침내 한신의 손발에 수갑과 차꼬를 채웠다. 낙양에 이른 뒤 죄를 용서하고 회음후로 삼았다.

● 漢五年正月, 徙齊王信爲楚王, 都下邳. 信至國, 召所從食漂母, 賜千金. 及下鄕南昌亭長, 賜百錢, 曰, "公, 小人也, 爲德不卒." 召辱己之少年令出胯下者以爲楚中尉. 告諸將相曰, "此壯士也. 方辱我時, 我寧不能殺之邪? 殺之無名, 故忍而就於此." 項王亡將鍾離眜家在伊廬, 素與信善. 項王死後, 亡歸, 信. 漢王怨眜, 聞其在楚, 詔楚捕眜. 信初之國, 行縣邑, 陳兵出入. 漢六年, 人有上書告楚王信反. 高帝以陳平計, 天子巡狩會諸侯, 南方有雲夢, 發使告諸侯會陳, "吾將遊雲夢." 實欲襲信, 信弗知. 高祖且至楚, 信欲發兵反, 自度無罪, 欲謁上, 恐見禽. 人或說信曰, "斬眜謁上, 上必喜, 無患." 信見眜計事. 眜曰, "漢所以不擊取楚, 以眜在公所. 若欲捕我以自媚於漢, 吾今日死, 公亦隨手亡矣." 乃罵信曰, "公非長者!" 卒自剄. 信持其首, 謁高祖於陳. 上令武士縛信, 載後車. 信曰, "果若人言, '狡兔死, 良狗亨, 高鳥盡, 良弓藏, 敵國破, 謀臣亡.' 天下已定, 我固當亨!" 上曰, "人告公反." 遂械繫信. 至雒陽, 赦信罪, 以爲淮陰侯.

초왕에서 회음후로 강등된 한신은 한고조 유방이 자신의 재능을 두려워하며 시기하는 것을 뒤늦게 알았다. 늘 병을 핑계 대며 조현하지도 않고, 수행하지도 않았다. 이후 밤낮으로 한고조를 원망하며 늘 불만을 품었다. 특히 강후 주발이나 관영 등과 동급 자리에 있는 것을 부끄럽게 여겼다. 하루는 한신이 번쾌의 집에 들렀다. 번쾌가 무릎을 꿇고 절하면서 마중을 나왔다가 나중에 배웅까지 했다. 나아가 한신에게 자신을 신臣이라고 일컬으며 이같이 말했다.

"대왕이 이내 신의 집까지 왕림하셨습니다."

한신이 문을 나와 쓴웃음을 지었다.

"내가 살아서 번쾌 등과 같은 반열이 되었다."

한고조 유방이 일찍이 한신과 함께 제장들의 능력을 허심탄회하게 논하며 등급을 매긴 적이 있다. 한고조가 물었다.

"나 같은 사람은 얼마나 많은 군사를 거느릴 수 있겠소?"

한신이 대답했다.

"폐하는 그저 10만 명을 이끌 수 있을 뿐입니다."

유방이 물었다.

"그대는 어떠한가?"

한신이 대답했다.

"신은 많으면 많을수록 좋습니다."

유방이 웃으며 말했다.

"많으면 많을수록 좋다면서 어째서 나에게 사로잡혔는가?"

한신이 대답했다.

"폐하는 병사를 이끄는 장병將兵에는 무능하지만, 장수를 이끄는 장장將將에는 능합니다. 이것이 바로 신이 폐하에게 사로잡힌 이유입니다. 폐하의 장장 능력은 하늘이 내린 것이지 인력으로 될 수 있는 것이 아닙니다."

진희가 거록군 태수로 임명되자 회음후 한신에게 작별을 고하러 왔다. 회음후 한신이 그의 손을 잡고 좌우를 물리친 뒤 함께 뜰을 거닐며 하늘을 우러러 이같이 탄식했다.

"그대는 가히 더불어 이야기할 수 있겠지? 그대와 상의하고 싶은 것이 있소."

진희가 말했다.

"오직 장군이 명만 내리십시오."

회음후 한신이 말했다.

"그대가 부임하는 곳은 천하의 정예병이 모인 곳이오. 더구나 그대는 폐하가 신임하는 총신이오. 누군가 그대의 모반을 고할지라도 폐하는 반드시 믿지 않을 것이오. 그러나 그런 통보가 두 번 오면 의심하고, 세 번 오면 반드시 화를 내며 친정에 나설 것이오. 그대가 일어설 경우 내가 그대를 위해 안에서 호응하면 가히 천하를 도모할 수 있을 것이오."

진희는 전부터 한신의 능력을 익히 알았기에 그 말을 믿었다.

"삼가 가르침을 따르겠습니다."

한고조 10년, 진희가 과연 모반했다. 한고조 유방이 스스로 장수가 되어 친히 정벌에 나섰다. 한신이 병을 핑계대고 따라가지 않았다. 이어 아무도 모르게 진희에게 사람을 보내 이같이 말했다.

"동생이 거병하면 내가 여기서 그대를 돕겠소."

한신이 가신들과 음모했다. 밤중에 거짓 조서를 각 관아에 내려 죄수와 관노를 푼 뒤 이들을 동원해 여후와 태자를 습격하는 방안이었다. 각기 맡을 부서를 정한 뒤 진희의 회답만 기다렸다. 이때 마침 한신의 사인 가운데 한신에게 죄를 지은 자가 있었다.◎ 한신이 그를 잡아 죽이려고 했다. 사인의 동생이 고발하며 모반의 정황을 알렸다. 여후가 한신을 불러들이려다 혹시 오지 않을까 우려해 상국 소하와 의논했다. 사

◎ 《사기색은》은 진작의 주를 인용해 《초한춘추》에는 그의 성이 사씨謝氏로 되어 있다고 했다.

람을 시켜 한고조가 있는 곳에서 온 것처럼 가장해 전하게 했다.

"진희가 이미 사형을 당했습니다. 여러 제후와 군신이 모두 축하하고 있습니다."

상국 소하도 한신을 속이는 데 가담했다.

"비록 병중이기는 하나 억지로라도 들어와 축하하도록 하시오."

한신이 궁 안에 들어가자 여후가 무사를 시켜 그를 포박한 뒤 장락 궁 종실鍾室에서 목을 베었다. 한신이 죽으면서 이같이 탄식했다.

"내가 괴철의 계책을 쓰지 못한 것이 후회스럽다. 아녀자에게 속은 것이 어찌 운명이 아니겠는가?"

여후가 곧 한신의 삼족을 멸했다. 진희를 토벌한 뒤 돌아온 한고조가 한신이 죽은 것을 알았다. 일면 기쁘고 일면 가련하게 생각되어 이같이 물었다.

"한신이 죽을 때 뭐라고 했소?"

여후가 대답했다.

"괴철의 계책을 쓰지 못한 것이 후회스럽다고 했습니다."

유방이 말했다.

"괴철은 제나라 출신의 유세하는 선비요."

곧 제나라에 조서를 내려 괴철을 체포하게 했다. 잡혀온 괴철에게 유방이 물었다.

"네가 회음후 한신에게 모반하도록 가르쳤는가?"

괴철이 대답했다.

"그렇습니다. 신이 틀림없이 그리 말했습니다. 그러나 그 어린애[豎子]는 신의 계책을 쓰지 않아 자멸했습니다. 만일 그 어린애가 신의 계책을 썼다면 폐하가 어찌 그를 이길 수 있었겠습니까?"

유방이 대로했다.

"저자를 팽살하라."

괴철이 한탄했다.

"아, 팽살을 당하니 원통하구나!"

유방이 물었다.

"한신에게 모반을 가르쳐놓고는 무엇이 원통하다는 말인가?"

괴철이 대답했다.

"진나라의 기강이 해이해지자 산동이 크게 어지러워졌습니다. 진나라 황실과 성씨가 다른 이들이 일시에 일어나자 영웅준걸英雄俊傑이 까마귀 떼처럼 모여들었습니다. 진나라가 천하의 대권을 상징하는 사슴을 잃는 이른바 실록失鹿을 하자 천하가 모두 그 사슴을 쫓는 축록逐鹿에 나섰습니다. 뛰어난 재주와 발이 빠른 질족疾足을 지닌 자가 먼저 사슴을 잡는 주인공이 되었습니다. 도척의 개가 요임금을 보고 짖는 것은 요임금이 어질지 못하기 때문이 아닙니다. 개는 본래 자기 주인이 아니면 짖게 마련입니다. 당시 신은 오직 한신만 알았을 뿐 폐하를 알지 못했습니다. 게다가 당시 천하에는 칼끝을 날카롭게 간 뒤 폐하가 한 일을 똑같이 해보려고 하는 자들이 매우 많았습니다. 생각해보면 이들 모두 능력이 모자랐을 뿐입니다. 폐하는 장차 이들을 모두 삶아 죽일 것입니까?"

유방이 말했다.

"이자를 풀어주도록 하라."

이내 괴철의 죄를 용서했다.

● 信知漢王畏惡其能, 常稱病不朝從. 信由此日夜怨望, 居常鞅鞅, 羞與絳·灌等列. 信嘗過樊將軍噲. 噲跪拜送迎, 言稱臣, 曰, "大王乃肯臨臣!" 信出門, 笑曰, "生乃與噲等爲伍!" 上常從容與信言諸將能不, 各有差. 上問曰, "如我能將幾何?" 信曰, "陛下不過能將十萬." 上曰, "於君何如?" 曰, "臣多多而益善耳." 上笑曰, "多多益善, 何爲爲我禽?" 信曰, "陛下不能將兵, 而善將將, 此乃信之所以爲陛下禽也. 且陛下所謂天授, 非人力也." 陳豨拜爲鉅鹿守, 辭於淮陰侯. 淮陰侯挈其手, 辟左右與之步於庭, 仰天歎曰, "子可與言乎? 欲與子有言也." 豨曰, "唯將軍令之." 淮陰侯曰, "公之所居, 天下精兵處也, 而公, 陛下之信幸臣也. 人言公之畔, 陛下必不信, 再至, 陛下乃疑矣, 三至, 必怒而自將. 吾爲公從中起, 天下可圖也." 陳豨素知其能也, 信之, 曰, "謹奉敎!" 漢十年, 陳豨果反. 上自將而往, 信病不從. 陰使人至豨所, 曰, "弟擧兵, 吾從此助公." 信乃謀與家臣夜詐詔赦諸官徒奴, 欲發以襲呂后·太子. 部署已定, 待豨報. 其舍人得罪於信, 信囚, 欲殺之. 舍人弟上變, 告信欲反狀於呂后. 呂后欲召, 恐其黨不就, 乃與蕭相國謀, 詐令人從上所來, 言豨已得死, 列侯羣臣皆賀. 相國紿信曰, "雖疾, 彊入賀." 信入, 呂后使武士縛信, 斬之長樂鍾室. 信方斬, 曰, "吾悔不用蒯通之計, 乃爲兒女子所詐, 豈非天哉!" 遂夷信三族. 高祖已從豨軍來, 至, 見信死, 且喜且憐之, 問, "信死亦何言?" 呂后曰, "信言恨不用蒯通計." 高祖曰, "是齊辯士也." 乃詔齊捕蒯通. 蒯通至, 上曰, "若敎淮陰侯反乎?" 對曰, "然, 臣固敎之. 豎子不用臣之策, 故令自夷於此. 如彼豎子用臣之計, 陛下安得而夷之乎!" 上怒曰, "亨之." 通曰, "嗟乎, 冤哉亨也!" 上曰, "若敎韓信反, 何冤?" 對曰, "秦之綱絶而維弛, 山東大擾, 異姓並起, 英俊烏集. 秦失其鹿, 天下共逐之, 於是高材疾足者先得焉. 蹠之狗吠堯, 堯非不仁, 狗因吠非其主. 當是時, 臣唯獨知韓信, 非知陛下也. 且天下銳精持鋒欲爲陛下所爲者甚衆, 顧力不能耳. 又可盡亨之邪?" 高帝曰, "置之." 乃釋通之罪.

태사공은 평한다.

"내가 회음에 갔을 때 회음 사람들이 나에게 말하기를, '한신은 벼슬 없는 선비로 있을 때도 그 뜻이 여느 사람과 달랐다. 모친이 죽었을 때 너무 가난해 장사도 치를 수 없었다. 훗날 높고 넓은 땅에 무덤을 만들어 그 곁에 1만 호의 집이 들어갈 수 있게 했다'고 했다. 내가 그의 모친 무덤을 보니 실로 그러했다. 만일 한신이 도리를 배워 겸양하는 자세로 공을 자랑하지 않고 능력을 뽐내지 않았으면 한나라를 세운 그의 공훈은 주나라의 주공과 소공 및 태공망 여상에 견줄 만했다. 후대까지 사당에서 제향祭享을 받았을 것이다. 그는 이같이 되려고 힘쓰기는커녕 천하가 이미 안정된 뒤 반역을 꾀했으니 종족宗族이 전멸한 것 또한 당연하지 않은가!"

● 太史公曰, "吾如淮陰, 淮陰人爲余言, 韓信雖爲布衣時, 其志與衆異. 其母死, 貧無以葬, 然乃行營高敞地, 令其旁可置萬家. 余視其母冢, 良然. 假令韓信學道謙讓, 不伐己功, 不矜其能, 則庶幾哉, 於漢家勳可以比周·召·太公之徒, 後世血食矣. 不務出此, 而天下已集, 乃謀畔逆, 夷滅宗族, 不亦宜乎!"

과신으로 토사구팽당하다

임기응변에 능한 전략가

초한지제는 걸출한 전략가 세 명이 동시에 출현해 사활을 건 일대 접전을 벌였다는 점에서 매우 독특하다. 한신과 항우, 진나라 장수 장함이 그들이다. 비록 사서는 장함의 활약을 간략히 소개하는 데 그쳤으나 그역시 한신 및 항우에 못지않은 당대 최고의 전략가였다. 욱일승천의 기세로 함양을 압박한 반진 세력의 우두머리 진승과 항량을 차례로 패사하게 만들었던 것이 그렇다. 진나라 조정이 어지럽지만 않았다면 항우를 당대 최고의 전략가로 각인시킨 거록대전鉅鹿大戰의 향방이 어찌되었을지 알 수 없다.

관중으로 진출할 당시 한신은 항우에 의해 옹왕에 봉해진 장함과 일전을 겨루어 승리를 거두었다. 이후 한신은 다시 최후의 결전에서 항우의 군사를 격파했다. 한신이 장함은 물론 항우보다 뛰어난 전략가라는 인식이 널리 퍼진 배경이다.

실제로 오랫동안 많은 사람은 한신을 중국의 전 역사를 통틀어 가장위대한 전략가로 꼽았다. 사서의 기록을 보면 한신은 누구에게도 패한적이 없었다. 토사구팽을 당한 후 그가 거둔 전공이 대거 휘하 장수 조참의 몫으로 둔갑했던 점을 감안하면 그의 전공은 사서의 기록보다 더 높이 평가할 필요가 있다. 후대인이 그를 전신戰神으로 추앙한 것이 결코 근거 없는 주장이 아님을 알 수 있다.

당초 한중왕에 봉해진 유방은 항우의 눈을 피하기 위해 장량의 계책을 따라 관중에서 한중으로 들어가는 잔도를 불태워 없애는 등의 적을 속이는 궤도詭道를 구사했던 바가 있다. 그사이에 소하는 관중 진공에 대비해 배후지인 촉 땅으로 연결된 도로를 정비하고 군수물자를 비축하는 등 만반의 준비를 갖추었다. 얼마 후 전영이 제나라 땅에서 반기를 들고 조나라 땅의 진여 및 팽월 등과 손을 잡았다는 소식이 들렸다. 이내 항우를 성토하는 전영의 격문이 도착했다. 여러 제후왕이 하나로 합쳐 무도한 항우와 싸우자는 내용이었다.

유방이 곧 휘하 참모들을 모아놓고 대책을 논의했다. 당시 항우는 유방의 관중 진출을 원천 봉쇄하기 위해 관중을 셋으로 쪼갠 뒤 투항한 진나라 장수 장함과 사마흔, 동예를 각각 옹왕과 새왕, 적왕에 봉했다. 이를 삼진이라고 한다. 장량을 비롯한 유방의 휘하 참모 모두 절호의 기회가 온 만큼 속히 관중으로 진출할 것을 건의했다. 그러나 과연 누가 고양이 목에 방울을 달 것인지가 문제였다. 더구나 유방이 처한 상황도 그리 좋지 못했다. 이때 소하가 한신을 천거했다.

한신이 유방 밑에서 활약하면서 구사한 모든 병법은 현재까지도 빛을 발할 만큼 뛰어났다. 그는 상황에 따라 다양한 유형의 용병술을 구사했지만 그 요체는 임기응변 네 자로 요약할 수 있다. 상대의 움직임을 따라 물 흐르듯 변신하다가 결정적인 시기가 왔을 때 허허실실의 속임수로 빈틈을 찔러 일거에 제압했던 것이 그렇다. 임기응변 방략이 바로 한신이 구사한 용병술의 정수에 해당한다. 조조도 이러한 용병술을 구사하지는 못했다.

대표적인 용병 사례로 크게 네 가지를 들 수 있다. 관중을 점거할 때 사용한 암도진창暗渡陳倉, 위나라를 격파할 때 써먹은 의병도군疑兵渡軍, 조나라 공략 전술로 인구에 회자하는 배수진, 제나라 구원에 나선 초나라 군사를 수공으로 깨뜨린 유수지전濰水之戰이 그것이다.

암도진창으로 적의 배후를 치다

《손자병법》은 첫 편인 〈시계始計〉에서 "병법의 요체는 궤도에 있다"고 단언했다. 관중을 점거할 때 사용한 암도진창이 궤도의 전형에 해당한다. 암도진창 일화는 너무나도 유명한 까닭에 《삼십육계三十六計》의 제팔계로 채택되어 있다. 해당 대목이다.

암도진창은 몰래 진창을 건넌다는 뜻으로 정면에서 공격하는 척하며 우회한 뒤 적의 배후를 치는 계책이다. 짐짓 아군의 의도를 모르는 척 내보이며 적으로 하여금 엉뚱한 곳을 지키게 만든 뒤 그 틈을 노려 은밀히 적의 배후로 다가가 습격한다.

한신의 암도진창을 전면에 부각시킨 이는 원나라 때 무명씨다. 그는 잡극 〈암도진창暗渡陳倉〉에서 한신의 대사를 이같이 묘사해놓았다.

번쾌로 하여금 대낮에 잔도를 수리하도록 한 뒤 나는 몰래 옛길을 따라 건너갈 것이다. 초나라 병사들은 이러한 지략을 알지 못하고 분명 잔도를 통해 건너올 것으로 알고 그곳에 수비를 집중할 것이다. 내가 진창의 옛길을 통해 공략하면 그들은 손 한 번 쓰지 못하고 당할 것이다.

당시 표면상 한중에서 관중으로 직행하는 길은 없었다. 항우를 안심시키기 위해 한중으로 들어올 때 함양에 가장 빨리 도달할 수 있는 자오도子午道의 잔도를 불태웠기 때문이다. 자오도의 잔도를 복구하려면 시간이 많이 걸렸다. 수비 책임을 맡고 있는 장함이 이를 방치할 리 없었다. 그렇다면 한신은 어떻게 관중으로 진출했던 것일까?

비록 우회로이기는 하나 한중에서 관중으로 들어가는 길로는 자오도 이외에 포사도褒斜道가 있었다. 이는 진령산맥의 남쪽 경사면을 흐르는 포수의 원류까지 더듬어 올라간 뒤 진령산맥 북쪽 경사면을 흐르는 사수를 따라 관중 분지로 내려가는 행로다. 포사도를 이용해 진령산맥을 넘어갈 경우 곧바로 옹왕 장함의 도읍인 폐구 근처로 나온다. 폐구에서 함양까지는 마주보며 손짓하면 부를 만한 거리였다. 포사도를 이용할 경우 이웃한 사마흔과 동예가 곧바로 장함과 합세할 우려가 컸다. 한신이 삼진의 제후왕과 전면전을 벌일 경우 승산이 희박했다.

마지막으로 길이 하나 더 있었다. 일단 한중의 도읍인 남정에서 포사도로 들어간 뒤 서쪽으로 방향을 틀어 현재의 섬서성 봉현 주변으로 들어갔다가 옛길을 통해 대산관에서 진창으로 빠져나오는 길이다. 이 노선은 우회하기는 하나 대산관까지 한중과 촉 땅의 북부를 거치는 까닭에 정보가 새나갈 우려가 없었다. 더 중요한 것은 파촉 일대에서 조달되는 군수물자를 넉넉히 활용할 수 있다는 점이었다. 소하는 남정에 들어오자마자 곧바로 파촉과 한중을 하나로 묶는 명령체계를 정비하면서 파촉과 한중을 잇는 잔도를 보수한 바가 있었다. 덕분에 파촉의 풍부한 물자를 잔도를 통해 남정으로 속속 옮길 수 있었다.

삼국시대 당시 제갈량도 마지막 북벌에 나서면서 관중으로 진격할 때 이 노선을 택했다. 당시 그는 분지 서쪽에 둔전을 마련하는 등 자급

체계를 갖추었다. 그때 진을 쳤던 곳이 바로 오장원이다. 이는 진창에서 동쪽으로 50킬로미터 더 들어간 위수의 남쪽 강변에 있다. 포사도의 북쪽 출구에서 매우 가깝다. 오장원은 해발 650미터이기는 하나 산기슭으로부터의 높이는 겨우 120미터에 지나지 않는 까닭에 얼핏 소규모 언덕으로밖에 보이지 않는다.

당초 유방의 무리가 함양을 출발해 남정에 도착할 때는 계절이 늦여름으로 들어가고 있었다. 한신의 계책이 받아들여진 것은 가을이 시작할 무렵이었다. 한중의 궁궐에서 전개된 일련의 전략회의에서 주도적인 역할을 맡은 사람은 말할 것도 없이 당대 최고의 병법가인 한신이었다. 〈회음후열전〉에 따르면 당시 유방은 그를 위해 특별히 궁전에 전각 하나를 따로 마련해주었다. 유방은 옥으로 된 검을 차고, 옥으로 된 식탁에서 식사를 했다. 한신도 똑같은 대우를 받았다. 전각을 비롯해 복장과 의복, 수레, 음식 등 모든 것이 유방과 같았다.

유방의 휘하 장수들 모두 크게 놀라 입을 다물지 못했다. 한신 자신도 마찬가지였다. 훗날 그가 결단하지 못하고 우물쭈물하다가 토사구팽을 당한 것도 이때 입은 은덕에 너무 감격했기 때문이라는 분석이 있다. 당시 무략에는 타의 추종을 불허했지만 정략政略에는 별다른 재주가 없었던 한신은 내심 유방을 위해 일생을 바치겠다고 결심했을지도 모를 일이다.

이해 8월 중추, 한신의 군사가 마침내 관중을 향해 출진했다. 신속한 야간행군을 위해 달이 가장 밝은 때를 택했던 듯하다. 주목할 것은 이에 앞서 한신이 먼저 군사들을 시켜 잔도를 수리하는 척했던 점이다. 유방군의 움직임을 수시로 점검하며 나름대로 경계를 늦추지 않았던 장함이 이 계책에 말려들었다. 유방이 조만간 관중 진출을 시도할 것을 예상했음에도 번지수를 잘못 짚었던 것이다.

장함은 왜 한신이 진창으로 빠져나올 것을 예상치 못했던 것일까? 한신의 역발상 때문이었다. 한신이 진창으로 들어간 길은 그 누구도 상상하기 어려운 진군 길이었다. 장함은 잔도의 수리 기간이 제법 오래 걸릴 것으로 착각해 군사들을 자오도의 잔도 주변으로 집결시켰다. 덕분에 한신은 대군을 이끌고 별다른 저항 없이 진창으로 들어갈 수 있었다.

척후로부터 이 사실을 보고받은 장함이 크게 탄식했으나 때는 이미 늦었다. 황급히 군사를 돌려 진창 경계에서 영격했으나 별다른 준비 없이 대처한 까닭에 크게 패했다. 장함이 퇴각하는 도중에 지금의 섬서성 호치에서 전열을 정비한 뒤 다시 맞서 싸웠으나 또 패했다. 장함은 부득불 자신의 근거지인 폐구로 달아나 성문을 굳게 닫은 후 방어에 주력했다.

그사이 선봉대인 한신의 군사 뒤를 쫓아온 유방의 본대가 옹 땅을 평정한 뒤 동진해 함양에 이르렀다. 당시 항우의 분탕으로 함양은 폐허나 다름없었다. 유방은 군사를 이끌고 폐구를 포위한 뒤 제장들을 각지로 파견해 여타 지역을 다스리게 했다. 새왕 사마흔과 적왕 동예는 결코 적수가 되지 못했다. 이들 모두 항복했다. 유방이 그곳에 위남과 하상, 상군 등을 두었다. 마침내 실력으로 관중을 탈환해 명실상부한 관중왕에 오른 것이었다. 모두 한신을 과감히 군사軍師로 발탁했던 덕분이다.

의병계로 위장하다

유방이 항우의 기습공격을 받고 참패를 당한 팽성전투 이후 그간 유방 쪽에 서 있던 제후들이 문득 관망하는 쪽으로 입장을 선회했다. 유방이 패할 경우 순식간에 항우 쪽에 설 가능성이 높았다. 속히 이들을 다시 우호세력으로 끌어들일 필요가 있었다. 그러나 그것이 쉽지 않았다. 오히려 유방 쪽에 있던 위왕 위표가 항우 쪽으로 돌아서는 일이 빚어졌다.

한고조 2년 가을 8월, 유방이 전방인 형양으로 떠나면서 소하에게 관중을 수비하라는 임무를 맡기고 동시에 한신에게 위나라를 토벌하라는 명을 내렸다. 이때 그는 관영 및 조참 등에게 한신을 곁에서 보필하게 명하고, 좌승상으로 삼은 한신에게 전결권을 부여했다. '장수에게 일단 맡겼으면 전폭적으로 믿어야 한다'는 병법의 기본원리를 충실히 따랐던 셈이다.

위표가 다스리고 있던 곳은 남쪽으로 흐르는 황하의 동쪽 강가인 분수 유역이었다. 남쪽으로 흐르는 황하는 강폭이 좁고, 경사진 협곡을 탁류가 소용돌이치면서 흐르는 까닭에 강을 건널 수 있는 지점이 한정되어 있었다. 한신의 입장에서 보면 임진에서 포판으로 가는 뱃길이 강을 건너는 거의 유일한 노선이었다.

한고조 2년 9월, 한신이 임진에 많은 군기를 세우고 배를 있는 대로 그러모았다. 대부대가 일거에 강을 건너려는 것처럼 위장했던 것이다. 병법에서 말하는 이른바 의병계疑兵計를 구사했던 셈이다. 그러고는 황하를 따라 대군을 북상시켰다. 이어 상류에 있는 지금의 섬서성 한성시 일대인 하양에서 병사들에게 명해 나무통이든 나무막대든 물에 뜨는 것을 가슴에 안고 강을 건너게 했다. 하양의 맞은편 강기슭에는 황하로 들어가는 분수가 흐르고 있었다. 분수를 따라 올라가면 위표의 서위국 도성인 평양을 향해 곧장 진격할 수 있었다.

도강을 마친 한신은 우선 위표의 군사가 주둔하고 있는 포판과 평양 사이의 요충지인 안읍을 습격했다. 안읍은 하동군의 군도로 일종의 급소에 해당했다. 이곳을 빼앗기면 평양이 위험해진다. 소식을 접한 위표가 황급히 군사를 이끌고 나와 한신의 군사와 맞섰다. 그러나 이는 한신이 친 그물망에 걸려든 물고기 신세를 자처한 것이나 다름없었다.

임진관 일대에서 강을 건너려 준비 중이던 한신의 군사들이 곧바로 황하를 건너 위표 군대의 후미를 쳤다. 협공을 받은 위표의 군사는 제대로 싸우지도 못한 채 자멸했다. 한신이 포로로 잡은 위표를 곧바로 형양으로 보내고 여세를 몰아 위나라 전역을 모두 평정했다. 출진한 지 한 달 만에 위나라 평정을 끝낸 셈이었다. 유방은 이곳에 하동과 상당, 태원 등 세 개의 군을 두었다.

이해 윤9월, 한신은 위나라를 공략한 여세를 몰아 이웃한 대나라까지 손에 넣었다. 승전보를 접한 유방은 곧 사람을 시켜 한신이 이끄는 정예병을 빼앗아온 뒤 최전선인 형양에 배치했다. 당시 유방은 한신이 승리할 때마다 한신의 정예병을 차출해와 형양의 전선에 투입했다. 얼핏 보면 항우가 이끄는 초나라 주력군과 맞서기 위한 조치처럼 보인다.

그러나 속셈은 다른 곳에 있었다. 한신이 휘하의 군사들과 《오자병법》에서 말하는 부자지병父子之兵의 관계를 맺을까 두려워 미리 손을 썼던 것이다. 부자지병은 장수가 병사를 자식처럼 아끼는 군대를 말한다. 무적의 상승군常勝軍을 이끈 바가 있는 오기吳起는 장수와 사병이 한 몸처럼 되었을 때 최고의 전투력을 발휘한다는 취지로 부자지병을 언급했다. 《손자병법》의 백미가 지피지기와 부전승에 있다면, 《오자병법》은 부자지병과 인화에 있다고 해도 과언이 아니다. 이는 오기가 공명을 추구하는 인간의 호명지심好名之心을 통찰했던 결과로 볼 수 있다.

그러나 역설적으로 오기가 비참한 최후를 맞이했던 이유는 그 자신이 역설한 호명지심의 덫에 걸린 후과로 볼 수 있다. 자신을 그토록 총

애했던 초도왕楚悼王이 죽었을 때 곧바로 초나라를 떠나야 했는데 그
리하지 못했다. 한신도 마찬가지였다. 항우를 제압한 대공을 세웠을 때
과감히 뒤로 물러서며 더는 욕심이 없음을 보여주어야 했다. 그러나 그
는 가장 넓은 영지를 보유한 채 유방 앞에서 당대 최고의 용병술을 자
랑했다. 스스로 무덤을 판 꼴이었다.

　유방이 수시로 한신의 정예병을 차출한 것은 유방의 입장에서는 부
득이한 조치이기도 했다. 이로 인해 한신은 매번 애써 육성한 정예병을
유방에게 상납한 뒤 다시 신참 병사를 간단히 훈련시켜 다음 전투에 대
비해야 했다. 한신이 오히려 이를 자랑스럽게 여겼는지는 알 길이 없으
나, 사냥이 끝나면 사냥개를 삶아 먹는다는 간단한 이치를 너무 무시했
다고 평할 수밖에 없다.

배수진으로 조나라를 굴복시키다

한신이 위나라와 대나라를 공략할 때 구사했던 용병술은 놀라운 바가
있다. 불과 두 달 사이에 지금의 산서성 태항산맥과 그 남쪽으로 흐르
는 황하 사이의 광대한 영토를 확보한 데 이어 이웃한 진여의 조나라
땅까지 손에 넣었기 때문이다. 조나라를 접수한 과정 또한 '전신'이라
는 명성이 결코 허언이 아니었음을 보여준다.

　한고조 3년 10월, 위나라와 대 땅을 모두 석권한 지 불과 한 달 뒤다.
유방의 명을 받은 한신은 곧바로 남하해 지금의 산서성 태원에 이른 뒤
동쪽으로 방향을 틀었다. 험하기로 유명한 정형의 협곡을 지나 조나라
의 심장부인 도성 한단으로 돌진코자 했던 것이다. 정형의 협곡 입구를
흔히 정형구井陘口라고 한다. 정형구의 형陘은 산맥이 끊긴 두 산 사이
가 좁게 형성되어 구口 형상을 이룬 곳을 말한다. 지키기는 쉽고 공격

하기는 어려운 천혜의 험지로 일종의 관關이다. 태항산맥에는 이러한 관문이 모두 여덟 곳이 있다. 정형구는 다섯 번째 관문에 해당한다.

당시 한신은 군사 20만 명을 내세웠다. 이에 맞서 진여도 20만 명의 대군을 정형구에 배치했다. 진여도 병법에 일가견이 있는 인물이었다. 그러나 모든 것은 상대적이게 마련이다. 더 뛰어난 인물이 나타나면 자신이 아는 병법 지식은 무용지물에 가까워진다. 불행하게도 진여는 이 덫에 걸려 있었다. 참모로 있던 이좌거의 건의를 무시했던 것이 그렇다. 당시 한신이 사람을 보내 적진을 정탐했다. 이내 이좌거의 계책을 쓰지 않은 것을 알고는 한신이 크게 기뻐했다. 곧바로 군사를 이끌고 감히 적진이 있는 정형구로 내려갔다. 당시 태항산의 완만한 경사면은 물론 우뚝 솟은 절벽에도 나무가 띄엄띄엄 있었다. 낮에도 어두운 협곡을 행군해 출구에 해당하는 정형구에서 불과 30리도 미치지 못하는 곳에서 행군을 멈추고 영채를 차렸다.

한밤중에 한신은 출병 전령을 내렸다. 날쌘 기병 2,000명을 뽑아 각기 한나라를 상징하는 붉은 깃발을 하나씩 가지고 샛길을 이용해 산속에 몸을 엄폐한 뒤 조나라 군사의 동정을 살펴보게 했다. 이어 병사들에게 이같이 경계했다.

"조나라 군사는 내가 도망치는 것을 보면 반드시 영루를 비우고 쫓아올 것이다. 그때 그대들은 영루로 재빨리 들어가 조나라 깃발을 뽑아낸 뒤 우리 한나라의 붉은 깃발을 세우도록 하라."

그러고는 휘하 장수들 앞에서 조나라 군영을 깨뜨린 후 그곳에서 회식할 것을 약속했다. 곧바로 1만 명의 군사를 먼저 나아가게 한 뒤 이내 배수진을 쳤다. 당시 한신이 배수진을 친 곳은 병주에서 시작해 북쪽으로 흐르다가 정형현의 경계지역으로 들어가는 면만수綿蔓水였다.

조나라 군사들이 이를 바라보며 크게 웃었다. 새벽을 넘긴 시점에 한신이 대장군의 깃발을 세운 뒤 우렁찬 군악소리와 함께 북을 치면서 정형구를 빠져나갔다. 강물을 건너 동쪽으로 집결하자 이를 본 조나라 군사들이 이내 영루의 문을 열고 공격했다. 진여는 한신을 사로잡을 기회가 왔다고 판단해 전군에 총공격을 명했다.

큰 전투가 제법 오래 지속되었다. 도중에 한신과 상산왕 장이가 짐짓 깃발과 북을 버린 뒤 강가에 만들어놓은 영채로 달아났다. 한신의 병사들이 진여 군대의 추격을 힘겹게 방어하면서 더는 물러서지 않고 맹렬히 저항했다. 얼마 후 과연 조나라 군사들이 완승을 거둘 생각으로 영루를 비운 채 총출동해 한나라의 깃발을 다투어 빼앗으며 한신과 장의의 뒤를 쫓았다. 그러나 한신의 군사가 결사적으로 저항하자 조나라 군사는 이들을 이길 수가 없었다.

그사이 한신의 명을 따라 산등성이에 매복하고 있던 2,000여 기병이 조나라 영루로 급히 들이친 뒤 조나라 깃발을 모두 뽑고 한나라의 붉은 깃발 2,000개를 세웠다. 조나라 군사들은 한신 등을 잡는 것이 어려워지자 이내 영루로 귀환하다가 영루가 온통 한나라의 붉은 깃발로 둘러쳐 있는 것을 보고 한나라 군사가 이미 영루에 있던 조왕의 장령을 모두 포획한 것으로 생각하고는 경악했다. 조나라 병사들이 마침내 혼란에 빠져 달아나기 시작했다. 조나라 장수들이 비록 달아나는 군사들의 목을 베며 저지했으나 이미 늦었다.

한나라 군사가 조나라 군사를 협격해 대파한 뒤 남쪽으로 몇십 리 밖에 있는 저수 가에서 진여의 목을 치고 조왕 조헐을 사로잡았다. 배수진은 후대인들로부터 한신이 구사한 여러 계책 가운데 가장 멋지고 기발한 계책으로 평가받는다. 싸움이 끝난 뒤 제장들이 축하하며 승리

비결을 묻자 한신이 병사들을 사지로 내던져 승리한 배경을 설명했다. 도주가 가능해 살아날 수 있는 생지를 제공했다면 모두 달아났을 것이라는 지적에 제장들이 모두 탄복했다.

결과적으로 한신은 불과 석 달 만에 위나라와 대나라, 조나라를 차례로 굴복시키는 대공을 세웠다. 이로써 팽성전투에서 치명타를 입은 유방은 다시 항우와 접전을 벌일 절호의 기회를 맞았다. 당시 유방은 한신이 탈취한 화북 일대를 공고히 한 뒤 항우와 결전을 치를 것인지, 아니면 여세를 몰아 제나라와 연나라를 차례로 칠 것인지, 그것도 아니면 곧바로 남하해 항우를 칠 것인지 여부를 결정해야만 했다.

이때 한신이 포로로 잡혔다가 투항한 이좌거의 계책을 따름으로써 결과적으로 유방의 결단을 촉구하고 나섰다. 이좌거가 제시한 방안은 조나라를 거점으로 기반을 확고히 한 뒤 단계별로 주변 지역을 공략하는 방안이었다. 한신이 사자를 연나라로 보내자 과연 연나라는 바람을 따라 쓰러지듯이 이내 투항했다. 득의에 찬 한신이 유방에게 사자를 보내 자신에게 협조한 장이를 조나라 왕에 앉혀줄 것을 청했다. 장이를 조나라 왕에 앉혀 우군세력을 확보한 뒤 제나라를 공략해 자신이 제나라 왕이 될 심산이었다.

유방의 입장에서 볼 때 한신은 장이와 차원이 달랐다. 한신을 제나라 왕으로 세울 경우 항우를 제압할지라도 후일을 기약하기 어려웠다. 유방과 한신의 관계가 결정적으로 어긋난 이유가 바로 여기에 있었다. 불과 석 달 만에 위나라와 대나라, 조나라, 연나라를 차례로 복속시킨 한신은 유방에게 항우보다 더욱 두려운 인물로 변해 있었다.

제나라를 평정시킨 유수의 전투

당시 항우는 한신이 조나라 공략의 여세를 몰아 제나라로 쳐들어오자 크게 놀라 휘하 장수 사마용저司馬龍且에게 20만 대군을 이끌고 가 제나라를 구하게 했다. 사마용저는 제나라 무장으로 있다가 항우군에 가담한 맹장이었다. 제나라를 구원해 한신의 남하를 막아내지 못할 경우 전황은 급격히 유방에게 기울어질 수밖에 없었다. 당시 어떤 사람이 사마용저에게 지구전으로 한신의 군사를 고사시킬 것을 건의했다. 그러나 병법의 대가를 자처한 사마용저는 한신을 업신여기며 단박에 이를 물리쳤다.

사마용저로서는 한신의 명성을 이미 들었을 것이다. 그렇다면 응당 신중한 자세로 작전계획을 짜야만 했다. 그것이 장수의 기본자세다. 그러나 그는 자만했다. 고금을 막론하고 적장을 얕보고도 이기는 경우는 없었다. 더구나 한신은 자타가 공인하는 당대 최고의 전략가였다. 사마용저는 싸움을 하기도 전에 이미 지고 있었다.

한고조 3년 11월, 제나라와 초나라 군사가 한나라 군사와 유수를 사이를 두고 진세를 펼쳤다. 유수는 산동성 동부 소재 고밀현 서쪽을 흐르는 강이다. 한신이 밤에 사람을 시켜 1만여 개의 자루를 만든 뒤 그 속에 물을 가득 채워 넣어 유수의 상류를 막게 했다. 이어 군사를 이끌고 유수를 반쯤 건너 사마용저를 공격하다가 짐짓 지는 척하며 돌아서서 도망쳤다. 사마용저가 큰소리로 말했다.

"나는 진즉에 한신이 겁쟁이라는 것을 알았다!"

그러고는 군사를 이끌고 한신의 뒤를 바삐 쫓았다. 한신이 유수를 건너자마자 신호를 보내 물막이 자루를 터뜨리게 했다. 물이 일시에 흘러내려 사마용저의 군사를 덮쳤다. 태반이 물을 건너지 못한 상황에서 초나라 군사가 두 쪽으로 갈리었다. 한신이 그 순간을 놓치지 않고 즉시 맹공을 가했다. 사마용저가 맥없이 전사하자 유수의 동쪽에 있던 나머지 초나라와 제나라 연합군은 아연실색해 황급히 사방으로 달아났다. 이로써 제나라 땅도 이내 한신에 의해 완전히 평정되었다.

한신이 황하 이북을 석권하자 황하 이남의 동쪽 반은 제나라, 서쪽 반은 초나라가 장악해 마치 삼국이 정립鼎立하는 형국이 조성되었다. 항우는 한신이 화북 일대를 손에 넣으면서 서쪽의 유방과 북쪽의 한신을 동시에 상대해야만 했다. 객관적으로 볼 때 가장 막강한 무력을 지닌 사람은 한신 자신이었다. 그는 이러한 중대한 시점에 일인자의 길로 갈 것인지, 아니면 유방의 충실한 휘하 장수로서 2인자의 길로 갈 것인지 여부를 결단해야 했다. 그러나 그는 어정쩡한 입장을 취함으로써 결국 토사구팽의 희생양이 되었다.

유방의 맞수

한신의 제나라 공략은 항우와 유방의 대결로 진행된 초한지제 구도에 일대 전환점으로 작용했다. 가장 큰 변화는 시종 수세에 몰렸던 유방이 이내 공세로 전환할 발판을 마련했던 점이다. 위나라와 대나라, 조나라, 연나라에 이어 제나라까지 차례로 손에 넣은 한신 역시 독자 노선을 걷기 시작했다. 유방에게 사람을 보내 자신을 제나라 가왕에 봉해줄 것을 자청하고 나섰던 것이 그렇다.

유방이 격노했다. 한신이 어부지리를 노린다고 생각했던 것이다. 장량과 진평이 황급히 유방의 발을 밟으며 한신을 제나라 왕으로 세울 것을 건의했다. 유방도 깨달은 바가 있어 곧바로 안면을 바꾸고 한신을 제나라 왕으로 봉했다.

한고조 4년 봄 2월, 유방이 이내 장량을 시켜 인수를 들고 가도록 했다. 한신을 정식으로 제나라 왕에 봉한 뒤 그의 군사를 이용해 초나라를 칠 심산이었다. 겉으로는 한신을 진왕으로 임명하면서 속으로는 이를 갈았다. 유방의 입장에서 볼 때 한신을 왕으로 임명한 것은 부득이해 취한 고육책에 지나지 않았다. 항우를 제압하는 순간 칼끝은 한신을 겨눌 수밖에 없었다.

당시 항우는 한신이 사마용저를 유린했다는 소식을 듣고 경악했다. 당대의 명장 장함을 꺾은 이후 내심 최고의 전략가를 자부해온 항우로서는 말로만 듣던 전신 한신의 존재를 처음으로 크게 인식한 순간이었다. 항우는 대책마련에 부심했다. 한신이 유방과 힘을 합칠 경우 앞날을 예측하기 어려웠다. 최소한 그가 중립을 지키도록 만들 필요가 있었다. 곧 당대의 유세객 무섭을 한신에게 보냈다. 그러나 무섭은 한신을 설득하는 데 실패했다. 책사인 괴철이 뒤이어 설득에 나섰으나 한신은 끝까지 망설이며 결단하지 못했다. 결정적인 순간에 우물쭈물하는 태도로 패망을 자초한 것이나 다름없다.

유방의 토사구팽의 상징적인 희생양은 말할 것도 없이 한신이다. 한고조 6년 겨울 10월, 항우를 제압하고 천하를 통일한 지 3년째 되던 해였다. 어떤 사람이 유방에게 제나라 왕에서 초나라 왕으로 자리를 옮긴 한신이 모반을 꾀하고 있다는 내용의 상서를 올렸다. 유방이 진평을 불러 대책을 묻자 진평이 계책을 냈다. 순수巡狩를 가장해 제후들을 불러모은 뒤 나포하는 계책이었다.

마침내 한신이 마중을 나오자 유방이 무사에게 명해 그를 포박한 뒤 황제의 뒤를 따르는 예비용 수레인 후거에 싣게 했다. 한신은 스스로 토사구팽의 희생양이 된 것을 탄식했다.

토사구팽은 왜 일어나는 것일까? 바로 개국 초기에 필연적으로 등장할 수밖에 없는 강신 때문이다. 강신은 군주를 떨게 만드는 위엄인 이른바 진주지위振主之威를 지닌 권신을 말한다. 창업주는 온갖 고난을 겪고 새 왕조를 창건한 까닭에 능히 강신을 제어할 수 있다. 그러나 궁중에서 자란 후사는 강신을 제어하는 일이 거의 불가능하다. 후사가 개국공신 등의 강신에게 제압을 당하고, 뒤이어 이를 우려한 숙부 등의 야심 많은 종실이 들고 일어나 강신을 제어한 뒤 '제2의 창업'을 하는 이유가 여기에 있다. 명나라 영락제永樂帝와 조선조 세조世祖가 대표적인 경우다.

유방이 한신을 희생양으로 삼을 때 진평의 조언을 구했던 이유는 진평이 자신의 보위를 위협하지 않으리라는 확신이 들었기 때문이다. 유방의 이러한 판단은 정확했다. 그러한 면에서 한신은 진평과 대비된다. 한신은 처형장으로 실려 가면서 자신을 모신에 비유했지만 이는 틀린 비유다. 그는 유방의 맞수였다. 유방이 당시 곧바로 한신의 목을 치지 못한 것은 한신의 공이 너무 현저한데다 명분이 약했기 때문이다. 건국 초기인 까닭에 아직 천하가 안정된 것도 아니고, 천하의 모든 백성이 지켜보고 있는 상황에서 함부로 최고 공신을 곧바로 토사구팽할 수는 없는 일이었다. 좀더 시간이 필요했다. 그러한 점에서 유방은 놀라운 인내력을 발휘했던 셈이다.

당시 유방은 귀경하는 길에 천하에 대사령을 내렸다. 짐짓 황제의 관후寬厚한 인정仁政을 세상에 널리 선전하려던 것이다. 이어 그간 한신이 세운 공을 감안해 목숨을 살려주는 식으로 너그러움을 보여주면서 한신을 회음후로 강등하는 조치를 내렸다. 이는 사실 한신의 수족을 자른 것이나 다름없었다. '후侯'는 회음 일대의 몇 개 현을 보유한 토후土

侯에 지나지 않는다. 휘하에 용병할 군사가 없으니 한신은 죽은 목숨이나 다름없었다.

당시 제후왕 가운데 성씨가 다른 사람은 여덟 명이었다. 유방은 그들의 움직임에 촉각을 곤두세웠다. 그들 모두 탄탄한 무력을 바탕으로 천하평정에 핵심적인 역할을 수행한 까닭에 마음을 놓을 수 없었던 것이다. 한신은 비록 회음후로 강등되었지만 유방에게 가장 두려운 존재였다. 불순한 움직임이 조금이라도 보일 경우 이를 구실로 그의 목을 치고자 했던 것이다.

빌미는 한신이 제공했다. 회음후로 강등된 후 울적한 기분을 지우기 위해 다다익선을 언급하며 자신의 용병술을 거리낌 없이 자랑했던 것이다. 이로부터 5년 뒤인 한고조 11년, 한신은 휘하 장수로 있던 진희와 내통해 모반을 꾀했다. 그러나 결국 여후의 간계에 걸려 모반이 들통나 죽임을 당했다.

한신은 무략에서는 타의 추종을 불허하는 당대 최고의 병법가였지만 정치적 결단에서는 한없이 우유부단했다. 유방 휘하에서 비록 군사적인 재능 면에서는 한신만 못하지만 정치적인 판단 면에서 매우 뛰어난 인물이 두 사람 있었다. 장량과 진평이 그들이다. 두 사람이 한신과 달리 나름대로 자신의 수명을 다할 수 있었던 이유는 그들의 정치적인 판단 덕분이었다. 난세에는 군사적 재능도 필요하지만 정치적 재능이 더 위력을 발휘한다.

《사기》에 수록된 초한지제 영웅 가운데 가장 왜곡된 인물을 꼽으라면 단연 항우와 한신을 들 수 있다. 한신과 어깨를 나란히 할 정도로 뛰어난 무략을 지녔던 항우는 사마천의 숨은 노력 덕분에 영웅의 면모를 후대에 전할 수 있었다. 한신의 혁혁한 무공이 거의 말소되었지만 다행히 최근 학자들의 연구 덕분에 한신은 중국의 전 역사를 통틀어 가장 뛰어난 전략가로 재평가받고 있다. 한신이 구사한 뛰어난 용병술은 오늘날에도 그대로 적용할 만한 것이 매우 많다.

제 5 장

헌후獻侯 진평陳平

진평은 기이한 계책을 수시로 구사해 항우를 패망의 늪으로 밀어 넣은 당사자다. 그의 계략이 그만큼 치밀하고 치명적이었다. 주목할 것은 유방 사후 여후 일족이 사실상 천하의 대권을 장악하자 놀라운 도회술韜晦術로 여후의 의심을 피한 뒤 때가 오기를 기다리다가 마침내 여후가 숨을 거두자 곧바로 거사해 유씨의 천하를 회복시킨 점이다. 한나라의 운명을 가른 이 사건은 소하와 조참 및 장량 등 건국공신들이 차례로 세상을 떠난 후 빚어진 까닭에 그 의미가 더욱 깊다. 후대의 사가들이 그를 사직지신으로 평하는 이유다. 사마천이 진평의 사적을 소하 및 조참과 마찬가지로 〈열전〉이 아닌 〈세가〉에서 다룬 것도 이런 평가와 무관치 않다.

사서의 기록을 보면 그는 생장하는 과정에서 자신의 자질이 일인자가 아닌 2인자에 적합하다는 사실을 통찰했다. 초한지제의 난세에 직접 뛰어든 후 시종 2인자의 길로 나아간 것이 그렇다. 삼국시대 당시 당대의 지낭인 제갈량이 융중에서 농사를 지으면서 스스로를 관중과 악의樂毅에 비유한 것과 취지를 같이하는 대목이다. 진평과 제갈량의 이러한 행보는 진시황 척살을 꾀한 장량이 유방에게 몸을 굽히고 들어가 참모의 길을 걸으면서도 시종 '일인자의 스승'을 자부한 것과 대비된다.

진승상세가

陳丞相世家

승상 진평은 양무현 호유향 출신이다. 그는 젊은 시절에 집은 가난했으나 책 읽기를 매우 좋아했다. 집에는 30무의 땅이 있었다. 그는 형 진백陳伯과 함께 살았다. 진백은 늘 농사를 지으면서도 진평만큼은 마음껏 다른 곳으로 가 공부를 하도록 배려했다. 진평은 기골이 장대하고 풍채가 좋았다. 사람들 가운데 간혹 이같이 말하는 자도 있었다.

"집도 가난한데 무엇을 먹었기에 이토록 살이 쪘는가?"

그의 형수는 진평이 집안일을 돌보지도 않고, 농사일을 거들지도 않는 것을 못마땅하게 여겼다.

"아무래도 쌀겨나 먹을 수밖에 없다. 시동생이라는 자가 저와 같으니 차라리 없느니만 못하다."

형 진백이 그 소리를 듣고 아내를 내쫓았다. 진평이 성장해 장가를 갈 나이가 되었다. 부잣집에서는 그에게 딸을 주고자 하지 않았다. 가난한 집에 장가드는 것은 그 자신이 수치스럽게 여겼다. 한참 지나 호유향에 장부張負라는 부자가 있었다. 그의 손녀가 다섯 번이나 시집을 갔으나 그때마다 남편이 죽었다. 사람들은 감히 그녀에게 더는 장가들고자 하지 않았다. 진평은 그녀를 아내로 맞이하고자 했다. 하루는 마을에 초상을 당한 집이 생겼다. 진평은 집안이 가난했기에 상가 일을 도와주러 갔다. 남들보다 먼저 가 늦게 돌아오는 방법으로 보탬이 되고자 했다. 장부는 상가에서 진평을 보고 특히 그의 뛰어난 풍채를 주시했다. 진평 역시 장부에게 잘 보이기 위해 가장 늦게 상가를 떠났다. 장부가 진평을 따라 그의 집으로 가보았다. 그의 집은 성벽을 등진 후미진 골목에 있었고, 비록 해진 자리로 문을 만들어놓았지만 문 밖에는 많은 귀인의 수레가 멈추었던 바퀴 자국이 남아 있었다. 장부가 집으로 돌아와 아들 장중張仲에게 말했다.

"나는 손녀를 진평에게 시집보내려 한다."

장중이 반대했다.

"진평은 집이 가난한데도 생업에 종사하지 않아 온 고을 사람들이 그를 비웃고 있습니다. 어찌해서 저희 딸아이를 굳이 그에게 주려는 것입니까?"

장부가 말했다.

"사람 가운데 진평처럼 뛰어난 용모를 지니고도 끝까지 빈천하게 지낸 자가 있었는가?"

그러고는 마침내 손녀를 진평에게 출가시켰다. 진평이 가난했기에 장부는 그에게 예물을 빌려주어 약혼하게 했다. 또 술과 고기를 살 돈을 대주어 아내를 맞게 했다. 장부가 손녀를 타일렀다.

"진평이 가난하다고 해서 섬길 때 불손하게 대하는 일이 없도록 하라. 시숙을 섬길 때 아버지를 섬기듯 하고, 동서를 섬길 때 어머니를 섬기듯 하라."

진평은 장부의 손녀에게 장가를 든 뒤 쓸 재물이 나날이 넉넉해졌다. 교유의 범위가 날로 넓어진 이유다. 진평이 사는 마을에 사제社祭가 있었다. 진평이 제사를 관리하는 재宰가 되었다. 고기를 나누는 것이 매우 공평했다. 동네 어른들이 그를 칭송했다.

"진씨네 젊은이가 재 노릇을 실로 잘한다!"

이 이야기를 들은 진평이 탄식했다.

"아, 슬프다! 나를 천하의 재상으로 삼으면 고기를 나누듯 공평히 할 터인데!"

진섭이 기병해 진陳 땅에서 왕을 칭했다. 주불에게 위나라 땅을 평정한 뒤 위구를 위왕魏王으로 세우고, 임제에서 진秦나라 군사와 싸우게 했다. 당시 진평은 이미 형 진백과 이별하고 몇몇 젊은이를 쫓아 임제로 가 위구를 섬기고 있었다. 위구가 그를 태복에 임명했다. 진평이 위구에게 큰 계책으로 유세했으나 받아들여지지 않았다. 어떤 자가 그를 헐뜯자 이내 위구 곁을 달아나듯 떠났다. 얼마 후 항우가 사방을 경영하고 다스리며 황하 부근까지 이르렀다. 진평이 항우를 찾아가 귀순한 뒤 함께 관중으로 들어가 진나라 군사를 격파했다. 항우가 진평에게 경의 작위를 내렸다.

이후 항우는 동쪽으로 가 팽성에서 초왕楚王을 칭했다. 당시 유방은 군사를 돌려 삼진 땅을 평정한 뒤 계속 동진했다. 은왕이 초나라를 배반하자 항우는 진평을 신무군信武君에 봉한 뒤 초나라 땅에 있는 위구의 막료들을 이끌고 가 토벌하게 했다. 진평은 은왕을 쳐 항복시키고 돌아왔다. 항우는 항한項悍을 보내 진평을 도위에 임명하고 황금 20일을 상으로 내렸다. 그러나 얼마 후 유방이 은 땅을 점령하자 항우가 대로한 나머지 지난번에 은 땅을 평정했던 장수와 군관을 죽이고자 했다. 진평은 살해될 것을 두려워한 나머지 항우가 준 황금과 관인을 싸서 사람을 시켜 항우에게 돌려준 뒤 칼 한 자루를 찬 채 단신으로 샛길을 택해 달아났다. 황하를 건널 때 사공은 진평이 기골이 장대한 호남아로서 혼자 가는 것을 보고는 진평을 망명하는 장수로 여겼다. 허리에 틀림없이 황금이나 옥 등의 보물을 감추고 있을 것으로 생각해 틈을 보아 죽이려 했다. 진평이 두려운 나머지 옷을 벗어던진 뒤 알몸으로 사공이 배 젓는 것을 도왔다. 사공은 그가 아무것도 가지고 있지 않다는 것을 알고 죽이려던 생각을 그만두었다.

진평이 마침내 수무에 이르러 유방이 이끄는 한나라 군사에 투항했다. 위무지魏無知를 통해 유방을 만나고자 했다. 유방이 그를 불렀다. 당시 만석군萬石君 석분石奮이 유방의 중연으로 있었다. 진평의 명함을 접수한 뒤 진평을 이끌고 안으로 들어가 유방을 배견하게 했다. 진평 등 일곱 명이 함께 유방 앞으로 나아갔다. 유방이 이들에게 술과 음식을 내리면서 말했다.

"먹고 난 후 숙소로 가 쉬도록 하라!"

진평이 말했다.

"저는 중요한 일 때문에 왔습니다. 제가 드려야 할 말씀은 오늘을 넘길 수가 없습니다."

유방이 함께 이야기를 나누고는 기뻐했다.

"그대가 초나라에 있을 때 무슨 벼슬을 했는가?"

"도위였습니다."

그날로 진평을 도위로 삼아 함께 수레를 타는 참승을 허락했다. 이어 군사를 감찰하는 호군의 직책을 맡겼다. 여러 장수가 이구동성으로 떠들었다.

"대왕은 어찌 하루 만에 초나라에서 도주한 졸병을 얻어 그 재능을 알아보지도 않은 채 참승을 허락하고, 나아가 우리 같은 노장들을 감독하게 하는 것인가?"

유방이 그 소리를 듣고는 진평을 더욱 총애했다. 이후 마침내 진평과 함께 동쪽으로 항우를 치러 갔다. 그러나 팽성에 이르러 초나라에 대패했다. 유방은 군사를 이끌고 돌아오면서 간신히 흩어진 군사들을 수습해 형양에 이르렀다. 이때 진평을 아장으로 삼아 한왕韓王 한신에게 예속시킨 뒤 광무에 주둔하게 했다. 강후와 관영 등이 모두 진평을 헐뜯었다.

"진평이 비록 잘생긴 장부이기는 하나 용모만 관옥冠玉과 같을 뿐, 그 속에는 틀림없이 아무것도 없을 것입니다. 신들이 듣건대, 진평이 집에 있을 때는 형수와 사통했고, 위나라를 섬길 때는 받아들여지지 않자 달아나 초나라에 귀의했고, 초나라에 귀순한 뒤에는 뜻대로 되지 않자 다시 달아나 한나라에 귀의했다고 합니다. 오늘 대왕은 그를 높여 관직을 주시고 호군을 삼았습니다. 또 신들이 듣건대, 진평은 여러 장군에게 금을 받으면서 금을 많이 준 자는 좋은 자리에 배치하는 선처善處를 하고, 적게 준 자는 나쁜 자리에 배치하는 악처惡處를 했다고 합니다. 진평은 반복무상反覆無常한 난신일 뿐입니다. 원컨대 대왕은 그를 자세히 살피도록 하십시오."

유방이 진평을 의심하고 진평을 천거한 위무지를 불러 꾸짖었다. 위무지가 말했다.

"신이 말씀드린 바는 능력이고, 대왕이 물으신 바는 행실입니다. 지금 만일 그에게 신의를 지키기 위해 목숨을 바친 미생尾生이나 천하의 효자로 소문난 효기孝己와 같은 행실이 있다고 할지라도 승부를 다투는 데에는 아무런 보탬이 되지 않습니다. 대왕이 어느 겨를에 그런 사람을 쓸 수 있겠습니까? 지금 바야흐로 초나라와 한나라가 서로 대치하고 있기에 신은 기모奇謀가 있는 선비를 천거한 것입니다. 생각건대 그 계책이 실로 나라에 이로운지 여부만 살피면 됩니다. 어찌 형수와 사통하거나 금을 받은 것을 의심할 필요가 있겠습니까?"

유방이 진평을 불러 나무랐다.

"선생은 위왕을 섬기다가 마음이 맞지 않자 마침내 초왕을 섬기러 갔고, 지금은 또 나를 따라 일을 하고 있소. 신의 있는 사람은 원래 이처럼 여러 마음을 품는 것이오?"

진평이 말했다.

"신이 위왕을 섬길 때 위왕은 신의 말을 채용하지 않았습니다. 그래서 위왕을 떠나 항우를 섬겼습니다. 항우는 다른 사람을 믿지 못했습니다. 오직 그가 신임하고 총애하는 사람은 항씨項氏 일가가 아니면 곧 그의 처남들이었습니다. 설령 뛰어난 책사가 있을지라도 중용되지 않는 까닭에 저는 초나라를 떠난 것입니다. 듣건대 대왕은 사람을 잘 가려 쓴다기에 대왕에게 귀순한 것입니다. 신은 맨몸으로 온 탓에 여러 장군이 보내준 황금을 받지 않고서는 쓸 돈이 없었습니다. 만일 신의 계책에서 쓸 만한 것이 있다면 원컨대 채용해주시고, 쓸 만한 것이 없다면 황금이 아직 그대로 있으니 청컨대 잘 봉해 관청으로 보내고 사직하도록 해주십시오."

유방이 진평에게 사과하며 많은 상을 내린 뒤 호군중위에 임명해 모든 장수를 감독하게 했다. 여러 장수가 감히 더는 말하지 못했다.

● 陳丞相平者, 陽武戶牖鄕人也. 少時家貧, 好讀書, 有田三十畝, 獨與兄伯居. 伯常耕田, 縱平使遊學. 平爲人長大美色. 人或謂陳平曰, "貧何食而肥若是?" 其嫂嫉平之不視家生産, 曰, "亦食穅覈耳. 有叔如此, 不如無有." 伯聞之, 逐其婦而棄之. 及平長, 可娶妻, 富人莫肯與者, 貧者平亦恥之. 久之, 戶牖富人有張負, 張負女孫五嫁而夫輒死, 人莫敢娶. 平欲得之. 邑中有喪, 平貧, 侍喪, 以先往後罷爲助. 張負既見之喪所, 獨視偉平, 平亦以故後去. 負隨平至其家, 家乃負郭窮巷, 以獘席爲門, 然門外多有長者車轍. 張負歸, 謂其子仲曰, "吾欲以女孫予陳平." 張仲曰, "平貧不事事, 一縣中盡笑其所爲, 獨奈何予女乎?" 負曰, "人固有好美如陳平而長貧賤者乎?" 卒與女. 爲平貧, 乃假貸幣以聘, 予酒肉之資以內婦. 負誡其孫曰, "毋以貧故, 事人不謹. 事兄伯如事父, 事嫂如母." 平既娶張氏女, 齎用益饒, 遊道日廣. 里中社, 平爲宰, 分肉食甚均. 父老曰, "善, 陳孺子之爲宰!" 平曰, "嗟乎, 使平得宰天下, 亦如是肉矣!" 陳涉起而王陳, 使周市略定魏地, 立魏咎爲魏王, 與秦軍相攻於臨濟. 陳平固已前謝其兄伯, 從少年往事魏王咎於臨濟. 魏王以爲太僕. 說魏王不聽, 人或讒之, 陳平亡去. 久之, 項羽略地至河上, 陳平往歸之, 從入破秦, 賜平爵卿. 項羽之東王彭城也, 漢王還定三秦而東, 殷王反楚. 項羽乃以平爲信武君, 將魏王咎客在楚者以往, 擊降殷王而還. 項王使項悍拜平爲都尉, 賜金二十溢. 居無何, 漢王攻下殷王. 項王怒, 將誅定殷者將吏. 陳平懼誅, 乃封其金與印, 使使歸項王, 而平身閒行杖劍亡. 渡河, 船人見其美丈夫獨行, 疑其亡將, 要中當有金玉寶器, 目之, 欲殺平. 平恐, 乃解衣躶而佐刺船. 船人知其無有, 乃止. 平遂至修武降漢, 因魏無知求見漢王, 漢王召入. 是時萬石君奮爲漢王中涓, 受平謁, 入見平. 平等七人俱進, 賜食. 王曰, "罷, 就舍矣." 平曰, "臣爲事來, 所言不可以過今日." 於是漢王與語而說之, 問曰, "子之居楚何官?" 曰, "爲都尉." 是日乃拜平爲都尉, 使爲參乘, 典護軍. 諸將盡讙, 曰, "大王一日得楚之亡卒, 未知其高下, 而卽與同載, 反使監護軍長者!" 漢王聞之, 愈益幸平. 遂與東伐項王. 至彭城, 爲楚所敗. 引而還, 收散兵至滎陽, 以平爲亞將, 屬於韓王信, 軍廣武. 絳侯·灌嬰等咸讒陳平曰, "平雖美丈夫, 如冠玉耳, 其中未必有也. 臣聞平居家時, 盜其嫂, 事魏不容, 亡歸楚, 歸楚不中, 又亡歸漢. 今日大王尊官之, 令護軍. 臣聞平受諸將金, 金多者得善處, 金少者得惡處. 平, 反覆亂臣也, 願王察之." 漢王疑之, 召讓魏無知. 無知曰, "臣所言者, 能也, 陛下所問者, 行也. 今有尾生·孝己之行而無益處於勝負之數, 陛下何暇用之乎? 楚漢相距, 臣進奇謀之士, 顧其計誠足以利國家不耳. 且盜嫂受金又何足疑乎?" 漢王召讓平曰, "先生事魏不中, 遂事楚而去, 今又從吾遊, 信者固多心乎?" 平曰, "臣事魏王, 魏王不能用臣說, 故去事項王. 項王不能信人, 其所任愛, 非諸項卽妻之昆弟, 雖有奇士不能用, 平乃去楚. 聞漢王之能用人, 故歸大王. 臣躶身來, 不受金無以爲資. 誠臣計畫有可采者, 顧願大王用之, 使無可用者, 金具在, 請封輸官, 得請骸骨." 漢王乃謝, 厚賜, 拜爲護軍中尉, 盡護諸將. 諸將乃不敢復言.

이후 초나라의 항우가 급히 공격해 양초糧草를 운반하는 한나라의 용도甬道(보급로)를 끊고, 형양성에서 유방을 포위했다. 유방이 이를 걱정해 형양 서쪽을 떼어주며 강화를 청했지만 항우가 듣지 않았다. 유방이 진평에게 물었다.

"천하가 매우 어지러운데 언제쯤 안정이 되겠소?"

진평이 대답했다.

"항우는 사람됨이 사람을 공축하고 사랑합니다. 청렴하며 지조 있고 예를 좋아하는 선비들 대부분이 그에게 귀의했습니다. 그러나 논공행상을 하고 작위와 봉지를 내리는 데 매우 인색합니다. 선비들이 그에게 완전히 귀의하지 않는 이유입니다. 지금 대왕은 오만하고 예의를 가볍게 여깁니다. 청렴하고 절개 있는 선비들이 오지 않는 이유입니다. 그러나 대왕은 작위와 봉지를 아낌없이 내리는 까닭에 청렴과 절개를 돌아보지 않은 채 이익을 탐하며 수치를 모르는 자들이 대거 한나라로 귀의했습니다. 만일 양자의 결점을 버리고 장점을 취하면 손만 휘저어도 쉽게 천하를 평정할 수 있을 것입니다. 대왕은 내키는 대로 사람을 모욕하고 있습니다. 그런 식으로는 청렴하고 절개 있는 선비를 얻을 수 없습니다.

다만 초나라도 어지러워질 요소가 있습니다. 항우 휘하의 강직한 신하로는 범증·종리매·용저·주은 등 몇 사람에 불과합니다. 대왕이 만일 수만 근의 황금을 내어 이간책을 행하면 초나라 군신의 사이를 떼어놓고, 서로 의심하는 마음을 품게 할 수 있습니다. 항우는 위인이 시기를 잘하고 의심이 많아 참소를 잘 믿습니다. 반드시 내부에서 서로가 서로를 죽이는 일이 일어날 것입니다. 한나라는 바로 그 틈을 타 군사를 일으켜 치면 됩니다. 초나라는 반드시 격파될 것입니다."

유방도 그럴 것으로 여겼다. 곧 황금 4만 근을 진평에게 내주면서 멋대로 쓰게 하고, 돈의 출납에 대해서는 일절 묻지 않았다. 진평이 많은 황금을 사용해 초나라 군내에 대거 첩자를 심은 뒤 드러내놓고 유언비어를 퍼뜨렸다. 당시 종리매 등의 장수는 공을 많이 쌓았으나 항우는 끝내 땅을 떼어 왕으로 봉하지 않았다. 이에 한나라와 결탁해 항우를 멸한 뒤 그 땅을 나누어 각기 왕이 되려 한다는 식으로 선전했다. 항우가 종리매 등을 불신하기 시작했다. 이 와중에 사자를 한나라로 보냈다. 진평은◎ 사람을 시켜 풍성한 태뢰를 마련해 들고 들어가게 했다. 이어 초나라 사자를 보고 짐짓 놀라는 척하며 말했다.

◎ '진평은'의 원문이 한왕漢王으로 되어 있다. 이는 유방을 미화하기 위한 후대인의 가필로 보인다. 반간계는 진평의 머릿속에서 나온 것이므로 한왕을 진평으로 바꿔야 문맥이 통한다. 본서에서는 진평으로 바꿔놓았다.

"나는 범아부의 사자인 줄 알았는데, 알고 보니 항우의 사자였네!"

그러고는 풍성하게 차린 음식을 가지고 나가게 한 뒤 조악한 음식을 초나라 사자에게 올리게 했다.◉ 초나라 사자가 돌아가 모든 사실을 항우에게 보고하자 항우가 과연 범증을 크게 의심했다. 당시 범증은 급히 형양성을 공격해 항복시키려 했으나 항우는 그의 말을 의심하며 따르려 하지 않았다. 범증은 항우가 자신을 의심한다는 말을 듣고는 크게 화를 냈다.

"천하의 대사가 대략 확정되었으니 이제 대왕이 직접 경영하십시오. 원컨대 이 늙은 해골이 집으로 돌아갈 수 있도록 허락해주십시오."

결국 그는 귀가 도중 팽성에 못 미쳤을 때 등에 종기가 나 죽고 말았다. 진평이 야음을 틈타 여자 2,000명을 형양성 동문으로 내보내자 초나라가 곧 이들을 쳤다. 그 틈에 진평은 유방과 함께 성의 서문을 통해 사지를 빠져나왔다. 유방이 관중으로 들어간 뒤 흩어진 병사를 모아 재차 동쪽으로 진격했다.

● 其後, 楚急攻, 絶漢甬道, 圍漢王於滎陽城. 久之, 漢王患之, 請割滎陽以西以和. 項王不聽. 漢王謂陳平曰, "天下紛紛, 何時定乎?" 陳平曰, "項王爲人, 恭敬愛人, 士之廉節好禮者多歸之. 至於行功爵邑, 重之, 士亦以此不附. 今大王慢而少禮, 士廉節者不來, 然大王能饒人以爵邑, 士之頑鈍嗜利無恥者亦多歸漢. 誠各去其兩短, 襲其兩長, 天下指麾則定矣. 然大王恣侮人, 不能得廉節之士. 顧楚有可亂者, 彼項王骨鯁之臣亞父·鍾離眛·龍且·周殷之屬, 不過數人耳. 大王誠能出捐數萬斤金, 行反閒, 閒其君臣, 以疑其心, 項王爲

◉ 원문은 이악초구진초사以惡草具進楚使다. 여기의 초草를 《사기집해》는 《한서음의》를 인용해 조악할 조粗와 통한다고 했다. 《전국책》〈제책齊策〉에 초구草具라는 표현이 나온다.

人意忌信讒, 必內相誅. 漢因舉兵而攻之, 破楚必矣." 漢王以爲然, 乃出黃金四萬斤, 與陳平, 恣所爲, 不問其出入. 陳平旣多以金縱反閒於楚軍, 宣言諸將鍾離眜等爲項王將, 功多矣, 然而終不得裂地而王, 欲與漢爲一, 以滅項氏而分王其地. 項羽果意不信鍾離眜等. 項王旣疑之, 使使至漢. 漢王爲太牢具, 擧進. 見楚使, 卽詳驚曰, "吾以爲亞父使, 乃項王使!" 復持去, 更以惡草具進楚使. 楚使歸, 具以報項王. 項王果大疑亞父. 亞父欲急攻下滎陽城, 項王不信, 不肯聽. 亞父聞項王疑之, 乃怒曰, "天下事大定矣, 君王自爲之! 願請骸骨歸!" 歸未至彭城, 疽發背而死. 陳平乃夜出女子二千人滎陽城東門, 楚因擊之, 陳平乃與漢王從城西門夜出去. 遂入關, 收散兵復東.

이듬해, 회음후 한신이 제나라를 격파하고 자립해 제왕齊王이 되었다. 사자를 보내 그 사실을 유방에게 알렸다. 유방이 대로해 마구 욕을 했다. 진평이 은밀히 유방의 발을 밟았다. 유방도 문득 크게 깨닫고 곧 제나라 사자를 후하게 대접했다. 이내 장량을 보내 결국 제왕으로 삼았다. 유방은 진평을 그의 고향인 호유향에 봉하고, 그의 기책을 사용해 마침내 초나라를 멸했다. 진평은 일찍이 호군중위 신분으로 유방을 쫓아 연왕 장도를 평정하기도 했다. 한고조 6년, 어떤 자가 상서해 초왕楚王 한신이 모반하려 한다고 밀고했다. 한고조 유방이 여러 장군에게 묻자 이들이 입을 모아 대답했다.

"속히 군대를 보내 그놈을 산 채로 묻어야 합니다!"

한고조 유방은 묵묵히 말이 없었다. 진평에게 묻자 진평이 거듭 사양하다가 반문했다.

"제장諸將들은 뭐라고 했습니까?"

한고조 유방이 이들이 한 말을 자세히 일러주자 진평이 말했다.

"누군가 한신의 모반을 상서했다고 하는데, 이를 달리 아는 자가 있습니까?"

"없소."

"한신 자신은 이를 알고 있습니까?"

"모르고 있소."

진평이 물었다.

"폐하의 정예병을 초나라와 비교할 때 누가 더 낫습니까?"

"우리가 그들을 능가할 수 없소."

"휘하 장수들의 용병술이 한신을 능가합니까?"

"그에게 미치지 못하오."

진평이 말했다.

"지금 군사도 초나라의 정예병만 못하고, 장수 또한 한신에 미치지 못하면서 군사를 보내 공격하면 이는 곧 모반을 재촉하는 것입니다. 생각건대 이는 폐하에게 매우 위험한 방안입니다."

"그렇다면 어찌해야 좋은 것이오?"

진평이 대답했다.

"옛날 천자는 땅을 순수巡狩하며 제후를 불러 접견했습니다. 남방에 운몽이라는 곳이 있습니다. 폐하는 짐짓 그곳으로 가 운몽 일대를 순수하면서 제후들을 진陳 땅으로 불러 모으십시오. 진 땅은 초나라의 서쪽 경계입니다. 한신은 천자가 즐겁게 다른 곳으로 나가셨다는 소식을 듣고, 틀림없이 아무런 일이 없을 것으로 생각해 교외에서 맞이할 것입니다. 그가 맞이하러 올 때 그를 잡으면 됩니다. 이는 역사 한 사람으로도 능히 할 수 있는 일입니다."

한고조 유방이 옳다고 생각해 곧 사자를 제후들에게 보내 진 땅에 모이도록 했다.

"짐이 장차 남쪽 운몽을 순수할 것이다."

그러고는 곧바로 길을 떠났다. 한고조 유방이 아직 진 땅에 도착하기도 전에 초왕 한신이 과연 교외의 큰길에서 그를 맞이했다. 한고조 유방은 미리 무사들을 준비해두었다가 한신이 이르는 것을 보고 곧바로 포박한 뒤 뒤따르는 수레에 실었다. 한신이 소리쳤다.

"천하가 이미 평정되자 나는 토사구팽을 당하는 것이다!"

한고조 유방이 돌아보며 한신에게 말했다.

"그대는 소리치지 마라! 그대가 모반한 것이 이미 명백해졌다!"

무사들이 한신의 두 손을 등 뒤로 교차시켜 묶었다. 한고조 유방이 진 땅에서 제후들을 회동하고 초나라 땅을 완전히 평정했다. 귀경 도중 낙양에 이르러 한신을 사면하고 회음후에 봉했다. 또 공신들에게 부절을 쪼개주며 봉지를 확정했다. 한고조 유방은 진평에게도 부절을 쪼개주고, 대대로 작위가 단절되지 않도록 호유후戶牖侯에 봉했다. 진평이 사양했다.

"이는 신의 공이 아닙니다."

"짐이 선생의 계책을 쓴 덕분에 늘 싸워 이기고 적을 격파할 수 있었소. 선생의 공이 아니고 누구의 공이란 말이오?"

"위무지가 아니었으면 신이 어찌 천거될 수 있었겠습니까?"

한고조 유방이 찬탄했다.

"그대는 가히 근본을 잊지 않는 사람이라고 할 만하오!"

그러고는 다시 위무지에게 상을 내렸다.

● 其明年, 淮陰侯破齊, 自立爲齊王, 使使言之漢王. 漢王大怒而罵, 陳平蹴漢王. 漢王亦悟, 乃厚遇齊使, 使張子房卒立信爲齊王. 封平以戶牖鄕. 用

其奇計策, 卒滅楚. 常以護軍中尉從定燕王臧荼. 漢六年, 人有上書告楚王
韓信反. 高帝問諸將, 諸將曰, "亟發兵阬豎子耳." 高帝默然. 問陳平, 平固辭
謝, 曰, "諸將云何?" 上具告之. 陳平曰, "人之上書言信反, 有知之者乎?" 曰,
"未有." 曰, "信知之乎?" 曰, "不知." 陳平曰, "陛下精兵孰與楚?" 上曰, "不能
過." 平曰, "陛下將用兵有能過韓信者乎?" 上曰, "莫及也." 平曰, "今兵不如
楚精, 而將不能及, 而擧兵攻之, 是趣之戰也, 竊爲陛下危之." 上曰, "爲之柰
何?" 平曰, "古者天子巡狩, 會諸侯. 南方有雲夢, 陛下弟出僞遊雲夢, 會諸侯
於陳. 陳, 楚之西界, 信聞天子以好出遊, 其勢必無事而郊迎謁. 謁, 而陛下
因禽之, 此特一力士之事耳." 高帝以爲然, 乃發使告諸侯會陳, "吾將南遊雲
夢." 上因隨以行. 行未至陳, 楚王信果郊迎道中. 高帝豫具武士, 見信至, 卽
執縛之, 載後車. 信呼曰, "天下已定, 我固當烹!" 高帝顧謂信曰, "若毋聲! 而
反, 明矣!" 武士反接之. 遂會諸侯于陳, 盡定楚地. 還至雒陽, 赦信以爲淮陰
侯, 而與功臣剖符定封. 於是與平剖符, 世世勿絶, 爲戶牖侯. 平辭曰, "此非
臣之功也." 上曰, "吾用先生謀計, 戰勝剋敵, 非功而何?" 平曰, "非魏無知臣
安得進?" 上曰, "若子可謂不背本矣!" 乃復賞魏無知.

이듬해, 진평이 호군중위의 신분으로 한고조 유방을 따라 반기를 든
한왕 신을 대 땅에서 쳤다. 문득 평성에 이르렀을 때 흉노에게 포위되
어 이레 동안 음식을 구하지 못했다. 당시 한고조 유방은 진평의 기책
을 써 선우單于의 부인 연지閼氏에게 사자를 보내 비로소 포위를 풀 수
있었다. 유방이 포위를 벗어난 이후에도 진평의 기책은 줄곧 비밀에 붙
여졌다. 세인들 가운데 아무도 그 내용을 알 수 없었다. 유방이 남쪽으
로 중산 일대의 곡역 땅을 지나다가 성루에 올랐다. 성안의 집들이 매
우 큰 것을 보고 찬탄했다.

"고을이 실로 장관이다! 짐이 천하를 두루 다녔지만 이런 장관은 오직 낙양과 이곳뿐이다."

고개를 돌려 어사에게 물었다.

"이곳의 호구는 얼마나 되는가?"

"당초 진나라 때는 3만여 호였습니다. 근래 병란이 계속 일어나 많은 사람이 달아나거나 숨어 지금은 5,000호만 남아 있습니다."

유방이 어사에게 명해 진평을 곡역후曲逆侯로 이봉해 현 전체를 식읍으로 주고, 앞서 봉한 호유향은 취소했다. 이후 진평은 늘 호군중위 자격으로 유방을 쫓아 참전하면서 진희와 경포의 난을 평정했다. 모두 여섯 번이나 기책을 냈다. 그때마다 봉읍이 더해져 모두 여섯 번 가봉加封되었다. 그의 기책 가운데 어떤 것은 크게 비밀에 부쳐진 까닭에 세인들은 그 내용을 알 수 없었다.

● 其明年, 以護軍中尉從攻反者韓王信於代. 卒至平城, 爲匈奴所圍, 七日不得食. 高帝用陳平奇計, 使單于閼氏, 圍以得開. 高帝旣出, 其計祕, 世莫得聞. 高帝南過曲逆, 上其城, 望見其屋室甚大, 曰, "壯哉縣! 吾行天下, 獨見洛陽與是耳." 顧問御史曰, "曲逆戶口幾何?" 對曰, "始秦時三萬餘戶, 間者兵數起, 多亡匿, 今見五千戶." 於是乃詔御史, 更以陳平爲曲逆侯, 盡食之, 除前所食戶牖. 其後常以護軍中尉從攻陳豨及黥布. 凡六出奇計, 輒益邑, 凡六益封. 奇計或頗祕, 世莫能聞也.

한고조 유방이 경포를 친 군사를 이끌고 돌아올 때 부상이 심해 천천히 행군해 장안에 이르렀다. 이때 연왕燕王 노관이 모반을 했다. 유방이 번쾌를 시켜 상국의 신분으로 군사를 이끌고 가 토벌하게 했다. 번쾌가 출병한 후 그를 헐뜯는 사람이 있었다. 유방이 대로했다.

"번쾌가 과연 짐이 병이 났으니 죽기를 고대했단 말인가!"

진평의 계책을 써 강후 주발을 병상 아래로 부른 뒤 이런 조칙을 내렸다.

진평은 급히 역참의 수레로 주발을 태우고 가 번쾌의 군사를 대신 통솔하게 하고, 또 진평은 군중에 이르는 곧바로 번쾌의 머리를 베도록 하라!

두 사람은 조칙을 받은 뒤 역참의 수레를 몰면서 군중에 이르기 전에 서로 상의했다.

"번쾌는 황제의 오랜 친구이고, 공로도 많으며, 여후의 동생 여수呂嬃의 남편이기도 하다. 황상과 친척이고 지위도 높다. 황상이 한때의 분노 때문에 죽이고자 하지만, 나중에 후회할까 두렵다. 차라리 그를 묶어 황상에게 보내서 황상이 직접 죽이도록 하는 것이 좋을 듯하다."

이들은 군영 안에는 들어가지 않은 채 밖에서 단을 쌓아놓고 황상이 내린 부절로 번쾌를 불렀다. 번쾌가 조칙을 받자, 곧바로 그의 두 손을 뒤로 묶은 뒤 죄수의 수레에 실어 장안으로 보냈다. 강후 주발은 번쾌 대신 장군이 되어 군사를 이끌고 모반에 참여한 연나라의 각 현을 평정했다. 진평은 돌아오는 도중에 한고조 유방이 붕어했다는 소식을 들었다. 여수의 참소로 여태후가 노할까 두려운 나머지 서둘러 수레를 몰아 번쾌 일행보다 한발 앞서 달려갔다. 도중에 조정의 사자를 만났다. 그는 진평과 관영에게 형양에 주둔하라는 조칙을 전했다. 진평이 조칙을 받자마자 다시 수레를 몰아 황궁으로 달려간 뒤 매우 애절하게 통곡했다. 기회를 틈타 한고조 유방의 영구 앞에서 여후에게 번쾌에 관한 일을 고했다. 여후가 진평을 가련히 여겨 이같이 말했다.

"그대는 수고했으니 나가 쉬도록 하시오."

진평은 참소가 자신에게 미칠까 두려워 숙위를 간절히 청했다. 여후가 진평을 낭중령에 임명하며 당부했다.

"새 황제를 잘 보필하도록 하시오."

얼마 후 여수의 참언이 이내 효력이 없어지게 되었다. 번쾌는 장안에 이르러 사면을 받고 원래의 작위와 봉읍을 회복했다. 한혜제 6년, 상국 조참이 죽자 안국후安國侯 왕릉을 우승상, 진평을 좌승상으로 삼았다. 왕릉은 옛 패현 출신으로, 원래 패현의 호협豪俠이다. 한고조 유방이 미천했을 때 왕릉을 형님으로 모셨다. 왕릉은 예의가 부족한데다 감정적으로 일을 처리했다. 그러나 직언을 좋아했다. 유방이 패현에서 봉기해 관중으로 들어가 함양에 이르렀을 때 왕릉은 독자적으로 무리 수천 명을 모아 남양에 있으면서 패공을 쫓지 않으려 했다. 유방이 회군해 항우를 칠 때 비로소 군사를 한나라에 예속시켰다. 당시 항우는 왕릉의 모친을 잡아다 군중에 두고 있었다. 왕릉의 사자가 이르자 항우는 왕릉의 모친을 윗자리에 앉힌 뒤 왕릉을 귀순시키고자 했다. 그러나 왕릉의 모친은 몰래 심부름꾼을 보내는 자리에서 눈물을 흘리며 이와 같이 말했다.

"이 늙은이를 위해 왕릉에게 부디 한왕을 잘 섬길 것을 당부했다고 전해주시오. 한왕은 훌륭한 어른이오. 이 늙은이 때문에 두 마음을 먹어서는 안 된다고 전해주시오. 이 늙은이가 죽음으로 그대를 전송하겠소."

그러고는 칼을 뽑아 자진했다. 항우가 대로해 왕릉의 모친을 삶아버렸다. 왕릉은 마침내 유방을 수행해 천하를 평정했다. 왕릉은 옹치와 사이가 좋았다. 옹치는 유방의 원수였다. 왕릉도 원래 유방을 따르고자 하지 않았기에 뒤늦게 봉지를 받아 안국후가 되었다. 안국후 왕릉이 우승상이 된 지 2년 만에 한혜제가 붕어했다. 여태후가 여러 여씨를 왕으로 삼고자 했다. 이를 우승상 왕릉에게 묻자 왕릉이 반대했다.

"안 됩니다."

다시 진평에게 물었다. 진평이 찬성했다.

"됩니다."

여태후가 왕릉을 승진시키는 것처럼 해 태부로 삼았다. 실제로는 그를 중용하지 않은 것이다. 왕릉은 화가 나 병을 칭한 채 사직하고 두문불출했다. 끝내 조현하지 않다가 7년 만에 죽었다. 왕릉이 승상에서 면직된 후에 여태후는 진평을 우승상으로 옮긴 뒤 벽양후 심이기를 좌승상에 임명했다. 좌승상은 일을 처리할 곳이 없어 늘 궁중에서 정무를 처리했다.

심이기는 한고조와 마찬가지로 패현 출신이다. 유방이 팽성에서 패하고 서쪽으로 달아날 때 항우는 유방의 부친 태공과 여후를 잡아다가 볼모로 삼았다. 심이기는 가신 자격으로 여후를 곁에서 모셨다. 이후 그는 유방을 따라 항우를 쳐부순 뒤 후侯로 봉해졌다. 여후에게 커다란 총애를 입었다. 그가 좌승상이 되어 궁중에 머무르자 모든 관원이 그를 거쳐 사안을 결정하고 정사를 다루었다. 여수는 늘 진평이 한고조에게 번쾌의 체포 계책을 낸 일로 인해 누차 여태후에게 참소했다.

"진평은 승상이 되어 정사는 처리하지 않고 매일 좋은 술이나 마시며 부녀자를 희롱합니다."

그 소리를 들은 뒤 날로 그 도가 심해졌다. 여태후가 그 사실을 알고는 홀로 은근히 기뻐했다. 어느 날 여태후는 여수의 면전에서 진평에게 이같이 말했다.

"속담에 이르기를, '어린아이와 부녀자의 말은 신뢰할 수가 없다'고 했소. 나는 다만 그대가 나에게 어찌하는지만 따질 뿐이오. 여수의 참언은 두려워할 것이 없소."

여태후가 여러 여씨들을 왕으로 삼자 진평은 짐짓 동의하는 척했다. 그러나 여태후가 죽자 진평과 태위 주발이 함께 모의해 일거에 여씨 일족을 제거하고 한문제 유항을 옹립했다. 진평이 주모자였다. 심이기는 좌승상에서 면직되었다.

● 高帝從破布軍還, 病創, 徐行至長安. 燕王盧綰反, 上使樊噲以相國將兵攻之. 旣行, 人有短惡噲者. 高帝怒曰, "噲見吾病, 乃冀我死也." 用陳平謀而召絳侯周勃受詔牀下, 曰, "陳平亟馳傳載勃代噲將, 平至軍中卽斬噲頭!" 二人旣受詔, 馳傳未至軍, 行計之曰, "樊噲, 帝之故人也, 功多, 且又乃呂后弟呂嬃之夫, 有親且貴, 帝以忿怒故, 欲斬之, 則恐後悔. 寧囚而致上, 上自誅之." 未至軍, 爲壇, 以節召樊噲. 噲受詔, 卽反接載檻車, 傳詣長安, 而令絳侯勃代將, 將兵定燕反縣. 平行聞高帝崩, 平恐呂太后及呂嬃讒怒, 乃馳傳先去. 逢使者詔平與灌嬰屯於滎陽. 平受詔, 立復馳至宮, 哭甚哀, 因奏事喪前. 呂太后哀之, 曰, "君勞, 出休矣." 平畏讒之就, 因固請得宿衛中. 太后乃以爲郎中令, 曰, "傅敎孝惠." 是後呂嬃讒乃不得行. 樊噲至, 則赦復爵邑. 孝惠帝六年, 相國曹參卒, 以安國侯王陵爲右丞相, 陳平爲左丞相.

王陵者, 故沛人, 始爲縣豪, 高祖微時, 兄事陵. 陵少文, 任氣, 好直言. 及高祖起沛, 入至咸陽, 陵亦自聚黨數千人, 居南陽, 不肯從沛公. 及漢王之還攻項籍, 陵乃以兵屬漢. 項羽取陵母置軍中, 陵使至, 則東鄉坐陵母, 欲以招陵. 陵母旣私送使者, 泣曰, "爲老妾語陵, 謹事漢王. 漢王, 長者也, 無以老妾故, 持二心. 妾以死送使者." 遂伏劍而死. 項王怒, 烹陵母. 陵卒從漢王定天下. 以善雍齒, 雍齒, 高帝之仇, 而陵本無意從高帝, 以故晚封, 爲安國侯. 安國侯既爲右丞相, 二歲, 孝惠帝崩. 高后欲立諸呂爲王, 問王陵, 王陵曰, "不可." 問陳平, 陳平曰, "可." 呂太后怒, 乃詳遷陵爲帝太傅, 實不用陵. 陵怒, 謝疾免, 杜門竟不朝請, 七年而卒. 陵之免丞相, 呂太后乃徙平爲右丞相, 以辟陽侯審食其爲左丞相. 左丞相不治, 常給事於中.

食其亦沛人. 漢王之敗彭城, 西, 楚取太上皇·呂后爲質, 食其以舍人侍呂后. 其後從破項籍爲侯, 幸於呂太后. 及爲相, 居中, 百官皆因決事. 呂嬃常以前陳平爲高帝謀執樊噲, 數讒曰, "陳平爲相非治事, 日飮醇酒, 戲婦女." 陳平聞, 日益甚. 呂太后聞之, 私獨喜. 面質呂嬃於陳平曰, "鄙語曰 '兒婦人口不可用', 顧君與我何如耳. 無畏呂嬃之讒也." 呂太后立諸呂爲王, 陳平僞聽之. 及呂太后崩, 平與太尉勃合謀, 卒誅諸呂, 立孝文皇帝, 陳平本謀也. 審食其免相.

한문제가 즉위할 당시 태위 주발은 직접 군사를 이끌고 여씨들을 제거했다. 그 공로가 매우 컸다. 진평은 우승상의 자리를 주발에게 양보한 뒤 병을 구실로 사퇴하고자 했다. 한문제는 자신이 막 즉위할 당시 진평이 병을 핑계 삼는 것을 괴이하게 여겨 그 연유를 물었다. 진평이 대답했다.

"고황제 때 주발의 공로는 저만 못했습니다. 그러나 여씨를 제거하는 데에는 저의 공로가 주발만 못합니다. 원컨대 우승상의 자리를 주발에게 양보하고자 합니다."

한문제가 강후 주발을 최고 벼슬자리인 우승상에 앉혔다. 또 진평을 좌승상으로 옮겨 다음 자리에 배치했다. 진평에게 황금 1,000근을 상으로 내리고 식읍 3,000호를 더해주었다. 얼마 후 한문제는 국가대사에 더욱 밝아졌다. 한번은 조회에서 우승상 주발에게 물었다.

"1년 동안 나라에서 처결하는 옥사獄事 건수가 얼마나 되오?"

주발이 사죄했다.

"잘 모르겠습니다."

"1년 동안 천하에서 거두는 금전과 곡식의 출입은 얼마나 되오?"

"잘 모르겠습니다."

주발은 땀으로 등을 적시면서 대답을 제대로 하지 못한 것을 수치스러워했다. 한문제가 다시 좌승상 진평에게 묻자 진평이 말했다.

"주관하는 관원이 있습니다."

"주관하는 관원이 누구요?"

진평이 대답했다.

"옥사 처결이 궁금하면 정위에게 묻고, 전곡 출입이 궁금하면 치속내사에게 물으십시오."

한문제가 말했다.

"각기 주관하는 관원이 있으면 승상이 주관하는 일은 무엇이오?"

진평이 사죄하며 이같이 말했다.

"황공합니다! 폐하는 신이 노쇠하고 둔한 것[老鈍]을 알지 못하고, 재상에 임명했습니다. 무릇 재상은 위로는 천자를 보필하며 음양을 다스려 사계를 순조롭게 하고, 아래로는 만물이 제때 성장하도록 어루만지고, 밖으로는 사방의 오랑캐와 제후를 진압해 어루만지고, 안으로는 백성을 가까이하며 경대부에게 자신의 직무를 제대로 이행하도록 하는 자입니다."

한문제가 기렸다. 우승상 주발은 크게 부끄러워하며 조정에서 나온 뒤 진평을 원망했다.

"그대는 어찌해서 평소 나에게 답을 일러주지 않은 것이오!"

진평이 웃으며 말했다.

"그대는 승상 자리에 있으면서도 승상의 임무를 모르고 있었던 것이오? 만일 폐하가 장안의 도적 수를 물었으면 그대는 억지로 대답할 생각이었소?"

강후 주발은 자신의 능력이 진평에 훨씬 미치지 못함을 알고, 이내 병을 핑계 삼아 재상 자리를 내놓기를 청했다. 이로써 진평만이 유일한 승상이 되었다. 한문제 2년, 승상 진평이 죽었다. 시호는 헌후獻侯다. 아들 공후 진매陳買가 작위를 세습했다. 2년 뒤 공후가 죽자 아들 간후簡侯 진회가 작위를 이었다. 이로부터 23년 뒤 간후가 죽자 아들 진하陳何가 작위를 세습했다. 23년 뒤 진하가 남의 아내를 강탈한 죄로 사형을 당했다. 봉국도 폐지되었다. 진평이 일찍이 이같이 말했다.

"나는 음모를 많이 썼다. 이는 도가에서 꺼리는 것이다. 후손의 작위가 폐지되면 그것으로 끝이다. 끝내 다시는 일어서지 못할 것이다. 내가 음모를 많이 쓴 탓이다."

훗날 그의 증손 진장陳掌이 위씨衛氏와 친척관계를 맺은 덕에 귀해졌다. 진씨의 원래 봉호를 계속 이어가고자 했으나 끝내 그러지 못했다.

● 孝文帝立, 以爲太尉勃親以兵誅呂氏, 功多, 陳平欲讓勃尊位, 乃謝病. 孝文帝初立, 怪平病, 問之. 平曰, "高祖時, 勃功不如臣平. 及誅諸呂, 臣功亦不如勃. 願以右丞相讓勃." 於是孝文帝乃以絳侯勃爲右丞相, 位次第一, 平徙爲左丞相, 位次第二. 賜平金千斤, 益封三千戶. 居頃之, 孝文皇帝旣益明習國家事, 朝而問右丞相勃曰, "天下一歲決獄幾何?" 勃謝曰, "不知." 問, "天下一歲錢出入幾何?" 勃又謝不知, 汗出沾背, 愧不能對. 於是上亦問左丞相平. 平曰, "有主者." 上曰, "主者謂誰?" 平曰, "陛下卽問決獄, 責廷尉, 問錢穀, 責治粟內史." 上曰, "苟各有主者, 而君所主者何事也?" 平謝曰, "主臣! 陛下不知其駑下, 使待罪宰相. 宰相者, 上佐天子理陰陽, 順四時, 下育萬物之宜, 外鎮撫四夷諸侯, 內親附百姓, 使卿大夫各得任其職焉." 孝文帝乃稱善. 右丞相大慙, 出而讓陳平曰, "君獨不素敎我對!" 陳平笑曰, "君居其位, 不知其任邪? 且陛下卽問長安中盜賊數, 君欲彊對邪?" 於是絳侯自知其能不如平遠矣. 居頃之, 絳侯謝病請免相, 陳平專爲一丞相. 孝文帝二年, 丞相陳平卒, 諡爲獻侯. 子共侯買代侯. 二年卒, 子簡侯恢代侯. 二十三年卒, 子何代侯. 二十三年, 何坐略人妻, 棄市, 國除. 始陳平曰, "我多陰謀, 是道家之所禁. 吾世卽廢, 亦已矣, 終不能復起, 以吾多陰禍也." 然其後曾孫陳掌以衛氏親貴戚, 願得續封陳氏, 然終不得.

　　태사공은 평한다.

　　"승상 진평은 젊었을 때 원래 황로학黃老學◎을 좋아했다. 그는 일찍이 도마 위의 고기를 나눌 때부터 포부가 원대했다. 나중에 초나라와 위나라 사이에서 배회하며 분주했으나 결국은 한고조에게 귀의했다. 그는 늘 기책을 내 복잡하게 얽힌 분쟁을 해결했고, 나라의 환난을 제거했다. 여후 때 이르러 국사에 변고가 많았으나 진평은 끝내 스스로 화를 면했고, 나라의 종묘사직을 안정시켰다. 영광스러운 명성을 죽을 때까지 유지하며 현상이라는 칭송을 받은 이유다. 이 어찌 시작과 끝이 모두 좋았다고 하지 않을 수 있겠는가! 지략이 없으면 과연 그 누가 이처럼 할 수 있겠는가?"

● 太史公曰, "陳丞相平少時, 本好黃帝·老子之術. 方其割肉俎上之時, 其意

◎ 전설적인 황제黃帝의 다스림과 무위無爲로 천하를 다스리는 노자의 학설을 결합시킨 학문을 말한다.

固已遠矣. 傾側擾攘楚魏之閒, 卒歸高帝. 常出奇計, 救紛糾之難, 振國家之患. 及呂后時, 事多故矣, 然平竟自脫, 定宗廟, 以榮名終, 稱賢相, 豈不善始善終哉! 非知謀孰能當此者乎?"

거병해 사직지신이 되다

초한지제 최고의 지낭

유방은 거병 후 불과 7년 만에 항우를 제압하고 새 왕조를 열었다. 한 나라의 건국 시점을 초한지제 이후로 상정할 경우 한신을 비롯한 개국 공신들이 차례로 제거되는 토사구팽 상황을 제대로 파악할 길이 없다. 한신을 비롯한 개국공신들이 반기를 든 것은 성격상 유방과 항우가 천 하를 놓고 다툰 쟁패爭霸와 별반 차이가 없었다.

유방 사후 총 15년에 걸쳐 진행되었던 여씨 척족의 발호 시기 역시 초한지제의 후과로 보는 것이 타당하다. 창업과 수성의 관점에서 볼 때 토사구팽은 황실의 기반을 다지기 위해 외부 위협세력을 제거하는 작 업, 여씨 척족의 소탕 작업은 내부 위협세력을 제거하는 작업에 해당한 다. 개국공신 진평은 여씨 척족을 소탕하는 작업의 장본인이었다. 초한 지제의 전 기간을 통틀어 최고 인물로 진평을 꼽는 이유다. 위기 상황 에서 사직의 기틀을 튼튼히 다진 이른바 사직지신에 해당한다.

진평은 젊을 때부터 '당대의 지낭'으로 명성이 높았다. 진평분육陳平 分肉 성어가 그 증거다. 하루는 마을에서 토지신 제사인 사제社祭를 지 낼 때 진평이 마침 사재社宰가 되었다. '사재'는 사제에 사용된 제사고기를 분배하는 자를 말한다. 그가 제사고기를 공평히 나누자 부로들이 입을 모아 칭송했다. 그러나 큰 꿈을 지닌 진평은 자신이 천하의 부귀를 나누어줄 수 있다면 이 고기를 나누듯 할 것이라며 크게 탄식했다.

사서의 기록을 토대로 보면 그는 초한지제의 난세에 직접 뛰어든 후 시종 2인자의 길로 나아갔다. 진평의 이러한 행보는 진시황 척살을 꾀한 장량이 유방에게 몸을 굽히고 들어가 참모의 길을 걸으면서도 시종 일인자의 스승을 자부했던 것과 대비된다.

진평처럼 공부를 많이 할 경우에는 일인자보다 2인자에 잘 어울린다. 일인자는 오히려 유방에게 적합하다. 제갈량을 만나기 전까지 관우關羽 및 장비張飛 등과 어울려 정처 없이 떠돌던 유비劉備도 마찬가지다. 학문을 깊이 닦은 조조의 경우는 사정이 약간 다르기는 하나 크게 보면 그 역시 탁류 출신이었기에 일인자에 적합했다고 볼 수 있다.

유방 및 조조와 정반대되는 인물이 항우와 원소다. 두 사람 모두 당대 최고의 명문가 출신이었다. 임기응변의 지략을 빼면 모든 면에서 유방이나 조조를 압도했다. 이들이 스스로 몸을 낮추며 인재를 그러모아 적극 활용했다면 천하를 쉽게 거머쥘 수 있었다. 그러나 이들은 하나같이 자만하다가 유방이나 조조에게 패해 천하의 웃음거리가 되었다. 자신의 능력에 대한 '지나친 자신감'이 패배의 근본 원인이었다.

난세에는 자타가 부러워하는 여러 장점이 오히려 스스로의 발목을 잡는 덫으로 작용한다. 학문을 깊이 연마한 진평이 제갈량처럼 초한지제의 급류에 몸을 던진 이후 시종 2인자의 길을 걸은 것은 높이 평가할 만하다. 어중간한 모습을 보였다면 한신의 전철을 밟았을 공산이 컸다. 유방의 입장에서 볼 때 진평과 같은 당대의 지낭이 조금이라도 배반하려는 모습을 보일 경우 오히려 한신보다 더 위험한 인물로 낙인을 찍을 수도 있었다.

주목할 것은 초한지제 최고의 지낭인 진평도 집안이 너무 한미했던 까닭에 결혼할 때부터 여러 걸림돌을 만날 수밖에 없었던 점이다. 장가갈 나이가 되었음에도 부잣집에서는 그에게 딸을 주려고 하지 않았다. 진평 또한 이를 수치스럽게 생각했다. 당시 호유향에 장부張負라는 부호가 있었다. 그의 손녀는 다섯 번 시집을 갔으나 그때마다 남편이 죽었다. 사람들이 감히 더는 그녀를 데려오려 하지 않았다. 진평이 그녀를 아내로 맞이했다. 일종의 정략결혼이었다.

덕분에 진평은 날로 재물이 늘어났고, 교유 또한 넓어졌다. 〈진승상세가陳丞相世家〉에 따르면 제후들이 진나라에 반기를 들 때 진평은 지금의 하남성 진류현인 임제에서 위왕 위구를 모셨다고 한다. 장량보다는 늦게 군웅축록에 발을 담근 셈이었다. 당시 그가 맡았던 직책은 거마를 담당한 태복이다. 유방의 측근 하후영도 태복을 맡았던 바가 있다. 이는 특별한 신임이 없으면 맡지 못하는 자리다. 신참임에도 특별한 대우를 받았던 것이다.

유방의 신임을 얻다

진평은 위왕 위구 밑에 있을 때 나름대로 성심을 다했다. 모시고 다닐 때마다 그에게 도움이 될 만한 이야기로 충고를 했던 것이 그렇다. 그러나 그의 건의는 하나도 받아들여지지 않았다. 이 와중에 그를 시기하는 어떤 자가 그를 무함하고 나섰다. 진평은 후환이 두려운 나머지 위구 곁을 떠나 이내 항우 쪽으로 갔다. 항우는 진평의 능력을 인정해 그를 객경에 임명했다. 매우 높은 자리였다. 유방이 한중을 빠져나와 관중을 공략한 뒤 다시 동쪽으로 진출코자 할 때 사마앙이 항우에게 반기를 들었다. 항우가 진평의 능력을 시험할 요량으로 속히 군사를 이끌고 가 사마앙을 치게 했다. 진평이 곧바로 사마앙의 항복을 받고 의기양양하게 개선했다. 항우가 크게 기뻐하며 그를 도위에 제수하고, 부상으로 400량에 해당하는 황금 20일을 내렸다.

도위는 전국시대에 생긴 관직으로, 장군 다음의 고위 무관 자리였다. 조나라의 경우는 장군과 도위 사이에 국위를 두기도 했다. 진나라는 군마다 군사를 전담하는 군위를 설치해 태수를 돕게 했다. 진평이 항우 곁을 떠난 것은 도위 자리를 맡은 지 얼마 되지 않아 유방이 은왕 사마앙의 영지를 공격해 이내 손에 넣은 데서 비롯되었다.

항우는 이러한 보고를 접하고 대로했다. 평정에 나섰던 장군과 관원들이 일을 대충 처리한 뒤 포상을 받았다고 오해했던 것이다. 주살 대상 1순위는 군사를 지휘했던 진평이었다. 진평은 두려운 나머지 이내 하사받은 금과 인장을 봉인해 사람을 시켜 항우에게 돌려준 뒤 칼 한 자루만 지닌 채 황급히 샛길로 달아났다. 마침 이때는 유방이 5국 제후왕의 군사를 이끌고 항우의 본거지인 팽성을 치기 위해 진격하던 때였다.

진평이 유방과 조우한 곳은 지금의 하남성 수무현이었다. 공교롭게도 그곳에서 옛 친구 위무지를 만났다. 곧 그를 통해 유방을 알현할 수 있었다. 유방은 위무지의 천거에 귀가 솔깃해져 곧 진평을 만나보았다. 결과는 실망스러웠다. 그에게 먹을 것을 내린 뒤 객사에서 쉬게 했을 뿐이다. 진평이 물러나지 않고 간절히 청했다.

"신은 일로 온 까닭에 오늘을 넘기면 말씀 드릴 수가 없습니다."

유방은 전에 천하제일의 전략가인 한신을 제대로 알아보지 못하고 홀대했다가 소하 덕분에 간신히 끌어들인 적이 있었다. 진평의 청을 물리치지 못했던 이유다. 과연 더불어 이야기를 나누어보니 진평은 보기 드문 당대의 지낭이었다. 유방이 크게 기뻐하며 그날로 진평을 도위에 제수했다. 이어 자신의 수레에 함께 타는 배승陪乘을 허락하며 장령을 감찰하는 호군도위 벼슬까지 내렸다. 지금의 청와대 경호실장에 해당하는 봉거도위와 수도경비사령관에 준하는 호군도위 자리를 겸했던 셈이다. 한신이 유방과 대화를 나눈 뒤 문득 대장군에 제수된 것과 닮았다. 이와 달리 항우는 이러한 식의 파격적인 인사를 할 줄 몰랐다. 그 차이가 두 사람의 운명을 갈랐다고 보아도 과언이 아니다.

동서고금을 막론하고 늘 외부에서 영입한 인물에 대한 파격적인 인사는 박힌 돌의 불만을 불러오게 마련이다. 당시 초나라 군사를 격파하는 데 큰 공을 세운 관영을 비롯한 기존의 장수들은 진평이 호군도위로 발탁된 사실에 커다란 불만을 품었다. 유방 앞에서 거듭 진평을 헐뜯고 나섰던 이유다. 유방은 사람을 알아보는 지감知鑑이 뛰어나고 호쾌한 면도 있는 반면에 귀가 얇았다. 유방이 이들의 말을 듣고 진평을 의심했다. 이에 진평을 천거한 위무지를 불러 크게 나무랐다. 위무지가 변명하기를, '초나라와 한나라가 서로 대립하고 있기에 기책을 내는 인재[奇謀之士]를 천거했다'고 했다. 그런데도 유방은 다시 진평을 불러들여 따졌다. 진평은 유방이 관인하다는 이야기를 듣고 귀부한 배경을 설명했다. 유방이 이내 진평에게 사과하고 더 많은 포상을 내렸다.

〈고조공신후자연표高祖功臣侯者年表〉에 따르면 이때 유방은 진평을 호군도위보다 한 단계 더 높은 호군중위에 제수했다. 이는 장수들의 상하관계를 조절하며 감독하는 자리다. 요즘으로 치면 보안사령관 쯤에 해당한다. 대장군에 제수된 한신에 버금하는 자리다. 파격적인 인사였다. 총애로 치면 오히려 더한 감이 있었다. 사서는 이후 제장들이 다시는 그에 관해 감히 말하지 못했다고 기록해놓았다. 유방의 진평에 대한 신임이 어느 정도였는지를 가늠하게 해주는 대목이다.

큰 틀에서 볼 때 유방이 진평을 호군중위에 제수했던 것은 한신과 호흡을 맞추기 위한 계책의 일환으로 볼 수 있다. 당시 관영과 주발 등은 진평의 능력에 의심을 보냈지만 유방은 진평에게 전폭적인 신뢰를 보냈다. 당대 최고의 병법가인 한신의 진면목을 눈으로 확인한 결과였다. 진평을 호군중위에 제수하면서 한신의 군령에 더욱 힘이 실렸다. 무력 면에서 상대적으로 우위를 지녔던 항우의 군사들과 맞설 수 있었던 배경이다. 군령이 지리멸렬했을 경우 한신의 군사도 이내 궤멸했을 것이다. 한신이 화북 일대를 석권했던 것도 진평이 호군중위에 제수되어 제장들의 무함을 철저히 봉쇄한 덕분으로 볼 수 있다.

승부사의 지략, 반간계와 고육계

한고조 3년 봄, 유방이 항우에게 형양을 기준으로 천하를 둘로 나누어 그 동쪽을 가지고, 일시 싸움을 멈추자고 제의했다. 장차 한신의 군사를 끌어들여 항우를 격파하는 데 적극 활용코자 했던 것이다. 홍구에서 강화회담이 이루어지기 1년 전이었다. 유방이 진평의 계책을 받아들인 뒤 황금 4만 근을 내주며 마음대로 사용하게 했다. 지출내역을 전혀 묻지 않았던 것은 말할 것도 없다.

전국시대 말기 진나라가 천하통일의 걸림돌로 작용하고 있는 위나라의 신릉군信陵君을 낙마시키기 위해 반간계를 구사한 바가 있다. 당시 진나라가 유세객들에게 사용한 황금이 1만 근이었다. 유방이 진평에게 내린 4만 근이 얼마나 큰 액수였는지 알 수 있다.

당시 진평이 구사한 반간계가 빛을 발한 것은 항우가 유방의 속셈을 알아보기 위해 보낸 사자를 역이용한 데 있었다. 상대편의 계교를 미리 알아채고 역이용하는 장계취계將計就計에 해당한다. 고단수의 속임수였다. 진평의 이간계에 넘어가 항우가 범증을 크게 의심하기 시작하자 범증은 항우 곁을 떠났다. 이는 진평의 장계취계에 입각한 반간계가 그만큼 뛰어났음을 반증한다.

장계취계의 반간계는 이후 유방이 고립된 형양성에서 비상탈출할 때 구사했던 사항계詐降計와 비교할 때 급이 약간 떨어진다. 사서의 기록을 보면 그의 장계취계의 반간계는 일시적인 효과밖에 없었다. 항우군의 포위가 전혀 풀릴 기미를 보이지 않는 가운데 유방군의 식량이 이내 바닥을 드러냈던 것이다. 항우의 공세가 그만큼 거셌음을 반증한다.

이러한 상황에서는 관중의 소하로부터 병참지원과 병력증원을 기대하기도 어려웠고, 한신의 구원도 여의치 않았다. 특단의 대책을 내지 않으면 자칫 앉아서 굶어 죽을 판이었다.《사기》에는 배경에 관한 자세한 기록이 나오지 않고 있으나 초나라 군사가 식량 수송용 도로인 용도甬道의 일부를 점령해 식량 운송을 중도에 차단했을 가능성이 크다. 이때 진평이 다시 기발한 계책을 냈다. 거짓으로 항복하는 틈을 타 재빨리 도주하는 것이 그것이다.

사항계는 성격상 손해를 감수하며 상대를 속이는 고육계苦肉計를 동반한다. 가짜 유방은 목숨을 내놓아야 했다. 이해 5월, 유방이 거병했을 때부터 번쾌와 하후영 및 근강靳彊 등과 함께 유방의 곁을 지키던 기신이 가짜 유방의 역할을 자청했다.

진평이 구사한 사항계 계책은 범증을 내치게 만든 장계취계의 반간계보다 한 단계 위다. 이는《사기》에 두루 언급되어 있다. 기신은 홍문의 연회 때 유방과 함께 호랑이 굴을 빠져나온 네 명의 측근 가운데 한 사람이다. 나머지 세 명은 번쾌와 하후영 및 근강이었다. 당시 유방이 형양을 빠져나갔다는 보고를 접한 항우는 화를 참지 못해 이내 기신을 불태워 죽였다. 기신은 고육계의 주인공을 자처함으로써 진평의 사항계를 완성시키는 데 결정적인 공헌을 했다. 그렇다면 사항계를 낸 진평은 어디에 있었던 것일까? 〈진승상세가〉에 짧은 기록이 나온다.

진평이 야음을 틈타 여자 2,000명을 형양성 동문으로 내보내자 초나라가 곧 이들을 쳤다. 그 틈에 진평은 유방과 함께 성의 서문을 통해 사지를 빠져나왔다.

당시의 정황에 비추어보면 진평은 기병 수십 기의 일원으로 유방과 함께 사지를 빠져나왔던 것이 확실하다.

사직지신의 자세

한혜제 유영이 재위하던 16년 동안 실질적인 통치는 여후가 했다. 여씨 일족의 발호는 기원전 180년에 여후의 죽음을 계기로 종언을 고했다. 당시 태위로 있던 주발은 여씨 일족을 토벌하기에 앞서 군문에 들어가 이러한 명을 내린 바가 있다.

"여씨를 편들 자는 오른쪽 소매를 걷고, 유씨를 편들 자는 왼쪽 소매를 걷도록 하라!"

여기서 훗날 한쪽을 지지한다는 의미의 좌단左袒 성어가 나왔다. 당시 소하와 조참, 장량, 번쾌 등은 이미 한혜제가 재위하던 때에 세상을 떠난 까닭에 오직 진평과 주발 정도밖에 남아 있지 않았다. 당시 진평은 여후의 의심을 사지 않기 위해 짐짓 술만 마시는 등 교묘한 도회술을 구사하다가 여후가 죽자마자 일거에 여씨 일족을 소탕했다. 그를 두고 장량과 소하보다 더 큰 공을 세웠던 사직지신으로 평하는 이유다.

진평을 한나라 건국 초기의 사직지신으로 꼽는 데는 그의 이후 행보도 크게 기여하고 있다. 당시 진평 등의 옹립에 의해 보위에 오른 한문제는 즉위 후 가장 큰 공을 세운 진평을 좌승상, 태위 주발을 우승상, 대장군 관영을 태위로 삼았다. 우승상이 좌승상보다 높다. 주발이 우승상이 된 데에는 진평이 양보한 데 따른 것이었다.

한문제는 주발을 정중하게 예우해 그가 물러날 때마다 늘 친히 전송했다. 논공행상을 위한 조회가 끝난 후 궐 밖으로 나오는 주발의 모습이 매우 의기양양했다. 여태후의 섭정 때 여록呂祿의 가신으로 있다가 한문제 즉위 후 중랑이 된 원앙袁盎이 한문제에게 은근히 물었다.

"폐하는 강후絳侯 주승상이 어떤 인물이라고 생각하십니까?"

"사직지신이라고 생각하오."

원앙이 말했다.

"강후는 공신일 뿐 사직지신은 아닙니다. 사직지신은 군주가 살아 있으면 그 군주와 함께하고, 군주가 망하면 함께 망합니다. 여태후 때 여씨 일족이 전횡하며 멋대로 왕의 자리를 차지한 까닭에 유씨는 비록 명맥이 끊어지지는 않았으나 한낱 매우 미약해졌습니다. 당시 강후는 태위로서 병권을 쥐고 있으면서도 이를 바로잡지 못했습니다. 여태후가 서거한 뒤 대신들이 서로 힘을 합쳐 여씨 일족을 칠 때 태위는 마침 병권을 잡고 있었기에 우연히 공을 거둔 것에 지나지 않습니다. 공신이라고 말할 수는 있으나 사직지신은 결코 될 수 없는 이유입니다. 지금 주승상이 폐하에게 교만한 기색을 띠고 있는데도 폐하는 오히려 겸양하는 모습을 보이니 신이 보건대 이는 군주와 신하 모두 예의를 잃은 것입니다. 결코 폐하가 취할 바가 아닙니다."

이후 한문제도 깨달은 바가 있어 조회 때마다 더욱 위엄을 갖추었다. 한문제의 급작스러운 태도에 우승상 주발이 크게 놀랐다. 그 배경에 원앙이 있다는 이야기를 듣고는 이내 원앙을 원망했다.

"나와 그대의 형은 서로 친한 사이다. 그런데 지금 그대가 어찌해서 조정에서 나를 헐뜯을 수 있단 말인가?"

〈원앙조조열전袁盎鼂錯列傳〉은 당시 원앙이 끝내 주발에게 사과하지 않았다고 기록해놓았다. 주발은 자신의 잘못이 어디에 있는지 제대로 헤아리지 못하고 있었던 셈이다. 시종 신중한 행보를 취했던 진평과 대비된다. 〈진승상세가〉에 따르면 여씨 일족의 소탕과 한문제의 옹립을 실질적으로 주도한 사람은 주발이 아닌 진평이다. 원앙의 지적이 틀린 것이 아니다. 그럼에도 한문제는 주발이 직접 군사를 이끌고 가 여씨 일족을 주살한 점에 주목해 그의 공로가 가장 많다고 생각했다. 진평이 시종 겸양하는 모습을 보인 것이 크게 기여했다.

예로부터 많은 사람이 '위기는 곧 기회다'라고 말했다. 진평은 한고조에게 귀순한 뒤 늘 기계를 내어 복잡하게 꼬인 난제를 해결하고, 나라의 환난을 제거했다. 그는 한나라를 세운 여러 공신 가운데 전한제국의 수명을 200년이나 연장시킨 장본인에 해당한다.

장계취계의 반간계와 고육책을 겸한 사항계로 요약되는 진평의 처세는 절체절명의 위기상황 때 오히려 빛이 났다. 속셈을 철저히 숨긴 채적의 허점을 집요하게 파고드는 것이 관건이다. 겉으로 드러난 적만 극복대상으로 삼아서는 안 된다. 자신의 내부에 도사리고 있는 적도 정확히 알아야만 한다. 위기를 전화위복의 계기로 삼기 위해서는 반드시 진평처럼 속셈을 깊숙이 감춘 채 칼을 가는 행보를 보여줄 필요가 있다.

—

제 6 장

의후懿侯 조참曹參

역대 왕조 가운데 개국 초기에 소하와 조참 같은 아전이 승상 자리에 오른 적은 없다. 유방이 사상 최초의 평민 출신 황제로 등극했기에 가능했던 일이다. 유방에 이어 사상 두 번째로 평민 출신 황제가 된 명태조 주원장도 아전 출신을 재상 자리에 앉히지 않았다.

유방이 소하와 조참을 승상 자리에 앉힌 이유는 그들의 출신보다 그들을 향한 신뢰가 더 중요한 배경으로 작용했음을 의미한다. 실제로 유방은 중간에 합류한 장량과 한신 및 진평 등에게 전적인 신뢰를 보내지 않았다. 그들의 머리와 무략을 적극 활용하기는 했으나 속마음을 주지는 않았던 것이다. 난세에 등장하는 임협의 의리가 유방과 조참을 하나로 묶은 결과로 해석할 수밖에 없다.

조참의 2인자 리더십은 특이하게도 도가의 무위지치를 적극 활용한 데서 그 정수를 보여주었다. 초한지제의 후유증이 아직 가시지 않은 상황에서 그의 이런 리더십은 피폐해진 민력을 회복하는 데 결정적인 공헌을 했다. 사마천이 〈조상국세가曹相國世家〉의 사평에서 조참을 극찬했던 것도 이러한 맥락에서 이해할 수 있다. 당나라 때 한유韓愈가 〈조상국세가〉를 《사기》의 최고 명문으로 꼽은 이유도 무위지치에 입각한 조참의 2인자 리더십을 높이 평가한 사실과 무관치 않다.

조상국세가

曹相國世家

평양후 조참은 패현 출신이다. 조참은 진나라 때 패현의 감옥을 관리하는 아전인 옥연으로 있었다. 소하는 아전을 총괄하는 주리였다. 이들은 현 내에서 권세 있는 아전인 호리로 통했다. 한고조가 패공이 되어 거병할 때 조참은 중연의 신분으로 군사를 이끌고 호릉·방여로 진격했다. 진나라 감공監公의 군사를 공격해 대파했다. 이어 동쪽으로 설현을 점령하고, 설군의 외성 서쪽에서 사수군의 수비군을 격파했다. 그러고는 재차 호릉을 공격해 점령했다. 이때 조참은 방여 쪽으로 이동했다. 방여가 위왕魏王에게 투항한 까닭에 진격한 것이다. 풍읍도 배반해 위나라에 투항했다. 조참이 방여에 이어 풍읍을 친 이유다.

당시 한고조 유방은 조참에게 칠대부 작위를 내렸다. 조참은 탕군의 동쪽에서 진나라 사마 니가 이끄는 군사를 격파했다. 또 탕군과 호보를 포함해 기현의 선역 일대를 빼앗았다. 서쪽으로 하읍을 공격하고 우현에 이르렀다. 진나라 장수 장함의 거기車騎부대를 향해 진격했다. 원척과 항보를 칠 때는 제일 먼저 성루에 올랐다. 공을 인정받아 오대부로 승진했다. 또 북쪽으로 아현을 구하고, 장함의 군사를 격파한 뒤 진陳을 함락시키고 복양까지 추격했다. 정도를 치고, 임제를 빼앗았다. 남진해 옹구를 구하고, 이유의 군사를 격파했다. 이때 이유를 사살하고 진나라 군사의 군후 한 명을 포획했다.

당시 진나라 장수 장함은 항량의 군사를 격파하고 항량을 죽였다. 소식을 들은 패공 유방과 항우가 군사를 이끌고 동쪽으로 귀환했다. 초회왕은 패공 유방에게 명해 탕군의 장이 되어 탕군의 군사를 이끌게 했다. 유방은 조참을 집백에 임명하고, 건성군建成君으로 불렀다. 이후 조참을 다시 원척현의 현령에 임명한 뒤 탕군에 예속시켰다. 이후 조참은 패공을 따라 동군 군위의 군사를 공격해 성무의 남쪽에서 격파했다. 왕리가 이끄는 진나라 군사를 성양 남쪽에서 격파하고, 다시 왕리의 군사를 강리에서 공격해 대파시켰다.

적군을 추격해 서쪽으로 개봉에 이르자 조분趙賁의 군사를 격파하고, 개봉성에서 조분의 군사를 포위했다. 서쪽으로 곡우에서 진나라 장수 양웅의 군사를 격파하고, 진나라의 사마와 어사 각 한 명을 포획했다. 그 공으로 집규로 승진했다. 또 패공을 따라 양무를 공격해 환원과 구씨를 점령했다. 황하 나루터를 봉쇄한 뒤 회군해 시향 북쪽에서 조분의 군사를 물리쳤다. 패공을 따라 남진해 주軼를 쳤고, 남양군수 여의와 양성의 외성 동쪽에서 교전했다. 적군의 진영을 격파하고, 완성을 빼앗았다. 이때 여의를 포획하고 남양군을 완전히 평정했다. 패공을 따라 서진해 무관과 요관을 공격해 빼앗았다. 먼저 진나라 군사를 남전의 남쪽에서 격파하고, 한밤에 남전의 북쪽을 공격해 대파했다. 함양에 이르러 마침내 진나라를 멸했다.

항우가 관중에 이르러 패공을 한왕漢王으로 삼았다. 유방은 조참을 건성후建成侯에 봉했다. 조참은 유방을 따라 한중에 이르러 장군으로 승진했다. 유방을 따라 회군해 삼진을 평정하고, 처음으로 하변과 고도 및 옹과 태를 쳤다. 호치 남쪽에서 장평이 이끄는 삼진의 군사를 물리친 뒤 호치를 포위해 양향을 빼앗았다. 양향의 동쪽과 고력 일대에서 삼진의 군사를 격파했다. 재차 장평의 군사를 포위하자 장평은 호치의 포위망을 뚫고 달아났다. 여세를 몰아 조분과 그의 내사인 보保의 군사를 격파한 뒤 동진해 함양을 공략했다. 유방은 함양을 신성으로 개명했다.

조참이 군사를 이끌고 스무날 동안 경릉을 지키자 삼진은 장평 등을 보내 조참을 쳤다. 조참이 곧바로 출격해 이들을 대파했다. 유방은 영진을 조참에게 식읍으로 주었다. 조참은 장군의 신분으로 군사를 이끌고 가 진나라 장수 장한을 폐구에서 포위했고, 또 중위의 신분으로 유방을 따라 임진관을 빠져나왔다. 하내에 이르러 수무를 점령하고, 위진 나루터에서 황하를 건넌 뒤 동진해 정도에서 용저와 항타項他 등을 물리쳤다. 계속 동진해 탕·소·팽성을 빼앗았다. 유방이 항우의 군사를 치다가 대패해 달아나자, 조참은 중위의 신분으로 군사를 이끌고 옹구를 포위해 빼앗았다. 한나라 장수 왕무王武가 외황에서 반기를 들고, 정처程處가 연 땅에서 반기를 들자 조참이 군사를 이끌고 진격해 이들을 물리쳤다. 주천후柱天侯가 연씨에서 반기를 들자 또 진격해 반란군을 격파하고 연씨를 탈환했다. 우영羽嬰을 곤양에서 친 뒤 섭 땅까지 추격했다. 회군해 무강武彊을 치고, 여세를 몰아 형양에 이르렀다.

한중에서부터 장군이 된 것부터 따지면 중위가 되어 유방을 따라 제후 및 항우를 친 뒤 형양으로 돌아온 셈이다. 모두 2년 사이에 일어난 일이다.

한고조 2년, 조참이 대리 좌승상이 되어 군사를 이끌고 관중에 주둔했다. 한 달여 뒤 위왕魏王 위표가 반란을 일으켰다. 조참이 대리 좌승상의 신분으로 한신과 함께 각기 군사를 이끌고 동진해 위나라 장수 손속孫遫의 군사를 동장에서 대파했다. 승세를 몰아 안읍을 치고 위나라 장수 왕양王襄을 포획했다. 곡양에서 위왕 위표를 쳤다. 마침내 무원까지 추격해 위표를 생포했다. 평양을 점령한 뒤 위표의 모친과 처, 자녀들을 포획해 위魏 땅을 평정했다. 빼앗은 성읍이 모두 쉰두 개에 달했다. 유방이 평양을 조참에게 식읍으로 주었다.

이후 한신을 쫓아 조나라 상국 하열의 군사를 오성의 동쪽에서 대파하고, 하열을 죽였다. 한신은 옛 상산왕 장이와 함께 군사를 이끌고 정형으로 내려와 성안군을 쳤다. 이때 조참에게 명해 회군한 뒤 조나라 별장 척장군戚將軍을 오성에서 포위하게 했다. 척장군이 포위망을 뚫고 달아나자 곧바로 추격해 목을 베었다. 이어 군사를 이끌고 오창에 있는 유방의 영채로 갔다. 당시 한신은 이미 조나라를 점령해 상국이 된 뒤 동쪽 제나라를 향해 진격했다. 조참은 우승상의 신분으로 한신에 예속되었다. 곧 역하가 이끄는 제나라 군사를 격파하고 임치를 점령했다. 회군해 제북군을 평정한 뒤 저·탑음·평원·격·노 등을 쳤다.

얼마 후 한신을 따라 상가밀에서 용저의 군사를 쳐 대파했다. 용저의 목을 벤 뒤 그의 부장 주란을 포획했다. 제나라 땅을 평정해 모두 70여 개의 현을 얻었다. 옛 제왕 전광田廣, 재상 전광田光, 대리 승상인 수상守相 허장許章, 옛 제나라 교동장군 전기田旣 등을 포획했다. 이후 한신은 제왕齊王으로 봉해진 뒤 군사를 이끌고 진현에 도착해 유방과 합세해 항우를 격파했다. 이때 조참은 제나라 땅에 머물며 아직 굴복하지 않은 땅을 평정했다.

항우가 죽자 유방이 황제 자리에 올랐다. 한신은 초왕楚王으로 이봉되었고, 제나라 땅은 군郡이 되었다. 조참은 한나라 승상의 인수를 반환했다. 한고조가 서장자 유비劉肥를 제왕에 봉하고, 조참을 제나라 상국으로 임명했다. 한고조 6년, 조정이 조참에게 열후의 작위를 내릴 때 제후와 나누어 가지는 신부信符를 내리며 작위를 대대로 전해 끊기지 않게 했다. 조참은 평양의 1만 630호를 식읍으로 한 평양후에 봉해졌다. 전에 받은 식읍은 반환되었다.

진희가 반기를 들었을 때 조참은 제나라 상국의 신분으로 군사를 이끌고 가 진희의 부장 장춘의 군사를 격파했다. 경포가 반기를 들었을 때는 제나라 상국의 신분으로 제도혜왕을 따라 보병과 거기부대 20만 명을 이끌고 가 한고조와 함께 경포의 군사를 쳐 대파했다. 이어 남쪽으로 기蘄를 치고 회군하는 과정에서 죽읍·상·소·유 땅을 평정했다. 조참의 공적을 요약하면 이렇다. 두 개의 봉국과 122개의 현을 함락시켰다. 두 명의 제후왕, 세 명의 봉국 승상, 여섯 명의 장군을 포함해 대막오·군수·사마·군후·어사 각 한 명씩을 포획했다.

한혜제 원년, 봉국에 상국을 설치하는 법령을 폐지하면서 조정이 조참을 제나라의 승상으로 임명했다. 조참은 제나라의 승상이 되어 제나라의 일흔 개 성읍을 거느리게 되었다. 천하가 막 평정되었을 때 제도혜왕의 나이가 어렸다. 조참이 장로와 사인을 모두 불러들여 백성을 안정시키는 방법을 물었다. 제나라에는 원래 100명을 헤아리는 유생이 있었다. 설이 분분해 어떻게 결정해야 좋을지 몰랐다. 이내 교서 땅에 갑공蓋公이라는 자가 황로학에 정통하다는 이야기를 듣고는 곧바로 후한 패물을 보내 초청했다. 갑공을 만나자 갑공은 조참에게 권했다.

"나라를 다스리는 가장 좋은 방법은 도가에서 말하는 청정무위淸靜無爲입니다. 그리하면 백성은 절로 안정될 것입니다."

갑공이 청정무위와 관련한 여러 사례를 들어 설득했다. 조참이 정당正堂을 양보해 갑공에게 그곳에 머물게 했다. 제나라를 다스리는 기본

치술로 황로학 이론을 채택했다. 제나라 승상이 된 지 9년 만에 백성이 편안해졌다. 사람들이 그를 현상賢相이라 칭송한 이유다.

● 平陽侯曹參者, 沛人也. 秦時爲沛獄掾, 而蕭何爲主吏, 居縣爲豪吏矣. 高祖爲沛公而初起也, 參以中涓從. 將擊胡陵·方與, 攻秦監公軍, 大破之. 東下薛, 擊泗水守軍薛郭西. 復攻胡陵, 取之. 徙守方與. 方與反爲魏, 擊之. 豐反爲魏, 攻之. 賜爵七大夫. 擊秦司馬尼軍碭東, 破之, 取碭·狐父·祁善置. 又攻下邑以西, 至虞, 擊章邯車騎. 攻爰戚及亢父, 先登. 遷爲五大夫. 北救阿, 擊章邯軍, 陷陳, 追至濮陽. 攻定陶, 取臨濟. 南救雍丘. 擊李由軍, 破之, 殺李由, 虜秦候一人. 秦將章邯破殺項梁也, 沛公與項羽引而東. 楚懷王以沛公爲碭郡長, 將碭郡兵. 於是乃封參爲執帛, 號曰建成君. 遷爲戚公, 屬碭郡. 其後從攻東郡尉軍, 破之成武南. 擊王離軍成陽南, 復攻之杠里, 大破之. 追北, 西至開封, 擊趙賁軍, 破之, 圍趙賁開封城中. 西擊秦將楊熊軍於曲遇, 破之, 虜秦司馬及御史各一人. 遷爲執珪. 從攻陽武, 下轘轅·緱氏, 絶河津, 還擊趙賁軍尸北, 破之. 從南攻犨, 與南陽守齮戰陽城郭東, 陷陳, 取宛, 虜齮, 盡定南陽郡. 從西攻武關·嶢關, 取之. 前攻秦軍藍田南, 又夜擊其北, 秦軍大破, 遂至咸陽, 滅秦. 項羽至, 以沛公爲漢王. 漢王封參爲建成侯. 從至漢中, 遷爲將軍. 從還定三秦, 初攻下辯·故道·雍·斄. 擊章平軍於好畤南, 破之, 圍好畤, 取壤鄉. 擊三秦軍壤東及高櫟, 破之. 復圍章平, 章平出好畤走. 因擊趙賁·內史保軍, 破之. 東取咸陽, 更名曰新城. 參將兵守景陵二十日, 三秦使章平等攻參, 參出擊, 大破之. 賜食邑於寧秦. 參以將軍引兵圍章邯於廢丘. 以中尉從漢王出臨晉關. 至河內, 下脩武, 渡圍津, 東擊龍且·項他定陶, 破之. 東取碭·蕭·彭城. 擊項籍軍, 漢軍大敗走. 參以中尉圍取雍丘. 王武反於外黃, 程處反於燕, 往擊, 盡破之. 柱天侯反於衍氏, 又進破取衍氏. 擊羽嬰於昆陽, 追至葉. 還攻武彊, 因 至滎陽. 參自漢中爲將軍中尉, 從擊諸侯及項羽, 敗, 還至滎陽, 凡二歲. 高祖三二年, 拜爲假左丞相, 入屯兵關中. 月餘, 魏王豹反, 以假左丞相別與韓信東攻魏將軍孫遬軍東張, 大破之. 因攻安邑, 得魏將王襄. 擊魏王於曲陽, 追至武垣, 生得魏王豹. 取平陽, 得魏王母妻子, 盡定魏地, 凡五十二城. 賜食邑平陽. 因從韓信擊趙相國夏說軍於鄥東, 大破之, 斬夏說. 韓信與故常山王張耳引兵下井陘, 擊成安君, 而令參還圍趙別將戚將軍於鄥城中. 戚將軍出走, 追斬之. 乃引兵詣敖倉漢王之所. 韓信已破趙, 爲相國, 東擊齊. 參以右丞相屬韓信, 攻破齊歷下軍, 遂取臨菑. 還定濟北郡, 攻著·漯陰·平原·鬲·盧. 已而從韓信擊龍且軍於上假密, 大破之, 斬龍且, 虜其將軍周蘭. 定齊, 凡得七十餘縣. 得故齊王田廣相田光, 其守相許章, 及故齊膠東將軍田旣. 韓信爲齊王, 引兵詣陳, 與漢王共破項羽, 而參留平齊未服者. 項籍已死, 天下定, 漢王爲皇帝, 韓信徙爲楚王, 齊爲郡. 參歸漢相印. 高帝以長子肥爲齊王, 而以參爲齊相國. 以高祖六年賜爵列侯, 與諸侯剖符, 世世勿絶. 食邑平陽萬六百三十戶, 號曰平陽侯, 除前所食邑. 以齊相國擊陳豨將張春軍, 破之. 黥布反, 參以齊相國從悼惠王將兵車騎十二萬人, 與高祖會擊黥布軍, 大破之. 南至蘄, 還定竹邑·相·蕭·留. 參功, 凡下二國, 縣一百二十二, 得王二人, 相三人, 將軍六人, 大莫敖·郡守·司馬·候·御史各一人. 孝惠帝元年, 除諸侯相國法, 更以參爲齊丞相. 參之相齊, 齊七十城. 天下初定, 悼惠王富於春秋, 參盡召長老諸生, 問所以安集百姓, 如齊故俗諸儒以百數, 言人人殊, 參未知所定. 聞膠西有蓋公, 善治黃老言, 使人厚幣請之. 旣見蓋公, 蓋公爲言治道貴淸靜而民自定, 推此類具言之. 參於是避正堂, 舍蓋公焉. 其治要用黃老術, 故相齊九年, 齊國安集, 大稱賢相.

한혜제 2년, 소하가 죽었다. 조참은 이 소식을 듣고는 그의 사인들에게 행장을 속히 꾸릴 것을 재촉했다.

"내가 곧 입궐해 상국이 될 것이다."

얼마 후 과연 사자가 조참을 부르러 왔다. 조참이 떠날 때 후임인 제나라 승상에게 당부했다.

"제나라의 감옥과 시장은 간사한 사람들이 모여드는 장소요. 그런 곳은 응당 신중히 대해야 하고, 혼란스럽게 만들어서는 안 되오."

후임 승상이 말했다.

"나라를 다스리는 일로 이보다 중요한 것이 없습니까?"

조참이 말했다.

"그렇지는 않소. 감옥과 시장이라는 곳은 선과 악이 공존하는 곳이오. 만일 그대가 그곳을 엄중히 처리하지 않으면 나쁜 사람이 어디에가 몸을 의탁하겠소? 나는 이를 매우 중시해 우선시한 것이오."

조참이 아직 미천했을 때 소하와 사이가 좋았다. 그러나 조참이 장군, 소하가 상국이 된 후 틈이 벌어졌다. 소하가 죽음에 임박해 천거한 사람은 오직 조참뿐이다. 조참은 소하 뒤를 이어 한나라의 상국이 되어 모든 일을 처리할 때 하나같이 소하가 제정한 법령을 따랐다. 조참은 각 군이나 봉국의 관원 가운데 문사가 질박하고 꾸밈이 없는 중후한 장자長者가 있으면 곧바로 불러들여 승상부 관원으로 썼다. 관원 가운데 언어와 문사가 각박하고 칭송이나 명성을 얻기에만 힘쓰는 자는 곧바로 내쫓았다. 조참은 밤낮으로 술을 마셨다. 경대부 이하의 관원이나 빈객들은 조참이 정사를 돌보지 않는 것을 보고는 내방할 때마다 간하고자 했다. 그런 사람이 찾아오면 조참은 곧 맛있는 술을 마시게 했고, 잠시 후 말을 다시 하려고 들면 또다시 술을 권해 취하게 만든 뒤 돌려보냈다. 방문한 사람들 모두 끝내 말을 꺼내지 못했다. 그는 늘 그러했다.

상국의 집 후원은 관원들의 숙사와 가까웠다. 관원들이 숙사에서 종일 술을 마시고 노래하며 큰소리로 떠들어댔다. 조참을 수종하는 자들이 이들을 미워했으나 어찌할 도리가 없었다. 마침내 하루는 수종하는 자가 조참에게 후원에 나와 놀게 했다. 관원들이 취해 떠들고 노래하는 것을 듣고 적절한 조치를 취하기를 바란 것이다. 그런데 조참은 오히려 술자리를 편 뒤 이들과 같이 마시고 고성방가를 하며 사이좋게 지냈다. 조참은 관원들의 사소한 잘못을 보면 오로지 숨겨주고 덮어주었다. 상국부에서 거의 문제가 일어나지 않은 이유다. 조참의 아들 조줄曹窋은 중대부였다. 한혜제는 상국이 정무를 처리하지 않는 것을 내심 괴이하게 여겼다.

"어찌해서 짐을 경시하는 것인가?"

곧 조줄에게 이같이 말했다.

"그대가 집에 돌아가거든 은밀히 부친에게 다음과 같이 물어보시오. '고황제가 붕어해 신하들과 이별한 지 얼마 되지 않았고 황상 또한 나이가 젊습니다. 아버님은 상국이 되어 날마다 술만 드시고 황상에게 소청하거나 보고하는 일도 없습니다. 장차 천하사를 어찌 대처하려는 것입니까?' 다만 짐이 그대에게 시켰다고는 하지 마시오."

조줄이 휴가를 얻어 귀가한 뒤 부친을 모시고 있다가 한혜제의 말을 그대로 옮겼다. 조참이 크게 화를 내며 조줄의 종아리를 200대나 때리고 말했다.

"빨리 궁에 들어가 황상을 모시기나 해라. 천하의 일은 네가 말할 바가 아니다."

조참이 조회에 참석하자 한혜제가 나무랐다.

"왜 조줄을 그토록 혼을 낸 것이오? 지난번 일은 짐이 시켜 그대에게 간하게 한 것이었소."

조참이 관을 벗고 사죄했다.

"폐하가 보건대 폐하와 고황제 가운데 누가 더 현명하고 영민하며 용맹스럽습니까?"

"짐이 어찌 감히 선제를 넘보겠소?"

"폐하가 보실 때 저와 소하 가운데 누가 더 능력이 뛰어납니까?"

"그대가 못 미칠 것 같소."

조참이 말했다.

"폐하의 말씀이 옳습니다. 고황제와 소하가 천하를 평정했고, 법령도 이미 밝게 정해놓았습니다. 폐하는 팔짱을 긴 채 편히 계시고, 저희는 직분을 지키면서 옛 법도를 따르기만 하면 됩니다. 그런 식으로 지키는 것이 좋지 않겠습니까?"

"옳은 이야기요. 이제 그대는 쉬도록 하시오."

조참이 한나라 상국이 된 지 3년 만에 죽었다. 시호는 의후懿侯다. 아들 조줄이 제후의 작위를 이어받았다. 백성이 이런 노래를 불렀다.

소하가 제정한 법은 하나같이 밝고 곧았지.
조참이 대를 이어 지켜가며 잃지 않았지.
청정무위 계책을 행하니 온 백성이 편했지.

평양후 조줄은 여태후 때 어사대부를 지냈다. 한문제 즉위 후 관직을 사직하고 제후가 되었다. 조줄은 제후가 된 지 29년 만에 세상을 떠났다. 시호는 정후靜侯다. 아들 조기가 작위를 계승한 뒤 7년 만에 죽었다. 시호는 간후簡侯다. 아들 조시曹時가 그 작위를 이었다. 조시는 평양공주와 결혼해 아들 조양曹襄을 낳았다. 조시는 나병에 걸려 봉국으로 돌아갔다. 작위를 이은 지 23년 만에 죽었다. 시호는 이후夷侯다. 조양은 위장공주衛長公主와 결혼해 아들 조종曹宗을 낳았다. 조양은 작위를 이은 지 16년 만에 죽었다. 시호는 공후共侯다. 조종이 작위를 이어받았다. 정화征和 2년, 조종이 태자의 모반 사건에 연루되어 죽으면서 봉국이 폐지되었다.

● 惠帝二年, 蕭何卒. 參聞之, 告舍人趣治行, "吾將入相." 居無何, 使者果召參. 參去, 屬其後相曰, "以齊獄市爲寄, 愼勿擾也." 後相曰, "治無大於此者乎?" 參曰, "不然. 夫獄市者, 所以幷容也, 今君擾之, 人安所容也? 吾是以先之." 參始微時, 與蕭何善, 及爲將相, 有郤. 至何且死, 所推賢唯參. 參代何爲漢相國, 擧事無所變更, 一遵蕭何約束. 擇郡國吏木訥於文辭, 重厚長者, 卽召除爲丞相史. 吏之言文刻深, 欲務聲名者, 輒斥去之. 日夜飮醇酒. 卿大夫已下吏及賓客見參不事事, 來者皆欲有言. 至者, 參輒飮以醇酒, 間之, 欲有所言, 復飮之, 醉而後去, 終莫得開說, 以爲常. 相舍後園近吏舍, 吏舍日飮歌呼. 從吏惡之, 無如之何, 乃請參遊園中, 聞吏醉歌呼, 從吏幸相國召按之. 乃反取酒張坐飮, 亦歌呼與相應和. 參見人之有細過, 專掩匿覆蓋之, 府中無事. 參子窋爲中大夫. 惠帝怪相國不治事, 以爲 '豈少朕與'? 乃謂窋曰, "若歸, 試私從容問而父曰, '高帝新棄群臣, 帝富於春秋, 君爲相, 日飮, 無所請事, 何以憂天下乎?' 然無言吾告若也." 窋旣洗沐歸, 間侍, 自從其所諫參. 參怒, 而笞窋二百, 曰, "趣入侍, 天下事非若所當言也." 至朝時, 惠帝讓參曰, "與窋胡治乎? 乃者我使諫君也." 參免冠謝曰, "陛下自察聖武孰與高帝?" 上曰, "朕乃安敢望先帝乎!" 曰, "陛下觀臣能孰與蕭何賢?" 上曰, "君似不及也." 參曰, "陛下言之是也. 且高帝與蕭何定天下, 法令旣明, 今陛下垂拱, 參等守職, 遵而勿失, 不亦可乎?" 惠帝曰, "善. 君休矣!" 參爲漢相國, 出入三年. 卒, 諡懿侯. 子窋代侯. 百姓歌之曰, "蕭何爲法, 顜若畫一, 曹參代之, 守而勿失. 載其淸淨, 民以寧一." 平陽侯窋, 高后時爲御史大夫. 孝文帝立, 免爲侯. 立二十九年卒, 諡爲靜侯. 子奇代侯, 立七年卒, 諡爲簡侯. 子時代侯. 時尙平陽公主, 生子襄. 時病癘, 歸國. 立二十三年卒, 諡夷侯. 子襄代侯. 襄尙衛長公主, 生子宗. 立十六年卒, 諡爲共侯. 子宗代侯. 征和二年中, 宗坐太子死, 國除.

태사공은 평한다.

"상국 조참의 공성야전攻城野戰의 공이 이처럼 뛰어났던 것은 회음후 한신과 함께했기 때문이다. 한신이 패망한 후 전공을 인정받은 열후 가운데 유독 조참만이 명성을 크게 떨쳤다. 조참은 한나라 상국이 된 후 도가의 청정무위만이 치도에 부합한다고 여겼다. 당시는 백성이 진나라의 잔혹한 통치를 받은 직후였다. 조참은 이들에게 도가의 무위지치를 통해 휴식을 줄 필요가 있다고 여겼다. 천하 사람들이 입을 모아 조참의 공덕을 칭송한 이유다."

● 太史公曰, "曹相國參攻城野戰之功所以能多若此者, 以與淮陰侯俱. 及信已滅, 而列侯成功, 唯獨參擅其名. 參爲漢相國, 淸靜極言合道. 然百姓離秦之酷後, 參與休息無爲, 故天下俱稱其美矣."

무위지치로 천하를 다스리다

최초로 승상 자리에 오른 아전

유방이 거병할 당시 그의 휘하에는 대부분 모자란 부하밖에 없었다. 그 가운데 가장 학식이 높던 소하와 조참도 지방 아전에 지나지 않았다. 그럼에도 두 사람은 유방의 측근들 내에서 단연 발군의 모습을 보여주었다. 한나라가 건국된 후 차례로 상국이 되어 나라를 다스렸던 배경이다. 유방의 식견과 수완이 만만치 않았음을 보여준다.

한나라가 들어서기 이전은 말할 것도 없고 이후에도 이들보다 뛰어난 실력을 보인 인물은 매우 많았다. 한혜제 유영의 태부로 있던 숙손통이 대표적인 인물이다. 천하의 지낭으로 소문난 장량이 태부보다 아래인 소부로 있었던 사실이 이를 방증한다.

그러나 숙손통은 결코 승상 자리에 오르지 못했다. 승상은 학식을 많이 쌓았다고 오를 수 있는 자리는 아니지만 아전 출신인 소하와 조참이 승상보다 한 단계 위인 상국 자리를 차례로 맡은 것은 확실히 파격이었다. 두 사람은 유방이 거병할 때부터 가담해 헌신적인 보필을 했다. 도중에 합류한 장량과 한신, 진평 등과 근본적인 차이가 있었다. 유방은 장량과 한신, 진평 등의 머리를 적극 활용했지만 속마음을 주지는 않았다.

소하와 조참은 달랐다. 두 사람은 유방의 분신과 같은 존재였다. 특히 조참의 경우가 그러했다. 소하는 여러 차례 유방의 의심을 사 한때 모반설로 투옥되었던 반면 조참은 한 번도 무함에 걸린 적이 없다. 그를 무함했다가는 이내 목이 달아나리라는 것을 사람들이 익히 알았기 때문이다. 조참에 대한 신임이 그토록 두터웠다. 난세에 등장하는 임협의 의리가 유방과 조참을 하나로 묶은 결과로 해석된다.

소하와 조참이 한나라 건국 후 차례로 승상도 아닌 상국 자리에 오른 것은 중국의 전 역사를 통틀어 볼지라도 파격이었다. 진시황의 치세 때 같은 아전 출신인 이사가 승상에 오른 적이 있기는 하나 이사는 한비자韓非子와 함께 당대 최고의 학자인 순자 밑에서 체계적으로 학문을 익힌 학자 출신이었다.

소하와 조참과 같은 아전이 승상 자리에 오른 것은 유방이 사상 최초의 평민 출신 황제로 등극했기에 가능하던 일이다. 유방에 이어 사상 두 번째로 평민 출신 황제가 된 명태조 주원장도 아전 출신을 재상 자리에 앉힌 적이 없었다. 후대의 많은 사가가 유방이 거병 초기부터 소하 및 조참 등과 끈끈한 인간관계를 맺은 것에 주목했던 이유다.

이는 대략 임협 관계로 표현할 수 있다. 항우와 유방이 천하를 놓고 다툰 초한지제는 난세의 전형에 해당한다. 임협이 횡행할 수밖에 없다.

임협의 무리는 의리를 따라 삶과 죽음을 넘나드는 까닭에 이익보다 명예를 크게 중시한다. 국가공동체 내에서 삶을 영위하면서 남의 칭송을 받고자 하는 호명지심이 사람에 따라서는 이익을 향해 무한 질주하는 본성인 호리지성好利之性보다 더 강렬하다. 이에 해당하는《한비자》〈궤사詭使〉의 해당 구절이다.

지금 세인들은 군주의 자리를 업신여기며 권력을 우습게 여기는 자를 두고 고상하다고 말하고, 군주를 낮추어보며 벼슬을 마다하는 자를 현명하다고 말하고, 이익을 무시하며 위세를 가벼이 여기는 자를 진중하다고 말하고, 법령을 따르지 않고 하고 싶은 대로 행하는 자를 충실하다고 말하고, 명예를 숭상하며 관직에 나가지 않는 자를 정절이 뛰어난 열사라고 말하고, 법을 가벼이 여기고 형벌이나 사형의 중벌도 피하지 않는 자를 용사라고 말한다. 지금 백성들이 명성을 추구하는 것은 이익을 추구하는 것보다 그 정도가 훨씬 심하다. 상황이 이럴진대 선비 가운데 먹을 것이 없어 극도의 빈궁에 빠진 자가 어찌 도인을 흉내 내 깊은 산속으로 들어가 수행하는 방식으로 명성을 다투려 들지 않겠는가? 세상이 제대로 다스려지지 않는 이유는 신하들로 인한 것이 아니다. 바로 군주가 다스리는 도를 잃었기 때문이다.

권력의 핵심부로 진출하다

〈고조본기〉는 당초 유방이 거병할 당시 패현의 자제 가운데 유방을 따르고자 한 자가 많았다고 기록해놓았다. 패현의 현령은 진승의 무리가 패현으로 몰려온다는 소식이 들려오자 반군에게 패현을 바치며 목숨을 부지하고자 했다. 이때 조참이 상관인 소하와 함께 현령을 찾아가 말했다.

"공은 조정에서 파견한 진나라 관원입니다. 지금 진나라를 배반하고 패현의 자제를 통솔하려 하나 이들이 듣지 않을까 우려됩니다. 원컨대 공은 밖에서 도망 온 자들을 불러 모으십시오. 수백 명을 얻은 뒤 그 세를 이용해 저들 무리를 겁주면 저들이 감히 따를 수밖에 없을 것입니다."

이는 현령의 목을 취하기 위한 계책이었다. 전후 맥락에 비추어 유방과 미리 교신이 있었던 것으로 보인다. 패현 현령은 소하와 조참의 제언을 따라 곧 번쾌를 시켜 유방을 불러오게 했다. 번쾌는 원래 개 도살이 생업인 백정으로 유방과 함께 해현의 늪지대에 은둔하고 있었다. 유방의 무리는 이미 수십에서 수백 명으로 숫자가 불어나 있었다. 패현의 현령은 이내 자신이 속은 것을 알고 크게 후회하며 성문을 닫고 굳게 지키면서 소하와 조참을 죽이려고 했다. 소하와 조참이 곧바로 성을 넘어 유방을 찾아가 몸을 의탁했다. 유방이 이내 비단에 쓴 편지를 성 위로 쏘아 올렸다.

천하가 진나라로 인해 고통을 받아온 지 오래되었습니다. 지금 부로들이 비록 현령을 위해 수비하고 있으나 제후들이 일제히 일어섰으니 이제 곧 패현을 도륙하러 올 것입니다. 지금 힘을 합쳐 현령을 주살하고 자제들 가운데 사람을 선발해 우두머리로 세우고 제후들과 호응하면 집안을 온전히 할 수 있을 것입니다. 그리하지 않으면 부자父子가 모두 도륙을 당할지라도 어찌할 수 없습니다!

이 말은 협박이나 다름없었다. 현령과 교섭하는 대신 여론을 주도하는 부로들을 끌어들이는 쪽을 택했던 것이다. 결국 패현 현성의 부로들이 이내 자제들을 이끌고 가 현령을 죽인 뒤 성문을 열고 유방을 맞이했다. 현성의 부로들이 유방을 현령으로 삼으려 하자 유방이 짐짓 사양했다. 추천과 고사가 몇 차례 계속되었다. 부로들이 물러서지 않자 못이기는 척 현령 자리에 올랐다.

유방이 반진의 깃발을 들고 패현의 현령 자리에 올랐던 것은 그 의미가 크다. 나름대로 형식을 갖추어 바야흐로 군도의 단계를 벗어나 지방군벌인 토패 자리에 앉았기 때문이다. 현령에 앉지 않았으면 아무리 많은 무리를 거느리며 막강한 실력을 행사할지라도 군도의 처지를 벗어나기 힘들다. 팽월의 경우가 그러했다. 중원축록中原逐鹿의 각축전에서는 실격이다. 실제로 팽월은 나름대로 막강한 무력을 자랑했음에도 빛이 나지 않았다. 군도의 처지를 벗어나지 못했던 탓이다.

〈고조본기〉는 유방이 거병할 당시 소하와 조참 등이 패현의 자제 2,000~3,000명을 확보하고 있었다고 기록해놓았다. 이는 소하와 조참 등이 이끄는 무리를 포함해 처족인 여택과 여석지를 비롯해 죽마고우인 노관 등이 이끄는 무리를 모두 합친 수다.

《사기》〈고조공신후자연표〉에 기록된 143명의 공신 가운데 유방이 패현의 현령 자리에 오를 때 가담해 이후 권력의 핵심부로 진출한 인물로는 조참을 위시해 주발과 조무상, 소구召歐, 주정周定, 주설周緤, 주진朱軫, 노후연魯侯涓, 손적孫赤, 임오, 팽조彭祖, 선보성單父聖, 냉이泠耳 등을 들 수 있다. 조참과 주발, 소구, 손적 등은 직함이 지방관장 곁에서 시중을 드는 직책인 중연이었다. 중연은 나중에 합류한 조참 등의 중요 인물들에게 적당한 자리를 주기 위해 만든 직책이다. 안사고는《한서》〈소하조참전蕭何曹參傳〉에 나오는 "고조가 패공으로 있을 때 조참이 중연의 자격으로 참여했다"는 구절을 두고 이같이 주석해놓았다.

중연은 곁에서 시중하는 신하를 말한다. 사인 및 알자와 같은 부류다. 여기의 연涓은 깨끗할 결潔의 뜻이다. 안에서 여러 사안을 깨끗이 정리한다는 취지에서 나온 것이다.

이는 후대에 환관을 대신하는 용어로도 사용되었다. 일각에서는 유방의 집단을 대략 고위측근인 소하 등의 객과 조참 등의 중연, 하위 측근인 사인, 공적 업무를 맡은 기타 집단 등으로 대별하고 있다.

묵묵히 전공을 쌓다

패현의 현령 자리에 오른 유방이 가장 시급히 해야 할 일은 실력 배양이었다. 세력 범위를 확장해 병력 자원의 근원인 백성을 대거 확보할 필요가 있었다. 유방은 측근을 모아놓고 곧바로 전략회의에 들어갔다. 세력을 군사집단으로 조직하는 것이 최우선 과제로 떠올랐다. 곧 부대마다 우두머리를 두고 몇 개 부대마다 장군을 임명했다. 유방과 행동을 함께해온 무리와 조참과 조무상 등 패현의 호족들이 임명되었다. 유방의 고향인 풍읍에도 옹치와 왕릉 등이 무리를 이끌었다.

다음 과제는 북상하는 진나라 군사에 대한 대처 문제였다. 유방 무리는 북상해 호릉을 공략하는 쪽으로 가닥을 잡았다. 호릉까지는 하루 거리였다. 다음날 여세를 몰아 서북쪽의 방여를 접수했다.

방여를 장악했을 무렵 사수군 군도가 있는 상현에서는 뒤늦게 관군을 소집했다. 유방은 주가와 주창, 임오 등을 통해 이미 그들의 동향 및 정보를 꿰고 있었다. 사수군 소속의 진나라 군사는 손쉽게 패현의 현성을 탈환하고 풍읍을 포위했다가 방비를 허술히 하는 바람에 유방의 기습공격에 패했다. 유방은 패현의 현성까지 재탈환했다.

유방은 여세를 몰아 수군을 편성한 뒤 곧바로 사수를 건넜다. 사수군 군수가 유방의 기습에 크게 놀라 황급히 달아났다. 〈고조본기〉의 기록에 따르면 당시 최고의 무공을 세운 사람이 바로 조참과 일족인 조무상 등이 이끄는 조씨 일족의 사병들이었다. 덕분에 유방은 패현에 이어 사수까지 세력을 확장할 수 있었다. 진승이 기병한 지 석 달 뒤인 호해 원년 10월의 일이다. 현과 군은 차원이 다르다. 유방이 명실상부한 반군 우두머리의 일원으로 우뚝 섰던 근본 배경이 여기에 있다. 이는 조참이 처음으로 세운 전공이었다.

조참은 유방이 무관을 돌파해 함양을 공격할 당시 두 번째 전공을 세웠다. 호해 3년 초, 유방은 장량 및 조참 등과 머리를 맞대고 무관 돌파를 위한 구체적인 전략을 마련했다. 무관 돌파는 유방에게 매우 중요한 사건이었다. 원래 중원에서 관중으로 들어갈 경우 북쪽 관문인 함곡관을 거치는 것이 상식이었다. 항우가 조나라 별장 사마앙을 파견하면서 함곡관 돌파를 명했던 것이 그렇다. 그는 유방이 남쪽 관문인 무관을 통해 입성하리라고는 생각지 못했다. 당초 초회왕의 제장들과 약속할 때 입관 시점을 기준으로 삼는다고만 언급했을 뿐이다. 어느 관문을 통하든 상관이 없었다. 공교롭게도 항우를 포함한 제장들 모두 함곡관만 생각했다. 결과적으로 항우는 허를 찔렸던 셈이다.

공교롭게도 안팎의 여러 조건이 맞아 떨어진 결과, 유방은 별다른 어려움 없이 무관을 쉽게 통과할 수 있었다. 문제가 된 것은 무관이 아니라 제2차 관문이라고 할 수 있는 요관이었다. 무관은 한수의 한 지류인 단수丹水의 상류에 위치해 있다. 이 단수를 따라 진령산맥의 동쪽 가장자리인 종남산에서 지금의 서안 일대를 가로지르는 화산으로 이어지는 산등성이를 북으로 넘는 파수의 원류 주위에 요관이 있다.

함양 입성의 마지막 관문인 요관을 넘길 경우 진령산맥의 북쪽 산등성이를 따라 대략 100킬로미터만 내려가면 함양에 이른다. 그러나 요관을 통과하지 못하면 자칫 무관과 요관 사이에서 말 그대로 진퇴유곡進退維谷의 함정에 빠지는 최악의 상황에 처할 수 있었다. 공교롭게도 하늘이 유방을 도왔다. 그 시점에 진나라 내부에서 조고가 호해를 시해하는 사건이 일어났던 것이다. 항우가 투항한 진나라 장수 장함을 관중을 다스리는 옹왕으로 봉한 지 한 달이 지난 호해 3년 8월의 일이다.

〈고조본기〉는 유방이 군사를 이끌고 무관을 향해 서진하는 도중에 함락시키지 못한 곳이 단 한 곳도 없었다고 기록해놓았다. 지금의 호북과 호남, 섬서의 경내를 흐르는 한수의 지류인 단수에 이르는 동안 진나라의 고무후 새와 양후 왕릉 등이 잇달아 투항했다는 기록이 그렇다. 〈고조본기〉에는 구체적인 기록이 없으나 정황상 조참이 이때 나름대로 전공을 세웠던 것이 확실하다.

주목할 것은 〈조상국세가〉에 나온 조참의 전공은 모두 주도적으로 이루어진 것이 하나도 없고, 유방을 따라 종군하거나 이후 합류한 한신의 휘하로 들어가 전공을 세운 것뿐이었다는 점이다. 이를 두고 일각에서는 조참은 그저 그런 장수에 지나지 않았다고 평하고 있다. 아전 출신인 조참이 체계적으로 병법을 공부했을 리 없다는 나름의 일리 있는 추론이기는 하나 이는 아무래도 지나쳤다. 〈조상국세가〉에 나오는 조참의 전공 기록이 이를 뒷받침한다.

두 개의 봉국과 122개의 현을 함락시켰다. 두 명의 제후왕, 세 명의 봉국 승상, 여섯 명의 장군을 포함해 대막오·군수·사마·군후·어사 각 한 명씩을 포획했다.

뛰어나게 걸출한 전공은 아닐지라도 결코 통상적인 전공으로 치부할 수는 없는 일이다. 물론 여기에는 한신의 휘하 장수로 참전한 것이 결정적인 배경으로 작용했다. 〈조상국세가〉의 다음 대목이 그렇다.

상국 조참의 공성야전의 공이 이처럼 뛰어났던 것은 회음후 한신과 함께했기 때문이다.

이는 조참이 한신을 감시하라는 유방의 밀명을 받고 한신의 휘하 장수로 들어갔음을 시사한다. 여러 정황상 밀정으로 활약했을 공산이 크다. 이는 조참에 대한 유방의 돈독한 신임이 있었기에 가능했다. 유방이 천하를 평정한 뒤 행한 논공행상에서 오직 소하와 조참만이 대공을 인정받아 여타 공신의 불만을 샀던 것이 그렇다. 〈고조본기〉에 따르면 한고조 6년 12월부터 이듬해 정월에 걸쳐 스물다섯 명의 공신에 대한 포상을 마쳤으나 곳곳에서 불만이 나왔다. 밤낮으로 공을 다투어도 결론이 나지 않은 탓에 봉지를 내릴 수 없었다. 여러 장수가 왕왕 서로 낙양 남궁 뜰의 모래 위에 앉아 수군거렸다. 이때 장량이 이같이 간했다.

"지금 폐하가 천자가 되어 분봉한 자는 모두 소하와 조참 등 늘 친애하던 오랜 친구뿐입니다."

조참이 유방으로부터 전폭적인 신임을 받았음을 보여준다. 원래 유방은 의심이 많아 핵심 측근인 소하조차도 전적으로 믿지 않았다. 그가 조참만을 신임했던 이유는 조참의 한없는 충성심이 뒷받침되었기 때문이다. 조참은 일족인 조무상의 목이 잘릴 때 나름대로 불만이 있었을 터인데도 입을 꾹 다물고 맡은 역할에 충실했다. 그는 한신이 관중으로 진출할 당시 가장 앞장서 적진을 돌파함으로써 변함없는 충성심을 보였다. 유방의 의심을 완전히 해소시켰던 셈이다.

실제로 이후 항우를 제압하고 천하를 평정할 때까지 그의 무공이 가장 뛰어났다. 항우의 군사와 벌인 일련의 전투에서 늘 수훈 갑의 공을 세웠던 사실이 이를 뒷받침한다. 훗날 논공행상을 할 때 소하를 우선으로 삼자 제장들이 조참을 우선으로 삼아야 한다고 반발했던 것도 이러한 맥락에서 이해할 수 있다. 〈소상국세가〉에 따르면 논공행상 당시 관내후 악천추가 극력 반대하며 '소하가 첫 번째이고, 조참은 그다음'이라고 역설했다. 유방이 이를 받아들여 소하에게 칼을 차고 신을 신은 채 대전에 오를 수 있도록 하는 등의 특권을 내렸다. 소하를 최고의 공신으로 기록해 군신들의 충성심을 유도하려던 것이었다.

청정무위의 자세

논공행상 당시 장량은 유방이 봉읍을 내려주는 제나라 땅 3만 호를 극구 사양했다. 가장 많은 봉읍을 받은 조참의 1만 600호의 거의 두 배에 달했기 때문이다. 유방은 천하의 지낭인 장량의 반응을 알아보기 위해 이러한 파격적인 제안을 했을 공산이 크다. 장량이 이를 덜컥 받았다면 유방의 견제에 걸려 이내 토사구팽을 당했을 것이다. 결국 장량은 유현 일대의 1만 호를 영지로 받는 것으로 유방의 견제에서 벗어났다.

공신들의 충성심을 가늠하는 바로미터가 바로 조참의 봉읍이었다. 조참의 기준을 넘어서면 반역, 그보다 아래면 충성으로 간주했던 셈이다. 당대의 지낭인 장량이 이를 몰랐을 리 없다.

한나라 건국 후 초대 승상에 소하, 후임 승상에 조참이 발탁되었던 것도 이러한 맥락에서 이해할 수 있다. 유방은 생전에 유씨 천하에 조금이라도 위협이 될 인물은 가차 없이 소탕했다. 오직 소하와 조참 두 사람만 유방의 신임을 얻어 이러한 화를 면할 수 있었다. 승상 소하조차 한때 의심의 눈초리를 벗어나지 못해 투옥된 점을 감안하면 조참만큼 유방으로부터 전폭적인 신임을 받은 공신은 없었다고 해도 과언이 아니다.

조참의 진면목은 유방 사후 한혜제 유영이 즉위한 이후에 드러났다. 유방이 경포를 공격할 때 빗나간 화살에 맞은 당시, 여후가 그에게 물었다.

"폐하의 백세후, 상국 소하가 죽는다면 누구에게 이를 대신토록 해야 합니까?"

백세후는 군왕의 죽음을 돌려서 표현한 말이다. 유방이 대답했다.

"조참이 가하오."

그다음을 묻자 유방이 이같이 말했다.

"왕릉이 가하오. 그는 조금은 어리석으나 진평에게 그를 돕게 하면 될 것이오. 진평은 지혜가 남는 바가 있으나 상국의 자리를 홀로 떠맡기는 어렵소. 주발은 중후하나 글이 모자라오. 그러나 유씨를 안전하게 할 사람은 주발이오. 그를 태위로 삼는 것이 가할 것이오."

여후가 다시 그다음을 묻자 고황제가 말했다.

"그 이후의 일은 그대가 알 수 있는 바가 아니오."

한고조 11년 12월, 유방이 장락궁에서 숨을 거두었다. 승상 소하도 얼마 더 살지 못했다. 유방이 죽은 지 2년이 지난 한혜제 2년에 소하가 중병에 걸려 자리에 누웠다. 한혜제가 친히 문병을 가 소하에게 후임을 맡을 적임자를 묻자 소하가 조참을 천거했다. 이해 가을 7월, 소하가 죽자 그 뒤를 조참이 이었다. 조참은 소하의 뒤를 이어 상국이 된 뒤 이전의 것을 변경치 않고 소하 때의 법령과 제도를 그대로 준수했다. 여기서 소하가 만든 정책과 제도를 조참이 그대로 따랐다는 취지의 소규조수蕭規曹隨 성어가 나왔다. 앞선 사람의 뛰어난 행보를 그대로 따르는 것을 가리킬 때 사용한다.

그렇다면 조참이 소규조수를 행한 근본 이유는 무엇일까? 〈조상국세가〉의 다음 대목에 해답이 있다.

조참은 한나라 상국이 된 후 도가의 청정무위만이 치도에 부합한다고 여겼다.

조참이 청정무위의 치도를 구사한 이유는 재상으로 승진할 때 개공 蓋公이라는 도사를 만났던 것이 결정적인 배경으로 작용했다. 〈조상국 세가〉에 따르면 한혜제 원년 제후국에 상국을 두는 규정이 폐지되었다. 제후국 신하의 지위가 너무 높다는 이유였다. 상국 대신 승상을 두게 했다. 조참이 제나라 승상으로 파견되었다.

원래 조참은 한신이 제나라 왕으로 있을 때 그 밑에서 상국으로 일한 적이 있었다. 한신이 초왕으로 옮겨가자 재상의 관인을 반납했다. 이후 서장자인 유비를 제왕에 봉한 유방은 다시 조참을 상국에 임명해 유비를 보필하게 했다. 한혜제에 의해 또다시 제나라 상국에 임명된 조참은 제나라 일흔일곱 개 성읍을 관할했다.

당시 그는 제나라의 장로와 유생을 소집해 민생을 안정시키는 방안을 제시하게 했다. 유생들이 다양한 계책을 제시했다. 상반되는 내용이 상당히 많았다. 조참이 크게 망설이며 선뜻 결론을 내지 못했다. 이때 황로학에 밝은 도인이 제나라 서쪽에 머물고 있다는 이야기를 듣고는 곧바로 예를 갖추어 그를 불러들였다. 만나자마자 가르침을 청하니 갑공이 이같이 대답했다.

"천하를 다스릴 때 가장 좋은 방법은 청정무위입니다. 그리하면 백성은 절로 안정될 것입니다."

그가 말한 청정무위는 《도덕경》이 역설하는 허정虛靜을 달리 표현한 것이다. 마음이 텅 빈 듯이 욕심이 없어 맑고 고요한 상태를 말한다. 조참은 이 말을 듣고 크게 깨닫는 바가 있어 자신의 방을 갑공에게 내주고 예를 다해 모시면서 시간이 날 때마다 가르침을 청했다. 조참이 9년 동안 제나라 승상을 지내면서 백성들을 편히 다스렸던 배경이 여기에 있다. 한혜제 2년에 소하가 죽자마자 후임 승상이 되었던 것도 바로 이때문이다.

그는 제나라를 떠나 조정으로 돌아올 때 제나라의 후임 승상에게 감옥과 시장 문제에 지나치게 관여하지 말 것을 당부했다. 승상은 조참이 너무 소심한 것이 아닌가 싶어 그 이유를 묻자 조참이 말했다.

"무릇 감옥과 시장은 세상에서 온갖 일을 벌인 자들을 받아들이는 곳이오. 악인뿐 아니라 선인도 함께 머무는 곳이오. 가장 좋은 것은 물이 흘러가듯 그대로 놓아두는 것이오. 너무 많이 간섭해 엄격히 관리하면 평지풍파가 일어나고, 사람들 모두 서로를 용납할 수 없는 지경에 이르오."

감옥과 시장은 온갖 종류의 사람들이 모이니 너무 엄격히 관리해 시끄럽게 만들지 말라는 의미다. 이는 나라를 다스리는 이치를 통찰했기에 나올 수 있는 말이다.

가진 것을 기꺼이 덜어내다

천하를 무위에 입각해 다스리는 무위지치는 엄한 법치를 주장한 한비자가 역설했던 것이기도 하다. 사마천이 《사기》를 저술하면서 노자와 한비자를 하나로 묶어 〈노자한비열전老子韓非列傳〉을 편제했던 것도 바로 이 때문이다. 한비자의 법치 사상은 노자의 도치道治에서 비롯되었다. 《도덕경》은 제2장에서 도의 효용을 이같이 설명해놓았다.

도는 텅 비어 있어 이를 아무리 쓸지라도 늘 가득 차지 않는다. 깊기도 하니 마치 만물의 본원인 듯하구나! 욕망의 날카로움을 꺾고 엉킨 것을 풀고, 번쩍거리는 지혜를 부드럽게 만들어 세속에 뒤섞이는구나!

번쩍거리는 지혜를 부드럽게 만들어 세속에 뒤섞인다는 뜻의 원문은 화광동진和光同塵이다. 세속에서 무위지치로 최고의 통치를 이루는 것을 뜻한다. 조참이 행한 무위지치가 바로 화광동진이었다. 스스로 가진 것을 덜어내는 것이 관건이다. 한비자는 이를 그대로 받아들여 도치와 법치를 하나로 묶었다. 조참이 행한 무위지치는 곧 화광동진으로 상징되는 노자의 도치와 한비자가 역설한 법치의 구체적인 실현 방안에 해당한다. 한비자는 통치의 요체가 백성을 다스리는 치민治民이 아니라 관원을 다스리는 치리治吏에 있다고 역설했다.《한비자》〈외저설外儲說 우하右下〉의 해당 대목이다.

명군은 관원을 다스리는 데 애쓸 뿐 백성을 직접 다스리지 않는다. 나무 밑동을 흔들어 나무 전체의 잎을 흔들고, 그물의 벼리를 당겨 그물 전체를 펴는 것과 같다.

제왕의 존재 의미를 백성을 살리고 안정시키는 생민生民과 안민安民에서 찾은 점에서 한비자와 공자 및 노자는 서로 일치한다. 한나라 초기에 제자백가사상을 하나로 녹이고자 하는 흐름이 존재했다. 그것이 바로 조참의 무위지치로 나타났던 셈이다.

—

제 7 장

태후太后 여치呂雉

사마천은 특이하게도 후대 사가들로부터 집중적인 비판을 받은 유방의 부인 여후의 섭정 행보를 높이 평가했다. 〈여태후본기呂太后本紀〉의 사평에서 "모든 정사가 방 안에서 이루어졌지만 천하는 평안했다. 형벌이 드물게 적용된 까닭에 죄수도 희귀했다"고 언급한 것이 그렇다. 비록 보위에 오르지는 않았으나 사실상 최초의 여황제로 군림하며 민생 안정에 심혈을 기울인 행보를 사실史實에 입각해 높이 평가했던 것이다.

그렇다고 사마천이 여후의 전제적專制的인 행보까지 인정한 것은 아니었다. 〈여태후본기〉에서 대권을 장악하기 위한 여후의 행보를 가감 없이 기술했던 사실이 이를 뒷받침한다. 결국 그는 무위지치에 입각한 민생 행보를 높이 평가하면서도 여씨 일족의 전횡을 초래한 것에 대해서는 신랄한 비판을 가했던 셈이다. 황실의 안녕과 민생의 안정을 별개로 파악한 결과로 볼 수 있다.

여태후본기

呂太后本紀

여태후는 한고조 유방이 미천할 때 맞이한 부인으로, 아들 한혜제와 딸 노원태후魯元太后를 낳았다. 한고조는 한왕漢王에 봉해진 뒤 정도의 척부인을 새 부인으로 얻어 총애한 결과, 조은왕 유여의를 낳았다. 한혜제는 사람됨이 인자하나 유약한 까닭에 한고조 유방은 자신을 닮지 않았다고 여겼다. 늘 태자를 폐위시키고 척부인의 아들 유여의를 새 태자로 세우고자 한 이유다. 유여의가 자신을 닮았다고 여긴 탓이다. 척부인은 총애를 입은 까닭에 유방이 출정할 때마다 함곡관 밖으로 따라 나갔다. 밤낮으로 소리 내어 울며, 자신의 아들을 태자로 세워주기를 바랐다. 여후는 나이가 많아 늘 집안에 있었다. 한고조를 만날 기회가 거의 없어 날로 더 소원해졌다. 유여의는 조왕으로 봉해진 후 거의 태자가 될 뻔한 적이 몇 번 있었다. 그때마다 태자 유영은 대신들의 간쟁과 장량의 계책 덕에 폐출되지 않았다.

　여후는 사람이 강직하고 굳세어 한고조의 천하평정에 일조했다. 대신을 주살할 때도 여후의 힘이 컸다. 여후에게는 오빠가 두 명 있다. 모두 유방의 부장으로 활약했다. 큰오빠 주여후 여택은 도중에 전사했다. 여택의 아들 가운데 여태呂台는 역후酈侯, 여산呂産은 교후交侯가 되었다. 작은 오빠 여석지는 건성후에 봉해졌다. 한고조 12년 4월 갑진일, 한고조가 장락궁에서 죽자 태자 유영이 뒤를 이어 즉위했다. 당시 한고조에게는 여덟 명의 아들이 있었다. 맏아들 유비劉肥는 혜제의 이복형으로 제왕齊王에 봉해졌다.◎ 나머지는 모두 혜제의 이복동생이다. 척부인 소생의 유여의는 조왕, 박부인薄夫人 소생 유항은 대왕에 봉해졌다. 그밖에 여러 비빈 소생 가운데 유회는 양왕, 유우는 회양왕, 유장은 회남왕, 유건은 연왕에 봉해졌다. 한고조 유방의 동생 유교는 초왕, 형의 아들 유비劉濞는 오왕에 봉해졌다. 유씨는 아니지만 공신인 파군 오예의 아들 오신吳臣은 장사왕이 되었다.

여태후는 척부인과 그녀 소생의 조왕 유여의를 극도로 미워했다. 유방 사후 척부인을 죄를 지은 궁녀를 가두는 영항에 감금한 뒤 조왕을 불러오게 했다. 사자가 세 번이나 갔으나 불러오지 못하고 돌아왔다. 조왕 유여의의 승상 건평후建平侯 주창 때문이었다. 그가 사자에게 말했다.

"고황제가 나에게 조왕을 맡겼소. 조왕은 나이가 어리오. 내가 듣건대 태후가 척부인을 매우 미워해 조왕을 불러 모두 주살하려 한다고 하오. 나는 감히 조왕을 보낼 수 없소. 게다가 조왕 또한 병이 나 조칙을 받들 수 없소."

여후가 대로한 나머지 사람을 시켜 주창을 불러오게 했다. 주창이 장안으로 불려 들어오자 여후가 다시 사람을 보내 조왕을 불러오게 했다. 조왕이 길을 떠나 아직 장안에 도착하지 않았을 때였다. 한혜제는 인자한데다 여태후의 분노를 알고 있었다. 스스로 파상으로 가 조왕을 맞이

◎《사기색은》은 유비의 생모를 조희라고 했다.

한 뒤 함께 궁궐로 들어왔다. 조왕과 함께 기거하며 같은 음식을 먹었다. 여태후가 조왕을 죽이려 하면서도 기회를 얻지 못한 이유다. 한혜제 원년 12월, 한혜제가 새벽에 활을 쏘러 나갔다. 조왕은 나이가 어려 일찍 일어날 수 없었다. 여태후는 그가 혼자 있다는 말을 듣고는 곧 사람을 시켜 독주를 가지고 가 그에게 먹이도록 했다. 해가 뜰 무렵, 한혜제가 돌아와보니 조왕은 이미 죽어 있었다. 회양왕 유우를 조왕에 임명했다.

이해 여름, 한혜제가 조서를 내려 역후의 부친 여택에게 영무후令武侯 시호를 추증했다. 이때 여태후가 마침내 척부인의 손과 발을 자르고, 눈을 뽑고, 귀를 태우고, 벙어리가 되는 약을 먹이 뒤 돼지우리에 기거하게 했다. 척부인을 두고 사람돼지를 뜻하는 인체人彘로 불렀다. 며칠후 여태후는 한혜제를 불러 인체를 보게 했다. 한혜제는 사람들에게 물어보고 나서야 인체가 척부인인 사실을 알고는 큰소리로 울었다. 병이 난 한혜제는 1년이 지나도록 일어나지 못했다. 한혜제가 사람을 보내 여태후에게 말했다.

"이는 사람이 할 짓이 아닙니다. 저는 태후의 아들로서 다시는 천하를 다스릴 수 없게 되었습니다."

이후 한혜제는 종일 주색에 빠져 정사를 돌보지 않았다. 병이 생긴 이유다. 한혜제 2년, 초원왕楚元王 유교와 제도혜왕 유비가 조현하러 왔다. 이해 10월, 한혜제와 제도혜왕 유비가 여태후가 자리한 연회에서 함께 술을 마셨다. 한혜제가 이복형 유비에게 서민의 예절에 따라 윗자리에 앉기를 청했다. 이를 본 여태후가 크게 화를 내며 독주 두 잔을 따른 뒤 유비 앞에 놓게 했다. 그러고는 유비에게 자리에서 일어나 자신에게 축수를 올리게 했다. 유비가 일어나자 한혜제도 함께 일어나 축수를 올리려 했다. 여태후가 겁이 난 나머지 벌떡 일어나 한혜제의 술잔을 엎어버렸다. 유비가 괴이하게 여겨 감히 그 술을 마시지 못했다. 짐짓 술에 취한 척하며 자리를 뜬 후 사람들에게 물어보고서야 그것이 독주인 줄 알았다. 제도혜왕 유비는 장안을 벗어날 길이 없다고 생각해 크게 근심했다. 제나라 내사 사士가 건의했다.

"태후에게는 오직 혜제와 노원공주만 있을 뿐입니다. 현재 대왕은 70여 개의 성읍을 가지고 있으나 노원공주는 단지 몇 개의 성읍만 식읍으로 가지고 있을 뿐입니다. 대왕이 군 하나를 떼어 태후에게 바치며 공주의 탕목읍으로 삼게 하면 태후는 반드시 기뻐할 것입니다. 그러면 틀림없이 우환이 없을 것입니다."

유비가 여태후에게 성양군을 바치고, 장오의 부인 노원공주를 높여 왕태후王太后로 칭했다. 여태후가 크게 기뻐하며 이를 받아들였다. 제도혜왕 유비의 관저에서 연회를 베풀고 즐겁게 마신 뒤 연회가 끝나자 제왕을 돌려보냈다. 한혜제 3년, 비로소 장안성을 짓기 시작했다. 한혜제 4년, 장안성의 절반이 지어졌다. 한혜제 5, 6년 사이에 장안성이 완성되었다. 제후들이 조회차 도성으로 왔다. 한혜제 6년 10월, 제후들이 입조해 하례를 올렸다. 한혜제 7년 가을 8월 무인일, 한혜제가 붕어했다. 발상할 때 여태후는 곡만 할 뿐 눈물을 흘리지 않았다. 유후 장량의 아들 장벽강張辟彊이 당시 시중으로 있었다. 나이는 열다섯이었다. 그가 승상에게 말했다.

"태후의 소생은 오직 혜제뿐입니다. 지금 세상을 떠났는데도 곡만 할 뿐 슬퍼하지 않으니, 그 연고를 아십니까?"

승상이 반문했다.

"무슨 연고인가?"

장벽강이 대답했다.

"이는 혜제에게 장성한 아들이 없어 그대 같은 대신들을 두려워하기 때문입니다. 그대가 지금 여태와 여산 및 여록을 장군으로 삼은 뒤 남군과 북군을 통솔케 하고, 여씨 일족을 모두 입궁시켜 조정의 일을 보도록 청하면 태후가 안심할 것입니다. 그대들 또한 다행히 화를 면할 수 있습니다."

승상이 장벽강의 계책을 따르자 여태후가 크게 기뻐하며 비로소 애통히 울기 시작했다. 여씨가 정권을 장악한 것은 이로부터 시작되었다. 천하에 대사령이 내려졌다. 한혜제 9월 신축일, 한혜제를 안릉에 안장했다. 태자 유공劉恭이 소제로 즉위한 뒤 한고조 사당을 참배했다.

● 呂太后者, 高祖微時妃也, 生孝惠帝·女魯元太后. 及高祖爲漢王, 得定陶戚姬, 愛幸, 生趙隱王如意. 孝惠爲人仁弱, 高祖以爲不類我, 常欲廢太子, 立戚姬子如意, 如意類我. 戚姬幸, 常從上之關東, 日夜啼泣, 欲立其子代太子. 呂后年長, 常留守, 希見上, 益疏. 如意立爲趙王后, 幾代太子者數矣, 賴大臣爭之, 及留侯策, 太子得毋廢. 呂爲人剛毅, 佐高祖定天下, 所誅大臣多呂后力. 呂后兄二人, 皆爲將. 長兄周呂侯死事, 封其子呂台爲酈侯, 子産爲交侯, 次兄呂釋之爲建成侯.

高祖十二年四月甲辰, 崩長樂宮, 太子襲號爲帝. 是時高祖八子, 長男肥, 孝惠兄也, 異母, 肥爲齊王, 餘皆孝惠弟, 戚姬子如意爲趙王, 薄夫人子恆爲代王, 諸姬子子恢爲梁王, 子友爲淮陽王, 子長爲淮南王, 子建爲燕王. 高祖弟交爲楚王, 兄子濞爲吳王. 非劉氏功臣番君吳芮子臣爲長沙王. 呂后最怨戚夫人及其子趙王, 迺令永巷囚戚夫人, 而召趙王. 使者三反, 趙相建平侯周昌謂使者曰, "高帝屬臣趙王, 趙王年少. 竊聞太后怨戚夫人, 欲召趙王幷誅之, 臣不敢遣王. 王且亦病, 不能奉詔." 呂后大怒, 迺使人召趙相. 趙相徵至長安, 迺使人復召趙王. 王來, 未到. 孝惠帝慈仁, 知太后怒, 自迎趙王霸上, 與入宮, 自挾與趙王起居飲食. 太后欲殺之, 不得閒.

孝惠元年十二月, 帝晨出射. 趙王少, 不能蚤起. 太后聞其獨居, 使人持酖飲之. 犁明, 孝惠還, 趙王已死. 於是迺徙淮陽王友爲趙王. 夏, 詔賜酈侯父追諡爲令武侯. 太后遂斷戚夫人手足, 去眼, 煇耳, 飲瘖藥, 使居廁中, 命曰'人彘'. 居數日, 迺召孝惠帝觀人彘. 孝惠見, 問, 迺知其戚夫人, 迺大哭, 因病, 歲餘不能起. 使人請太后曰, "此非人所爲. 臣爲太后子, 終不能治天下." 孝惠以此日飲爲淫樂, 不聽政, 故有病也.

二年, 楚元王·齊悼惠王皆來朝. 十月, 孝惠與齊王燕飲太后前, 孝惠以爲齊王兄, 置上坐, 如家人之禮. 太后怒, 迺令酌兩巵酖, 置前, 令齊王起爲壽. 齊王起, 孝惠亦起, 取巵欲俱爲壽. 太后迺恐, 自起泛孝惠巵. 齊王怪之, 因不敢飲, 詳醉去. 問, 知其酖, 齊王恐, 自以爲不得脫長安, 憂. 齊內史士說王曰, "太后獨有孝惠與魯元公主. 今王有七十餘城, 而公主迺食數城. 王誠以一郡上太后, 爲公主湯沐邑, 太后必喜, 王必無憂." 於是齊王迺上城陽之郡, 尊公主爲王太后. 呂后喜, 許之. 迺置酒齊邸, 樂飲, 罷, 歸齊王. 三年, 方築長安城, 四年就半, 五年六年城就. 諸侯來會. 十月朝賀.

七年秋八月戊寅, 孝惠帝崩. 發喪, 太后哭, 泣不下. 留侯子張爲侍中, 年十五, 謂丞相曰, "太后獨有孝惠, 今崩, 哭不悲, 君知其解乎?" 丞相曰, "何解?" 辟彊曰, "帝毋壯子, 太后畏君等. 君今請拜呂台·呂產·呂祿爲將, 將兵居南北軍, 及諸呂皆入宮, 居中用事, 如此則太心安, 君等幸得脫禍矣." 丞相迺如辟彊計. 太后說, 其哭迺哀. 呂氏權由此起. 迺大赦天下. 九月辛丑, 葬. 太子卽位爲帝, 謁高廟.

여후 원년, 조정의 호령이 모두 여태후로부터 나왔다. 여태후가 황제의 권한을 행사하면서 대신들과 상의해 여씨 일족을 왕으로 삼고자 했다. 우승상 왕릉에게 묻자 왕릉이 반대했다.

"고황제가 일찍이 백마를 죽여 대신들에게 맹서하기를, '유씨가 아닌데도 왕이 되는 자가 있으면 천하가 함께 그를 칠 것이다'라고 했습니다. 지금 여씨를 왕으로 세우는 것은 이를 어기는 것입니다."

여태후가 불쾌해했다. 다시 좌승상 진평과 강후 주발에게 물었다. 주발 등이 대답했다.

"고황제가 천하를 평정했을 때 자제들을 왕에 봉했습니다. 지금 태후가 황제의 권한을 대행하고 있으니, 형제를 비롯한 여씨를 왕에 봉하지 못할 이유가 없습니다."

여태후가 기뻐하며 조회를 끝냈다. 왕릉이 진평과 주발을 나무랐다.

"당초 고황제와 피를 바쳐서 맹서할 때 그대들도 그곳에 있지 않았소? 지금 고황제가 죽고 태후가 여주女主가 되어 여씨를 왕에 봉하려 하고 있소. 그대들은 오히려 태후의 사욕을 용인하고 그 뜻에 영합해 맹서를 저버리려 하니 장차 무슨 면목으로 지하의 고황제를 뵈려는 것이오?"

진평과 주발이 말했다.

"지금 조정에서 얼굴을 붉히며 간쟁하는 것[面折廷爭]은 우리가 그대만 못하오. 그러나 사직을 보전하고 유씨의 후손을 안정시키는 일은 그대가 우리만 못하오."

왕릉이 대꾸하지 못했다. 이해 11월, 여태후가 왕릉을 승상 자리에서 쫓아내기 위해 소제의 태부로 삼아 우승상의 권한을 빼앗아버렸다. 왕릉이 병을 핑계 삼아 사직한 뒤 귀향했다. 여태후가 좌승상 진평을 우승상에 임명하고, 벽양후 심이기를 좌승상으로 삼았다. 그러나 심이기에게 정무를 보지 못하게 하고, 대신 궁중 사무를 감독케 하자 그 직책이 마치 낭중령과 같았다. 심이기는 여태후의 총애를 배경으로 국정을 좌우했다. 공경대신이 모두 그를 통해 국사를 결정했다. 여태후가 역후의 부친 여택을 도무왕悼武王으로 추존하고, 이를 계기로 여씨 일족을 모두 왕에 봉하고자 했다.

이듬해인 이해 4월, 여태후가 여씨 일족을 제후로 삼기 위한 사전조치로 먼저 한고조의 공신 낭중령 풍무택을 박성후博城侯에 봉했다. 노원공주가 죽자 그녀에게 노원태후라는 시호를 내리고, 그녀 소생의 장언張偃을 노왕에 봉했다. 노왕의 부친은 선평후 장오였다. 또 제도혜왕의 아들 유장을 주허후朱虛侯에 봉한 뒤 여록의 딸을 그의 아내로 삼게했다. 제나라 승상 제수齊壽를 평정후平定侯, 소부 양성연陽成延을 오후梧侯로 삼은 뒤 여종呂種을 패후, 여평呂平을 부류후扶柳侯로 삼았다. 또 장매張買를 남궁후南宮侯로 삼았다.

이어 여태후는 여씨를 왕으로 삼기 위해 우선 혜제의 후궁 소생 유강劉彊을 회양왕, 유불의劉不疑를 상산왕, 유산劉山을 양성후襄城侯, 유조劉朝를 지후軹侯, 유무劉武를 호관후壺關侯에 봉했다. 이후 대신들에게 넌지시 뜻을 전했다.◎ 대신들이 이를 알아채고 역후 여태를 여왕呂王으로 삼기를 청했다. 여태후가 이를 허락했다. 건성강후建成康侯 여석지가 죽고 작위를 계승할 아들이 죄가 있어 폐출당하자 동생 여록을 대신 세워 호릉후胡陵侯로 삼아 여석지의 뒤를 잇게 했다. 여후 2년, 상산왕이 죽자 그의 동생 양성후 유산을 상산왕에 봉하고, 이름을 유의

◎ "이후 대신들에게 넌지시 뜻을 전했다"의 원문은 태후풍대신太后風大臣이다. 여기의 풍風은 은근히 냄새나 취지, 소식 등을 전한다는 뜻으로 풍문 내지 풍전風傳 등과 뜻이 통한다.

劉義로 바꾸게 했다. 이해 11월, 여왕 여태가 죽자 시호를 숙왕肅王이라 했다. 태자 여가呂嘉가 뒤를 이어 즉위했다. 여후 3년, 나라에 아무 일이 없었다.

여후 4년, 여태후의 동생이자 번쾌의 아내인 여수를 임광후臨光侯, 일족인 여타呂他를 유후, 여후의 측근 여갱시呂更始를 췌기후贅其侯, 여후의 조카 여분呂忿을 여성후呂城侯에 봉했다. 또 제후왕의 승상 다섯 명을 후로 삼았다. 선평후 장오의 딸은 혜제의 황후로 있을 때 아들이 없었다. 거짓으로 임신한 척하며 미인美人의 아들을 데려다가 자신이 낳은 아들이라고 했다.◎◎ 이어 생모를 죽인 뒤 그 아들을 태자로 삼았다. 혜제가 죽자 태자 유공이 뒤를 이어 소제로 즉위했다. 소제는 이후 우연히 자신의 생모가 살해되었고, 자신이 황후 소생이 아니라는 이야기를 듣고는 이내 이런 말을 내뱉었다.

"황후는 나의 생모를 죽이고 어찌해서 나를 자신의 아들이라고 하는 것인가? 내가 아직은 어리지만 장성하면 반드시 보복할 것이다."

여태후가 이 말을 듣고 크게 걱정했다. 그가 변란을 일으킬까 두려운 나머지 이내 그를 영항에 몰래 가둔 뒤 황제가 중병에 걸렸다고 말했다. 좌우의 대신들이 그를 만날 수 없었다. 여태후가 말했다.

"무릇 천하를 보유해 만민을 다스리는 자는 하늘처럼 만물을 덮어주고 땅처럼 만물을 받아들여야 하오. 황제가 즐거운 마음으로 백성을 평안케 하면 백성은 기쁜 마음으로 황제를 섬기게 되오. 황제와 백성의 즐겁고 기쁜 감정이 서로 통해 천하가 크게 다스려지는 이유요. 지금

◎◎ 《사기정의》는 여씨의 자식을 밴 여인을 궁중으로 데려와 소제 유공을 낳은 것이라는 유백장의 주를 인용해놓았으나 문맥상 혜제의 자식으로 보는 것이 타당하다.

황제는 병이 오래되어 낫지 않고 있소. 정신이 헷갈리고 혼란스러워 보위를 이어 종묘제사를 받들 수 없는 상황이오. 천하를 맡길 수 없으니 누군가 그를 대신해야 할 것이오."

신하들 모두 머리를 조아리며 말했다.

"황태후가 천하를 위한 치민治民의 계책으로 종묘사직을 안정시킬 방도를 생각하는 것이 이처럼 깊으니, 저희 군신들은 머리를 숙여 조명詔命을 받들도록 하겠습니다."

결국 소제가 폐위되자 여태후가 몰래 그를 죽였다. 이해 5월 병진일, 상산왕 유의를 왕제로 세우고 이름을 유홍劉弘으로 바꾸었다. 원년을 칭하지 않은 것은 여태후가 계속 황제의 직권을 행사했기 때문이다. 여태후가 지후 유조燿祖를 상산왕으로 삼았다. 태위의 관직을 설치한 뒤 강후 주발을 태위로 삼았다. 여후 5년 8월, 회양왕이 죽자 동생 호관후 유무를 회양왕에 봉했다. 여후 6년 10월, 태후가 말했다.

"여왕 여가는 평소 교만하고 방자하다."

그를 폐위시킨 뒤 숙왕 여태의 동생 여산을 여왕으로 삼았다. 이해 여름, 천하에 대사령을 내렸다. 제도혜왕의 아들 유흥거劉興居를 동모후東牟侯에 봉했다. 여후 7년 정월, 여태후가 조왕 유우를 소환했다. 유우는 여씨 일족의 여인을 왕후로 삼았으나 총애하지 않고, 다른 희첩을 사랑했다. 여씨 여인이 질투에 눈이 먼 나머지 화를 내며 여태후를 찾아갔다. 여태후 앞에서 유우를 헐뜯으며 유우가 이같이 말했다고 무함했다.

"여씨가 어떻게 왕이 될 수 있는가? 태후 사후 내가 반드시 여씨를 칠 것이다!"

여태후가 대로해 조왕 유우를 소환했다. 조왕이 이르자 여태후가 그를 관저에 머물게 한 뒤 만나주지 않았다. 이어 위사에게 명해 그의 관저를 포위하도록 한 뒤 먹을 것을 주지 않았다. 조왕의 신하 가운데 누군가 몰래 밥을 보냈다가 발각되어 붙잡혀 문책당했다. 조왕이 굶주림을 못 이겨 노래를 했다.

여씨 일족이 전권을 휘두르니 유씨가 위태롭지.
왕후가 강압해 여씨 딸을 왕비로 맞았다네.
나의 왕비는 질투가 심해 내게 죄 있다 무함하니,
여인 참언이 나라를 어지럽히나 황상은 모르네.
내게 충신은 없나, 어찌해서 나라를 잃었나.
들판서 자진하면 푸른 하늘이 시비를 가려주리.
아, 후회막급이네. 차라리 일찍 자진할 것을.
왕이 되어 굶어 죽으면 누가 불쌍히 여겨줄까.
여씨가 천륜을 끊게 하니 하늘이 설욕하리라.

이달 정축일, 조왕이 감금된 채 굶어 죽었다. 서민의 예로 장안성의 백성 묘지 곁에 장사를 지냈다. 이달 을축일, 일식이 일어나 대낮인데도 어두웠다. 여태후가 불길하게 여겨 불쾌하게 생각했다. 이내 좌우에게 말했다.

"이는 나 때문에 그런 것이다."

이해 2월, 양왕 유회를 조왕으로 이봉하고, 여왕 여산을 양왕에 다시 봉했다. 양왕은 봉국으로 가지 않고 황제 유홍의 태부가 되었다. 황자 평창후 유태劉太를 여왕으로 삼았다. 양국梁國을 여국呂國으로 개명했다가, 다시 제천국濟川國으로 바꾸었다. 여태후의 여동생 여수에게 딸

이 있었다. 영릉후營陵侯 유택劉澤의 아내가 되었다. 유택은 당시 대장
군이었다. 여태후는 여씨 일족을 왕으로 봉했지만, 자신이 죽은 뒤 유
택이 난을 일으킬 것을 두려워해 낭야왕琅邪王으로 삼아 그의 마음을
위로했다. 양왕 유회는 봉국을 옮겨 조왕이 되었으나 속으로는 즐겁지
않았다. 여태후는 여산의 딸을 조왕 유회의 왕후로 삼았다. 왕후를 수
행한 관원 모두 여씨 일족이었다. 권력을 휘두르며 조왕의 거동을 몰래
감시했다. 조왕이 자유롭게 행동할 수 없었던 이유다. 조왕에게 총애하
는 희첩이 있었다. 왕후가 사람을 시켜 그녀에게 짐주를 먹여 살해했
다. 조왕이 네 장으로 된 노래를 지은 뒤 악공들에게 연주하게 했다. 결
국 비통해하다가 이해 6월에 자진했다. 여태후가 이 소식을 듣고는 조
왕이 부인 때문에 종묘제사의 예를 버렸다고 생각해 후사를 끊어버렸
다. 선평후 장오가 죽자 아들 장언을 노왕으로 삼고, 장오에게 노원왕魯
元王의 시호를 내렸다. 이해 가을, 여태후가 사자를 대왕 유항에게 보내
조왕으로 이봉하고자 했다. 유항이 사양하며 변경인 대 땅을 계속 지키
겠다고 했다. 태부 여산과 승상 진평 등이 말했다.

"무신후 여록은 가장 높은 제후입니다. 작위의 등급이 제일 높으니
청컨대 조왕으로 봉해주십시오."

여태후가 이를 허락하고, 여록의 부친 강후를 조소왕趙昭王으로 추
존했다. 이해 9월, 연영왕燕靈王 유건이 죽었다. 그에게 희첩 소생의 아
들이 있었다. 여태후가 사람을 시켜 그를 죽여 후사를 끊고 봉국을 취
소시켰다. 여후 8년 10월, 여숙왕呂肅王 여태의 아들 동평후東平侯 여
통呂通을 세워 연왕으로 삼고, 여통의 동생 여장呂莊을 동평후에 봉했
다. 이해 3월 중순, 여태후가 부정을 터는 푸닥거리인 불제祓祭를 지내
고 돌아오는 도중에 지도를 지났다. 검정색 개같이 생긴 괴물이 보였

다. 여태후의 겨드랑이를 물고는 문득 사라졌다. 점을 쳐보니 조왕 유여의가 귀신이 되어 재앙을 내리는 것이라 했다. 이후 여태후는 겨드랑이 통증으로 눕게 되었다.

여태후의 외손자 노원왕 장언은 나이가 어린데다가 일찍 부모를 잃어 의지할 데도 없고 유약했다. 장오의 희첩 소생인 두 아들 가운데 장치張侈는 신도후新都侯, 장수張壽는 낙창후樂昌侯에 봉해 노원왕 장언을 보좌하게 했다. 또 중대알자中大謁者 장석張釋을 건릉후建陵侯, 여영呂榮을 축자후祝玆侯에 봉했다. 궁중의 환관으로 영과 승의 직책을 맡은 자는 모두 관내후로 봉하고 500호를 식읍으로 내렸다. 이해 7월 중순, 여태후의 병세가 위독해졌다. 조왕 여록을 상장군으로 삼아 북군을 통솔하게 하고, 여왕 여산은 남군을 통솔하게 했다. 여태후가 여산과 여록에게 훈계했다.

"고조가 천하를 평정했을 때 대신들과 맹서하기를, '유씨가 아닌데도 왕이 되는 자가 있으면 천하가 함께 그를 칠 것이다'라고 했다. 지금 여씨가 왕이 되었으니 대신들은 마음이 편치 않을 것이다. 내가 죽으면 황제가 연소해 대신들이 아마 난을 일으킬까 걱정된다. 너희는 반드시 병권을 장악해 황궁을 지키고, 신중히 처신해 나를 위해 장사를 지내도 배웅하지 말고, 사람들에게 제압당하는 일이 없도록 하라."

7월 신사일, 여태후가 죽었다. 그가 남긴 조칙에 따라 제후왕에게 각각 황금 1,000근, 장상과 열후 및 낭리에게는 모두 품계에 따라 황금을 하사했다. 이어 천하에 대사령을 내렸다. 여왕 여산을 상국, 여록의 딸을 황후로 삼았다. 여태후를 안장한 뒤 좌승상 심이기를 황제의 태부에 제수했다.

● 元年, 號令一出太后. 太后稱制, 議欲立諸呂爲王, 問右丞相王陵. 王陵

曰,"高帝刑白馬盟曰'非劉氏而王,天下共擊之'. 今王呂氏,非約也."太后不
說. 問左丞相陳平·絳侯周勃. 勃等對曰,"高帝定天下,王子弟,今太后稱制,
王昆弟諸呂,無所不可."太后喜,罷朝. 王陵讓陳平·絳侯曰,"始與高帝喋血
盟,諸君不在邪? 今高帝崩,太后女主,欲王呂氏,諸君從欲阿意背約,何面
目見高帝地下?"陳平·絳侯曰,"於今面折廷爭,臣不如君,夫全社稷,定劉氏
之後,君亦不如臣."王陵無以應之.

十一月,太后欲廢王陵,乃拜爲帝太傅,奪之相權. 王陵遂病免歸. 迺以左丞
相平爲右丞相,以辟陽侯審食其爲左丞相. 左丞相不治事,令監宮中,如郎中
令. 食其故得幸太后,常用事,公卿皆因而決事. 迺追尊酈侯父爲悼武王,欲
以王諸呂爲漸. 四月,太后欲侯諸呂,迺先封高祖之功臣郎中令無擇爲博城
侯. 魯元公主薨,賜諡爲魯元太后. 子偃爲魯王. 魯王父,宣平侯張敖也. 封
齊悼惠王子章爲朱虛侯,以呂祿女妻之. 齊丞相壽爲平定侯. 少府延爲梧侯.
乃封呂種爲沛侯,呂平爲扶柳侯,張買爲南宮侯. 太后欲王呂氏,先立孝惠後
宮子彊爲淮陽王,子不疑爲常山王,子山爲襄城侯,子朝爲軹侯,子武爲壺關
侯. 太后風大臣,大臣請立酈侯呂台爲呂王,太后許之. 建成康侯釋之卒,嗣
子有罪,廢,立其弟呂祿爲胡陵侯,續康侯後.

二年,常山王薨,以其弟襄城侯山爲常山王,更名義. 十一月,呂王台薨,諡爲
肅王,太子嘉代立爲王. 三年,無事. 四年,封呂嬃爲臨光侯,呂他爲俞侯,呂
更始爲贅其侯,呂忿爲呂城侯,及諸侯丞相五人. 宣平侯女爲孝惠皇后時,無
子,詳爲有身,取美人子名之,殺其母,立所名子爲太子. 孝惠崩,太子立爲
帝. 帝壯,或聞其母死,非眞皇后子,迺出言曰,"后安能殺吾母而名我? 我未
壯,壯卽爲變."太后聞而患之,恐其爲亂,迺幽之永巷中,言帝病甚,左右莫
得見. 太后曰,"凡有天下治爲萬民命者,蓋之如天,容之如地,上有歡心以安
百姓,百姓欣然以事其上,歡欣交通而天下治. 今皇帝病久不已,迺失惑憛

亂, 不能繼嗣奉宗廟祭祀, 不可屬天下, 其代之." 群臣皆頓首言, "皇太后爲天下齊民計所以安宗廟社稷甚深, 群臣頓首奉詔." 帝廢位, 太后幽殺之. 五月丙辰, 立常山王義爲帝, 更名曰弘. 不稱元年者, 以太后制天下事也. 以軹侯朝爲常山王. 置太尉官, 絳侯勃爲太尉.

五年八月, 淮陽王薨, 以弟壺關侯武爲淮陽王. 六年十月, 太后曰呂王嘉居處驕恣, 廢之, 以肅王台弟呂産爲呂王. 夏, 赦天下. 封齊悼惠王子興居爲東牟侯. 七年正月, 太后召趙王友. 友以諸呂女爲后, 弗愛, 愛他姬, 諸呂女妬, 怒去, 讒之於太后, 誣以罪過, 曰, "呂氏安得王? 太后百歲後, 吾必擊之!" 太后怒, 以故召趙王. 趙王至, 置邸不見, 令衛圍守之, 弗與食. 其群臣或竊饋, 輒捕論之, 趙王餓, 乃歌曰, "諸呂用事兮劉氏危, 迫脅王侯兮彊授我妃. 我妃旣妬兮誣我以惡, 讒女亂國兮上曾不寤. 我無忠臣兮何故棄國? 自決中野兮蒼天擧直! 于嗟不可悔兮寧蚤自財. 爲王而餓死兮誰者憐之! 呂氏絕理兮天報仇." 丁丑, 趙王幽死, 以民禮葬之長安民冢次. 己丑, 日食, 晝晦. 太后惡之, 心不樂, 乃謂左右曰, "此爲我也."

二月, 徙梁王恢爲趙王. 呂王産徙爲梁王, 梁王不之國, 爲帝太傅. 立皇子平昌侯太爲呂王. 更名梁曰呂, 呂曰濟川. 太后女弟呂嬃有女爲營陵侯劉澤妻, 澤爲大將軍. 太后王諸呂, 恐卽崩後劉將軍爲害, 迺以劉澤爲琅邪王, 以慰其心. 梁王恢之徙王趙, 心懷不樂. 太后以呂産女爲趙王后. 王后從官皆諸呂, 擅權, 微伺趙王, 趙王不得自恣. 王有所愛姬, 王后使人酖殺之. 王乃爲歌詩四章, 令樂人歌之. 王悲, 六月卽自殺. 太后聞之, 以爲王用婦人棄宗廟禮, 廢其嗣. 宣平侯張敖卒, 以子偃爲魯王, 敖賜謚爲魯元王.

秋, 太后使使告代王, 欲徙王趙. 代王謝, 願守代邊. 太傅産·丞相平等言, 武信侯呂祿上侯, 位次第一, 請立爲趙王. 太后許之, 追尊祿父康侯爲趙昭王. 九月, 燕靈王建薨, 有美人子, 太后使人殺之, 無後, 國除. 八年十月, 立呂肅

王子東平侯呂通爲燕王, 封通弟呂莊爲東平侯. 三月中, 呂后祓, 還過軹道,
見物如蒼犬, 據高后掖, 忽弗復見. 卜之, 趙王如意爲祟. 高后遂病掖傷. 高后爲
外孫魯元王偃年少, 蚤失父母, 孤弱, 迺封張敖前姬兩子, 侈爲新都侯, 壽爲
樂昌侯, 以輔魯元王偃. 及封中大謁者張釋爲建陵侯, 呂榮爲祝茲侯. 諸中宦
者令丞皆爲關內侯, 食邑五百戶.

七月中, 高后病甚, 迺令趙王呂祿爲上將軍, 軍北軍, 呂王産居南軍. 呂太后誡
産·祿曰, "高帝已定天下, 與大臣約, 曰'非劉氏王者, 天下共擊之'. 今呂氏王,
大臣弗平. 我卽崩, 帝年少, 大臣恐爲變. 必據兵衛宮, 愼毋送喪, 毋爲人所
制." 辛巳, 高后崩, 遺詔賜諸侯王各千金, 將相列侯郞吏皆以秩賜金. 大赦天
下. 以呂王産爲相國, 以呂祿女爲帝后. 高后已葬, 以左丞相審食其爲帝太傅.

　　주허후 유장은 기력이 있었다. 동모후 유흥거가 그의 동생이다. 두
사람 모두 제애왕齊哀王의 동생으로 장안에 머물렀다. 당시 여씨 일족
이 권력을 농단하며 마침내 반란을 일으키고자 했다. 그러나 고황제 때
의 대신인 주발과 관영 등이 두려운 나머지 감히 난을 일으키지 못했
다. 주허후의 부인은 여록의 딸이다. 주허후는 부인을 통해 여씨 일족
의 음모를 은밀히 알아챘다. 그는 죽임을 당할까 두려운 나머지 자신의
형인 제애왕 유양劉襄에게 은밀히 사람을 보내 이를 알렸다. 제애왕 유
양에게 병사를 서쪽으로 출동시켜 여씨 일족을 제거한 뒤 보위에 오를
것을 권한 것이다. 주허후 자신은 궁궐 안에서 대신들과 함께 내응하고
자 했다. 제애왕 유양이 군사를 일으키고자 했지만 그의 승상 소평이
복종하지 않았다. 이해 8월 병오일, 제애왕 유양이 사람을 시켜 승상 소
평을 주살하려 하자 승상 소평이 오히려 군사를 일으켜 제애왕을 포위
하고자 했다. 제애왕이 이를 틈타 승상을 죽인 뒤 곧바로 병사를 동쪽

으로 출동시켰다. 계책을 써 낭야왕의 군사를 빼앗은 뒤 함께 서쪽으로 진격했다. 자세한 내용은 〈제도혜왕세가齊悼惠王世家〉에 기록되어 있다. 제애왕이 제후왕들에게 격문을 보냈다.

고황제가 천하를 평정한 후 자식과 형제를 왕으로 삼았다. 도혜왕이 제나라에 봉해진 뒤 도혜왕 사후 혜제가 유후 장량을 보내 나를 제왕齊王으로 삼았다. 혜제 사후 태후가 정권을 좌우했으나 춘추가 높은 탓에 모든 일은 여씨 일족에 의해 처리되었다. 이들은 멋대로 황제를 폐위시키거나 옹립했다. 예컨대 세 명의 조왕을 살해하고, 양나라와 조나라 및 연나라를 멸한 뒤 여씨 일족에게 보위를 차지하게 하고, 제나라를 네 개로 쪼갠 것이 그렇다. 충신이 진심으로 간언했음에도 태후는 여씨 일족에게 미혹된 나머지 이를 듣지 않았다. 지금 태후가 붕어했으나 황제는 나이가 어려 천하를 제대로 다스릴 수 없다. 실로 대신과 제후에게 의지해야 할 때다. 그럼에도 여씨 일족은 다시 멋대로 자신들의 관직을 높이고, 병사를 모아 위엄을 보이고, 열후와 충신을 위협하고, 조정의 명을 멋대로 꾸며 천하를 호령하고 있다. 종묘사직이 위태롭게 된 이유다. 과인은 군사를 이끌고 입경해 부당하게 왕이 된 자들을 주멸할 생각이다.

조정에 이런 소식이 들리자 상국 여산 등이 곧바로 영음후潁陰侯 관영을 시켜 군사를 이끌고 가 이들을 공격하게 했다. 관영이 형양에 이르러 즉시 상의했다.

"여씨 일족이 관중 땅에서 병권을 장악하고, 유씨의 조정을 위태롭게 해 스스로 보위에 오르려 하고 있다. 지금 우리가 제나라를 격파한 뒤 돌아가 보고하면 이는 여씨의 세력을 더해주는 것이 된다."

그러고는 더는 진격하지 않고 형양에 주둔했다. 관영이 제애왕을 비롯한 여러 제후에게 사자를 보내 여씨가 모반을 구체화할 때를 기다려 함께 적을 토벌할 것을 제의했다. 제애왕이 이 말을 듣고는 이내 제나라 서쪽 국경으로 회군한 뒤 여씨가 모반을 구체화할 때까지 기다렸다. 여록과 여산은 관중에서 반란을 일으키려 했으나 안으로는 주발과 유장 등이 두려웠고, 밖으로는 제나라와 초나라의 군사가 두려웠다. 또 관영이 배신할 것을 걱정한 나머지 관영의 군사가 제나라 군사와 싸울 때를 기다렸다가 반란을 일으킬 생각으로 곧바로 결단하지 못하고 유예했다. 제천왕濟川王 유태와 회양왕 유무 및 상산왕 유조는 명목상 소제 유홍의 동생이고, 노원왕 장언은 여후의 외손자였다. 모두 나이가 어리다는 이유로 봉국으로 가지 않은 채 장안에 머물고 있었다. 조왕 여록과 양왕 여산은 각각 군사를 이끌고 남군과 북군에 머물고 있었다. 이들 모두 여씨 일족이었던 까닭에 열후와 대신 들은 스스로 목숨을 보장할 수 없었다. 강후 주발은 군사를 총지휘하는 태위로 있었지만 군영 안으로 들어가서 병권을 장악하는 것이 불가능했다. 게다가 곡주후曲周侯 역상은 노령으로 인해 와병 중이었다. 그의 아들 역기酈寄는 여록과 가까웠다. 강후 주발이 승상 진평과 상의한 뒤 곧 사람을 시켜 역상을 겁박했다. 결국 역상이 아들 역기를 시켜 여록을 속여 이같이 말하게 했다.

"고황제와 여후는 함께 천하를 평정하고, 유씨 가운데 아홉 명, 여씨 가운데 세 명을 왕으로 세웠습니다. 이는 모두 대신들이 합의한 것으로, 이미 제후들에게 통고해 모두 이를 마땅한 일로 여기고 있습니다. 지금 태후가 붕어하고 황제는 나이가 어립니다. 지금 족하는 조왕의 인수를 차고도 속히 봉국으로 가 울타리를 지키기는커녕 오히려 상장군의 신분으로 병사를 이끌고 장안에 머물고 있습니다. 이는 대신과 제후들의 의심을 사는 일입니다. 족하는 왜 상장군의 인수를 반환해 병권을 태위에게 돌려주지 않는 것입니까? 양왕 여산도 상국의 인수를 반환한 뒤 대신들과 맹서하고 봉국으로 돌아가십시오. 그러면 제나라 군사는 틀림없이 철군할 것이고, 대신들도 안심할 것이고, 족하 또한 베개를 높이 베고 아무 걱정 없이 사방 1,000리 되는 조나라의 왕으로 지낼 수 있습니다. 이것이 바로 만대에 걸쳐 이로운 계책입니다."

여록은 역기의 계책이 옳다고 여겨, 장수의 인수를 반환해 병권을 태위에게 돌려주고자 했다. 곧 사람을 여산과 여씨 일족의 장로들에게 보내 이를 고했다. 혹자는 이롭다고 하고, 혹자는 불리하다고 했다. 의견이 일치되지 않자 결단하지 못한 채 머뭇거렸다. 이 와중에 여록은 역기를 신임한 까닭에 종종 함께 사냥을 나갔다. 이때 고모 여수의 집을 들르자 여수가 대로했다.

"너는 상장군이 되어 병권을 버렸으니, 이제 여씨 일족은 발붙일 곳이 없게 되었다!"

그러고는 진주와 옥, 보물이 되는 그릇을 모두 마당에 내팽개치며 이같이 외쳤다.

"어차피 다른 사람 소유가 될 물건을 지킬 이유가 없다!"

좌승상 심이기가 면직되었다. 이해 8월 경신일 아침, 어사대부의 직무를 대리수행하고 있던 평양후 조줄이 상국 여산을 만나 정사를 논의했다. 제나라에 사자로 갔던 낭중령 가수賈壽가 돌아와 여산을 나무랐다.

"대왕은 일찍이 봉국으로 가지 않았으니, 설령 지금 가려 한들 과연 갈 수 있겠습니까?"

그러고는 관영이 제나라 및 초나라와 합세해 여씨 일족을 주멸하려 한다는 사실을 상세히 고하며 속히 입궐할 것을 재촉했다. 조줄이 그 말을 듣고는 곧바로 승상 진평과 태위 주발에게 달려가 이를 알렸다. 주발이 북군으로 들어가려 했으나 들어갈 수 없었다. 양평후襄平侯 기통紀通이 부절을 관리하고 있었다. 그가 부절을 가지고 가서 거짓으로 황제의 칙명을 내세우며 주발을 북군 군영 안으로 들여보냈다. 주발이 곧 역기를 비롯해 귀화한 이민족을 관할하는 전객 유게劉揭를 여록에게 보내 이같이 회유했다.

"황제는 태위에게 북군을 맡기면서 족하를 봉국으로 돌려보낼 생각입니다. 속히 장군의 인수를 반환하고 떠나도록 하십시오. 그리하지 않으면 화를 당할 것입니다."

여록은 역황酈兄°이 자신을 속이지 않으리라 생각했다. 곧 장군의 인수를 풀어 전객 유게에게 건네면서 병권을 태위 주발에게 넘겨주었다. 주발이 장군의 인수를 가지고 북군의 군문 안으로 들어선 뒤 곧바로 이같이 명했다.

"여씨를 따를 자는 오른쪽 소매를 걷어 오른쪽 팔뚝을 드러내고[右袒], 유씨를 따를 자는 왼쪽 소매를 걷어 왼쪽 팔뚝을 드러내도록 하라[左袒]°°."

북군의 군사들이 모두 왼쪽 소매를 걷어 유씨를 따를 뜻을 나타냈다.

◎ 《사기집해》는 서광의 주를 인용해 역황의 황兄은 역기의 자로, 형이 아닌 황으로 읽어야 한다고 했다.

◎◎ 여기서 좌단左袒 성어가 나왔다. 단襢은 단袒과 같다. 좌단은 당시 북군의 군사들이 모두 왼쪽 팔뚝을 드러낸 일로 인해 이후 편들어 동의하는 것을 뜻하게 되었다. 《의례儀禮》〈사상례士喪禮〉의 "주인이 밖으로 나와 남면하면 좌단한다"는 구절에 대해 당나라 때 활약한 가공언賈公彦은

주발이 길을 떠나 북군에 도착했을 때 여록은 이미 상장군의 인수를 내놓고 군영을 떠난 뒤였다. 주발이 마침내 북군을 통솔하게 된 배경이다. 그러나 당시 남군은 여전히 여씨가 장악하고 있었다. 이에 앞서 평양후 조줄이 여산의 계략을 듣고 승상 진평에게 알렸을 때 진평은 곧바로 주허후 유장을 불러 주발을 보좌하게 했다. 주발은 주허후 유장에게 북군의 영문을 감시케 한 뒤 평양후 조줄을 궁중을 지키는 위위에게 보내 이같이 명했다.

"상국 여산을 궐문 안으로 들이지 말라!"

여록이 이미 북군을 떠난 사실을 알지 못한 여산은 미앙궁으로 들어가 난을 일으키려 했다. 그러나 궐문 안으로 들어갈 수 없자 그 주위를 배회했다. 평양후 조줄은 이 싸움에서 이기지 못할까 근심한 나머지 곧바로 주발에게 달려가 이 사실을 보고했다. 주발 역시 여씨 일족에게 이기지 못할까 두려운 나머지 감히 공개적으로 여씨의 주살을 언급하지 못했다.^{◎◎◎} 이내 주허후를 입궁시키며 이같이 당부했다.

"급히 궐내로 들어가 황제를 호위하도록 하시오."

주허후가 병사를 청하자 주발이 병사 1,000여 명을 내주었다. 주허후는 미앙궁의 궁문을 들어선 뒤 궁 안에서 여산을 만났다. 해가 질 무렵 드디어 여산의 무리를 공격하자 여산이 황급히 달아났다. 마침 바람이 강하게 일어났다. 여산을 따르던 관원들 모두 혼란에 빠져 감히 싸

소疏에서 "왼쪽 소매를 왼쪽 겨드랑이 밑까지 걷는 것을 말한다"고 풀이했다.《예기禮記》〈단궁檀弓 하〉에도 "기봉既封, 좌단"이라는 표현이 나온다. 많은 사람이 좌단을 왼쪽 어깨를 드러내는 것으로 번역하고 있으나 이는 잘못이다.

◎◎◎ "감히 공개적으로 여씨의 주살을 언급하지 못했다"의 원문은 미강공언주지未敢公言誅之다.《사기집해》는 서광의 주를 인용해 공訟이 공공으로 된 판본이 있다며, 위소의 주를 인용해 공訟은 공공과 같다고 했다.

울 생각을 하지 못했다. 주허후가 여산을 끝까지 추격해 낭중령 관부의 측간에서 죽였다. 여산을 죽이자 황제가 알자를 시켜 부절을 가지고 가 주허후를 위로하게 했다. 주허후가 부절을 강압적으로 손에 넣고자 했으나 알자가 응하지 않았다. 부득불 알자와 함께 수레에 오른 뒤 알자의 부절을 내세우며 장락궁으로 황급히 달려가 위위 여갱시의 목을 베었다. 이어 말을 달려 북군으로 돌아온 뒤 태위 주발에게 보고했다. 주발이 벌떡 일어나 주허후에게 절을 하며 축하했다.

"우리가 근심한 것은 오직 여산뿐이었는데, 이제 그를 죽였으니 천하는 곧 안정될 것이오."

그러고는 사람들을 나누어 보내 여씨 일족의 남녀를 모두 체포케 한 뒤 노소를 막론하고 참수했다. 이해 8월 신유일, 여록을 붙잡아 참수하고, 여수를 매질을 가해 죽이는 태살笞殺로 처형했다. 또 따로 사람을 보내 연왕 여통을 주살하고, 노왕 장언을 폐위시켰다. 8월 임술일, 황제의 태부 심이기를 다시 좌승상으로 삼았다. 8월 무진일, 제천왕을 양왕으로 이봉하고, 조유왕의 아들 유수劉遂를 조왕에 봉했다. 주허후 유장을 제애왕 유양에게 보내 여씨 일족을 주살한 일을 고하고 철군을 명했다. 관영의 군사도 형양에서 철수해 도성으로 돌아왔다. 조정 대신들이 은밀히 계책을 논의했다.

"소제와 양왕, 회양왕, 상산왕 모두 혜제의 친아들이 아니오. 여후가 계략을 써 다른 사람의 자식을 황제의 아들로 사칭한 뒤 이들의 생모를 죽이고 후궁에서 양육한 것이오. 혜제의 친아들로 만든 뒤 후사로 삼거나 제후왕에 봉해 여씨의 세력을 강화시킨 것이오. 지금 우리가 여씨 일족을 모두 죽였는데, 여씨가 세운 자들을 그대로 남겨두면 훗날 이들이 성장해 권력을 휘두를 무렵에는 우리는 모두 죽임을 당할 것이오.

차라리 여러 왕 가운데 가장 현명한 자를 옹립하느니만 못하오."

어떤 사람이 건의했다.

"제도혜왕 유비는 고황제의 맏아들이오. 지금 그의 적자가 제왕의 자리에 앉아 있소. 혈통으로 말하면 제왕은 고황제의 적장손에 해당하니 황제로 세울 수 있소."

대신들이 입을 모아 반대했다.

"여씨는 외척이 되어 사악한 짓을 행한 까닭에 종묘사직을 위태롭게 하고 공신에게 해를 끼쳤소. 지금 제왕의 외가는 사씨駟氏인데, 사균駟鈞은 유명한 악인이오. 만일 제왕을 세우면 또다시 사씨가 여씨와 같은 짓을 할 것이오."

회남왕 유장을 세우는 방안을 논의했으나 나이가 어리고 외가 역시 사악한 까닭에 배제되었다. 대신들이 말했다.

"대왕 유항은 생존한 고황제의 아들 가운데 가장 나이가 많소. 사람이 인자하고 효성스러운데다 매우 너그럽소. 태후의 집안인 박씨薄氏 또한 신중하고 선량하오. 더구나 생존한 고황제의 아들 가운데 가장 나이가 많은 장자를 옹립하는 것이 순리에 맞고, 대왕은 인효로 천하에 이름이 나 있소. 그를 황제로 옹립하는 것이 적당할 듯하오."

이에 주발 등이 대 땅으로 간 뒤 은밀히 사람을 시켜 유항을 불렀다. 유항이 사람을 보내 간곡히 사절하는 사사辭謝를 표했다. 대신들이 사람을 다시 보낸 연후에 비로소 비상사태를 대비해 여섯 마리 말이 급속히 내달리는 수레[六乘傳車]에 올라탔다. 이해 윤 9월 말일 기유일, 유항이 장안에 이르러 대왕의 관저에 머물렀다. 대신들 모두 찾아가 알현했다. 이때 천자의 옥새를 공손히 받들어 바치면서 대왕 유항을 추대해 천자로 세웠다. 대왕 유항은 누차 사양했으나 군신들이 한사코 간청하자 이를 받아들였다. 동모후 유흥거가 말했다.

"여씨 일족을 주살할 때 나는 공을 세우지 못했으니, 궁중을 숙정肅
正하는 일이나 할 생각이다."

그러고는 태복으로 있는 여음후汝陰侯 하후영과 함께 입궁해 소제
앞으로 나아가 이같이 말했다.

"족하는 유씨가 아니니, 보위에 계속 앉아 있을 수 없소."

소제의 좌우에서 창을 들고 호위하고 있는 위사들을 둘러보며 손짓
으로 무기를 내려놓고 떠나게 했다. 몇 사람이 무기를 내려놓으려 하지
않았다. 환자령宦者令 장택張澤이 상황을 설명하자 그들도 무기를 내려
놓았다. 하후영이 천자의 수레를 부른 뒤 소제를 태우고 궁궐을 나섰
다. 소제가 물었다.

"나를 장차 어디로 데려가려는 것이오?"

하후영이 대답했다.

"궁 밖으로 나가 사는 것이오."

그러고는 소부에서 살게 했다. 이어 천자의 법가法駕를 받들고 가 대
왕 유항을 그의 관저에서 맞이하며 이같이 보고했다.

"궁 안이 깨끗이 정리되었습니다."

대왕 유항이 이날 저녁 미앙궁으로 들어갔다. 알자 열 명이 창을 들
고 궐문을 지키며 물었다.

"안에 천자가 있다. 족하는 무슨 일로 들어가려는 것인가?"

대왕 유항이 태위 주발을 불렀다. 주발이 설명하자 열 명의 알자 모
두 무기를 내려놓고 떠났다. 대왕이 마침내 입궁해 청정聽政을 시작했
다. 이날 밤, 담당 관원들이 각기 역할을 분담해 양왕·회양왕·상산왕·
소제를 관저에서 주살했다. 대왕 유항은 재위 23년 만에 붕어했다. 시

호는 효문황제다.

● 朱虛侯劉章有氣力, 東牟侯興居其弟也. 皆齊哀王弟, 居長安. 當是時, 諸呂用事擅權, 欲爲亂, 畏高帝故大臣絳·灌等, 未敢發. 朱虛侯婦, 呂祿女, 陰知其謀. 恐見誅, 迺陰令人告其兄齊王, 欲令發兵西, 誅諸呂而立. 朱虛侯欲從中與大臣爲應. 齊王欲發兵, 其相弗聽. 八月丙午, 齊王欲使人誅相, 相召平迺反, 舉兵欲圍王, 王因殺其相, 遂發兵東, 詐奪琅邪王兵, 并將之而西. 語在齊王語中. 齊王迺遺諸侯王書曰, "高帝平定天下, 王諸子弟, 悼惠王王齊. 悼惠王薨, 孝惠帝使留侯良立臣爲齊王. 孝惠崩, 高后用事, 春秋高, 聽諸呂, 擅廢帝更立, 又比殺三趙王, 滅梁·趙·燕以王諸呂, 分齊爲四. 忠臣進諫, 上惑亂弗聽. 今高后崩, 而帝春秋富, 未能治天下, 固恃大臣諸侯. 而諸呂又擅自尊官, 聚兵嚴威, 劫列侯忠臣, 矯制以令天下, 宗廟所以危. 寡人率兵入誅不當爲王者." 漢聞之, 相國呂産等迺遣潁陰侯灌嬰將兵擊之. 灌嬰至滎陽, 迺謀曰, "諸呂權兵關中, 欲危劉氏而自立. 今我破齊還報, 此益呂氏之資也." 迺留屯滎陽, 使使諭齊王及諸侯, 與連和, 以待呂氏變, 共誅之. 齊王聞之, 迺還兵西界待約. 呂祿·呂産欲發亂關中, 內憚絳侯·朱虛等, 外畏齊·楚兵, 又恐灌嬰畔之, 欲待灌嬰兵與齊合而發, 猶豫未決. 當是時, 濟川王太·淮陽王武·常山王朝名爲少帝弟, 及魯元王呂后外孫, 皆年少未之國, 居長安. 趙王祿·梁王産各將兵居南北軍, 皆呂氏之人. 列侯群臣莫自堅其命. 太尉絳侯勃不得入軍中主兵. 曲周侯酈商老病, 其子寄與呂祿善. 絳侯迺與丞相陳平謀, 使人劫酈商. 令其子寄往紿說呂祿曰, "高帝與呂共定天下, 劉氏所立九王, 呂氏所立三王, 皆大臣之議, 事已布告諸侯, 諸侯皆以爲宜. 今太后崩, 帝少, 而足下佩趙王印, 不急之國守藩, 迺爲上將, 將兵留此, 爲大臣諸侯所疑. 足下何不歸印, 以兵屬太尉? 請梁王歸相國印, 與大臣盟而之國, 齊兵必罷, 大臣得安, 足下高枕而王千里, 此萬世之利也." 呂祿信然其計, 欲歸將印, 以兵屬

太尉. 使人報呂產及諸呂老人, 或以爲便, 或曰不便, 計猶豫未有所決. 呂祿
信酈寄, 時與出遊獵. 過其姑呂嬃, 嬃大怒, 曰, "若爲將而棄軍, 呂氏今無處
矣." 迺悉出珠玉寶器散堂下, 曰, "毋爲他人守也"左丞相食其免. 八月庚申
旦, 平陽侯窋行御史大夫事, 見相國產計事. 郎中令賈壽使從齊來, 因數產
曰, "王不蚤之國, 今雖欲行, 尙可得邪?"具以灌嬰與齊楚合從, 欲誅諸呂告
產, 迺趣產急入宮. 平陽侯頗聞其語, 迺馳告丞相·太尉. 太尉欲入北軍, 不得
入. 襄平侯通尙符節. 迺令持節矯內太尉北軍. 太尉復令酈寄與典客劉揭先
說呂祿曰, "帝使太尉守北軍, 欲足下之國, 急歸將印辭去, 不然, 禍且起."呂
祿以爲酈兄不欺己, 遂解印屬典客, 而以兵授太尉. 太尉將之入軍門, 行令軍
中曰, "爲呂氏右袒, 爲劉氏左袒."軍中皆左袒爲劉氏. 太尉行至, 將軍呂祿
亦已解上將印去, 太尉遂將北軍. 然尙有南軍. 平陽侯聞之, 以呂產謀告丞相
平, 丞相平迺召朱虛侯佐太尉. 太尉令朱虛侯監軍門. 令平陽侯告衛尉, "毋
入相國產殿門."呂產不知呂祿已去北軍, 迺入未央宮, 欲爲亂, 殿門弗得入,
裴回往來. 平陽侯恐弗勝, 馳語太尉. 太尉尙恐不勝諸呂, 未敢訟言誅之, 迺
遣朱虛侯謂曰, "急入宮衛帝."朱虛侯請卒, 太尉予卒千餘人. 入未央宮門,
遂見產廷中. 日餔時, 遂擊產. 產走, 天風大起, 以故其從官亂, 莫敢鬪. 逐產,
殺之郎中府吏廁中. 朱虛侯已殺產, 帝命謁者持節勞朱虛侯. 朱虛侯欲奪節
信, 謁者不肯, 朱虛侯則從與載, 因節信馳走, 斬長樂衛尉呂更始. 還, 馳入北
軍, 報太尉. 太尉起, 拜賀朱虛侯曰, "所患獨呂產, 今已誅, 天下定矣."遂遣
人分部悉捕諸呂男女, 無少長皆斬之. 辛酉, 捕斬呂祿, 而笞殺呂嬃. 使人誅
燕王呂通, 而廢魯王偃. 壬戌, 以帝太傅食其復爲左丞相. 戊辰, 徙濟川王王
梁, 立趙幽王子遂爲趙王. 遣朱虛侯章以誅諸呂氏事告齊王, 令罷兵. 灌嬰兵
亦罷滎陽而歸. 諸大臣相與陰謀曰, "少帝及梁·淮陽·常山王, 皆非眞孝惠子
也. 呂后以計詐名他人子, 殺其母, 養後宮, 令孝惠子之, 立以爲後, 及諸王,

以彊呂氏. 今皆已夷滅諸呂, 而置所立, 卽長用事, 吾屬無類矣. 不如視諸王最賢者立之." 或言 "齊悼惠王高帝長子, 今其適子爲齊王, 推本言之, 高帝適長孫, 可立也". 大臣皆曰, "呂氏以外家惡而幾危宗廟, 亂功臣今齊王母家駟鈞, 駟鈞, 惡人也. 卽立齊王, 則復爲呂氏." 欲立淮南王, 以爲少, 母家又惡. 迺曰, "代王方今高帝見子, 最長, 仁孝寬厚. 太后家薄氏謹良. 且立長故順, 以仁孝聞於天下, 便." 迺相與共陰使人召代王. 代王使人辭謝. 再反, 然後乘六乘傳. 後九月晦日己酉, 至長安, 舍代邸. 大臣皆往謁, 奉天子璽上代王, 共尊立爲天子. 代王數讓, 群臣固請, 然後聽. 東牟侯興居曰, "誅呂氏吾無功, 請得除宮." 迺與太僕汝陰侯滕公入宮, 前謂少帝曰, "足下非劉氏, 不當立." 乃顧麾左右執戟者掊兵罷去. 有數人不肯去兵, 宦者令張澤諭告, 亦去兵. 滕公迺召乘輿車載少帝出. 少帝曰, "欲將我安之乎?" 滕公曰, "出就舍." 舍少府. 迺奉天子法駕, 迎代王於邸. 報曰, "宮謹除." 代王卽夕入未央宮. 有謁者十人持戟衛端門, 曰, "天子在也, 足下何爲者而入?" 代王迺謂太尉. 太尉往諭, 謁者十人皆掊兵而去. 代王遂入而聽政. 夜, 有司分部誅滅梁·淮陽·常山王及少帝於邸. 代王立爲天子. 二十三年崩, 諡爲孝文皇帝.

태사공은 평한다.

"혜제와 여태후의 치세 때 백성은 전국시대의 고통에서 벗어날 수 있었다. 군신 모두 무위지치의 차원에서 편히 쉬고자 했다. 혜제는 팔짱을 긴 채 아무 일도 하지 않았고, 여태후가 여주가 되어 황제의 직권을 대행했다. 모든 정사가 방 안에서 이루어졌지만 천하는 평안했다. 형벌이 드물게 적용된 까닭에 죄수도 희귀했다. 백성이 본업인 농사일에 힘을 쓰자 의식이 날로 풍족해졌다."

● 太史公曰, "孝惠皇帝·高后之時, 黎民得離戰國之苦, 君臣俱欲休息乎無

爲, 故惠帝垂拱, 高后女主稱制, 政不出房戶, 天下晏然. 刑罰罕用, 罪人是

希. 民務稼穡, 衣食滋殖."

멀리 보고 승부수를 던지다

사서에 기록된 첫 번째 황태후

유방의 부인 여태후는 호족 여공의 딸이다. 흔히 여후의 이름이 여치로 알려져 있으나 〈고조본기〉에는 이 이름이 나오지 않는 것으로 보아 민간에 전해온 이름으로 짐작된다. 〈외척세가外戚世家〉에는 그녀의 자가 아후娥姁로 나온다. 그녀는 중국 사서에 이름이 기록된 첫 번째 황후이자 황태후에 해당한다. 사서에는 한고후漢高后·여후·여태후 등으로 기록되어 있다. 수렴청정에 해당하는 이른바 임조칭제臨朝稱制를 행했던 첫 번째 태후이기도 하다.

당초 유방은 부인이 있는데도 여치를 새 부인으로 맞이했다. 여치가 낳은 자식이 바로 한나라 2대 황제인 한혜제와 노원공주다. 여치는 유방에게 시집온 후 조강지처의 모범을 보였다. 유방을 위해서라면 어떤 고생도 마다하지 않았던 것이다. 유방 대신 감옥에 간 적도 있고, 망현과 탕현의 늪지대에 몸을 숨긴 유방을 위해 젖먹이 아이를 안고 필요한 물자와 정보를 조달하기도 했다. 유방이 참패를 당한 팽성전투 이후에는 3년 10개월 동안 항우의 포로로 지내면서 시부인 태공의 시봉에 약간의 소홀함도 없었다. 홍구의 강화회담을 계기로 유방의 영채로 귀환한 이후 태공과 여후가 보여준 돈독한 관계가 이를 뒷받침한다.

사마천은 《사기》를 저술하면서 특이하게도 여후의 일대기를 〈여태후본기〉로 편제했다. 여후는 보위에 오른 적이 없다. 그럼에도 진시황이나 항우, 유방과 같은 반열에 올려놓은 것은 파격이다. 여후가 수렴청정을 하는 동안 천하가 평안했다고 판단한 결과였다. 〈여태후본기〉에 나오는 사마천의 평은 다음과 같다.

여후는 사람이 강직하고 굳세어 한고조의 천하평정에 일조했다. 대신을 주살할 때도 여후의 힘이 컸다.

그녀는 권력욕이 강했다. 실제로 황제의 자리에 오른 측천무후則天武后를 제외할 경우 중국의 전 역사를 통틀어 여후처럼 막강한 권력을 휘두른 인물은 청조 말기의 서태후西太后밖에 없었다. 여후와 서태후가 행사한 권력은 측천무후와 별반 차이가 없다. 세 사람을 통틀어 중국 역사에 등장한 '3인의 여제'로 볼지라도 큰 무리는 없다. 사마천도 대략 이러한 관점에서 〈여태후본기〉를 편제했던 것으로 보인다.

여기서 주목할 것은 여후의 시부에 대한 헌신적인 시봉과 남편 유방에 대한 순종이 결코 무조건적인 것이 아니었다는 점이다. 천하를 자신의 소생인 유영에게 넘겨주어야 한다는 전제조건이 있었다. 그녀가 유방에게 헌신적인 모습을 보였던 근본 배경이다. 유방의 남녀 간의 애틋한 애정이 온통 척희戚姬(척부인)에게 향했던 사실이 이를 뒷받침한다.

사실 정략결혼으로 맞아들인 정실과 마음이 끌려 취한 애첩 사이에서 사람은 거의 예외 없이 그와 유사한 모습을 보인다. 큰 틀에서 보면 유방과 여후는 일종의 이해관계에 가까웠다.

요체는 권력 장악이었다. 자신의 소생인 유영이 보위에 오르는 것도 엄밀히 따지면 그녀가 실질적인 대권을 쥐기 위한 수단에 불과했다. 유방으로서는 자칫 자신을 찌를지도 모를 독부毒婦를 옆에 끼고 살았던 셈이다.

한비자는 권력에 관한 한 부인과 자식조차 믿어서는 안 된다고 역설했던 바가 있다. 바깥에 있는 신하도 신하이지만 안에 있는 처자식도 늘 경계해야 한다는 취지로 편제된《한비자》〈비내備內〉는 이같이 경고하고 있다.

만승의 대국 군주나 천승千乘의 소국 군주의 경우, 후비와 부인을 비롯해 적자로서 태자가 된 자 가운데 간혹 군주의 조기 서거를 바라는 자가 있다. 무엇으로 그러한 것을 알 수 있는가? 부부는 골육의 정이 없다. 사랑하면 가깝지만, 사랑하지 않으면 멀어진다. "어미가 사랑스러우면 그 자식도 품에 안아준다"는 말이 있다. 뒤집어 해석하면 "어미가 미우면 그 자식도 버린다"는 이야기다. 남자는 나이 쉰 살이 되어도 호색하는 마음이 그치지 않는다. 여자 나이 서른 살이면 미모가 쇠한다. 미모가 쇠한 부인이 호색한 장부를 섬기면 그 자신이 내몰릴까 염려하고, 천시되지 않을까 염려하고, 자식이 보위를 잇지 못할까 염려한다. 이것이 후비와 부인 들이 군주의 조기 서거를 바라는 이유다. 어머니가 태후가 되고 자식이 군주가 되어 명을 내리면 실행되지 않는 것이 없고, 금령을 내리면 그치지 않는 것이 없고, 남녀 간의 환락도 선왕 때보다 줄지 않고, 만승의 대국을 마음대로 해 서슴지 않는다. 이것이 군주를 짐주로 독살하거나, 은밀하게 목을 졸라 죽이거나, 목을 베려는 까닭이다. 옛 사서인《도올춘추檮杌春秋》에서 말하기를, "군주가 병으로 죽는 경우는 절반도 안 된다"고 했다. 군주가 이를 알지 못하면 환난이 일어날 소지가 많아진다. 그래서 군주의 죽음으로 이익을 얻은 사람이 많을수록 군주는 위험해진다.

유방과 여후의 관계가 꼭 이와 같았다. 사마천은 여후가 만년에 이르러 "미모가 쇠해 유방의 애정이 식었다"고 기록해놓았다. 유방에 대한 헌신적인 감정이 문득 유방에게 가까이하는 모든 여성에 대한 적개심으로 돌변할 소지가 컸다.

유방 사후 여씨 세력이 발호했던 것도 정략결혼의 관점에서 접근해야 그 실체를 제대로 파악할 수 있다.

웅장한 기개와 포부를 펼친 여장부

여후는 수천 년 동안 '만고의 독부'라는 악명을 들었다. 그러나 당시 정황을 감안할 필요가 있다. 고금을 막론하고 후계자를 둘러싼 세력 다툼에서 패한 쪽이 살아남은 적은 거의 없다. 황위는 지존의 자리다. 반기를 들 가능성이 조금이라도 남아 있는 자는 미리 제거하는 것이 상책이다. 특히 창업 초기의 경우는 더욱 그렇다. 역대 왕조가 창업 때마다 막강한 위세를 떨친 창업공신들을 토사구팽 대상으로 삼았던 이유다. 후계 다툼에서 막다른 길에 몰렸다가 기사회생한 여후가 척희를 사람돼지인 인체로 만들었던 일도 같은 맥락에서 이해할 수 있다. 비록 지나치기는 했으나 이는 근본적으로 유방이 행한 토사구팽과 별반 차이가 없다.

실제로 여후는 유방의 토사구팽 행각에 깊숙이 개입했다. 한신과 경포, 팽월 모두 여씨 손에 제거되었던 것이나 다름없다. 겉모습만 보면 유방을 도와 천하를 거머쥔 장본인은 장량과 소하, 조참 등 여러 장수와 책사지만 여후 역시 이들 못지않게 유방을 보필했다. 한신과 경포, 팽월 등을 일거에 황천객으로 만들었던 사실이 이를 웅변한다.

사마천은 이를 통찰했다. 그가 《사기》를 저술하면서 〈여태후본기〉를 따로 편제했던 근본 배경이 여기에 있다. 내심 여후를 항우와 유방 못지않은 기개와 포부를 지닌 '여장부'로 간주했던 결과다. 사실 여후가 유방에게 시집을 갔던 것부터 심상치 않다. 그녀가 부친의 권고를 받아들여 유방에게 시집을 갈 당시 유방은 이미 40대에 들어섰다. 게다가 비록 정식으로 혼인식을 올린 것은 아니나 유방은 조씨와의 사이에서 아들 유비까지 두고 있었다. 그럼에도 여후는 부친의 권고를 받아들여 선뜻 유방에게 일생을 맡기는 결단을 했던 것이다. 여러 이유를 생각할 수 있으나 대략 사마천이 지적했던 '강한 권력욕'을 가장 큰 원인으로 들 수 있다.

당시 이러한 여성이 결코 적지 않았다. 한무제 때 거부의 딸 탁문군卓文君이 당대의 문인 사마상여司馬相如와 함께 도피 결혼을 했던 것이 대표적인 사례다. 사서의 기록을 종합해볼 때 여후 역시 탁문군 못지않은 기개와 포부를 지닌 여장부였을 공산이 크다.

여후의 심복, 심이기

삼국시대 당시 유비는 위기에 처할 때마다 처자식을 버려둔 채 황급히 달아나 많은 비판을 받았다. 유방도 그와 닮은 점이 많았다. 팽성전투에서 참패했을 때 길에서 우연히 만난 한혜제와 노원공주를 하후영이 수레에 태운 적이 있다. 이때 항우의 군사가 뒤를 바짝 쫓자 유방은 다급한 나머지 두 자녀를 수레 아래로 밀어 떨어뜨렸다. 수레의 무게를 줄여 속도를 높이려는 속셈이었다.

　이러한 그의 태도는 여후에게도 크게 다르지 않았다. 여후가 항우의 군진 내에서 1년 동안 시아버지인 태공을 모시고 인질로서 생활했던 것도 이러한 맥락에서 이해할 수 있다. 물론 유방도 적진 내에서 인질이 되어 부친을 지극 정성으로 모시고 있는 여후의 고통을 모른 척했던 것은 아니다. 당초 유방은 항우와 입관 경쟁을 벌일 당시 장량 및 조참 등과 숙의한 뒤 무관 돌파 전략을 마련하면서 조참 밑의 옥리로 있던 임오 등에게 풍읍의 가족을 보호하도록 명했던 바가 있다. 이는 임오가 이미 오래전부터 여후의 돈독한 신임을 받고 있는 점을 감안한 조치였다.

　임오는 유방이 재위할 때는 그다지 출세하지 못했다. 그러나 여후의 시대에 들어와 문득 어사대부로 발탁되었다. 여후는 유방이 무관을 향할 때를 기점으로 입관 후 항우의 본거지인 팽성을 함락시킬 때까지 대략 2년 동안 풍읍 일대를 지키며 자신을 포함해 유방 일족을 보호하는 데 전념한 임오의 공을 잊지 않았다.

　당시 유방 본가가 있던 풍읍에는 임오 이외에 심이기가 있었다. 그는 유방이 봉기할 때 사인 자격으로 참여했다. 임오가 풍읍으로 올 당시 심이기는 그에 앞서 이미 1년 10개월이 넘도록 여후와 그 아들 한혜제를 모시고 있었다. 임오가 온 뒤에도 그는 변함없이 여후를 모셨다. 유방이 각지를 전전하는 3년 10개월 동안 그녀 곁에 있었던 셈이다. 항우의 역습으로 유방의 일족이 뿔뿔이 흩어졌을 때 그는 태공과 여후를 모시고 샛길로 유방을 찾았으나 만나지도 못하고 오히려 초나라 군사에게 잡혔다. 초나라 군사들이 이들과 함께 군영으로 돌아오자 항우는 이들을 군중에 두고 인질로 삼았다. 이후 심이기는 다시 1년 동안 항우의 인질이 된 여후를 모셨다. 여후가 가장 신임한 인물을 꼽으라면 단연 심이기를 들 수 있다. 그 역시 임오와 마찬가지로 유방 사후 여후에 의해 재상으로 발탁되었다.

만고의 독부가 된 이유

유방은 항우에 의해 한중왕에 봉해진 후 한신을 시켜 함양을 탈환할 당시 풍읍에 있는 가족을 모두 관중으로 데려오고자 했다. 휘하 장수 설구와 왕흡에게 명해 속히 무관을 빠져나가 풍읍에 있는 일족을 데려오도록 조치했던 것이다. 호해 원년 연말에 패현에서 봉기한 지 이미 4년이 지난 시점이었다.

당시 그의 고향 풍읍에는 부친인 태공과 부인 여후를 비롯해 이후 한혜제로 즉위한 아들 유영과 장이의 아들 장오에게 시집을 간 노원공주 등이 있었다. 풍읍은 항우의 영토였다. 항우를 자극할 소지가 매우 컸다. 그러나 남양 일대를 본거지로 삼고 있는 왕릉의 도움을 얻을 경우라면 일족을 데려오는 것이 불가능한 일도 아니었다. 설구·왕흡·왕릉 모두 풍읍 출신이었다.

유방은 왜 일족을 데려오고자 했던 것일까? 관중 백성의 전폭적인 지지를 감안할 때 관중의 장악은 사실 천하를 틀어쥐기 전 단계에 해당했다. 한중왕에서 명실상부한 관중왕으로 변신한 모습을 부친 태공과 부인 여후 등에게 보여주고 싶어 했을 공산이 크다. 항우가 금의야행錦衣夜行을 거부했던 것과 같은 취지다.

다만 항우는 천하 대신 초나라에 방점을 찍은 데 반해 유방은 초나라가 아닌 천하에 초점을 맞춘 것이 달랐다. 천하통일 후 굳이 주변 권고를 물리치고 폐허로 변한 함양의 맞은편에 새로운 천하의 수도인 장안을 건설했던 것이 그렇다. 겉만 초나라 출신이던 유방은 뼛속까지 초나라 출신인 항우와 달랐던 것이다.

주목할 것은 당시 유방 곁에는 정도 출신 척희가 늘 함께하고 있었던 점이다. 함양에 입성한 뒤 진제국의 궁실을 점령했을 때 만난 것이 인연이 되었다. 그렇다고 그가 여후를 잊은 것은 아니었다. 일족을 관중으로 데려오고자 했던 조치가 그 증거다. 다만 여후가 관중으로 올 경우 척희와 갈등을 빚을 소지가 컸다. 어찌 보면 여후가 나중에 합류하는 것이 천하통일 사업에 분주했던 유방에게는 도움이 되었다고 볼 수도 있다. 그러나 이 조치는 여후에게 말할 수 없는 고통을 안겨주었다. 자신은 적진 속에서 시아버지 태공을 모시고 죽을 고생을 하고 있는데 남편 유방은 젊은 척희를 끼고 살다시피 하며 자신을 구하지 않는 모습에 속을 태웠다고 보는 것이 합리적이다. 유방 사후 여후가 척희에게 잔인한 보복을 가했던 이유도 이러한 맥락에서 이해할 수 있다.

한고조 2년 6월, 유방이 약양으로 돌아온 뒤 여후 소생의 아들 유영을 태자로 삼고 죄인을 사면했다. 그가 바로 유방의 뒤를 이어 보위에 올랐던 한혜제다. 〈외척세가〉에 따르면 유방 사후 여후의 치세 때 소제 유공과 후소제 유홍이 각각 4년 만에 잇달아 죽임을 당했다. 여후가 손을 쓴 결과였다. 그 뒤를 이어 즉위한 한문제의 생모는 원래 위표의 후궁 출신 박씨薄氏였다. 위표가 죽은 뒤 유방이 그녀를 거두어 한문제를 낳았다. 다만 한문제는 한혜제와 달리 후대 사가들로부터 명군으로 칭송받았던 것에 비추어 위표의 혈통이었을 가능성도 배제할 수 없다.

태공과 여후가 유방의 영채로 송환된 시점은 홍구 강화회담 타결 직후인 한고조 4년 9월이다. 여후의 입장에서 보면 홍구 강화회담 덕분에 인질생활을 끝내고 유방의 본진에 합류할 수 있었다. 사서는 당시 여후와 척희의 첫 대면에 대해 침묵하고 있다. 유방이 기왕에 해오던 대로 척희만 대동한 채 전장을 누볐다면 여후와 척희가 대면할 시간이 많지 않았을 것이다. 이 때문에 특별히 기록할 만한 일이 없었을 수 있다. 여후는 내심 척희만 끼고 도는 유방에게 적잖은 불만을 품었을 공산이 크다. 아들 유영이 태자로 책립된 것만이 그녀의 유일한 위안이었을 것이다.

유방은 한신을 토사구팽한 후 한신을 유인하는 데 공을 세운 소하를 승상에서 상국으로 높이고 5,000호를 더해주었다. 소하를 끌어들인 장본인이 바로 여후다. 자신의 소생인 유영이 한혜제로 즉위하는 먼 미래를 내다본 포석일 공산이 크다.

수렴청정으로 드러난 야심

여후는 유영이 한혜제로 즉위하자 곧바로 수렴청정에 들어갔다. 그녀는 잠재적인 위협이 될 만한 인물을 모조리 제거할 생각이었다. 당초 유방에게는 모두 여덟 명이 아들이 있었다. 첫째는 조씨 소생의 제도혜왕 유비, 둘째는 여후 소생의 한혜제 유영, 셋째는 척부인 소생의 조은왕 유여의, 넷째는 박씨 소생인 효문제 유항이다. 다섯째는 양왕 유회로 여태후 집정 때 조공왕으로 옮겨졌다. 여섯째는 회양왕 유우로 여태후 집정 때 조유왕으로 옮겨졌다. 일곱째는 회남여왕 유장, 여덟째는 연왕 유건이다.

여후 눈에 가장 거슬리는 인물은 조왕 유여의였다. 여후는 궁정 감옥 담당 관원에게 명해 척희를 잡아 가둔 뒤 이내 머리를 깎고 붉은 죄수복을 입은 채 방아를 찧게 했다. 이어 사자를 조나라로 보내 유여의를 불렀다. 조나라 상국 주창은 유여의가 병이 들었다는 핑계로 세 번이나 온 사자를 돌려보냈다.

여태후가 노한 나머지 이내 사람을 시켜 먼저 주창을 소환했다. 주창이 장안에 이르자 사람을 시켜 다시 조왕을 불렀다. 조왕이 한단을 출발해 아직 장안에 도착하지 않았을 때 한혜제는 태후가 노한 것을 알고 친히 조왕을 파상에서 영접해 함께 입궁했다. 늘 같이 다니고, 함께 기거하고 음식을 나누어 먹었다. 여후가 조왕을 죽이고자 했으나 기회를 얻을 수가 없었다.

한혜제 2년 겨울 12월, 한혜제가 아침 일찍 사냥을 나갔다. 유여의는 아직 열두 살에 불과해 일찍 일어날 수 없었다. 태후가 사람을 시켜 짐독을 가지고 가 조왕에게 먹이도록 했다. 한혜제가 돌아와보니 유여의는 이미 죽어 있었다.

이어 여후는 사람을 시켜 척희를 인체로 만들게 했다. 며칠 뒤 한혜제를 불러 인체를 보게 했다. 한혜제는 좌우에 물어 인체가 곧 척희라는 사실을 알고는 대성통곡했다. 이로 인해 이내 병이 나 1년여 동안 일어나지 못했다. 한혜제가 여후에게 사람을 보내 이제 자신은 천하를 제대로 다스릴 수 없다고 선언했다. 이후 매일 술을 마시며 질탕하게 즐기고 정사를 돌보지 않았다. 이를 두고 사마광은 《자치통감》에서 이같이 질타했다.

자식이 되어 부모에게 과오가 있으면 간하고, 간해도 듣지 않으면 울며 따라야 한다. 어찌 선제의 제업을 지켜 천하의 주인이 된 몸으로 모친의 잔혹한 행위를 차마 볼 수 없다고 해서 끝내 나라를 버리고 백성을 돌보며 아끼지 않은 채 멋대로 주색에 빠져 몸을 손상시킬 수 있다는 말인가? 한혜제는 "작은 인혜仁惠에 얽매여 천하의 대의를 몰랐다"는 지적을 받을 만하다.

옳은 이야기이기는 하나, 제업 운운은 정식으로 태자교육을 받은 경우에나 적용할 수 있는 이야기다. 한혜제는 말만 태자였지 차분히 후계자 수업을 받을 시간이 없었다. 게다가 앞서 언급했듯이, 팽성전투 당시 한혜제는 항우 군사의 내습을 피해 피난민과 함께 달아날 때 혼란 속에 여후와 헤어진 뒤 여동생인 노원공주와 함께 길을 헤매다가 요행히 부친을 만났던 적이 있다. 그러나 부친의 발길질에 차여 여러 차례 수레 밖으로 굴러 떨어지는 충격적인 일을 당했다. 하후영 덕분에 간신히 목숨을 구했으나 이때의 충격은 그를 심약한 인간으로 만드는 결정적인 배경이 되었다. 태자가 된 후에도 부황인 유방의 눈 밖에 나 눈치를 살펴야만 했다.

여씨 일족의 몰락

기원전 188년 8월에 한혜제가 자식도 없이 죽자 여후는 전에 황후 장씨張氏의 소생으로 둔갑시킨 한혜제 후궁의 자식인 소제 유공을 보위에 앉혔다. 섭정을 시작하면서 그녀는 오랫동안 가슴속 깊이 감추어두었던 야심을 표면화했다. 유방이 '유씨 이외의 다른 성씨는 제후왕에 봉해서는 안 된다'고 못을 박은 명을 어기고 여씨를 대거 제후왕에 봉했던 것이 그렇다. 여후 치세 때 소제 유공이 유폐되어 횡사했던 것도 같은 맥락이다.

유공은 철이 들면서 자신의 생모가 비참하게 죽은 사실을 알고는 복수를 하겠다고 했다. 여후가 이 소식을 듣고는 곧바로 사람을 시켜 깊숙한 곳에 유폐한 뒤 군신들을 불러놓고는 병으로 정신이 온전치 못한 까닭에 천하를 맡길 수 없다고 선언했다. 여후는 폐위한 지 얼마 지나지 않은 유공을 죽이고 후소제 유홍을 보위에 앉혔다.

그녀는 재위 8년째가 되는 기원전 180년 7월에 병이 심해지자 일족인 조카인 조왕 여록을 상장군으로 삼아 도성을 지키는 북군을 지휘하게 했다. 이어 또 다른 조카 여왕 여산은 황궁을 지키는 남군을 장악토록 조치했다. 그녀는 군사권을 장악해야 권력을 유지할 수 있다는 사실을 통찰하고 있었다. 이어 여록과 여산에게 자신이 죽었을 때 반드시 군사를 장악해 궁궐을 지킬 것을 당부했다.

이해 7월 30일, 여후는 숨을 거두기 직전 천하에 대사령을 내린 뒤 여왕 여산을 상국, 여록의 딸을 황후로 삼는다는 유조를 내렸다. 장례가 끝난 뒤 유조에 따라 좌승상 심이기가 후소제 유홍의 태부가 되었다. 여후는 장차 여씨 천하를 만들기 위한 만반의 조치를 취한 뒤 숨을 거두었던 셈이다.

여씨 천하를 만드는 것은 전적으로 조카 여록과 여산의 몫이었다. 여후가 죽기 전에 이미 조정을 비롯해 지방장관에 이르기까지 모두 여씨 일당으로 채워 있었다. 적당한 시기에 어린 황제 유홍으로부터 선양만 받으면 끝나는 일이었다. 이는 전한 말기 왕망王莽이 활용한 수법이기도 했다. 여록과 여산이 왕망처럼 지략이 있었으면 능히 여씨 나라를 만들 수 있었다.

당시 여후가 죽자마자 주허후 유장은 여씨 일족의 반란음모를 미리 알아채고는 자신의 형인 제왕 유양에게 사람을 보내 즉시 거병토록 했다. 여록의 딸을 처로 삼은 덕분이었다. 주허후 유장의 속셈은 제왕 유양이 거병해 서진하면 곧바로 내응해 여씨 일족을 제거한 뒤 새 황제로 옹립해 실권을 장악하는 데 있었다. 원래 제왕 유양의 장인 사균은 매우 흉포한 인물이었다. 만일 제왕이 보위를 차지할 경우 또다시 척족세력의 대두가 불가피했다.

이러한 급박한 상황에서 진평은 육가를 매개로 그간 소원한 관계에 있던 태위 주발과 손을 잡고 여씨 척족을 제거하기 위한 치밀한 공동작전을 전개했다. 그는 여록과 가까운 역기를 끌어들여 마침내 여록이 상장군의 인수를 주발에게 넘기도록 만드는 데 성공했다. 주발은 역기의 감언이설에 넘어간 여록이 망설이는 틈을 이용해 제왕 유양의 서진을 저지한 데 이어 곧바로 북군으로 들어가 군권을 장악했다.

그러나 아직도 여산이 장악한 남군이 남아 있었다. 여산은 황제가 머물고 있는 미앙궁에 주둔하며 2만 명에 이르는 남군을 장악하고 있었다. 이 까닭에 아무리 주발이 북군을 장악했을지라도 남군과의 교전에서 승리를 장담하기 어려웠다. 자칫 여산이 어린 황제의 이름으로 토역討逆의 기치를 내세울 경우 명분에서 밀려 패배를 자초할 소지가 컸다.

이에 진평과 주발은 여록이 북군의 병권을 포기했다는 소문을 퍼뜨렸다. 또한 미앙궁을 지키는 위사령에게 여산이 미앙궁에 입궁하는 것을 막도록 설득했다. 여록이 북군을 떠났다는 소식을 미처 듣지 못한 여산은 이내 미앙궁으로 들어가 난을 일으키고자 했으나 위사들의 제지로 입궁하지 못한 채 주위를 배회하는 우유부단한 모습을 보였다. 이때 주허후 유장이 이끄는 북군이 다가오는 모습을 본 여산은 여록이 자기를 구원하러 온 것으로 착각했다. 얼마 후 북군이 주발의 손에 넘어갔다는 사실을 뒤늦게 눈치 챈 여산이 급히 도주했으나 이내 낭중부의 측간에서 피살되었다. 곧이어 일시 도주에 성공했던 여록이 살해되고, 여후의 여동생이자 개국공신 번쾌의 아내였던 여수는 채찍을 무수히 맞고 죽었다. 이로써 한고조 유방 사후 여후가 사망할 때까지 총 15년에 걸쳐 진행된 사상 최초의 척벌정치戚閥政治가 막을 내렸다.

후대 사가의 평가

중국의 전 역사를 통틀어 여자의 몸으로 황제 자리에 오르거나 태후 자리에서 황제의 대권을 휘두른 인물은 크게 세 명이다. 한고조 유방의 부인 여후와 당태종의 후궁 출신인 측천무후, 청나라 말기 함풍제咸豊帝의 부인 서태후가 그들이다.

여후는 성품도 강했지만 정치 감각도 탁월했다. 죽기 직전에 여록과 여산을 각각 상장군과 상국에 임명해 북군과 남군을 장악시켰던 것이 그렇다.

여후의 리더십도 높이 평가할 만하다. 안팎으로 무위지치를 구사해 변경을 안정시켰고, 일련의 민생안정 대책으로 백성이 입고 먹는 일에 부족함이 없도록 만들었던 것이 그렇다. 고금을 막론하고 통치는 백성이 먹고사는 일에 부족함이 없도록 만드는 데서 시작한다. 여후가 여씨 천하를 만들고자 정치적 야심을 부렸던 것도 크게 나무랄 일은 아니다. 천하 강산이 반드시 유씨 천하여야 할 이유는 없기 때문이다.

사마천은 여씨의 치세를 높이 평가했으면서도 동시에 여후의 꿈을 좌절시킨 진평을 사직지신이라고 극찬했다. 유씨 왕조가 창건된 지 얼마 되지도 않은 상황에서 여후를 제외하고는 이렇다 할 인물도 없는 외척세력인 여씨 일족에게 천하의 강산이 넘어가는 것은 옳지 않다고 판단했을 공산이 크다.

제 8 장

—

양왕梁王 팽월彭越

팽월은 원래 거야택이라는 커다란 늪을 배경으로 수적水賊 생활을 하던 좀 도둑 출신이다. 기존 질서와 가치관이 일거에 무너지는 난세의 시기가 수적 출신인 그에게도 몸을 크게 일으키는 기회로 작용했던 셈이다. 원래 그는 항우나 유방처럼 천하를 거머쥘 생각까지 품은 인물이 아니었다. 그럼에도 나름의 독자적인 군벌세력으로 성장한 뒤 훗날을 기약한 점에서는 별반 차이가 없었다. 이는 당시의 군웅들이 보여준 통상적인 모습이기도 했다.

주목할 것은 그가 유격전에 매우 강한 모습을 보여주었던 점이다. 실제로 항우는 이로 인해 군량 보급로가 차단되는 등 커다란 타격을 입었다. 팽월이 항우의 배후에서 이러한 유격전을 전개하지 않았다면 유방의 본진은 화력을 집중한 항우의 거센 공격에 이내 무너졌을지도 모를 일이다.

그러나 팽월 역시 결국 토사구팽의 제물이 되었다. 우유부단한 처신과 천하를 거머쥔 자의 속셈을 헤아리지 못한 순진한 판단이 화근이었다. 난세의 시기에 이러한 모습을 보이면 예외 없이 토사구팽의 제물이 된다. 팽월은, 난세에는 설령 수적 출신일지라도 왕후장상의 자리에 오를 수는 있으나, 지략이 없다면 이를 유지하기는커녕 오히려 더 큰 화를 당할 수 있다는 사실을 극명하게 보여준 사례에 해당한다.

팽월열전

彭越列傳

팽월은 창읍 출신으로 자는 중仲이다. 늘 거야택에서 물고기를 잡으며 무리와 함께 도둑질을 했다. 진승과 항량이 봉기하자 무리 가운데 한 젊은이가 이같이 말했다.

"많은 호걸이 서로 일어나 진나라에 반기를 들고 있습니다. 당신도 그리할 수 있으니 이들처럼 하십시오."

팽월이 대답했다.

"지금은 두 마리의 용이 한참 싸우는 때이니 조금 기다려봅시다."

한 해 남짓 지나자 연못 주변에 사는 젊은이 100여 명이 모여 팽월을 찾아갔다.

"청컨대 우리의 수령이 되어주시오."

팽월이 사양했다.

"나는 그대들과 함께하고 싶지 않소."

젊은이들이 강력히 청하자 이내 수락했다. 다음날 해가 돋을 때 만나기로 약속했다. 약속 시간에 늦는 사람은 참수키로 했다. 다음날 10여 명이 늦었다. 가장 늦게 온 사람은 해가 중천에 뜰 무렵 도착했다. 팽월이 단호히 말했다.

"나는 나이가 들었지만 그대들의 강청으로 우두머리가 되었소. 지금 약속을 해놓고도 늦게 온 사람이 많소. 이들을 다 죽일 수는 없으니 가장 늦게 온 자를 죽이겠소."

그러고는 무리의 대장에게 그를 죽이라 명했다. 모두 웃으며 말했다.

"어찌 그렇게까지 할 필요가 있습니까? 다음부터는 감히 늦지 않을 것입니다."

그러나 팽월은 한 사람을 끌어내 목을 베고 제단을 차려 제사를 올렸다. 이어 무리에게 명을 내렸다. 모두 깜짝 놀라 팽월을 두려워하며 감히 올려다보는 자가 없었다.

팽월은 가는 곳마다 땅을 공략했다. 또 제후들로부터 떨어져 나온 병사를 모아 1,000여 명을 얻었다. 패공으로 있던 유방이 탕군으로부터 북진해 창읍을 칠 때 팽월이 이를 도왔다. 창읍이 좀처럼 함락되지 않자 유방은 군사를 이끌고 서진했다. 팽월도 휘하 무리를 이끌고 거야에 머물며 위나라 산졸을 거두어들였다. 항우가 함곡관으로 들어가 제후들을 왕으로 봉하자 제후들 모두 자신의 봉국으로 갔다. 팽월은 1만여 명의 무리를 이끌고 있는데도 돌아갈 곳이 없었다.

한고조 원년 가을, 제나라 왕 전영이 항우에게 반기를 들었다. 유방이 사람을 보내 팽월에게 장수의 인수를 주었다. 제음에서 남하해 초나라를 치도록 한 것이다. 항우가 소공 각에게 명해 군사를 이끌고 가 팽월을 치게 했다. 팽월이 오히려 초나라 군사를 대파했다. 한고조 2년 봄, 유방이 위왕 위표를 비롯한 여타 제후들과 함께 동진해 초나라를 쳤다. 팽월이 휘하 군사 3만여 명을 이끌고 외황에서 한나라에 귀의했다. 유방이 팽월에게 말했다.

"팽 장군은 위나라 땅을 거두어 10여 개의 성읍을 얻자 서둘러 위나라의 후사를 세우려 하고 있소. 지금 서위왕 위표도 위왕 위구의 종제 從弟요. 틀림없는 위나라 후손이오."

그러고는 팽월을 위나라 상국에 임명해 군사를 임의로 지휘하도록 한 뒤 위나라 땅을 평정하게 했다. 유방이 팽성 싸움에서 대패해 군대가 흩어지며 서쪽으로 물러나자 팽월도 그간 함락시킨 성읍을 모두 다시 잃었다. 휘하 군사를 이끌고 북쪽으로 가 황하 가에 머문 이유다. 한고조 3년, 팽월이 여기저기서 한나라의 유격병으로 활약했다. 초나라 군대를 기습해 위나라에서 초나라 후방으로 오는 군량 보급로를 차단했다. 한고조 4년 겨울, 항우가 유방과 형양 땅에서 대치했다. 팽월이 수양과 외황 등 열일곱 개 성읍을 함락시켰다. 항우가 이 소식을 듣고는 조구를 시켜 성고를 지키게 한 뒤 자신은 동진해 팽월에게 함락당한 성읍을 차례로 거두어 다시 초나라 영토로 만들었다. 팽월이 휘하 군사를 이끌고 북쪽 곡성으로 달아났다. 한고조 5년 가을, 항우가 남쪽의 양하로 달아나자 팽월은 다시 창읍 부근의 20여 개 성읍을 함락시키고 10여만 곡의 곡식을 손에 넣은 뒤 유방에게 군량으로 내주었다. 유방이 패한 뒤 팽월에게 사자를 보내 합세해 초나라를 칠 것을 제안했다. 팽월이 말했다.

"위나라 땅이 겨우 평정되었습니다. 아직 초나라의 공격이 두려워 떠날 수 없습니다."

유방이 항우의 뒤를 쫓다가 오히려 고릉에서 대패했다. 유후 장량에게 대책을 물었다.

"제후들의 군대가 나를 따르지 않으니 이를 어찌해야 좋소?"

장량이 대답했다.

"제왕 한신이 보위에 오른 것은 대왕의 뜻에 의한 것이 아닙니다. 한신도 자신의 자리가 튼튼하다고 여기지 않고 않습니다. 팽월은 원래 위나라 땅을 평정하는 데 공을 많이 세웠습니다. 당초 대왕은 위표 때문에 팽월을 위나라 상국으로 삼았습니다. 지금 위표가 죽고 뒤를 이을 사람도 없습니다. 팽월도 왕이 되고 싶어 할 것입니다. 그런데도 대왕은 속히 결정하지 않고 있습니다. 지금 이 두 나라와 약정을 맺으면 바로 초나라를 이길 수 있습니다. 수양 북쪽에서 곡성까지의 땅을 모두 상국 팽월에게 주고 그를 왕으로 삼으십시오. 또 진현에서 동쪽으로 바다에 이르는 땅을 제왕 한신에게 주십시오. 제왕 한신은 고향이 초나라에 있는 까닭에 고향을 손에 넣고 싶은 마음이 있을 것입니다. 대왕이 능히 이 땅을 내줄 수 있으면 두 사람을 금방이라도 불러올 수 있습니다. 그러나 그리할 수 없으면 천하대사는 예측할 수 없습니다."

유방이 사자를 팽월에게 보내 유후 장량의 계책대로 했다. 사자가 이르자 팽월이 휘하 병사를 이끌고 해하로 달려와 회전에 참여했다. 마침내 초나라를 격파하는 데 성공했다. 항우가 죽은 뒤 봄에 팽월을 양왕으로 세우고 정도에 도읍하게 했다. 한고조 6년, 팽월이 진현에서 유방을 조현했다. 한고조 9년과 10년, 양왕 팽월이 장안으로 와 조현했다. 한고조 10년 가을, 진희가 대 땅에서 반기를 들었다. 유방이 친히 대 땅으로 가 반란군을 진압했다. 한단에 이르러 양왕 팽월의 군사를 징병하고자 했다. 팽월이 병을 구실로 다른 장수를 시켜 병사를 이끌고 한단으로 가게 했다. 대로한 유방이 사람을 보내 팽월을 꾸짖었다. 양왕이 두려운 나머지 직접 가서 사죄하려 하자 휘하 장수 호첩扈輒이 만류했다.

"대왕이 처음에는 가지 않다가 꾸지람을 듣고 가면 이내 붙잡힙니다. 차제에 군사를 움직여 반기를 드느니만 못합니다."

팽월이 이를 듣지 않은 채 여전히 병을 구실로 삼았다. 때마침 그의 거마를 관리하는 태복에게 화가 나 그의 목을 베려고 했다. 태복이 달아나 유방에게 팽월과 호첩이 반란을 꾀했다고 고했다. 유방이 사자를 보내 팽월을 급습하게 했다. 팽월이 이를 눈치채지 못했다. 사자가 양왕을 붙잡아 낙양에 있는 옥에 가두었다. 해당 관원이 조사해보니 모반한 혐의가 드러났다. 법대로 처결할 것을 청했다. 유방이 그를 서인으로 폐한 뒤 촉 땅의 청의현으로 유배를 보냈다. 서쪽을 향해 가다가 정 땅에 이르렀을 때 장안에서 오는 여후와 마주쳤다. 여후가 낙양으로 가는 길에 팽월을 마주친 것이다. 팽월이 여후에게 울면서 무죄를 호소했다. 자신의 고향인 창읍에서 살게 해달라고 청했다. 여후가 이를 허락한 뒤 함께 동쪽 낙양으로 왔다. 곧 유방에게 청했다.

"팽월은 장사이므로 지금 그를 촉 땅으로 옮겨 보내는 것은 스스로 후환을 남기는 것입니다. 미리 제거해 후환을 없애느니만 못합니다. 첩이 그를 데리고 왔습니다."

여후는 곧 팽월의 사인에게 팽월의 모반 혐의를 재차 고하게 했다. 정위 왕염개王恬開가 그의 일족을 모두 죽일 것을 청했다. 유방이 이를 허락했다. 마침내 팽월 일족은 모두 죽고, 그의 봉국도 폐지되었다.

● 彭越者, 昌邑人也, 字仲. 常漁鉅野澤中, 爲羣盜. 陳勝·項梁之起, 少年或謂越曰, "諸豪桀相立畔秦, 仲可以來, 亦效之." 彭越曰, "兩龍方鬪, 且待之." 居歲餘, 澤閒少年相聚百餘人, 往從彭越, 曰, "請仲爲長." 越謝曰, "臣不願與諸君." 少年彊請, 乃許. 與期旦日日出會, 後期者斬. 旦日日出, 十餘人後, 後者至日中. 於是越謝曰, "臣老, 諸君彊以爲長. 今期而多後, 不可盡誅, 誅最後者一人." 令校長斬之. 皆笑曰, "何至是? 請後不敢." 於是越乃引一人斬之, 設壇祭, 乃令徒屬. 徒屬皆大驚, 畏越, 莫敢仰視. 乃行略地, 收諸侯散卒, 得

千餘人. 沛公之從碭北擊昌邑, 彭越助之. 昌邑未下, 沛公引兵西. 彭越亦將
其眾居鉅野中, 收魏散卒. 項籍入關, 王諸侯, 還歸, 彭越眾萬餘人母所屬. 漢
元年秋, 齊王田榮畔項王, 漢乃使人賜彭越將軍印, 使下濟陰以擊楚. 楚命蕭
公角將兵擊越, 越大破楚軍. 漢王二年春, 與魏王豹及諸侯東擊楚, 彭越將其
兵三萬餘人歸漢於外黃. 漢王曰, "彭將軍收魏地得十餘城, 欲急立魏後. 今
西魏王豹亦魏王咎從弟也, 眞魏後." 乃拜彭越爲魏相國, 擅將其兵, 略定梁
地. 漢王之敗彭城解而西也, 彭越皆復亡其所下城, 獨將其兵北居河上. 漢
王三年, 彭越常往來爲漢遊兵, 擊楚, 絕其後糧於梁地. 漢四年冬, 項王與漢
王相距滎陽, 彭越攻下睢陽·外黃十七城. 項王聞之, 乃使曹咎守成皋, 自東
收彭越所下城邑, 皆復爲楚. 越將其兵北走穀城. 漢五年秋, 項王之南走陽
夏, 彭越復下昌邑旁二十餘城, 得穀十餘萬斛, 以給漢王食. 漢王敗, 使使召
彭越幷力擊楚. 越曰, "魏地初定, 尙畏楚, 未可去." 漢王追楚, 爲項籍所敗固
陵. 乃謂留侯曰, "諸侯兵不從, 爲之柰何?" 留侯曰, "齊王信之立, 非君王之
意, 信亦不自堅. 彭越本定梁地, 功多, 始君王以魏豹故, 拜彭越爲魏相國. 今
豹死母後, 且越亦欲王, 而君王不蚤定. 與此兩國約, 卽勝楚, 睢陽以北至穀
城, 皆以王彭相國, 從陳以東傅海, 與齊王信. 齊王信家在楚, 此其意欲復得
故邑. 君王能出捐此地許二人, 二人今可致, 卽不能, 事未可知也." 於是漢王
乃發使使彭越, 如留侯策. 使者至, 彭越乃悉引兵會垓下, 遂破楚. 項籍已死.
春, 立彭越爲梁王, 都定陶. 六年, 朝陳. 九年, 十年, 皆來朝長安. 十年秋, 陳
豨反代地, 高帝自往擊, 至邯鄲, 徵兵梁王. 梁王稱病, 使將將兵詣邯鄲. 高帝
怒, 使人讓梁王. 梁王恐, 欲自往謝. 其將扈輒曰, "王始不往, 見讓而往, 往則
爲禽矣. 不如遂發兵反." 梁王不聽, 稱病. 梁王怒其太僕, 欲斬之. 太僕亡走
漢, 告梁王與扈輒謀反. 於是上使使掩梁王, 梁王不覺, 捕梁王, 囚之雒陽. 有
司治反形已具, 請論如法. 上赦以爲庶人, 傳處蜀靑衣. 西至鄭, 逢呂后從長

安來, 欲之雒陽, 道見彭王. 彭王爲呂后泣涕, 自言無罪, 願處故昌邑. 呂后許諾, 與俱東至雒陽. 呂后白上曰, "彭王壯士, 今徙之蜀, 此自遺患, 不如遂誅之. 妾謹與俱來." 於是呂后乃令其舍人告彭越復謀反. 廷尉王恬開奏請族之. 上乃可, 遂夷越宗族, 國除.

　태사공은 평한다.

　"진시황의 천하통일을 계기로 평민으로 몰락한 위나라 왕족 출신 위표와 좀도둑 출신 팽월은 신분이 낮았다. 그러나 때를 만나자 1,000리 영토를 보유하고 남면해 고孤를 칭하게 되었다. 많은 사람이 흘린 피를 밟고 승승장구해 날로 그 명성이 높아진 결과다. 그러나 이들은 결국 반역의 마음을 품었다가 패망했다. 당시 이들은 스스로 목숨을 끊지 않고 생포되었다가 형살刑殺되는 길을 걸었다. 그 이유는 무엇일까? 중간 수준의 중재中材도 이런 행위를 부끄럽게 여기는데 하물며 왕 노릇을 한 자의 경우이겠는가!

　이는 다른 까닭이 있는 것이 아니다. 이들은 원래 지략이 다른 사람보다 뛰어났다. 그럼에도 큰 틀에서 생각지 못하고 오직 자신의 몸을 보존하지 못하는 것만 걱정하는 모습을 보였다. 작은 권력[尺寸之柄]을 손에 넣고 증발하는 구름을 타고 하늘로 올라가는 용이 되어 뜻을 펼치고자 하는 만용을 부린 것이 그렇다. 이들이 죄수로 수감되는 일도 마다하지 않고 달아나지 않은 이유다."

● 太史公曰, "魏豹·彭越雖故賤, 然已席卷千里, 南面稱孤, 喋血乘勝日有聞矣. 懷畔逆之意, 及敗, 不死而虜囚, 身被刑戮, 何哉? 中材已上且羞其行, 況王者乎! 彼無異故, 智略絶人, 獨患無身耳. 得攝尺寸之柄, 其雲蒸龍變, 欲有所會其度, 以故幽囚而不辭云."

유격전으로 공을 세우다

중흥의 시기를 맞은 수적

양왕 팽월은 한나라 건국공신 가운데 회남왕 경포와 함께 토사구팽을 당한 대표적인 인물에 해당한다. 그의 행적은 춘추시대 말기 오吳나라와 월越나라가 천하의 패권을 놓고 치열하게 다투는 오월시대吳越時代 당시 월왕 구천을 도와 패업을 이루었으나 이내 토사구팽을 당한 대부 문종과 닮았다. 문종과 팽월 모두 자신이 세운 공만 믿고 주군인 월왕 구천과 한고조 유방이 결코 자신들을 제거하지는 않으리라고 막연하게 생각하다가 토사구팽을 당했다.

진시황이 급서할 당시 팽월은 거야택 인근에서 물고기를 잡으며 무리와 함께 도둑질을 하는 수적으로 살아가고 있었다. 기존 질서와 가치관이 일거에 무너지는 난세의 시기는 수적에게도 몸을 크게 일으킬 수 있는 기회로 작용하게 마련이다. 진승과 오광의 난이 그러한 계기로 작용했다. 뒤이어 항우의 숙부인 항량이 봉기하자 팽월 역시 무리를 크게 모아 이웃 고을을 공략하며 세력을 키웠다. 주목할 것은 당시 그가 천하를 거머쥘 생각까지 품지는 않았으나 나름의 독자적인 군벌세력으로 성장한 뒤 훗날을 기약했던 점이다. 이미 거대한 군벌세력을 형성한 유방이 탕군碭郡으로부터 북진해 창읍을 칠 당시 대등한 입장에서 손을 맞잡고 협력했던 것이 그렇다. 팽월이 유방과 최초로 인연을 맺은 배경이다.

당시 창읍은 의외로 견고했다. 유방은 창읍이 좀처럼 함락되지 않자 이내 군사를 이끌고 서진했다. 독자세력을 이끌고 유방과 협력했던 팽월은 휘하 무리를 이끌고 거야에 머물며 위魏나라의 산졸을 거두어들였다. 이후 항우가 함곡관으로 들어가서 제후들을 왕으로 봉하자 제후들 모두 자신의 봉국으로 갔다. 그러나 팽월은 1만여 명의 무리를 이끌고 있음에도 돌아갈 곳이 없었다.

천하가 계속 어지러운 모습을 보이는 난세여야만 팽월 같은 수적 출신도 나름의 존재 이유를 찾을 수 있다. 독자세력을 이끈 채 천하의 향배를 예의 주시하다가 적당한 시기에 독립을 하거나 투항을 해 몸을 보전할 수 있기 때문이다. 그러나 난세가 조속히 평정될 경우 이는 매우 위험한 도박에 해당한다. 독자세력을 이끈 전력을 '잠재적인 반역세력'으로 간주할 소지가 크기 때문이다. 실제로 팽월은 바로 그 이유로 토사구팽의 제물이 되었다.

유방에게 재기의 발판을 제공하다

주목할 것은 팽월에게도 토사구팽의 위험을 피할 계기가 몇 번 있었으나 이를 제대로 간파하지 못한 채 만연히 대처하다가 결국 화를 자초했다는 점이다. 발톱에 해당하는 독자세력 구축을 공개적으로 드러낸 것이 화근이었다.

그가 화를 피할 수 있었던 첫 번째 기회는 한고조 원년 가을에 있었다. 당시 제나라의 전영이 항우에게 반기를 들자 호시탐탐 기회를 노리고 있던 유방은 팽월에게 사람을 보내 장수의 인수를 건네주며 제음에서 남하해 항우의 초나라를 쳐줄 것을 부탁했다. 자신의 휘하로 들어와 함께 일할 것을 적극 청한 것이나 다름없다.

당시 항우는 휘하 장수에게 명해 군사를 이끌고 가 팽월을 치게 했으나 그는 오히려 팽월에게 대패했다. 이때 만일 팽월이 적극적으로 유방에게 몸을 숙이고 들어가 그의 휘하 장수로 활약했으면 훗날 토사구팽의 위험을 피할 수 있었을 것이다. 그러나 그는 상황을 좀더 지켜보기 위해 독자세력을 계속 유지했다. 당시는 천하의 향배가 아직 정해지지 않은 탓에 그의 행보를 탓할 수는 없으나, 그의 비참한 최후에 비추어볼 때 아쉬운 대목이라 할 수밖에 없다. 유방과 항우의 각축이 오래 지속되었다면 크게 탓할 일이 아니나, 두 사람의 각축전은 불과 7년 만에 끝났다. 당시 정황에 비추었을 때 어느 한쪽에 분명히 설 필요가 있었다. 그러나 그는 그리하지 않았다. 이러한 행보가 훗날 토사구팽의 빌미가 된 것은 더 말할 것도 없다.

유방은 한고조 2년 봄에 위왕 위표를 비롯한 여타 제후들과 함께 동진해 항우를 쳤다. 팽월은 이때 비로소 휘하 군사 3만여 명을 이끌고 외황에서 유방에게 귀의했다. 비록 만시지탄이 있기는 했으나 완전히 실기한 것만도 아니었다. 당시 유방은 자칫 항우에게 역전패를 당할 위험에 처해 있었던 까닭에 심적으로 매우 급했다. 팽월을 위나라의 상국에 임명한 뒤 군사를 임의로 지휘해 위표가 이끄는 위나라 땅을 평정하게 했던 것이 그렇다.

그러나 유방이 팽성전투에서 항우에게 대패해 서쪽으로 물러나면서 팽월 역시 그간 함락시킨 성읍을 모두 다시 잃었다. 전공을 주장할 근거를 잃어버린 셈이었다. 결국 그는 휘하 군사를 이끌고 북쪽으로 가 황하 가에 머물 수밖에 없었다. 휘하 군사들을 이끌고 유방에게 귀의한 데 이어 커다란 공을 세웠음에도 별반 표시가 나지 않게 된 것이다.

이후 그는 유방을 위해 항우 군사의 후방을 교란하는 유격전의 선봉장 역할을 자임하며 많은 공을 세웠다. 한고조 3년에 항우가 이끄는 초나라 군대를 기습해 위나라에서 초나라 후방으로 오는 군량 보급로를 차단했던 것이 대표적이다. 당시 항우는 팽월의 유격전으로 커다란 타격을 입었다. 팽월이 항우의 배후에서 이런 유격전을 전개하지 않았다면 유방의 군사는 이내 무너졌을지도 모를 일이었다.

유방과 항우가 일진일퇴를 거듭할 당시 상황에 비추어볼 때 이는 커다란 전공에 해당한다. 항우의 군사력을 사방으로 흩뜨려 유방으로 하여금 반격을 통한 재기의 발판을 만들어주었기 때문이다. 그러나 대개의 경우가 그렇듯이 이런 전공은 흔히 과소평가되게 마련이다. 구체적인 전과戰果가 잘 드러나지 않기 때문이다. 실제로 훗날 논공행상 과정을 통해 알 수 있듯이 유방은 팽월의 공을 그리 높게 평가하지 않았다.

객관적으로 볼 때 팽월의 유격전은 유방의 승리에 커다란 공헌을 했다. 한고조 4년 겨울에 항우가 유방과 형양 땅에서 대치할 당시 팽월이 수양과 외황 등 열일곱 개 성읍을 함락시킨 것이 대표적인 경우다. 당시 항우는 모든 힘을 기울여 유방의 본진을 격파하고자 했다. 그러나 팽월의 유격전으로 인해 불가능해졌다. 항우가 이 소식을 듣자마자 조구를 시켜 성고를 지키게 한 뒤 스스로 정예군을 이끌고 동진해 팽월에게 함락당한 성읍을 차례로 수복하는 일에 나섰던 것이 그렇다. 결정적인 시기에 쓸데없이 힘을 소진했던 셈이다.

탁월한 반격의 전략

당시 팽월은 항우가 정예군을 이끌고 반격에 나서자 휘하 군사를 이끌고 북쪽 곡성으로 달아났다. 치고 빠지는 유격전의 전범을 보여준 셈이다. 모택동毛澤東(마오쩌둥)은 20세기 초 장개석蔣介石(장제스)과 천하의 패권을 놓고 다투는 과정에서 뛰어난 유격전 이론을 정립했던 것으로 유명하다. 현대 게릴라전의 금언으로 인용되는 이른바 십육자결十六字訣이 그것이다. 십육자결은 전력이 절대적으로 열세에 놓인 측이 구사하는 가장 효과적인 전법이라고 할 수 있다. 대표적인 전법은 다음과 같다. 첫째, 적진아퇴敵進我退다. 적이 진격하면 자신은 퇴각한다는 뜻이다. 둘째, 적주아요敵駐我擾다. 적이 주둔하면 자신은 교란한다는 의미다. 셋째, 적피아타敵疲我打다. 적이 피로하면 자신은 공격한다는 뜻이다. 넷째, 적퇴아추敵退我追다. 적이 퇴각하면 자신은 추격한다는 의미다.

항우가 반격에 나설 당시 팽월이 무리를 이끌고 곡성으로 달아난 것은 십육자결에서 말하는 적진아퇴의 전형에 해당한다. 적진아퇴와 대비되는 전술이 적퇴아추다. 게릴라전의 꽃이 바로 적퇴아추에 있다고 해도 과언이 아니다. 13세기 당시 천하무적이던 몽골군이 여러 차례 베트남을 침공했음에도 끝내 정복하지 못했던 이유는 바로 베트남이 전개한 적퇴아추 전술에 속수무책으로 당한 탓이다. 비슷한 시기 고려는 강화도로 들어가 고립을 자초함으로써 결국 몽골군에 항복했다.

팽월이 바로 한고조 5년 가을에 이 적퇴아추를 구사했다. 당시 팽월은 힘에 지친 항우가 남쪽 양하로 달아나자 곧바로 다시 창읍 부근의 20여 개 성읍을 함락시켜 얻은 곡식 10여만 곡을 유방에게 군량으로 내주었다. 적이 버리고 간 군량까지 거두어 아군의 양식으로 삼았던 셈이다. 양측이 치열한 공방전을 벌일 경우, 이는 저울의 균형을 무너뜨리는 대공에 해당한다.

주목할 것은 당시 팽월이 겉으로만 유방의 휘하에 들어가 있을 뿐 실질적으로는 독자세력을 유지하고 있었던 점이다. 훗날 그가 토사구팽을 당한 근본 배경이 바로 여기에 있었다. 유방이 항우에게 패한 뒤 팽월에게 사자를 보내 함께 초나라를 칠 것을 제안했던 사실이 이를 뒷받침한다. 이 계책은 장량의 적극적인 권유로 이루어졌다. 〈팽월열전彭越列傳〉에 따르면 당시 장량은 유방이 항우의 뒤를 쫓다가 고릉에서 대패한 뒤 대책을 묻자 이같이 대답했다.

"제왕 한신이 보위에 오른 것은 대왕의 뜻에 의한 것이 아닙니다. 한신도 자신의 자리가 튼튼하다고 여기지 않고 않습니다. 팽월은 원래 위나라 땅을 평정하는 데 공을 많이 세웠습니다. 당초 대왕은 위표 때문에 팽월을 위나라 상국으로 삼았습니다. 지금 위표가 죽고 뒤를 이을 사람도 없습니다. 팽월도 왕이 되고 싶어 할 것입니다. 그런데도 대왕은 속히 결정하지 않고 있습니다. 지금 이 두 나라와 약정을 맺으면 바로 초나라를 이길 수 있습니다. 수양 북쪽에서 곡성까지의 땅을 모두 상국 팽월에게 주고 그를 왕으로 삼으십시오. 또 진현에서 동쪽으로 바다에 이르는 땅을 제왕 한신에게 주십시오. 제왕 한신은 초나라가 고향이므로 고향을 손에 넣고 싶은 마음이 있을 것입니다. 대왕이 능히 이 땅을 내줄 수 있으면 두 사람을 금방이라도 불러올 수 있습니다. 그러나 그리할 수 없으면 천하대사는 예측할 수 없습니다."

유방이 이를 그대로 따랐다. 역전패의 위기에 몰렸던 유방이 마침내 항우를 제압하고 천하를 손에 넣은 근본 배경이 바로 여기에 있다. 커다란 미끼를 내걸어 한신과 팽월을 자기 쪽으로 끌어들인 덕분이었다.

결정적인 순간에 패착을 두다

팽월은 항우 사후 양왕에 봉해졌다. 천하가 유방에 의해 통일되는 바람에 황제 자리에 오르는 것은 근원적으로 불가능해진 만큼, 일개 수적에서 출발한 팽월로서는 사실상 최고 자리에 오른 셈이었다. 당시 상황에서 그가 해야 하는 일은 오직 황제 자리에 오른 유방의 신임을 얻어 제후 자리를 굳건히 유지해 후손들에게 물려주는 일밖에 없었다. 그는 이일을 제대로 이행하지 못했다.

초기에는 아무런 문제가 없었다. 팽월이 한고조 6년에 진현에서 유방을 조현하고, 다시 한고조 9년과 10년에 장안으로 와 조현한 사실이 이를 뒷받침한다. 사달은 그다음에 났다. 한고조 10년 가을에 진희가 대 땅에서 반기를 들었다. 크게 놀란 유방이 친히 군사를 이끌고 대 땅으로 가 반란군을 진압했다.

이때 팽월은 결정적인 실수를 저질렀다. 당시 진압군을 이끌고 한단에 도착한 유방은 양왕 팽월의 군사를 징병하려 했다. 이때 팽월이 적극 협조에 나섰으면 아무런 문제가 없었다. 오히려 진압이 끝난 뒤 커다란 포상을 받을 수도 있었다. 그러나 팽월은 그리하지 않았다. 병을 구실로 다른 장수를 시켜 병사를 이끌고 한단으로 가게 했던 것이다.

유방은 대로한 나머지 곧바로 사자를 보내 팽월을 꾸짖었다. 유방이 항우와 싸울 때는 천하의 향방을 가늠하기 어려웠으나 항우가 사라진 상황에서 유방의 천하를 뒤집기는 사실상 불가능한 일이었다. 그럼에도 팽월은 아직도 천하의 향방이 확고히 정해지지 않았다고 판단했던 것이다. 한신과 동일한 오판을 했던 셈이다. 당시 팽월은 유방이 천둥같이 화를 냈다는 소식을 듣고는 뒤늦게 크게 놀라 직접 가서 사죄하려 했다. 이때 황급히 달려가 사죄만 했더라도 이후 토사구팽을 당하지는 않았을지도 모를 일이다. 그러나 그는 귀가 얇았다. 휘하 장수 호첩의 만류에 다시 마음을 바꾸었다. 당시 호첩은 이같이 건의했다.

"대왕이 처음에는 가지 않다가 꾸지람을 듣고 가면 이내 붙잡힐 것입니다. 차제에 군사를 움직여 반기를 드느니만 못합니다."

팽월은 비록 군사를 일으켜 저항하지는 않았지만 여전히 칭병稱病하며 미적거리는 모습을 보였다. 최악의 선택이었다. 유방은 이때 팽월을 토사구팽하기로 작정했을 공산이 크다.

마침 팽월을 제거할 구실이 생겼다. 당시 팽월은 사소한 일로 인해 자신의 거마를 관리하는 태복에게 화를 내며 그의 목을 베려고 했다. 태복이 황급히 달아나 유방에게 팽월과 호첩이 반란을 꾀했다고 고했다. 구실을 찾고 있던 유방이 곧바로 사자를 보내 팽월을 나포하게 했다.

결단하지 못한 채 이리저리 눈치를 보며 미적거리는 모습을 보인 팽월은 유방이 자신을 제거하려던 사실을 전혀 눈치채지 못했다. 곧바로 체포되어 낙양으로 압송되었던 배경이다. 그의 모반 혐의는 곧 드러났다. 팽월에게 죽음을 면할 길은 없었다. 당시 유방은 굳이 그를 죽일 생각까지는 없었다. 그를 서인으로 폐한 뒤 촉 땅으로 유배를 보낸 사실이 이를 뒷받침한다.

그러나 팽월의 운명은 죽음을 향해 내달리고 있었다. 서쪽 촉 땅을 향해 유배를 가던 중에 정 땅에 이르렀을 때 장안에서 오는 여후와 마주쳤던 것이다. 팽월은 여후를 만나자 자신의 무죄를 읍소했다. 모든 것을 내려놓을 터이니 고향으로 내려가 살게 해달라고 그녀에게 간청했다. 이는 오히려 화를 자초하는 빌미로 작용했다. 그가 귀향할 경우 또다시 과거처럼 독자세력으로 성장할 소지가 컸다. 명민한 여후가 이를 모를 리 없었다. 목숨이 경각에 달린 당시 상황에서는 일개 평민으로 목숨만 부지하도록 해달라고 청해도 살아날 수 있을지 여부를 알 수 없었다. 그럼에도 그는 '고향'을 운운하며 목숨을 구걸했던 것이다. 자신의 목을 속히 쳐달라고 주문한 것이나 다름없었다. 실제로 여후는 팽월에게 겉으로는 그리하겠다고 허락한 뒤 함께 동쪽 낙양으로 와서는 곧바로 유방에게 이같이 청했다.

"팽월은 장사이므로 지금 그를 촉 땅으로 옮겨 보내는 것은 스스로 후환을 남겨두는 것입니다. 미리 제거해 후환을 없애느니만 못합니다. 첩이 그를 데리고 왔습니다."

결국 팽월은 형장의 이슬로 사라졌다. 일족이 몰살되고 봉국 역시 폐지되었다. 훗날 사마천은 〈팽월열전〉 말미에 팽월의 패망 원인을 두고 다음과 같이 평했다.

작은 권력을 손에 넣고 증발하는 구름을 타고 하늘로 올라가는 용이 되어 뜻을 펼치고자 하는 만용을 부렸다.

우유부단한 처신과 천하를 거머쥔 자의 속셈을 헤아리지 못한 순진한 생각이 화근이었음을 지적했던 것이다. 난세를 맞아 일개 수적에서 몸을 일으켜 제후왕 자리까지 오른 팽월은 결과적으로 생사를 가르는 중대 고비마다 잇달아 패착을 둠으로써 패망을 자초했다. 그의 비참한 최후는 큰 틀에서 보면 토사구팽의 일환으로 나타난 것이나, 내막을 자세히 살펴보면 스스로 화를 초래한 경우에 가깝다. 난세는 수적조차 일거에 몸을 일으켜 왕후장상이 되는 계기로 작용한다. 그러나 지략이 없으면 왕후장상 자리를 유지하기는커녕 오히려 멸문지화를 당할 수 있다. 팽월이 대표적인 사례다.

—

제 9 장

회남왕淮南王 경포黥布

경포는 본명이 영포英布다. 당시 그는 유방과 손을 잡고 천하를 평정한 뒤 유방에게 반기를 들었다가 패망했다. '경포黥布'는 이마에 글자를 새겨 넣는 경형黥刑을 당하는 바람에 붙은 별명이다. 그는 경형을 당한 뒤 군도의 삶을 살다가 초한지제의 난세를 만나 제후왕 자리에 오른 특별한 경우에 속한다.

당초 그는 항우의 선봉장으로 활약하며 많은 공을 세웠다. 경포는 단순한 무장이 아니었다. 항우의 전적인 신뢰를 받는 복심에 해당했다. 항우가 그의 전공을 높이 사 구강왕으로 삼은 사실이 이를 뒷받침한다. 항우가 마지막까지 그의 이탈을 막았으면 유방의 천하통일은 이내 무산되었을 공산이 크다. 전략상 그가 다스리는 구강 일대는 항우 세력의 최후 배후지에 해당했다. 결국 항우는 최후의 결전을 앞두고 그의 이탈을 막지 못하는 바람에 패망했다고 해도 과언이 아니다.

최후의 결전에서 협공에 나선 경포의 공을 높이 평가한 유방은 경포를 회남왕에 봉했다. 그러나 이는 그를 토사구팽의 제물로 삼기 위한 사전 포석에 지나지 않았다. 결국 그는 유방이 쳐놓은 덫에 걸려 봉기했다가 이내 패망한다. 한신과 팽월에 이어 다음은 자신 차례라고 판단해 유방과 맞서 싸웠으나 이미 천하대세가 정해진 까닭에 아무 소용이 없었다. 그의 패망은 팽월과 마찬가지로 난세의 시기에 혁혁한 무공으로 입신했다가 끝내 토사구팽의 제물이 된 건국공신의 대표적인 사례에 속한다.

경포열전

黥布列傳

경포는 육 땅 출신으로, 성은 영씨英氏다. 진나라 때 서민으로 있었다. 젊었을 때 어떤 자가 그의 관상을 보고 이같이 말했다.

"형벌을 받은 뒤 왕이 될 것이다."

장년에 법을 위반해 묵형을 받았다. 영포가 기쁘게 웃으며 말했다.

"어떤 자가 나의 관상을 보고 형벌을 받은 뒤 왕이 될 것이라고 했다. 아마 이를 두고 한 말일 것이다."

이 말을 들은 사람들은 모두 그를 놀리며 비웃었다. 영포는 판결을 받고 여산으로 보내졌다. 여산에는 형을 받고 끌려온 자가 수십만 명이나 있었다. 영포는 그 무리의 우두머리나 호걸과 사귀었다. 이후 무리를 이끌고 장강 부근으로 달아난 뒤 떼를 지어 도둑질을 했다. 진시황 사후 진승이 최초로 반기를 들자 곧 파양의 수령인 파군 오예를 만났다. 이내 그의 무리와 함께 진나라에 반기를 들고 군사 수천 명을 모았다. 파군 오예가 자신의 딸을 그에게 아내로 주었다.

이때 진나라 장수 장함이 진승을 멸하고 여신의 군사를 격파했다. 영포는 군사를 이끌고 북진했다. 진나라의 좌우 교위를 공격해 청파에서 격파한 뒤 여세를 몰아 동진했다. 이때 항우의 숙부인 항량이 강동의

회계 일대를 평정한 뒤 장강을 건너 서진한다는 소문이 들렸다. 동양현 영사로 있다가 젊은이들에 의해 현령이 된 진영陳嬰은 항씨 집안이 대대로 초나라 장군이었다는 이유로 항량에게 귀순해 회수 남쪽으로 건너갔다. 영포와 포장군蒲將軍도 군사를 이끌고 항량 휘하로 들어갔다.

항량이 마침내 회수를 건너 서진해 진가에 의해 초왕 자리에 오른 초나라 귀족 출신 경구와 휘하의 대사마로 있던 진가 등을 쳤다. 영포가 선봉을 섰다. 항량은 설 땅에 이르러 진왕 진승이 확실히 죽었다는 소식을 들었다. 곧 초나라 왕족의 후예인 미심을 찾아 초회왕으로 옹립했다. 덕분에 항량은 무신군, 영포는 당양군에 봉해졌다. 이후 항량이 패해 정도 땅에서 전사하자 초회왕이 도읍을 팽성으로 옮겼다. 영포도 여러 장수와 함께 팽성으로 모여 굳게 지켰다.

당시 진나라가 급히 조나라를 포위·공격하자 조나라가 누차 사자를 보내 도움을 청했다. 초회왕이 송의를 상장, 범증을 말장, 항우를 차장으로 삼았다. 영포와 포장군도 장군이 되어 송의 밑에 배속되었다. 이들 모두 북진해 조나라를 구하라는 명을 받았다. 송의가 미적거리자 항우가 황하 가에서 송의를 죽였다. 초회왕이 부득불 항우를 상장군으로 삼은 뒤 여러 장군을 모두 항우에게 배속시켰다. 항우가 영포에게 먼저 황하를 건너 진나라 군사를 치게 했다. 영포가 누차 승리하자 항우도 군사를 이끌고 도강한 뒤 영포를 뒤따라갔다. 항우가 마침내 진나라 군사를 격파한 뒤 장함 등을 투항하게 만들었다. 항우가 이끄는 초나라 군사가 늘 승리를 거두었고, 그 공이 제후의 연합군 가운데 으뜸이었다. 제후의 연합군이 항우에게 복속한 것은 영포가 누차 적은 군사로 많은 적군을 깨뜨리는 이소패중以少敗衆의 승리를 거둔 덕분이다.

항우는 군사를 이끌고 서진하다가 신안에 이르렀을 때 영포 등을 시켜 한밤중에 항복한 장함의 병사 20여만 명을 구덩이에 묻어 죽였다. 함곡관에 이르렀을 때 유방이 보낸 병사들이 관문을 막았다. 항우가 영포에게 먼저 샛길로 쳐들어가 관문을 지키는 유방의 군사를 깨뜨리도록 했다. 마침내 함곡관으로 입관해 함양에 이르렀다. 당시 영포는 늘 항우군의 선봉에 섰다. 항우가 장수들을 봉할 때 영포를 넓은 영지를 지닌 구강왕으로 삼고 육 땅에 도읍하게 한 이유다.

한고조 원년 4월, 제후들이 항우 곁을 떠나 각기 자신의 봉국으로 갔다. 항우가 겉으로는 초회왕을 높여 의제로 받든 뒤 도읍을 멀리 떨어진 장사 땅으로 옮기게 했다. 이어 은밀히 구강왕 영포 등에게 명해 의제를 치게 했다. 이해 8월, 영포가 휘하 장수를 시켜 의제를 습격한 뒤 침현까지 쫓아가 죽였다.

● 黥布者, 六人也, 姓英氏. 秦時爲布衣. 少年, 有客相之曰, "當刑而王." 及壯, 坐法黥. 布欣然笑曰, "人相我當刑而王, 幾是乎?" 人有聞者, 共俳笑之. 布已論輸麗山, 麗山之徒數十萬人, 布皆與其徒長豪桀交通, 迺率其曹偶, 亡之江中爲羣盜. 陳勝之起也, 布迺見番君, 與其衆叛秦, 聚兵數千人. 番君以其女妻之. 章邯之滅陳勝, 破呂臣軍, 布乃引兵北擊秦左右校, 破之淸波, 引兵而東. 聞項梁定江東會稽, 涉江而西. 陳嬰以項氏世爲楚將, 迺以兵屬項梁, 渡淮南, 英布·蒲將軍亦以兵屬項梁. 項梁涉淮而西, 擊景駒·秦嘉等, 布常冠軍. 項梁至薛, 聞陳王定死, 迺立楚懷王. 項梁號爲武信君, 英布爲當陽君. 項梁敗死定陶, 懷王徙都彭城, 諸將英布亦皆保聚彭城. 當是時, 秦急圍趙, 趙數使人請救. 懷王使宋義爲上將, 范曾爲末將, 項籍爲次將, 英布·蒲將軍皆爲將軍, 悉屬宋義, 北救趙. 及項籍殺宋義於河上, 懷王因立籍爲上將軍, 諸將皆屬項籍. 項籍使布先渡河擊秦, 布數有利, 籍迺悉引兵涉河從之, 遂破秦軍, 降章邯等. 楚兵常勝, 功冠諸侯. 諸侯兵皆以服屬楚者, 以布數以

少敗衆也. 項籍之引兵西至新安, 又使布等夜擊阬章邯秦卒二十餘萬人. 至
關, 不得入, 又使布等先從閒道破關下軍, 遂得入, 至咸陽. 布常爲軍鋒. 項王
封諸將, 立布爲九江王, 都六. 漢元年四月, 諸侯皆罷戲下, 各就國. 項氏立懷
王爲義帝, 徙都長沙, 迺陰令九江王布等行擊之. 其八月, 布使將擊義帝, 追
殺之郴縣.

　한고조 2년, 제왕 전영이 항우를 배반하자 항우가 제나라를 치러 가
면서 구강에서 군사를 징발하고자 했다. 구강왕 영포가 병을 핑계로 따
라가지 않고, 휘하 장수에게 수천 명의 군사를 이끌고 가게 했다. 유방
이 이끄는 한나라 군사가 팽성에서 초나라 군사를 격파했을 때도 영포
는 병을 핑계로 돕지 않았다. 항우가 이로 인해 크게 원망한 나머지 누
차 사자를 영포에게 보내 책망하며 불러들이려 했다. 그러자 영포는 더
욱 두려워하며 감히 가려고 하지 않았다. 당시 항우는 북쪽으로 제나라
와 조나라, 서쪽으로 유방의 한나라를 우려했다. 가까이할 사람은 오직
구강왕 영포뿐이었다. 나아가 영포의 재능을 높이 산 항우는 가까이 두
고 쓸 요량으로 공격을 가하지 않았다. 한고조 3년, 유방이 초나라를 치
면서 팽성에서 크게 싸웠지만 형세가 불리했다. 일단 위나라 땅에서 퇴
각해 우나라 땅까지 이른 뒤 좌우의 신하들에게 화를 냈다.

　"너희 같은 자들과는 천하대사를 함께 도모할 수 없다."

　빈객 및 문서 담당인 알자 수하가 앞으로 나와 말했다.

　"폐하의 말씀이 무슨 뜻인지 잘 모르겠습니다."

　유방이 말했다.

　"누가 능히 나를 대신해 회남에 사자로 가 영포에게 군사를 일으켜
초나라에 반기를 들도록 하겠는가? 항우를 몇 달 동안만 제나라에 머물

게 만들면 내가 천하를 얻는 것은 백에 하나도 어긋남이 없을 것이다."

수하가 청했다.

"청컨대 신이 가고자 합니다."

수하가 스무 명의 수행원을 이끌고 회남으로 갔다. 회남에 이른 뒤 태재의 집에 머물렀다.◎ 사흘이 지나도록 구강왕 영포를 만날 수 없었다. 수하가 기회를 보아 태재에게 말했다.

"대왕이 저를 만나주지 않는 것은 분명히 초나라가 강하고 한나라는 약하다고 생각하시기 때문일 것입니다. 신이 사자로 온 것은 이 때문입니다. 대왕을 만나게 해주십시오. 제 말이 옳으면 이는 대왕이 평소 듣고 싶어 했기 때문일 것입니다. 만일 제 말이 틀리면 저와 일행 스무 명을 회남의 시장에서 부질의 형벌에 처해, 한나라를 등지고 초나라와 함께한다는 취지를 밝히도록 하십시오."

태재가 그의 말을 영포에게 고하자 영포가 그를 만났다. 수하가 말했다.

"한나라 왕이 신에게 삼가 서신을 대왕의 측근에게 바치도록 했습니다. 신은 대왕이 초나라와 어떠한 친분이 있는지 궁금합니다."

회남왕 영포가 말했다.

"과인은 북쪽을 향해 초왕을 섬기는 신하요."

수하가 말했다.

"대왕은 항왕과 똑같은 제후이면서 북향해 그를 섬기는 것은 반드시 초나라가 강하게 여겨 나라를 의탁할 만하다고 판단했기 때문일 것입

◎ "태재의 집에 머물렀다"의 원문은 "태재주지太宰主之"다. 《사기색은》은 태재를 선식膳食을 관장한 관원으로 풀이하며 주主를 위소의 주를 인용해 머물 사舍로 풀이했다.

니다. 항왕이 제나라를 칠 때 친히 성을 쌓기 위한 판자나 공이를 짊어지고 병사의 선봉이 되었으니 대왕도 응당 회남의 무리를 친히 이끌고 가 초나라 군사의 선봉이 되었어야 합니다. 그런데 대왕은 겨우 4,000명만 보내 초나라를 돕고 있습니다. 북향해 섬기는 자가 정녕 이리해도 되는 것입니까? 또 한나라 왕이 초나라와 팽성에서 싸울 때만 해도 대왕은 항우가 제나라에서 나오기 전에 회남의 군사를 모두 동원해 회수를 건넌 뒤 밤낮으로 달려가 유방의 군사와 팽성 밑에서 싸워야 했습니다. 그런데도 대왕은 1만 명의 군사를 거느리면서 단 한 사람도 회수를 건너게 하지 않은 채 팔짱을 끼고 어느 쪽이 이기는지 바라보기만 했습니다. 나라를 남에게 의탁했다면서 정녕 이리해도 되는 것입니까?

대왕은 신하를 칭해 북향해 초나라를 섬긴다는 허명을 내걸고 자신을 모두 맡기고자 합니다. 신이 생각건대 이는 대왕이 취할 바가 아닙니다. 그러면서 대왕이 초나라를 배반하지 않는 것은 한나라가 약하다고 보기 때문입니다. 초나라 군사가 비록 강하기는 하나 온 천하가 초나라가 불의不義하다는 오명을 씌우고 있습니다. 이는 항왕이 맹약을 저버리고 의제를 죽였기 때문입니다. 항왕은 전쟁에서 이긴 것에 고무된 나머지 스스로 강하다고 믿고 있지만, 한나라 왕은 제후들과 연합해 돌아와서는 성고와 형양을 지키고 있습니다. 촉과 한나라의 양곡을 들여오고, 물길을 깊이 파고, 성벽을 굳게 하고, 군사를 나누어 변경을 지키며 요새를 튼튼히 방어하고 있습니다. 초나라 군사가 제나라에서 초나라로 돌아가려면 가운데 있는 위나라 땅을 넘어 적진으로 800~900리나 깊숙이 들어가야 합니다. 싸우려 해도 싸울 수 없고, 성을 치려 해도 힘이 모자라고, 노약자들이 1,000리 밖에서 양곡을 날라와야 합니다. 초나라 군사가 형양과 성고에 이를지라도 한나라 군사가 굳게 지키고 움직이지 않으면 나아가 공격할 수도, 물러나 포위를 뚫을 수도 없는 상황에 처합니다. 초나라 군사는 믿을 만하지 못하다고 말하는 이유입니다.

초나라가 한나라를 이기면 제후들은 스스로 위기를 느끼고 두려워한 나머지 서로 한나라를 구원하고자 할 것입니다. 초나라가 강대해지는 것은 천하의 적을 불러들이는 것에 지나지 않습니다. 초나라가 한나라만 못한 것은 이런 정세만 볼지라도 쉽게 알 수 있습니다.

지금 대왕은 모든 것이 안전한 한나라와 함께하지 않고, 패망 위기에 처한 초나라에 기대려고 하니 신은 대왕을 위해 곰곰이 생각해도 의아하기만 합니다. 신이 회남의 병력만으로 능히 초나라를 멸할 수 있다고 생각하는 것은 아닙니다. 대왕이 군사를 동원해 초나라에 반기를 들면 항왕은 반드시 제나라에 머물 것입니다. 몇 달만 머물게 할지라도 그사이 한나라가 천하를 차지하는 데는 만에 하나도 어긋남이 없을 것입니다. 청컨대 신이 대왕을 모시고 칼을 찬 채 한나라에 돌아가게 해주십시오. 한나라 왕은 반드시 땅을 떼어 대왕을 봉하실 것입니다. 하물며 회남 땅뿐이겠습니까? 회남 땅은 반드시 대왕 소유가 될 것입니다. 한나라 왕은 삼가 신을 사자로 보내 어리석은 계책을 진언하게 했습니다. 원컨대 대왕은 이를 유념해주십시오.”

회남왕 영포가 대답했다.

“말씀대로 따르겠소.”

영포가 몰래 초나라를 배반하고 한나라와 한편이 되겠다고 허락했다. 그러나 이를 감히 발설하지는 않았다.

● 漢二年, 齊王田榮畔楚. 項王往擊齊, 徵兵九江, 九江王布稱病不往, 遣將將數千人行. 漢之敗楚彭城, 布又稱病不佐楚. 項王由此怨布, 數使使者誚讓召布, 布愈恐, 不敢往. 項王方北憂齊·趙, 西患漢, 所與者獨九江王, 又多布材, 欲親用之, 以故未擊. 漢三年, 漢王擊楚, 大戰彭城, 不利, 出梁地, 至虞, 謂左右曰, "如彼等者, 無足與計天下事." 謁者隨何進曰, "不審陛下所謂." 漢王曰, "孰能爲我使淮南, 令之發兵倍楚, 留項王於齊數月, 我之取天下可以百全." 隨何曰, "臣請使之." 迺與二十人俱, 使淮南. 至, 因太宰主之, 三日不得見. 隨何因說太宰曰, "王之不見何, 必以楚爲彊, 以漢爲弱, 此臣之所以爲使. 使何得見, 言之而是邪, 是大王所欲聞也, 言之而非邪, 使何等二十人伏斧質淮南市, 以明王倍漢而與楚也." 太宰迺言之王, 王見之. 隨何曰, "漢王使臣敬進書大王御者, 竊怪大王與楚何親也." 淮南王曰, "寡人北鄉而臣事之." 隨何曰, "大王與項王俱列爲諸侯, 北鄉而臣事之, 必以楚爲彊, 可以託國也. 項王伐齊, 身負板築, 以爲士卒先, 大王宜悉淮南之衆, 身自將之, 爲楚軍前鋒, 今迺發四千人以助楚. 夫北面而臣事人者, 固若是乎? 夫漢王戰於彭城, 項王未出齊也, 大王宜騷淮南之兵渡淮, 日夜會戰彭城下, 大王撫萬人之衆, 無一人渡淮者, 垂拱而觀其孰勝. 夫託國於人者, 固若是乎? 大王提空名以鄉楚, 而欲厚自託, 臣竊爲大王不取也. 然而大王不背楚者, 以漢爲弱也. 夫楚兵雖彊, 天下負之以不義之名, 以其背盟約而殺義帝也. 然而楚王恃戰勝自彊, 漢王收諸侯, 還守成皋・滎陽, 下蜀・漢之粟, 深溝壁壘, 分卒守徼乘塞, 楚人還兵, 閒以梁地, 深入敵國八九百里, 欲戰則不得, 攻城則力不能, 老弱轉糧千里之外, 楚兵至滎陽・成皋, 漢堅守而不動, 進則不得攻, 退則不得解. 故曰楚兵不足恃也. 使楚勝漢, 則諸侯自危懼而相救. 夫楚之彊, 適足以致天下之兵耳. 故楚不如漢, 其勢易見也. 今大王不與萬全之漢而自託於危亡之楚, 臣竊爲大王惑之. 臣非以淮南之兵足以亡楚也. 夫大王發兵而倍楚, 項王必留, 留數月, 漢之取天下可以萬全. 臣請與大王提劍而歸漢, 漢王必裂地而封大王, 又況淮南, 淮南必大王有也. 故漢王敬使使臣進愚計, 願大王之留意也." 淮南王曰, "請奉命." 陰許畔楚與漢, 未敢泄也.

당시 초나라 사자가 회남왕 영포에게 와 있었다. 그는 황급히 군사를 출동시킬 것을 독촉하며 객사에 머물고 있었다. 수하가 곧바로 뛰어들어 초나라 사자의 윗자리에 앉은 뒤 이같이 물었다.

"구강왕이 이미 한나라에 귀의했는데, 초나라가 어떻게 병력을 동원할 수 있겠소?"

영포가 깜짝 놀랐다. 초나라 사자는 벌떡 일어났다. 수하가 영포를 설득했다.

"일은 이미 벌어졌습니다. 초나라 사자를 죽여 돌아가지 못하게 하고, 빨리 한나라로 달려가 힘을 합치는 것이 좋습니다."

영포가 말했다.

"그대의 말대로 군사를 일으켜 초나라를 칠 수밖에 없겠소."

곧 초나라 사자를 죽인 뒤 군사를 일으켜 초나라를 쳤다. 항우가 항성과 용저에게 명해 영포를 치게 한 뒤 자신은 그대로 머물며 하읍을 공격했다. 용저가 회남을 쳐 영포의 군사를 깨뜨리는 데 몇 달이 걸렸다. 영포가 군사를 이끌고 한나라로 달아나고자 했으나 항우가 뒤쫓아와 자신을 죽일까 두려웠다. 샛길로 수하와 함께 한나라로 간 이유다. 영포가 군영에 이르렀을 때 유방은 마침 평상에 걸터앉은 채 시녀들을 시켜 발을 씻고 있었다. 그 상태로 영포를 불러들여 만났다. 영포가 너무 화가 나서 이곳으로 온 것을 후회하며 자진하고자 했다. 물러나와 숙소로 가보니 의복과 마차, 음식, 시종 등이 유방의 거처와 똑같았다. 기대보다 융숭한 예우에 크게 기뻐했다. 처자식을 부르기 위해 사람을 시켜 은밀히 구강으로 들어가게 했다. 초나라가 이미 항백을 시켜 구강의 군사를 몰수하고, 영포의 처자식을 모두 죽인 뒤였다. 사자가 영포의 옛 친구와 총신을 대거 만나 수천 명을 이끌고 한나라로 돌아온 이유다. 한나라가 영포에게 더 많은 군사를 나누어준 뒤 함께 북상해 군사를 모으면서 성고에 이르게 되었다.

한고조 4년 7월, 영포를 회남왕으로 삼은 뒤 함께 항우를 쳤다. 한고조 5년, 영포가 사람을 구강에 들여보내 여러 고을을 손에 넣었다. 한고조 6년, 영포가 유방의 사촌형인 유가와 함께 구강으로 들어가 초나라의 대사마 주은을 설득했다. 주은이 초나라를 배반했다. 마침내 구강의 군사를 동원해 한나라와 함께 초나라를 쳤다. 해하에서 적을 격파했다. 항우가 죽고 천하가 평정되자 유방이 연회를 베풀었다. 이 자리에서 수하의 공적을 깎아내렸다.

"수하는 썩은 선비니, 천하를 다스리는데 어찌 썩은 선비를 쓰겠는가?"

수하가 꿇어앉고 말했다.

"폐하가 군사를 이끌고 팽성을 치고 항왕이 아직 제나라를 떠나지 않았을 때 보병 5만 명과 기병 5,000명으로 회남을 점령할 수 있었겠습니까?"

유방이 대답했다.

"점령하지 못했을 것이오."

수하가 말했다.

"폐하가 저에게 수행원 스무 명과 함께 회남에 사자로 가게 했고, 저는 회남에 이르러 폐하의 뜻대로 했습니다. 신의 공은 보병 5만 명과 기병 5,000명보다도 나은 것입니다. 그런데도 폐하는 말하기를, '수하는 썩은 선비니, 천하를 다스리는데 어찌 썩은 선비를 쓰겠는가?'라고 했습니다. 이는 무슨 까닭입니까?"

유방이 사과했다.

"내가 그대의 공을 생각해보겠소."

이후 수하를 장수들의 협업을 담당한 호군중위로 임명했다. 영포는 부절을 나누어 받고 회남왕이 되어 육 땅에 도읍했다. 구강을 비롯해 여강과 형산 및 예장 등의 모든 군이 영포에게 귀속되었다.

● 楚使者在, 方急責英布發兵, 舍傳舍. 隨何直入, 坐楚使者上坐, 曰, "九江王已歸漢, 楚何以得發兵?" 布愕然. 楚使者起. 何因說布曰, "事已搆, 可遂殺楚使者, 無使歸, 而疾走漢幷力." 布曰, "如使者敎, 因起兵而擊之耳." 於是殺使者, 因起兵而攻楚. 楚使項聲·龍且攻淮南, 項王留而攻下邑. 數月, 龍且擊淮南, 破布軍. 布欲引兵走漢, 恐楚王殺之, 故閒行與何俱歸漢. 淮南王至, 上方踞牀洗, 召布入見, 布甚大怒, 悔來, 欲自殺. 出就舍, 帳御飮食從官如漢王居, 布又大喜過望. 於是迺使人入九江. 楚已使項伯收九江兵, 盡殺布妻子. 布使者頗得故人幸臣, 將衆數千人歸漢. 漢益分布兵而與俱北, 收兵至成皋. 四年七月, 立布爲淮南王, 與擊項籍. 漢五年, 布使人入九江, 得數縣. 六年, 布與劉賈入九江, 誘大司馬周殷, 周殷反楚, 遂擧九江兵與漢擊楚, 破之垓下. 項籍死, 天下定, 上置酒. 上折隨何之功, 謂何爲腐儒, 爲天下安用腐儒. 隨何跪曰, "夫陛下引兵攻彭城, 楚王未去齊也, 陛下發步卒五萬人, 騎五千, 能以取淮南乎?" 上曰, "不能." 隨何曰, "陛下使何與二十人使淮南, 至, 如陛下之意, 是何之功賢於步卒五萬人騎五千也. 然而陛下謂何腐儒, 爲天下安用腐儒, 何也?" 上曰, "吾方圖子之功." 迺以隨何爲護軍中尉, 布遂剖符爲淮南王, 都六, 九江·廬江·衡山·豫章郡皆屬布.

한고조 7년, 영포가 진현에서 유방을 조현했다. 한고조 8년, 낙양에서 유방을 조현했다. 한고조 9년, 장안에서 유방을 조현했다. 한고조 11년, 여후가 회음후 한신을 죽였다. 영포가 내심 두려워했다. 이해 여름, 한나라가 양왕 팽월을 죽인 뒤 그 시체를 소금에 절였다. 이어 소금에 절인 살덩이를 그릇에 담아 제후들에게 두루 하사했다. 살덩이가 회남에 이르렀을 때 회남왕 영포는 마침 사냥 중이었다. 소금에 절인 살덩이를 보고는 크게 두려워 몰래 사람을 시켜 병사를 모았다. 이웃 군의 동태를 살펴 위급한 사태를 경계한 것이다.

마침 이때 영포의 총희寵姬가 병들어 의사에게 치료를 받았다. 의사의 집은 중대부 비혁賁赫의 집과 문을 마주 보고 있었다. 총희가 자주 의사 집에 갔다. 비혁도 전에 영포의 시중으로 있었던 까닭에 많은 선물을 바친 뒤 총희를 따라 의사 집으로 가 술을 마시기도 했다. 총희가 회남왕을 모시고 한담을 나누다가 비혁을 장자長者로 칭송했다. 회남왕 영포가 노했다.

"당신은 그를 어디서 알았소?"

총희가 사정을 자세히 이야기했지만 영포는 이들의 간통을 의심했다. 비혁이 두려운 나머지 병을 핑계로 나오지 않았다. 영포가 더욱 화가 나 비혁을 잡아들이고자 했다. 비혁이 영포의 모반을 고하기 위해 급히 전마를 타고 장안으로 달려갔다. 영포가 사람을 시켜 뒤쫓게 했지만 따라잡지 못했다. 비혁이 장안에 이르러 글을 올려 이같이 고발했다.

영포가 반란을 꾀한 단서가 있으니, 일이 터지기 전에 먼저 목을 베야 합니다.

유방이 그 글을 읽고는 상국 소하에게 물었다. 소하가 대답했다.

"영포는 그런 일을 할 사람이 아닙니다. 영포에게 원한을 품고 일부러 무함하는 것입니다. 청컨대 비혁을 가둔 뒤 사람을 보내 은밀히 회남왕을 살피도록 하십시오."

회남왕 영포는 비혁이 죄를 짓고 달아나 고발했다는 사실을 알고는 비혁이 자신에 관한 비밀을 말했을 것으로 의심했다. 얼마 후 한나라 조정에서 사자가 와 조사까지 하자 마침내 비혁의 일족을 멸한 뒤 군사를 일으켜 한나라를 배반했다.

● 七年, 朝陳. 八年, 朝雒陽. 九年, 朝長安. 十一年, 高后誅淮陰侯, 布因心恐. 夏, 漢誅梁王彭越, 醢之, 盛其醢徧賜諸侯. 至淮南, 淮南王方獵, 見醢, 因大恐, 陰令人剖聚兵, 候伺旁郡警急. 布所幸姬疾, 請就醫, 醫家與中大夫賁赫對門, 姬數如醫家, 賁赫自以爲侍中, 迺厚餽遺, 從姬飮醫家. 姬侍王, 從容語次, 譽赫長者也. 王怒曰, "汝安從知之?" 具說狀. 王疑其與亂. 赫恐, 稱病. 王愈怒, 欲捕赫. 赫言變事, 乘傳詣長安. 布使人追, 不及. 赫至, 上變, 言布謀反有端, 可先未發誅也. 上讀其書, 語蕭相國. 相國曰, "布不宜有此, 恐仇怨妄誣之. 請繫赫, 使人微驗淮南王." 淮南王布見赫以罪亡, 上變, 固已疑其言國陰事, 漢使又來, 頗有所驗, 遂族赫家, 發兵反.

유방은 영포가 모반했다는 보고가 올라오자 곧 비혁을 석방해 장군으로 삼았다. 이어 제장들을 불러 대책을 물었다.

"영포가 반기를 들었으니 어찌하면 좋소?"

모두 입을 모아 말했다.

"군사를 동원해 격파한 뒤 그자를 구덩이에 묻어 죽이면 됩니다. 달리 무엇이 필요하겠습니까?"

여음후 하후영이 전에 초나라 영윤으로 있던 식객 설공을 불러 대책을 물었다. 설공이 대답했다.

"영포가 배반한 것은 당연한 일입니다."

하후영이 다시 물었다.

"황상이 땅을 떼어주어 왕으로 봉하고, 작위를 나누어주며 존귀한 신분이 되게 했소. 마침내 남면해 고孤를 칭하며 만승의 대국 군주가 되었는데도 배반을 했으니 이는 무슨 까닭이오?"

설공이 대답했다.

"황상이 지난해에는 팽월, 그 전해에는 한신을 죽였습니다. 이 세 명은 건국과정에서 대공을 세운, 한 몸과 같은 사람들입니다. 화가 미칠까 의심해 모반한 것입니다."

하후영이 이 말을 유방에게 전했다.

"신의 식객 가운데 전에 초나라 영윤으로 있던 설공이 있습니다. 계략이 대단하니 그에게 물어보는 것이 좋을 것입니다."

유방이 설공을 불러 대책을 물었다. 설공이 대답했다.

"영포의 모반은 조금도 이상할 것이 없습니다. 그가 상책을 쓰면 산동은 한나라 소유가 아니게 되고, 중책을 쓰면 승패를 알 수 없고, 하책을 쓰면 폐하는 베개를 높이 베고 잘 수 있습니다."

유방이 물었다.

"무엇을 상책이라고 하는 것이오?"

설공이 대답했다.

"영포가 동쪽으로 유가의 오나라와 서쪽으로 유교의 초나라를 취해 후고지우後顧之憂를 없애고, 제나라를 아우르고 노나라를 취한 뒤 격문을 연나라와 조나라에 전하고 그곳을 굳게 지키는 계책입니다. 그러면 산동은 한나라의 소유가 아닐 것입니다."

유방이 물었다.

"무엇을 중책이라고 하는 것이오?"

설공이 대답했다.

"동쪽 오나라와 서쪽 초나라를 취해 후고지우를 없애고, 한韓나라를 아우르고 위나라를 취한 뒤 형양 서북쪽 오창의 곡식을 점유하고 성고의 어귀를 봉쇄하는 계책입니다. 그러면 승패는 알 수 없습니다."

유방이 물었다.

"무엇을 하책이라고 하는 것이오?"

설공이 대답했다.

"동쪽으로 오나라와 서쪽으로 하채를 취한 뒤 귀중한 물건은 월나라에 두고 자신은 장사 땅으로 돌아가는 계책입니다. 그러면 폐하가 베개를 높이 베고 자더라도 한나라는 별일이 없을 것입니다."

유방이 물었다.

"그는 어떤 계책을 쓸 것 같소?"

설공이 대답했다.

"하책을 쓸 것입니다."

유방이 물었다.

"어찌해서 상책과 중책을 버리고 하책을 쓸 것으로 보시오?"

설공이 대답했다.

"영포는 원래 여산에서 복역한 수형자 무리에 속해 있다가 자력으로 만승 대국의 군주가 된 자입니다. 모두 자기 자신을 위해 한 일이지, 뒷날을 생각하고 백성 만대의 이익을 위해 그리한 것이 아닙니다. 하책을 쓸 것이라고 말한 이유입니다."

유방이 기뻐했다.

"좋소."

그러고는 설공에게 1,000호의 봉지를 내리고, 아들 유장을 회남왕으로 삼았다. 유방이 마침내 군사를 동원해 친정에 나서면서 동쪽으로 영포를 쳤다. 영포는 반기를 들 당시 휘하 장수에게 이같이 말한 바 있다.

"황상은 늙어서 싸움을 싫어한다. 반드시 직접 오지 못하고 장수들을 보낼 것이다. 여러 장수 가운데 오직 회음후 한신과 팽월만이 걱정스러웠다. 이제 모두 죽었으니 그 외에는 두려워할 만한 자가 없다."

그러고는 마침내 반기를 들었다. 과연 설공이 짐작했던 대로 영포는 동쪽으로 유가의 형나라를 쳤다. 형왕 유가는 달아나다가 부릉에서 죽었다. 영포는 그의 군사를 모두 빼앗은 뒤 이들을 이끌고 회수를 건너 유교의 초나라를 쳤다. 초나라가 군사를 동원해 서徐와 동僮 사이에서 싸웠다. 이때 초나라가 군사를 셋으로 나누어 서로 호응하는 황당한 기책을 쓰려고 했다. 어떤 자가 초나라 장수에게 이같이 충고했다.

"영포는 용병에 뛰어나 백성들이 평소 그를 두려워했습니다. 병법에도 제후가 자기 나라 땅에서 싸우는 것을 산지散地라고 했습니다. 이제 군사를 셋으로 나누었습니다. 저들이 하나를 깨뜨리면 나머지는 모두 달아날 것입니다. 그러면 어떻게 서로 도울 수 있겠습니까?"

초나라 장군이 이를 듣지 않았다. 영포가 과연 한 군대를 격파하자 나머지 두 군대는 황급히 흩어져 달아났다. 영포가 마침내 서진하다가 유방의 군사와 기 땅의 서쪽 회추에서 만났다. 영포의 군사는 정예부대였다. 유방이 용성을 고수하며 영포의 군사를 바라보니 군진이 항우와 같았다. 영포가 더욱 미워졌다. 영포를 마주 바라보다가 멀리서 물었다.

"무엇이 아쉬워 모반했는가?"

영포가 대답했다.

"황제가 되고 싶었을 뿐이다."

유방이 화를 내며 꾸짖은 뒤 마침내 크게 싸움을 벌였다. 영포의 군사가 패해 달아났다. 회수를 건넌 후 누차 멈추어 싸웠으나 불리해지자 병사 100여 명과 함께 강남으로 달아났다. 당초 영포는 파군의 딸과 결혼했다. 오예의 아들인 장사애왕長沙哀王 오신이 사람을 보내 함께 월나라로 달아나자고 유인하는 데 성공했다. 영포가 그 말을 믿고 파양으로 따라갔다. 파양 사람이 영포를 자향의 농가에서 죽였다. 이로써 마침내 영포가 패망했다. 유방이 아들 유장을 회남왕, 비혁을 기사후期思侯에 봉했다. 여러 장수도 대부분 공적에 따라 봉해졌다.

● 反書聞, 上迺赦賁赫, 以爲將軍. 上召諸將問曰, "布反, 爲之柰何?" 皆曰, "發兵擊之, 阬豎子耳, 何能爲乎!" 汝陰侯滕公召故楚令尹問之. 令尹曰, "是故當反." 滕公曰, "上裂地而王之, 疏爵而貴之, 南面而立萬乘之主, 其反何也?" 令尹曰, "往年殺彭越, 前年殺韓信, 此三人者, 同功一體之人也. 自疑禍及身, 故反耳." 滕公言之上曰, "臣客故楚令尹薛公者, 其人有籌筴之計, 可問." 上迺召見問薛公. 薛公對曰, "布反不足怪也. 使布出於上計, 山東非漢之有也, 出於中計, 勝敗之數未可知也, 出於下計, 陛下安枕而臥矣." 上曰, "何謂上計?" 令尹對曰, "東取吳, 西取楚, 幷齊取魯, 傳檄燕·趙, 固守其所, 山東非漢之有也." "何謂中計?" "東取吳, 西取楚, 幷韓取魏, 據敖庾之粟, 塞成皋之口, 勝敗之數未可知也." "何謂下計?" "東取吳, 西取下蔡, 歸重於越, 身歸長沙, 陛下安枕而臥, 漢無事矣." 上曰, "是計將安出?" 令尹對曰, "出下計." 上曰, "何謂廢上中計而出下計?" 令尹曰, "布故麗山之徒也, 自致萬乘之主, 此皆爲身, 不顧後爲百姓萬世慮者也, 故曰出下計." 上曰, "善." 封薛公千戶. 迺立皇子長爲淮南王. 上遂發兵自將東擊布. 布之初反, 謂其將曰, "上老矣, 厭兵, 必不能來. 使諸將, 諸將獨患淮陰·彭越, 今皆已死, 餘不足畏也." 故遂反. 果如薛公籌之, 東擊荊, 荊王劉賈走死富陵. 盡劫其兵, 渡淮擊楚. 楚發兵與戰徐·僮閒, 爲三軍, 欲以相救爲奇. 或說楚將曰, "布善用兵, 民素畏之. 具兵法, 諸侯戰其地爲散地. 今別爲三, 彼敗吾一軍, 餘皆走, 安能相救!"
不聽. 布果破其一軍, 其二軍散走. 遂西, 與上兵遇蘄西, 會甄. 布兵精甚, 上
迺壁庸城, 望布軍置陳如項籍軍, 上惡之. 與布相望見, 遙謂布曰, "何苦而
反?" 布曰, "欲爲帝耳." 上怒罵之, 遂大戰. 布軍敗走, 渡淮, 數止戰, 不利, 與
百餘人走江南. 布故與番君婚, 以故長沙哀王使人紿布, 僞與亡, 誘走越, 故
信而隨之番陽. 番陽人殺布妓鄉民田舍, 遂滅黥布. 立皇子長爲淮南王, 封賁
赫爲期思侯, 諸將率多以功封者.

태사공은 평한다.

"영포의 조상은 혹여 《춘추春秋》에서 '초나라가 영과 육 땅을 멸했
다'고 언급한 고요皐陶의 후예는 아닐까? 묵형을 받고도 어찌 그렇게
빨리 입신했던 것인가? 항우가 구덩이에 묻어 죽인 자의 수가 천만이
나 된다. 영포는 늘 포악한 일의 우두머리였고, 공적 또한 제후 가운데
으뜸이었다. 덕분에 왕이 되었지만 자신 역시 세상에서 말하는 큰 치욕
을 면하지 못했다. 재앙은 애희愛姬로부터 싹텄고, 애희의 통간을 의심
하는 질투가 우환을 낳더니,◎ 마침내 나라까지 패망하게 만들었다!"

● 太史公曰, "英布者, 其先豈春秋所見楚滅英·六, 皐陶之後哉? 身被刑法,
何其拔興之暴也! 項氏之所阬殺人以千萬數, 而布常爲首虐. 功冠諸侯, 用
此得王, 亦不免於身爲世大僇. 禍之興自愛姬殖, 妒媚生患, 竟以滅國!"

◎ 원문은 "투모생환妒媚生患"이다. 모媚는 강샘할 투妬 내지 투妒와 같다. 《사기색은》은 《논형論
衡》에 나오는 투부모부妒夫媚婦를 대표적인 실례로 들면서 투모妒媚는 곧 투부妬夫 영포를 지칭
한다고 풀이했다.

무력을 배경으로 입신하다

항우 휘하로 들어간 반군의 우두머리

경포는 유방과 손을 잡고 천하를 평정하는 대공을 세운 바가 있다. 젊었을 때 어떤 자가 그의 관상을 보고 말하기를, "형벌을 받은 뒤 왕이 될 것이다"라고 했다. 그는 장년이 되었을 때 법을 위반해 경형을 받았다. 이때 그가 기쁘게 웃으며 말했다.

"어떤 자가 나의 관상을 보고 형벌을 받은 뒤 왕이 될 것이라고 했다. 아마 이를 두고 한 말일 것이다."

이 말을 들은 사람들은 모두 그를 비웃었다. 당시 그는 경형 판결을 받고 진시황의 수릉을 만드는 여산으로 보내졌다. 그곳에는 형을 받고 끌려 온 자가 수십만 명이나 있었다. 그는 무리의 우두머리 등과 사귀었다. 천하가 어지러워지자 이내 무리를 이끌고 장강 부근으로 달아난 뒤 떼를 지어 도둑질을 하며 살았다.

진시황 사후에 진승이 최초로 거병하자, 경포 역시 독자적인 무력을 배경으로 파양의 수령인 파군 오예와 합세했다. 함께 진나라에 반기를 들고 군사를 모으는 과정에서 오예가 자신의 딸을 경포의 아내로 내주었다. 그는 오예와 손을 마주 잡으면서 커다란 군벌로 성장할 튼튼한 기반을 확보한 것이나 다름없었다.

이때 진나라 장수 장함이 진왕 진승을 치자 진승의 행적이 묘연해졌다. 항우의 숙부인 항량이 반란군을 지휘했다. 경포가 이내 무리를 이끌고 항량 휘하로 들어갔다. 당시 상황에 비추어볼 때 나름대로 최선의 선택을 한 셈이었다. 얼마 후 항량이 회수를 건너 서진하며 진가에 의해 초왕에 오른 초나라 귀족 출신 경구와 휘하의 대사마로 있던 진가 등을 치자 경포가 선봉을 자처했다. 대공을 세워 자신의 위치를 확고히 하고자 했던 것이다.

당시 항량은 설 땅에 이르러 진승이 죽은 것이 확실하다는 소식을 들었다. 곧바로 초나라 왕족의 후예인 미심을 찾아 초회왕으로 옹립했다. 항량은 무신군, 경포는 당양군에 봉해졌다. 어느덧 항량과 어깨를 나란히 하는 반군의 우두머리로 성장한 것이었다.

얼마 후 항량이 전사하고 초회왕이 도읍을 팽성으로 옮기면서 경포는 항량의 조카인 항우와 힘을 합쳐 반군을 이끌었다. 당시 조나라는 진나라 장수 장함에 의해 포위·공격을 받자 초회왕에게 누차 사자를 보내 도움을 청했다. 초회왕이 송의를 상장, 범증을 말장, 항우를 차장으로 삼은 뒤 군사를 이끌고 가 조나라를 돕게 했다. 이때 경포도 송의의 휘하 장수로 배속되었다. 진군 도중 송의가 미적거리는 모습을 보이다가 항우에게 격살되고 초회왕이 항우를 상장군으로 삼자 경포는 여타 장군과 함께 항우 휘하로 들어갔다. 경포의 입장에서 보면 일이 더욱 순조롭게 풀린 셈이었다.

항우를 버리고 유방을 택하다

당시 항우는 경포를 크게 신뢰했다. 경포를 선봉장으로 삼은 뒤 먼저 황하를 건너가 진나라 군사를 치게 했던 것이 그렇다. 경포에게 대공을 세우도록 배려했을 공산이 크다. 경포 역시 항우의 기대를 저버리지 않았다. 진나라 군사와 싸울 때마다 거듭 승리를 거두었던 것이 그렇다. 주력군을 이끌고 있던 항우는 매번 승리를 거둔 경포의 선봉대 뒤를 따라 별다른 어려움 없이 진군했다. 항우가 진나라의 도성인 함양을 점령하기 전에 장함을 투항하게 만든 근본 배경이 바로 여기에 있었다. 항우 입장에서 볼 때 경포가 거둔 전공은 단연 발군이었다. 〈경포열전〉에 나오는 사마천의 평이 이를 뒷받침한다.

항우가 이끄는 초나라 군사가 늘 승리를 거두었고, 그 공이 제후의 연합군 가운데 으뜸이었다. 제후의 연합군이 항우에게 복속한 것은 영포가 누차 적은 군사로 많은 적군을 깨뜨리는 이소패중의 승리를 거둔 덕분이다.

당시 함양을 향해 진군하던 항우는 신안에 이르렀을 때 야음을 이용해 투항한 진나라 군사 20여 만 명을 구덩이에 묻어 죽이는 갱살을 시행토록 경포 등에게 명했다. 궂은일을 자신이 극도로 신뢰하는 장수인 경포에게 맡겼던 셈이다. 경포는 아무런 잡음 없이 이 일을 무사히 해냈다.

경포의 공은 여기에 그치지 않았다. 항우가 함곡관에 이르렀을 때 뜻하지 않은 일이 일어났다. 먼저 함양에 입성한 유방이 병사들을 보내 관문을 틀어막은 것이었다. 격노한 항우가 경포에게 명해 샛길로 쳐들어가 관문을 지키는 유방의 군사를 깨뜨리도록 했다. 경포가 일거에 유방의 군사를 격파하고 함곡관의 관문을 뚫었다. 항우를 중심으로 한 군웅들로부터 '배신자'로 몰려 토벌을 당하게 된 유방은 홍문연의 계책을 제시한 장량의 건의를 전격 수용한 덕분에 가까스로 목숨을 부지할 수 있었다. 항우가 홍문에서 유방의 항복을 받고 마침내 천하를 손에 넣은 결정적인 계기를 마련한 장본인이 바로 경포였다. 사마천은 〈경포열전〉에서 그 의미를 이같이 설명해놓았다.

　(항우가) 마침내 함곡관으로 입관해 함양에 이르렀다. 당시 영포는 늘 항우군의 선봉에 섰다. 항우가 장수들을 봉할 때 영포를 넓은 영지를 지닌 구강왕으로 삼고 육 땅에 도읍하게 한 이유다.

　항우 역시 천하를 거머쥐는 과정에서 경포가 가장 큰 공을 세운 사실을 잊지 않고 있었던 것이다. 항우로부터 무한한 신뢰를 얻은 경포의 심복 역할은 여기에 그치지 않았다. 한고조 원년 4월에 봉지를 받은 제후들이 항우 곁을 떠나 각자 자신의 봉지로 갈 당시 그는 명목상의 황제인 의제로 받들어진 초회왕을 제거하는 데 앞장섰다. 당시 항우는 의제로 하여금 장사로 도읍을 옮기도록 한 뒤 은밀히 구강왕 경포에게 명해 의제를 제거하게 했다. 이해 8월에 경포는 휘하 장수를 시켜 의제를 제거하게 함으로써 항우의 명을 차질 없이 이행했다. 항우가 천하를 호령하는 과정에서 온갖 궂은일을 도맡아 했던 셈이다.

　항우가 천하를 거머쥔 전후과정을 살펴볼 때 항우는 유방과 천하를 놓고 '진검승부'를 벌일 당시 무슨 일이 있어도 결코 경포를 자신의 진영에서 이탈하게 만들어서는 안 되었다. 그럼에도 그는 이를 만연히 대처하다가 패망의 길로 접어들었다. 경포가 유방의 회유에 넘어가도록 방치한 것이 화근이었다.

항우가 함양에 입성할 당시 비록 겉으로는 항우가 천하를 손에 넣은 듯이 보였으나 천하의 향배는 아직 알 수 없었다. 훗날 당나라 시인 두목杜牧은 항우가 해하의 싸움에서 패했을 때까지도 그런 상황이 지속되었다고 보았다. 그가 지은 〈제오강정題烏江亭〉의 해당 구절이다.

> 승패는 전쟁 때 예측할 수 없으니
> 수치를 삭이면서 참는 것이 남자다.
> 강동 자제들 가운데 호걸 많으니
> 권토중래捲土重來했으면 어찌될지 몰랐다.

인구에 회자하는 권토중래 성어가 여기서 나왔다. 땅을 말아 일으킬 것 같은 기세로 다시 온다는 뜻이다. 유방과의 결전에서 패해 자결을 택한 항우에 대해 탄식한 내용이다. 권토중래는 이후 어떤 일에 실패한 뒤 힘을 가다듬어 다시 그 일에 착수하는 것을 비유하는 말로 전용되었다.

당시의 정황에 비추어볼 때, 두목이 권토중래를 운운한 것은 문학적인 감상에 지나지 않는다. 한신과 팽월은 물론 경포까지 유방 쪽에 줄을 섰을 때 싸움은 사실상 끝난 것이나 다름없었다. 실제로 최후의 결전에서 항우는 유방을 중심으로 한 연합세력에 의해 철저히 궤멸되었다. 남쪽에서 협공에 나선 경포의 공격이 치명타로 작용했다.

그렇다면 당시 항우의 선봉장 역할을 충실히 수행한 덕분에 구강왕에 봉해진 경포는 무슨 일로 항우를 저버리고 유방에게 몸을 의탁했던 것일까? 사소한 갈등으로 생긴 틈이 결정적인 배경으로 작용했다. 당초 항우는 서초 패왕을 자처하며 군웅을 각지의 제후왕에 봉한 지 두 달 만에 제나라의 실권자 전영으로부터 정면 도전을 받았다. 항우의 패왕

질서를 거부한 전영이 독자세력을 구축하기 위해 반기를 든 결과였다.

내심 '관중왕'을 기대하다가 '한중왕'으로 밀려난 유방을 비롯한 군웅들이 이에 적극 호응하며 노골적으로 항우에게 반기를 들었다. 유방을 비롯해 반기를 든 군웅 모두 나름대로 건곤일척乾坤一擲의 승부수를 던진 셈이었다. 모두 천하의 향배가 아직 정해지지 않았다는 판단에서 나온 것이었다. 이를 계기로 천하는 다시 한 치 앞도 내다볼 수 없는 일대 혼란 속으로 빠져들었다.

천하의 승패가 갈리는 순간

당시 가장 곤혹스러운 입장에 처한 사람은 말할 것도 없이 항우였다. 그의 입장에서 볼 때 천하를 모두 손에 넣었다고 생각한 순간 느닷없이 전영과 유방 등의 군웅들로부터 뒤통수를 맞은 것이나 다름없었다. 항우는 곧바로 자신의 심복 역할을 수행하던 경포에게 도움을 청했다. 그가 다스리는 구강국에서 병사들을 동원코자 시도했던 것이다.

그러나 제후왕에 봉해진 경포는 일개 선봉장 역할을 자임하던 과거의 경포가 아니었다. 그의 입장에서 볼 때 항우의 요청을 받아들이는 것은 생사를 좌우하는 중대 사안에 해당했다. 유방을 비롯한 많은 군웅이 반기를 든 것은 천하의 향방이 아직도 전혀 정해진 바가 없다는 사실을 웅변하고 있었다. 이런 상황에서 항우의 요청을 덜컥 수용할 경우 유방을 비롯한 여러 군웅과 죽기 살기로 싸워야만 했다.

항우가 유방 세력을 제압하면 큰 문제가 없으나 그렇지 못할 경우 최악의 상황을 맞이할 수 있었다. 유방이 경포를 그대로 둘 리 만무하기 때문이다. 구강왕 자리에서 쫓겨나 목숨을 잃는 것은 물론 일족까지 몰살되는 멸문지화를 당할 수 있었다.

이와 정반대로 항우의 주문을 거부할 경우 이내 자신이 몸을 의탁했던 항우와 원수가 될 것이었다. 이 역시 유방이 항우를 제압한다면 별 탈이 없으나 그렇지 못할 경우 화를 자초하는 것이나 다름없었다. 경포의 입장에서는 어느 경우든 곤혹스럽기는 마찬가지였다. 결국 그는 어중간한 입장을 취했다. 병을 핑계로 항우를 따라 종군하지 않은 채 휘하 장수로 하여금 수천 명의 군사를 이끌고 가게 했던 것이다. 경포를 선봉장으로 내세우고자 한 항우의 당초 의도는 사실상 좌절된 것이나 다름없었다.

당시 항우는 경포의 입장을 전혀 고려하지 않은 채 자신의 입장에서만 생각했다. 천하의 향배가 아직 정해지지 않은 상황에서 이런 식의 사고방식은 패망을 자초하는 길이다. 항우가 내심 경포에게 커다란 신뢰를 보낸 것에 대한 반발로 크게 화를 내며 훗날 손을 볼 생각을 했다. 〈경포열전〉에 나오는 사마천의 평이 이를 뒷받침한다.

영포의 재능을 높이 산 항우는 가까이 두고 쓸 요량으로 공격을 가하지 않았다.

경포가 항우의 이런 속셈을 눈치채지 못했을 리 없다. 두 사람 사이에 틈이 벌어져 이후 경포가 유방 쪽으로 넘어간 결정적인 계기가 바로 여기에 있다. 삼국시대 때 조조가 원소와 건곤일척의 승부를 결한 관도대전官渡大戰 당시 몸소 실천한 이른바 분소밀신焚燒密信 사건이 좋은 반면교사에 해당한다. 당시 조조가 수거한 원소의 서신에는 허도에 있는 일부 인사와 휘하의 일부 장령이 원소에게 몰래 보낸 서신도 있었다. 좌우에서 조조에게 건의했다.

"그 이름들을 일일이 조사해 모조리 잡아 죽여야 합니다."

조조가 반대했다.

"원소가 강성할 때에는 그들 또한 스스로를 보호할 길이 없었소. 하물며 다른 사람들이야 말할 것이 있겠소."

원소의 기밀문서에 엄청난 정보가 담겨 있었음에도 조조는 그 문서를 불태우도록 지시했다. 관도대전의 전개과정에서 분소밀신처럼 조조군의 승리를 찬연하게 빛나게 하는 대목은 없다. 조조가 추구한 천하통일의 대업이 얼마나 웅혼한 것인지를 여실히 보여준다.

당시 항우도 분소밀신 사건과 마찬가지로 경포의 처지를 널리 이해하고 너그럽게 넘어갈 필요가 있었다. 그럼에도 항우는 유방과 최후의 결전을 치르는 순간까지 이를 제대로 깨닫지 못했다. 한신이 지적했듯이 일개 아녀자의 어짊인 부인지인婦人之仁과 일개 필부의 용맹인 필부지용匹夫之勇에 얽매여 있었던 탓이다. 속이 좁은 협량狹量 탓으로 해석할 수밖에 없다. 손에 다 넣은 천하를 유방에게 사실상 상납했던 근본 배경이 바로 여기에 있다. 경포가 유방 쪽으로 넘어간 사실이 이를 웅변한다.

당시 경포를 회유한 유방의 책사는 바로 수하였다. 그는 곧바로 경포에게 접근해 그를 회유하는 데 성공했다. 이것이 훗날 항우를 제압하는 주요 배경으로 작용했던 것은 말할 것도 없다. 그 일은 한고조 3년에 빚어졌다. 당시 유방은 초나라를 치면서 팽성에서 크게 싸웠지만 형세가 불리했다. 곧바로 퇴각해 우 땅까지 이른 뒤 좌우 신하들에게 화를 내자 빈객 및 문서 담당인 알자 수하가 경포를 설득하는 일을 자처하고 나섰다. 유방의 허락을 받아 사자로 간 수가 경포를 만나 이같이 설득했다.

"지금 대왕은 모든 것이 안전한 한나라와 함께하지 않고, 패망 위기에 처한 초나라에 기대려 하니 신은 대왕을 위해 곰곰이 생각해도 의아하기만 합니다. 청컨대 신이 대왕을 모시고 칼을 찬 채 한나라에 돌아가게 해주십시오. 한나라 왕은 반드시 땅을 떼어 대왕을 봉하실 것입니다. 하물며 회남 땅뿐이겠습니까? 회남 땅은 반드시 대왕의 소유가 될 것입니다. 한나라 왕은 삼가 신을 사자로 보내 우계愚計를 진언하게 했습니다. 원컨대 대왕은 이를 유념해주십시오."

회남 일대를 미끼로 내세워 경포를 회유했던 것이다. 경포가 여기에 넘어갔다. 항우 몰래 초나라를 배반하고 한나라와 한편이 되겠다고 허락했던 배경이다.

해하의 결전

주목할 것은 당시 항우가 보낸 초나라 사자는 경포를 설득하는 데 실패했던 점이다. 여기에는 수하의 임기응변이 크게 작용했다. 당시 항우가 보낸 초나라 사자는 황급히 군사를 출동시킬 것을 독촉하며 객사에 머물고 있었다. 이를 안 수하가 곧바로 협상 장소로 뛰어 들어가 초나라 사자의 윗자리에 앉은 뒤 이같이 물었다.

"구강왕이 이미 한나라에 귀의했는데, 초나라가 어떻게 병력을 동원할 수 있겠소?"

경포가 깜짝 놀랐다. 초나라 사자가 벌떡 일어나자 수하가 경포에게 말했다.

"일은 이미 벌어졌습니다. 초나라 사자를 죽여 돌아가지 못하게 하고, 빨리 한나라로 달려가 힘을 합치는 것이 좋습니다."

경포가 체념한 듯이 말했다.

"그대의 말대로 군사를 일으켜 초나라를 칠 수밖에 없겠소."

그러고는 이내 초나라 사자를 죽인 뒤 군사를 일으켜 초나라를 쳤다. 항우와 유방의 운명이 갈리는 순간이었다. 당시 항우는 경포가 배반했다는 소식을 접하고는 불같이 화를 내며 곧바로 휘하 장수 항성과 용저에게 명해 경포를 치게 한 뒤 자신은 군사를 이끌고 하읍을 공격했다. 용저가 회남을 쳐 경포의 군사를 깨뜨리는 데 몇 달이 걸렸다. 항우가 중차대한 시기에 전력을 분산시켜 유방의 본진을 제대로 공략하지 못했던 이유다.

당시 커다란 피해를 입은 경포는 군사를 이끌고 한나라로 달아나고자 했다. 그러나 항우가 뒤쫓아 와 자신을 죽일까 두려웠다. 샛길로 수하와 함께 한나라로 달려갔다. 그가 군영에 이르렀을 때 유방은 마침 평상에 걸터앉은 채 시녀들을 시켜 발을 씻기고 있었다. 그 상태로 경포를 불러들여 만났다. 사마천은 〈경포열전〉에서 경포의 당시 심경을 이같이 묘사해놓았다.

영포가 너무 화가 나서 이곳으로 온 것을 후회하며 자진하고자 했다. 물러나와 숙소로 가보니 의복과 마차, 음식, 시종 등이 유방의 거처와 똑같았다. 기대보다 융숭한 예우에 크게 기뻐했다.

유방은 사람을 대할 때는 안하무인의 모습을 보였으나 인재라고 판단될 경우는 아낌없이 베풀었다. 항우와 정반대였다. 항우 쪽에 서 있던 한신과 경포 등이 유방에게 몸을 맡겼던 배경이 여기에 있다. 당시 경포는 이내 처자식을 부르기 위해 사람을 시켜 은밀히 구강으로 들어가게 했다. 그러나 항우는 이때도 커다란 실수를 범했다. 구강의 군사를 몰수한 뒤 경포의 처자식을 모두 죽였던 것이다. 구강의 군사를 몰수한 것은 당연한 조치이나 경포의 처자식을 몰살한 것은 악수에 해당했다. 경포의 사자가 경포의 옛 친구와 총신 등 수천 명을 이끌고 한나라로 돌아왔던 것이 그렇다. 한신은 경포를 비롯한 인재들을 일거에 잃었다. 패망을 자초했던 셈이다.

당시 유방은 적장으로 있던 경포를 최대한 활용했다. 한고조 4년 7월에 경포를 회남왕에 봉한 뒤 함께 군사를 이끌고 가 항우를 쳤던 것이 그렇다. 이듬해에 경포가 사람을 구강으로 들여보내 여러 고을을 손에 넣었다. 한고조 6년에는 경포가 유방의 사촌형인 유가와 함께 구강으로 은밀히 잠입한 뒤 초나라의 대사마 주은이 초나라를 배반하도록 설득했다. 이는 항우에게 치명타에 해당했다. 대사마는 군사를 총괄하는 자리다. 대사마 주은이 유방에게 넘어갔다는 것은 곧 항우 세력의 기둥이 무너진 것이나 다름없다.

실제로 경포는 이를 계기로 구강의 군사를 총동원해 유방과 함께 항우를 쳤다. '해하의 결전'이 이루어진 배경이 여기에 있다. 항우가 죽고 천하가 평정되자 유방은 경포를 정식으로 회남왕에 봉한 뒤 구강을 비롯해 여강과 형산 및 예장 등 인근의 모든 군郡까지 다스리게 했다. 유방 역시 경포가 천하통일 과정에서 커다란 공을 세운 사실을 익히 알고 있었던 것이다.

토사구팽의 덫과 제물

《사기》의 기록을 보면 이후에도 유방과 경포 사이에는 별다른 문제가 없었다. 한고조 7년에 경포가 진현에서 유방을 조현하고, 이듬해와 그 이듬해에도 낙양에서 유방을 잇달아 조현한 사실이 이를 뒷받침한다.

두 사람 사이에 이상한 조짐이 나타났던 것은 한고조 11년이다. 여후가 회음후 한신을 죽인 것이 결정적인 계기로 작용했다. 사마천은 〈경포열전〉에서 이같이 써놓았다.

영포가 내심 두려워했다.

실제로 그럴 만한 일이 나타났다. 이해 여름에 한신을 죽인 유방이 양왕 팽월마저 죽여 그 시체를 소금에 절인 뒤 살덩이를 그릇에 담아 제후들에게 두루 하사했던 것이 그렇다. 그릇이 회남에 이르렀을 때 경포는 마침 사냥 중이었다. 그릇에 담긴 팽월의 살덩이를 보고는 경악했다. 다음 차례는 자신이라고 생각했다. 그의 판단은 틀린 것이 아니었다. 유방은 이미 오래전부터 한신과 팽월을 차례로 제거한 뒤 마지막으로 경포를 토사구팽의 제물로 삼을 생각을 하고 있었다. 팽월의 시체를 소금에 절인 뒤 살덩이를 제후들에게 두루 하사했던 것이 그 증거다. 경포의 두려움을 자극해 반란을 일으키도록 유도함으로써 생전에 잠재적인 위협세력을 모두 제거하고자 했던 것이다.

경포가 지략을 지닌 인물이라면 이때 보다 태연한 모습을 보여야 했다. 그래야만 간신히 살아남을 여지가 있었다. 그러나 그는 유방이 쳐놓은 그물에 그대로 걸려들었다. 두려움에 휩싸인 나머지 곧바로 병사를 그러모으며 유사시를 대비했던 것이다. 사실 그는 반기를 들 생각이 결코 없었다. 그러나 유방의 입장에서 볼 때 이는 그를 모반 혐의로 몰기에 매우 좋은 빌미에 지나지 않았다.

실제로 그러한 일이 빚어졌다. 경포의 총회가 병들어 의원에게 치료를 받은 것이 사달의 빌미가 되었다. 당시 의원의 집은 중대부 비혁의 집과 마주하고 있었다. 전에 경포의 시중으로 있었던 비혁은 총희에게 많은 선물을 바친 뒤 총희를 따라 의원의 집으로 가 자주 술을 마셨다. 하루는 총희가 경포를 모시고 한담을 나누다가 비혁을 마음이 너그러운 장자로 칭송했다. 〈경포열전〉은 당시 상황을 이같이 써놓았다.

영포가 노해 묻기를, "당신은 그를 어디서 알았소?"라고 했다. 총희가 사정을 자세히 이야기했지만 경포는 이들의 간통을 의심했다.

이 대목만으로는 총희가 비혁과 간통했는지 여부는 자세히 알 길이 없다. 그렇다고 경포가 의처증 증상을 보였다고 판단하기도 쉽지 않다. 다만 당시 정황에 비추었을 때 총희가 비혁에 대해 경포의 시기심을 자극할 만한 칭송을 한 것만은 분명하다. 〈경포열전〉은 비혁이 경포가 두려운 나머지 병을 핑계로 조정에 나오지 않았다고 기록해놓았다. 이러한 행동이 경포를 더욱 화나게 만들었다. 그는 이내 비혁을 잡아들여 전말을 확인하려 했다.

위기감을 느낀 비혁이 급히 전마를 타고 장안으로 달려갔다. 경포를 모반 혐의로 고발하고자 했던 것이다. 이 사실을 뒤늦게 안 경포가 곧바로 사람을 시켜 뒤를 쫓게 했지만 따라잡지 못했다. 비혁이 장안에 이르러 글을 올려 고변했다. 경포가 반란을 꾀한 단서가 있으니 그전에 미리 제거해야 한다는 내용이었다. 당시 비혁이 장안으로 달려가 고변했다는 이야기를 들은 경포는 사태가 심상치 않게 전개되고 있다는 사실을 깨달았다. 얼마 후 조정에서 사자가 와 경포에 대해 조사를 벌였다. 경포는 한신과 팽월에 이어 자신이 토사구팽의 제물로 선정되었다는 사실을 뒤늦게 눈치챘다. 이내 비혁의 일족을 몰살한 뒤 반기를 들었다.

그러나 결과는 이미 정해져 있는 것이나 다름없었다. 천하가 소란할 때는 수적이나 군도 출신도 무리의 힘을 배경으로 문득 제후왕의 자리에 오를 수 있으나 일단 천하의 향배가 정해진 뒤에는 불가능해진다. 왕조의 창업과정에서 숱한 창업공신들이 토사구팽의 희생양이 되는 이유도 바로 이런 이치에서 한 치도 벗어나지 않는다. 창업주 입장에서 볼 때 후대를 위해서라도 힘을 배경으로 몸을 일으킨 강신들을 제압치 않고는 편히 눈을 감을 수 없다.

경포의 비참한 최후는 대공을 이룬 뒤 표표히 자리를 떠나 만고의 지낭으로 칭송받은 장량의 행보와 대비된다. 사마천은 〈경포열전〉의 사평에서 경포가 "재앙은 애희로부터 싹텄고, 애희의 통간을 의심하는 질투가 우환을 낳더니, 마침내 나라까지 패망하게 만들었다"고 분석했다. 정곡에서 벗어난 분석이다. 사마천은 황실을 의식한 나머지, 변죽을 울리는 두루뭉술한 표현을 동원해 독자들이 스스로 정답을 찾아내기를 바랐을지도 모를 일이다. 경포 역시 한신 및 팽월과 마찬가지로 창업 초기에 주군을 두렵게 만드는 강신으로 존재한 까닭에 토사구팽의 제물이 되었다고 보는 것이 타당하다.

진 나 라 및 초 한 지 제 연 표

기원전	연대	사건
221	진시황 26년	진시황이 제나라를 멸하고 천하를 통일하다.
220	27년	황하를 덕수德水, 백성을 검수黔首로 개칭하다. 천하를 36군으로 나누다.
219	28년	아방궁을 짓다. 치도馳道를 닦다. 진시황이 낭야로 가다.
218	29년	장량이 역사를 시켜 진시황 척살을 시도하다.
217	30년	아무 일도 일어나지 않다.
216	31년	남월을 가평으로 개칭하다. 백성에게 쌀 여섯 석과 양 두 마리씩을 하사하다.
215	32년	진시황이 갈석으로 가다.
214	33년	남월을 공략해 계림과 남해, 상군을 설치하다.
213	34년	이사가 분서焚書를 건의하다.
212	35년	몽념에게 직도直道를 닦아 구원까지 길을 내라고 명하다.
211	36년	백성 3만 명을 북하와 유중으로 이주시키다.
210	37년	7월 병인일, 진시황이 사구에서 붕어하다. 호해가 즉위하다.
209	7월	진시황 사후 1년 만에 초은왕楚隱王 추시追諡된 진승이 기병하다.
	8월	무신이 조왕으로 자립, 갈영이 양강을 초응립하다.
	9월	유방이 기병하다. 제왕 전담, 연왕 한광, 위왕 위구가 자립을 하다.
	2세 원년 10월	진승이 갈영을 주살하다.
	11월	조왕 무신이 살해되자 장이와 진여가 도주하다.

209	12월	진승이 죽다. 옹치가 위나라에 투항하다. 진나라 장수 장함이 초병을 치다.
208	1월	장이와 진여가 조왕 헐歇을 옹립하다.
	2월	항량의 도강으로 경포가 귀속하다.
	3월	유방이 하읍을 공략하다.
	4월	항량이 초왕 경구를 치다.
	6월	항량이 초회왕과 유방韓王을 옹립하다. 제왕 전담이 패사하다. 위왕 위구가 자진하다.
	7월	진나라 군사가 동아東阿를 포위하다. 유방과 항우가 그를 구원하다.
	8월	항량이 전불을 제옹립하다.
	9월	항량이 진나라 장수 장함에게 패사하다. 위표가 위왕으로 자립하다.
207	2세 2년 10월	장함이 조나라 한단을 공파해 백성을 하내로 이주시키다.
	11월	항우가 송의를 죽이고 상장군에 제수되다.
	12월	항우가 진나라 군사를 거록에서 대파하고 제후를 호령하다.
	1월	항우가 진나라 장수 왕리를 생포하다.
	2월	항우가 장함의 군사를 격파하다. 유방이 팽월의 군사를 얻다.
	3월	유방이 개봉에서 진나라 장수 양웅을 격파하다.
	4월	조고가 장함이 한 증원요청을 거부하다. 유방이 형양을 공략하다.
	5월	진나라 장수 사마흔이 장함에게 조고의 전횡을 고하다.
	6월	장함이 항우에게 투항할 것을 약속하다. 유방이 남양을 치다.
	7월	항우가 장함을 옹왕에 봉하다. 유방이 남양을 평정하다.
	8월	항우가 사마흔 등을 상장군에 임명하다. 유방이 무관을 공파하다.
	9월	유방이 장량의 계책으로 남전 등을 평정하다.
	한고조 원년 10월	유방이 함양을 점령한 뒤 파상으로 물러나다.
	11월	항우가 진나라 항졸 20만 명을 산 채로 구덩이에 넣어 죽이다. 유방이 약법삼장을 선포하다.
	12월	항우가 자영을 주살한 뒤에 봉국들을 소국으로 나누다.

206	1월	항우가 서초패왕으로 자립하다.
	2월	항우가 18왕을 분봉하다.
	6월	제왕 전영이 교동왕 전불을 격살하다.
	7월	팽월이 제북왕 전안을 죽이다.
	8월	항우가 정창을 한왕으로 세우다.
	9월	연왕 장도가 요동국을 병탄하다.
	한고조 2년 10월	항우가 의제를 죽이다.
	12월	조헐이 진여를 대왕으로 삼다.
205	1월	항우가 전가를 제옹립하다.
	2월	전영의 동생 전횡이 전가를 치다. 전가가 망명지 초나라에서 피살되다
	3월	항우가 3만 병력으로 한나라의 56만 대군을 격파하다.
	4월	위표가 한나라 유방을 배반하다.
	5월	유방이 입관入關하다.
	6월	유방이 옹 땅을 농서군 등으로 편입하다.
	8월	한나라 군사가 위표를 사로잡다.
	9월	한나라가 서위를 군으로 편입하다. 이해 9월을 9월로 삼다.
	한고조 3년 10월	한나라 장수 한신이 진여를 참하다.
	11월	한나라가 상산국을 태원군으로 편입시키다. 대국을 병탄하다.
	12월	구강왕 경포가 한나라에 투항을 하다. 항우가 구강국을 병탄하다.
204	4월	초나라 군사가 형양을 포위하다.
	7월	임강왕 공오가 죽다.
	한고조 4년 11월	한신이 초나라 장수 용저를 격파하다. 유방이 장이를 조왕으로 세우다.
203	2월	유방이 한신을 제왕으로 세우다.
	7월	유방이 경포를 회남왕으로 세우다.
	9월	태공과 여후가 초나라 군영에서 풀려나 유방에게 오다.
	한고조 5년 12월	항우가 해하에서 패사하다. 이때가 진나라 음력으로 기원전 202년 12월이다.
202	1월	유방이 천하통일의 논공행상을 행하다. 초한지제가 막을 내리다.

참 고 문 헌

■ **기본서**

《공자가어》, 《관자》, 《국어》, 《국어》, 《근사록》, 《노자》, 《논어》, 《논형》, 《독통감론》, 《맹자》, 《명이대방록》, 《묵자》, 《사기》, 《삼국지》, 《상군서》, 《설원》, 《세설신어》, 《송명신언행록》, 《순자》, 《신서》, 《신어》, 《안자춘추》, 《양자》, 《여씨춘추》, 《열자》, 《염철론》, 《오월춘추》, 《윤문자》, 《일지록》, 《자치통감》, 《잠부론》, 《장자》, 《전국책》, 《정관정요》, 《춘추번로》, 《춘추좌전》, 《한비자》, 《한서》, 《회남자》, 《후한서》

■ **저서 및 논문**

───── **한국어판**

가노 나오키, 오이환 옮김, 《중국철학사》, 을유문화사, 1995.

가이즈카 시게키, 김석근 외 옮김, 《제자백가》, 까치, 1989.

고우영, 《초한지》, 자음과모음, 2003.

곽말약, 조성을 옮김, 《중국고대사상사》, 까치, 1991.

김석환, 《초한지》, 학영사, 2010.

김승혜, 《원시유교》, 민음사, 1990.

김엽, 〈전국·진한대의 지배계층〉, 《동양사학연구》, 1989.

김용옥, 《동양학 어떻게 할 것인가》, 민음사, 1985.

김충렬 외, 《논쟁으로 보는 중국철학》, 예문서원, 1995.

감팔봉, 《초한지》, 어문각, 1984.

김학주, 《공자의 생애와 사상》, 태양문화사, 1978.

김형효, 《맹자와 순자의 철학사상》, 삼지원, 1990.

김홍신,《초한지》, 아리샘, 2007.

니시지마 사다오, 최덕경 외 옮김,《중국의 역사: 진한사》, 혜안, 2004.

니콜로 마키아벨리, 강정인 옮김,《군주론》, 까치, 1997.

마루야마 마사오, 김석근 옮김,《일본정치사상사연구》, 한국사상사연구소, 1995.

마쥔, 임홍빈 옮김,《손자병법강의》, 돌베개, 2010.

마즈시마 다카히로 외, 조성을 옮김,《동아시아사상사》, 한울아카데미, 1991.

모리모토 준이치로, 김수길 옮김,《동양정치사상사 연구》, 동녘, 1985.

모리야 히로시, 박화 옮김,《인간력》, 청년정신, 2004.

박덕규 엮음,《중국역사이야기》, 일송북, 2006.

박영진,《공자에서 노신까지》, 삼경, 1999.

박한제,《중국역사기행》, 사계절, 2003.

방기환,《초한지》, 불이출판사, 1967.

벤자민 슈워츠, 나성 옮김,《중국고대사상의 세계》, 살림, 1996.

북경대중국철학사연구실 엮음, 박원재 옮김,《중국철학사》, 자작아카데미, 1994.

사다케 야스히코, 권인용 옮김,《유방》, 이산, 2007.

사마광, 권중달 옮김,《자치통감》, 삼화, 2009.

사마천, 김원중 옮김,《사기》, 민음사, 2012.

서울대동양사학연구실 엮음,《강좌 중국사》, 지식산업사, 1989.

소공권, 최명 옮김,《중국정치사상사》, 서울대출판부, 2004.

송영배,《제자백가의 사상》, 현암사, 1994.

쉬캉, 민경삼 옮김,《의리천하 유방》, 세종서적, 2008.

시바 료타로, 양억관 옮김,《항우와 유방》, 달궁, 2007.

시오노 나나미, 김석희 옮김,《로마인 이야기》 1~13권, 한길사, 1998.

신동준,《열국지 교양강의》, 돌베개, 2011.

──────,《한 권으로 읽는 실록 초한지》, 살림, 2009.

양계초, 이민수 옮김,《중국문화사상사》, 정음사, 1980.

양지강, 고예지 옮김,《천추흥망》, 따뜻한손, 2009.

엄광용,《전략가의 리더십》, 나무의꿈, 2006.

에드워드 맥널 번즈 외, 손세호 옮김,《서양문명의 역사》, 소나무, 1987.

에드워드 사이드, 박홍규 옮김,《오리엔탈리즘》, 교보문고, 1997.

에드윈 라이샤워 외, 고병익 외 옮김,《동양문화사》, 을유문화사, 1973.

여동방, 문현선 옮김,《삼국지 강의》, 돌베개, 2010.

오카다 히데히로, 이진복 옮김,《세계사의 탄생》, 황금가지, 2002.

오하일,《사기인간학》, 정신서적, 1992.

왕리췬, 홍순도 외 옮김,《항우강의》, 김영사, 2012.

유재주,《초한지》, 랜덤하우스코리아, 2005.

이남훈,《샐러리맨 초한지》, 중요한현재, 2012.

이문열,《초한지》, 민음사, 2008.

이성규 외,《동아사상의 왕권》, 한울아카데미, 1993.

이성규,《동아사상의 왕권》, 한울아카데미, 1993.

이시야마 다카시, 이강희 옮김,《유방의 참모학》, 사과나무, 2006.

이언호,《초한지》, 큰방, 2004.

이재권,〈순자의 명학사상〉,《동서철학연구》8권, 1991.

이종오, 신동준 옮김,《후흑학》, 인간사랑, 2010.

이중천, 강주형 옮김,《초한지 강의》, 에버리치홀딩스, 2007.

이탁오, 김혜경 옮김,《분서》, 한길사, 2004.

전락희,〈동양 정치사상의 윤리와 이상〉,《한국정치학회보 24》, 1990.

전목, 권중달 옮김,《중국사의 새로운 이해》, 집문당, 1990.

전세영,《공자의 정치사상》, 인간사랑, 1992.

전해종 외,《중국의 천하사상》, 민음사, 1988.

정비석,《초한지》, 범우사, 2003.

조병덕,《하룻밤에 읽는 초한지》, 발해그후, 2010.

진기환,《사기 인물평》, 일신서적, 1994.

차하순 엮음,《사관이란 무엇인가》, 청람, 1984.

최근덕 편저,《한손에 잡히는 초한지》, 느낌이있는책, 2007.

최명,《삼국지 속의 삼국지》, 인간사랑, 2003.

──,《춘추전국의 정치사상》, 박영사, 2004.

최성철,〈선진유가의 정치사상 연구〉,《한국학논집》11권, 1987.

쿨랑주, 김응종 옮김,《고대도시》, 아카넷, 2000.

크레인 브린튼 외, 민석홍 외 옮김,《세계문화사》, 을유문화사, 1972.

풍우란, 정인재 옮김,《중국철학사》, 형설출판사, 1995.

플라톤, 박종혁 옮김,《국가·정체》, 서광사, 1997.

한자오치, 이인호 옮김,《사기교양강의》, 돌베개, 2009.

헤로도토스, 박광순 옮김,《역사》, 범우사, 1995.

헤리슨 솔즈베리, 박월라 외 옮김,《새로운 황제들》, 다섯수레, 1993.

황원구,《중국사상의 원류》, 연세대출판부, 1988.

H. 크릴, 이성규 옮김,《공자, 인간과 신화》, 지식산업사, 1989.

──────── 중국어판

郭志坤,《荀學論稿》, 三聯書店, 1991.

金德建,《先秦諸子雜考》, 北京, 中州書畵社, 1982.

勞思光,〈法家與秦之統一〉,《大學生活》153-155, 1963.

童書業,《先秦七子思想研究》, 濟南, 齊魯書社, 1982.

東雄 等,《劉邦的天下謀略》, 華夏出版社, 2010.

劉小川,《大話古名人: 劉邦》, 巴蜀書社, 2004.

潘富恩·甌群,《中國古代兩種認識論的鬪爭》, 上海人民出版社, 1973.

方立天,《中國古代哲學問題發展史》上·下, 北京, 中華書局, 1990.

傅樂成,〈漢法與漢儒〉,《食貨月刊》復刊 5-10, 1976.

史傑鵬,《劉邦傳》, 中華書局, 2012.

常萬生,《項羽》, 華夏出版社, 2006.

徐復觀,《中國思想史論集》, 臺中印刷社, 1951.

蕭公權,《中國政治思想史》, 臺北聯經出版事業公司, 1980.

蘇誠鑑,〈漢武帝'獨尊儒術'考實〉,《中國哲學史研究》1, 1985.

蘇俊良,〈論戰國時期儒家理想君王構想的產生〉,《首都師範大學學報社會科學》2, 1993.

孫 謙,〈儒法法理學異同論〉,《人文雜誌》6, 1989.

孫家洲,〈先秦儒家與法家'忠孝'倫理思想述評〉,《貴州社會科學》4, 1987.

孫謙,〈儒法法理學異同論〉,《人文雜誌》6, 1989.

孫立平,〈集權·民主·政治現代化〉,《政治學研究》5-15, 1989.

梁啓超,《先秦政治思想史》, 商務印書館, 1926.

楊軍,《中國古代帝王傳記叢書: 楚霸王項羽傳》, 吉林人民出版社, 2010.

楊立著,〈對法家'法治主義'的再認識〉,《遼寧大學學報, 哲學社會科學》2, 1989.

楊雅婷,〈荀子論道〉,《中國文學研究》2, 1988.

楊榮國 編,《簡明中國思想史》, 北京, 中國青年出版社, 1962.

楊幼炯,《中國政治思想史》, 商務印書館, 1937.

楊鴻烈,《中國法律思想史》, 商務印書館, 1937.

呂凱,〈韓非融儒道法三家成學考〉,《東方雜誌》23-3, 1989.

呂思勉,《秦學術概論》, 中國大百科全書, 1985.

吳康,〈荀子論王霸〉,《孔孟學報》22, 1973.

吳乃恭,《儒家思想研究》, 東北師範大學出版社, 1988.

吳辰佰,《皇權與紳權》, 臺北, 儲安平, 1997.

王德昭,〈馬基雅弗里與韓非思想的異同〉,《新亞書院學術年刊》9, 1967.

王道淵,〈儒家的法治思想〉,《中華文史論叢》19, 1989.

王冬珍,〈韓非子的政治思想〉,《逢甲學報》24, 1991.

王立群,《讀史記之項羽》, 重慶出版社, 2007.

王文亮,《中國聖人論》, 中國社會科學院出版社, 1993.

王文治,〈荀子的富民思想〉,《經濟學集刊》1, 1980.

王錫三,〈淺析韓非的極端專制獨裁論〉,《天津師大學報》1982-6, 1982.

王亞南,《中國官僚政治研究》, 中國社會科學出版社, 1990.

王威宣,〈論荀子的法律思想〉,《山西大學學報, 哲學社會科學》2, 1992.

王曉波,〈先秦法家之發展及韓非的政治哲學〉,《大陸雜誌》65-1, 1982.

于孔寶,〈論孔子對管仲的評價〉,《社會科學輯刊》4, 1990.

雲中天,《人生三十六計全書: 劉邦用人三十六計》, 百花洲文藝出版社, 2007.

熊十力,《新唯識論 原儒》, 山東友誼書社, 1989.

劉奉光,〈孔孟政治思想比較〉,《南開學報, 哲學社會科學》6, 1986.

劉澤華,《先秦政治思想史》, 南開大學出版社, 1984.

游喚民,《先秦民本思想》, 湖南師範大學出版社, 1991.

李侃,〈中國近代'儒法鬥爭'駁議〉,《歷史研究》3, 1977.

李德永,〈荀子的思想〉,《中國古代哲學論叢》1, 1957.

李宗吾,《李宗吾與厚黑學》, 劉泗 編譯, 經濟日報出版社, 1997.

————,《厚黑學》, 求實出版社, 1990.

易中天,《易中天读史》, 上海文艺出版社, 2007.

————,《品三国前传之汉代风雲人物》, 東方出版社, 2006.

李澤厚,《中國古代思想史論》, 人民出版社, 1985.

林聿時・關峰,《春秋哲學史論集》, 人民出版社, 1963.

張豈之,《中國儒學思想史》, 陝西人民出版社, 1990.

張國華,〈略論春秋戰國時期的'法治'與'人治'〉,《法學研究》2, 1980.

張君勱,《中國專制君主政制之評議》, 臺北, 弘文館出版社, 1984.

張岱年,《中華的智慧: 中國古代哲學思想精髓》, 上海人民出版社, 1989.

鄭良樹,《商鞅及其學派》, 上海古籍出版社, 1989.

曹謙 編,《韓非法治論》, 上海, 中華書局, 1948.

曹思峰,《儒法鬥爭史話》, 上海人民出版社, 1975.

趙曙光,《項羽評傳》, 中國社會出版社, 2008.

趙守正,《管子經濟思想研究》, 上海古籍出版社, 1989.

趙如河,〈韓非不是性惡論者〉,《湖南師範大學社會科學學報》22-4, 1993.

曹旭華,〈'管子'論富國與富民的關係〉,《學術月刊》6, 1988.

趙忠文,〈論孟子'仁政'與孔子'仁'及'德政'說的關係〉,《中國哲學史研究》3, 1987.

鍾肇鵬,《孔子研究, 增訂版》, 中國社會科學出版社, 1990.

周啓元,《天命的眞相: 劉邦帝王之路》, 濟南出版社, 2010.

周立升 編,《春秋哲學》, 山東大學出版社, 1988.

周燕謀 編,《治學通鑑》, 臺北, 精益書局, 1976.

曾小華,《中國政治制度史論簡編》, 中國廣播電視出版社, 1991.

陳大絡,〈儒家民主法治思想的闡述〉,《福建論壇文史哲》6, 1989.

陳隆予,《劉邦與大漢基業》, 河南大出版社, 2011.

崔建林,《中國帝王智慧叢書: 草莽帝王漢高祖劉邦》, 中國戲劇出版社, 2008.

冯其庸,〈项羽不死乌江考〉,《中华文史论丛》, 2007.

郝鐵川,〈韓非子論法與君權〉,《法學研究》4, 1987.

韓兆琦,《史記新讀》, 燕山出版社, 2007.

韓學宏,〈荀子'法後王'思想研究〉,《中華學苑》40, 1990.

黃公偉,《孔孟荀哲學證義》, 臺北, 幼獅文化事業公司, 1975.

黃偉合,〈儒法墨三家義利觀的比較研究〉,《江淮論壇》6, 1987.

黃俊傑,〈孟子王覇三章集釋新詮〉,《文史哲學報》37, 1989.

黃中業,《中國古代帝王傳記叢書: 漢高祖劉邦傳》, 吉林人民出版社, 2010.

曉東,〈政治學和政治體制改革〉,《瞭望》20-21, 1988.

──────── 일본어판

角田幸吉,〈儒家と法家〉,《東洋法學》12-1, 1968.

岡田武彦,《中國思想における理想と現實》, 東京, 木耳社, 1983.

鎌田正,《左傳の成立と其の展開》, 東京, 大修館書店, 1972.

高文堂出版社 編,《中國思想史》上・下, 東京, 高文堂出版社, 1986.

高山方尚,〈商子荀子韓非子の國家〉,《中國古代史研究》4, 1976.

高須芳次郎,《東洋思想十六講》, 東京, 新潮社, 1924.

高田眞治,〈孔子的管仲評: 華夷論の一端として〉,《東洋研究》6, 1963.

溝口雄三,《中國の公と私》, 東京, 硏文出版, 1995.

宮崎市定,《アジア史研究》I-V, 京都, 同朋社, 1984.

金谷治,《管子の研究: 中國古代思想史の一面》, 東京, 岩波書店, 1987.

大橋武夫,《項羽と劉邦 漢楚の兵法に學ぶ》, マネジメント社, 1982.

大久保隆郎也,《中國思想史》, 東京, 高文堂出版社, 1985.

大濱晧,《中國古代思想論》, 東京, 勁草書房, 1977.

渡邊信一郎,《中國古代國家の思想構造》, 東京, 校倉書房, 1994.

木村英一,《法家思想の探究》, 東京, 弘文堂, 1944.

服部武,《論語の人間學》, 東京, 富山房, 1986.

福澤諭吉,《福澤諭吉選集》, 東京, 岩波書店, 1989.

山口義勇,《列子研究》, 東京, 風間書房, 1976.

司馬遼太郎,《項羽と劉邦》, 新潮社, 1988.

上野直明,《中國古代思想史論》, 東京, 成文堂, 1980.

小野勝也,〈韓非帝王思想の一側面〉,《東洋學學術研究》10-4, 1971.

小倉芳彦,《中國古代政治思想研究》, 東京, 青木書店, 1975.

松浦玲,〈'王道'論をめぐる日本と中國〉,《東洋學術研究》16-6, 1977.

守本順一郎,《東洋政治思想史研究》, 東京, 未來社, 1967.

狩野直禎,《韓非子の知慧》, 東京, 講談社, 1987.

信夫淳平,《荀子の新研究》, 東京, 研文社, 1959.

安岡正篤,《東洋學發掘》, 東京, 明德出版社, 1986.

伊藤道治,《中國古代王朝の形成》, 東京, 創文社, 1985.

佐竹靖彦,《劉邦》, 東京, 中央公論新社, 2005.

中村哲,〈韓非子の專制君主論〉,《法學志林》74-4, 1977.

紙屋敦之,《大君外交と東アジア》, 東京, 吉川弘文館, 1997.

津田左右吉,《左傳の思想史的研究》, 東京, 岩波書店, 1987.

村瀬裕也,《荀子の世界》, 東京, 日中出版社, 1986.

貝塚茂樹 編,《諸子百家》, 東京, 筑摩書房, 1982.

丸山松幸,《異端と正統》, 東京, 每日新聞社, 1975.

丸山眞男,《日本政治思想史研究》, 東京, 東京大出版會, 1993.

荒木見悟,《中國思想史の諸相》, 福岡, 中國書店, 1989.

———— 서양어판

Ahern, E. M., *Chinese Ritual and Politics*, Cambridge Univ. Press, 1981.

Allinson, R., ed., *Understanding the Chinese Mind The Philosophical Roots,* Hong Kong:
Oxford Univ. Press, 1989.

Ames, R. T., *The Art of Rulership: A Study in Ancient Chinese Political Thought,* Honolulu:

Univ. Press of Hawaii, 1983.

Aristotle, *The Politics,* London: Oxford Univ. Press, 1969.

Barker, E., *The Political Thought of Plato and Aristotle,* New York: Dover Publications, 1959.

Bell, D. A., "Democracy in Confucian Societies The Challenge of Justification", in Daniel Bell et. al., *Towards Illiberal Democracy in Pacific Asia,* Oxford St. Martin's Press, 1995.

Carr, E. H., *What is History,* London: Macmillan Co., 1961.

———, *Nationalism and After,* London: Macmillan, 1945.

Cohen, P. A., *Between Tradition and Modernity Wang T'ao and Reform in Late Ch'ing China,* Cambridge: Harvard Univ. Press, 1974.

Creel, H. G., *Shen Pu-hai. A Chinese Political Philosopher of The Fourth Century B.C.,* Chicago: Univ. of Chicago Press, 1975.

Cua, A. S., *Ethical Argumentation: A study in Hsün Tzu's Moral Epistemology,* Univ. Press of Hawaii, 1985.

De Bary, W. T., *The Trouble with Confucianism,* Cambridge, Mass. Harvard Univ. Press, 1991.

Fingarette, H., *Confucius The Secular as Sacred,* New York: Harper and Row, 1972.

Fukuyama, F., *The End of History and the Last Man,* London: Hamish Hamilton, 1993.

Hegel, F., *Lectures on the Philosophy of World History,* Cambridge: Cambridge Univ. Press, 1975.

Held, D., *Models of Democracy,* Cambridge: Polity Press, 1987.

Hsü, L. S., *Political Philosophy of Confucianism,* London: George Routledge & Sons, 1932.

Huntington, S. P., "The Clash of civilization." *Foreign Affairs* 7, no.3, summer.

Johnson, C., *MITI and the Japanese Miracle,* Stanford: Stanford University Press, 1996.

Machiavelli, N., *The Prince,* Harmondsworth Penguin, 1975.

Macpherson, C. B., *The Life and Times of Liberal Democracy,* Oxford: Oxford Univ. Press, 1977.

Mannheim, K., *Ideology* and Utopia, London: Routledge, 1963.

Marx, K., *Oeuvres Philosophie et Économie 1-5,* Paris: Gallimard, 1982.

Mills, C. W., *The Power Elite,* New York: Oxford Univ. Press, 1956.

Moritz, R., *Die Philosophie im alten China,* Berlin: Deutscher Verl. der Wissenschaften, 1990.

Munro, D. J., *The Concept of Man in Early China,* Stanford: Stanford Univ. Press, 1969.

Peerenboom, R. P., *Law and Morality in Ancient China: The Silk Manuscripts of Huang-Lao,* Albany, New York: State Univ. of New York Press, 1993.

Plato, *The Republic,* Oxford, Univ. Press, 1964.

Pott, W. S., *A Chinese Political Philosophy,* Alfred. A. Knopf, 1925.

Rawls, J., *A Theory of Justice,* Cambridge: Harvard Univ. Press, 1971.

Rubin, V. A., *Individual and State in Ancient China: Essays on Four Chinese Philosophers,* Columbia Univ. Press, 1976.

Sabine, G., *A History of Political Theory,* Holt, Rinehart and Winston, 1961.

Sartori, G., *The Theory of Democracy Revisited,* Catham House Publisher, Inc., 1987.

Schumpeter, J. A., *Capitalism, Socialism and Democracy,* London: George Allen & Unwin, 1952.

Schwartz, B. I., *The World of Thought in Ancient China,* Cambridge: Harvard Univ. Press, 1985.

Strauss, L., *Natural Right and History,* Chicago Univ. of Chicago Press, 1953.

Taylor, R. L., *The Religious Dimensions of Confucianism,* Albany, New York: State Univ. of New York Press, 1990.

Tocqueville, Alexis de, *Democracy in America,* Garden City, N.Y: Anchor Books, 1969.

Tomas, E. D., *Chinese Political Thought,* New York: Prentice-Hall, 1927.

Tu, Wei-ming, *Way, Learning and Politics: Essays on the Confucian Intellectual,* Albany, State Univ. of New York Press, 1993.

Waley, A., *Three Ways of Thought in Ancient China,* doubleday & company, 1956.

Weber, M., *The Protestant Ethics and the Spirit of Capitalism,* London: Allen and Unwin, 1971.

Wu, Geng, *Die Staatslehre des Han Fei: Ein Beitrag zur chinesischen Idee der Staatsräson,* Wien & New York: Springer-Verl., 1978.

Wu, Kang, *Trois Theories Politiques du Tch'ouen Ts'ieou,* Paris: Librairie Ernest Leroux, 1932.

Zenker, E. V., *Geschichte der Chinesischen Philosophie,* Reichenberg: Verlag Gebrüder Stiepel Ges. M. B. H., 1926.